FACÇÕES CRIMINOSAS

ANÁLISE JURÍDICA E ESTRATÉGIAS DE ENFRENTAMENTO

WILLIAM LUZ
RÔMULO CORDÃO

Prefácios
Edilson Mougenot Bonfim
Carlos Alberto Ferreira do Nascimento

FACÇÕES CRIMINOSAS

ANÁLISE JURÍDICA E ESTRATÉGIAS DE ENFRENTAMENTO

2ª edição revista, ampliada e atualizada

Belo Horizonte
FÓRUM
CONHECIMENTO JURÍDICO
2025

FÓRUM
CONHECIMENTO JURÍDICO

Luís Cláudio Rodrigues Ferreira
Presidente e Editor

Coordenação editorial: Leonardo Eustáquio Siqueira Araújo
Aline Sobreira de Oliveira
Revisão: Aline Almeida
Capa e projeto gráfico: Walter Santos
Diagramação: João Oliveira

Rua Paulo Ribeiro Bastos, 211 – Jardim Atlântico – CEP 31710-430
Belo Horizonte – Minas Gerais – Tel.: (31) 99412.0131
www.editoraforum.com.br – editoraforum@editoraforum.com.br

Técnica. Empenho. Zelo. Esses foram alguns dos cuidados aplicados na edição desta obra. No entanto, podem ocorrer erros de impressão, digitação ou mesmo restar alguma dúvida conceitual. Caso se constate algo assim, solicitamos a gentileza de nos comunicar através do *e-mail* editorial@editoraforum.com.br para que possamos esclarecer, no que couber. A sua contribuição é muito importante para mantermos a excelência editorial. A Editora Fórum agradece a sua contribuição.

Dados Internacionais de Catalogação na Publicação (CIP) de acordo com ISBD

L979f Luz, William

Facções criminosas: análise jurídica e estratégias de enfrentamento / William Luz, Rômulo Cordão. -- 2. ed. rev. ampl. e atual. -- Belo Horizonte: Fórum, 2025.

397 p. 14,5x21,5cm

ISBN impresso 978-65-5518-883-7
ISBN digital 978-65-5518-882-0

1. Facção criminosa. 2. Organização criminosa. 3. PCC. 4. Comando vermelho. 5. Tráfico de drogas. 6. Lavagem de dinheiro. I. Cordão, Rômulo. II. Título.

CDD: 364
CDD: 364

Ficha catalográfica elaborada por Lissandra Ruas Lima – CRB/6 – 2851

Informação bibliográfica deste livro, conforme a NBR 6023:2018 da Associação Brasileira de Normas Técnicas (ABNT):

LUZ, William; CORDÃO, Rômulo. *Facções criminosas*: análise jurídica e estratégias de enfrentamento. 2. ed. rev. ampl. e atual. Belo Horizonte: Fórum, 2025. 397 p. ISBN 978-65-5518-883-7.

Para minha filha, Pietra, minha esposa, Anielly, meus pais, Maria e Césio, e para meus irmãos.

William Luz

Com todo o amor do mundo àqueles que me fazem feliz todos dias, renovando minhas forças a cada crepúsculo, meus filhos Giordano, Júlia, Sofia e Rômulo Filho e, em especial, minha esposa Hulda.

Rômulo Cordão

AGRADECIMENTOS

Agradeço a todos que tiveram a paciência de abrir discussão sobre o tema proposto, especialmente ao colega Rômulo Cordão, pela troca de experiências e pensamentos, que levou à gestação desta obra. Agradeço aos colegas de Ministério Público Francisco de Assis Santiago Júnior, Lenara Batista Carvalho Porto, Débora Geane Aguiar Aragão e Mário Alexandre Costa Normando, com quem tive o prazer de trabalhar, trocar opiniões e buscar convergências. Agradeço também ao delegado Yan Rego Brayner e à Polícia Civil do Estado do Piauí, pelo apoio em todas as investigações conjuntas de que participei. Por fim e, principalmente, agradeço à minha família, que está sempre ao meu lado de forma incondicional.

William Luz

Na batalha, o reconhecimento maior àqueles que sempre estão na linha de frente, dispostos a fazer o que tem que ser feito. Aqui, aproveito para agradecer a todos os profissionais de segurança pública, de todas as forças, que se dedicam à tão ardorosa missão. Retribuo em forma de homenagem todo o aprendizado advindo da convivência com as policias militar, civil, federal, penal e rodoviária federal, o que faço em nome de dois amigos policiais que me inauguraram no universo das investigações, o agente de polícia/PB Marcos Cabral e, o hoje, delegado/PE Marcelo Francisco.

Agradeço aos colegas do Ministério Público piauiense, instituição que me preenche dos sentimentos de honra e satisfação, o que faço em nome do meu dileto colega William Luz, que me instigou ao estudo e à reflexão sobre o tema desta obra. Ainda, não poderia cometer a injustiça de olvidar-me de dois grandes baluartes do Ministério Público Brasileiro, dr. Octávio Paulo Neto MPPB e dr. Bernardo Fiteman Albano MPAC, os quais sempre se dispuseram a nos ensinar muito na missão de combater o crime organizado.

Derradeiramente, ao núcleo que irradia toda a energia que me faz continuar firme na missão, ou seja, a minha família, que sempre vibra com as vitórias, como também me incentiva a continuar diante das adversidades.

Rômulo Cordão

SUMÁRIO

PREFÁCIO DA SEGUNDA EDIÇÃO

Antes que adentre ao mérito da obra, é preciso dizer de sua motivação, ao menos como a percebi, e só posteriormente, dizer do trabalho em si e de seus autores. Noto, como quem testemunha uma era, que, de tempos em tempos, um novel vocabulário, com expressões antes inauditas, surge na mídia, para retratar acontecimentos até então desconhecidos. Uma nova terminologia irrompe, então, para vestir expressamente a ideia que corresponda à novidade. De início, vai surgindo timidamente, para, em seguida, tornar-se habitué dos noticiários e, consequentemente, ir se normalizando pela repetição. Assim, o conhecimento do fato, pelo vocabulário ou expressões que o representa, vai ganhando as ruas, adentrando às conversações, imiscuindo-se no dia a dia, tornando-se presente no cotidiano e na realidade léxica de um país. Dos mais íntimos solilóquios, ao vozeio inquieto das multidões, percebe-se, então, que o que de início era uma extraordinariedade, passa agora, com fera naturalidade, a integrar a vivência de todo um povo.

Depois, quando a importância do fato o requer, a academia dedica-se a efetivamente estudá-lo, esquadrinhá-lo, e aquilo que já se entranhara no corpo social, de seus escaninhos à sua exteriorização, receberá então um científico estudo, como em uma análise laboratorial depurada, que definindo e distinguindo o objeto de sua análise, dará luz aos chamados textos acadêmicos.

Nessa perspectiva científica, é preciso que se diga que o mesmo fato torna-se escrutinado por saberes diversos, investigado pela lupa de múltiplas visões. Assim também o objeto de estudo desta obra que ora prefacio: a sociologia o perscruta; questiona-o a filosofia; define-o a linguística; categorizando-o, o direito, todos em uma série infinita de pesquisas e perquirições, para, então, paulatinamente, ganhar relevância no debate político, quando já não mais seja possível desconhecer-se sua existência e importância.

Tal é o fenômeno das organizações criminosas, das facções, dos faccionados, que mister no campo jurídico, tanto interessa ao processo penal, a ponto de fazer exsurgir uma verdadeira novilíngua que, malgrado sua multifária abordagem, não recebeu ainda as necessárias respostas em favor da sociedade, esta mesma sociedade, por elas tão ameaçada, e que, por isso, tanto depende de sua diagnose e das possíveis soluções.

É nesse sentido que a obra *Facções Criminosas: Análise jurídica e estratégias de enfrentamento*, de William Luz e Rômulo Cordão, ganha relevância, não só no campo das ciências criminais, como no próprio interesse social, porque evidencia os desafios, os pontos nevrálgicos do tema e oferece efetivo arsenal para o combate a esta gama de criminalidade, na medida em que se debruça detidamente sobre o fenômeno, com os olhos bem abertos da teoria mais atual e os braços mais vigorosos, postos pelo exemplo prático de trabalho.

Ambos os autores são promotores de justiça do Ministério Público do Piauí e fazem uma alentada análise das facções criminosas no Brasil – seja no âmbito de cada Estado-Membro, seja na perspectiva regional ou nacional –, aliando teoria e prática realística, e não quimérica, o que evidencia seu comprometimento com a justiça e a segurança pública.

Rômulo Cordão faz seu mestrado em Salamanca e tenho honra em tê-lo, igualmente, em meu dileto grupo de alunos-membros de nossa Escola de Altos Estudos em Ciências Criminais, cuja apresentação da obra afetuosamente me solicitou, outra vez em consonância com William Luz.

Logo, no início de seu trabalho, os autores nos brindam com a necessária base teórica, detalhando as origens e a compreensão das facções criminosas. Esse embasamento inicial é crucial para qualquer leitor que deseje compreender plenamente a complexidade do tema abordado. O percurso histórico e a análise das causas de expansão das facções fornecem um panorama completo e detalhado, essencial para o entendimento do problema. E, nesse sentido, demonstram os autores uma ótima capacidade de sintetizar informações complexas e apresentá-las de forma clara e acessível, sem que, com isso, sacrifiquem os predicados acadêmicos da pesquisa, da escrita e do extrair de conclusões.

Os capítulos subsequentes mergulham na prática do combate às organizações criminosas, revelando a própria experiência dos autores, como lídimos representantes do Ministério Público piauiense, na medida em que trazem à tona suas vivências no enfrentamento direto dessas entidades, enriquecendo a obra com insights valiosos e estratégias eficazes. É notório, ao se ler o livro, a imersão prática e efetiva que ambos têm no tema, na medida em que se observa a constante preocupação que tiveram ao escrever, pois, na medida em que atuam como promotores de justiça no combate às nefastas facções, e ao se depararem constantemente com os mais variados desafios, tudo isso procuraram incorporar à obra, ofertando soluções. Portanto, os aplausos para esse *mixtum compositum* que caracteriza o presente trabalho, como feliz combinação de teoria e prática que fez resultar em obra que não só informa e esclarece, mas também que oferece ferramentas concretas para aqueles que estão na linha de frente do combate ao crime organizado.

Dentre inúmeros pontos positivos, destaca-se o tópico em que trata das "Principais Facções Criminosas" no país, com uma detalhada investigação sobre referidas organizações, bem como facções de expressão regional. A descrição meticulosa e atual das estruturas e operações dessas facções é acompanhada por uma análise crítica das políticas de reconhecimento oficial, revelando as complexidades e desafios inerentes ao enfrentamento dessas entidades.

E por que isso é importante? Para que aqui e alhures se perceba a íntima fisiologia de tais organizações, de modo a lhes oferecer eficaz combate, sabendo-se que essas, com sua habilidade camaleônica de adaptar-se e inovar, exploram tanto as particularidades da legislação nacional quanto as brechas da legislação internacional, na medida em que vão crescendo além das fronteiras e utilizando-se das facilidades tecnológicas para operar em escala global. Portanto, quem diz nacional, em termos de grandes facções, diz também internacional, e vice-versa, vasos comunicantes que são.

Assim, com os olhos postos no cenário nacional, William e Rômulo olharam também por sobre os ombros do 'gigante adormecido', de modo que não meramente ofereceram a compreensão de um problema intramuros, afeto somente à nossa segurança, mas ofertaram propostas e soluções tangíveis que, uma vez implementadas aqui, podem oferecer necessário *know how* a ser igualmente exportado, nesse diálogo cada vez mais necessário entre as nações civilizadas.

Porque se o tema se expande, diz respeito à realidade mundial contemporânea, de modo que, onde quer que estejamos, assistimos a uma reprodução multilíngue dos problemas que, existentes aqui, são igualmente percebidos alhures, em constante sincronia, na mais triste e mutual fecundação de males. Não sem razão, o combate às organizações criminosas, hoje, é pauta comum da civilização contemporânea, sendo o seu maior desafio, por ser o seu maior flagelo, mister em época que tais facções passam a financiar o próprio terrorismo mundial.

Note-se que, primeiro falávamos da busca por palavras ao se noticiar um fato novo, para que adequadamente se pudesse descrever um problema então nascente – há pouco mais de três décadas, falar-se em facções criminosas era algo praticamente impensável –, e a mídia da época, não raro se abeberava no jargão policial para moldar a nova linguagem que surgia; depois, novas nomenclaturas foram aparecendo, os estrangeirismos foram sendo adaptados e com isso um conhecimento foi se formando. E, se antes não o detínhamos, necessitando amiúde importá-lo, fomos igualmente aprendendo pela própria experiência, porque duramente castigados pelas ações de tais facções, de modo que também passamos a exportar conhecimento, igualmente útil ao estrangeiro, seja pela natureza transfronteiriça dessa entidade delitiva, seja porque algumas das maiores e mais odiosas organizações criminais do mundo aqui tiveram nascimento.

O caminho é árduo nesse combate, exigindo uma vontade política inabalável, a coragem de enfrentar interesses poderosos e a firmeza para manter-se na direção correta, mesmo diante das adversidades. E é sobretudo pelo mérito de autores como William Luz e Rômulo Cordão em continuarem a senda idealística de combater tamanho mal, pelas arejadas páginas da doutrina e da prática forense, que dedico a esses este convicto aplauso, porque sei fazer coro à toda uma aspiração cívica e social.

Que esta leitura inspire novas reflexões e ações concretas no combate às facções criminosas, fortalecendo nosso sistema de justiça e promovendo uma sociedade mais segura para todos. Este livro é uma veraz contribuição para o tema, permitindo pelo escólio das ciências criminais, a construção de um futuro em que a justiça prevaleça sobre a criminalidade organizada, e o conceito de cidadania não se torne refém nas mãos de impiedoso banditismo!

Edilson Mougenot Bonfim

Procurador de Justiça. Fundador da Escola de Altos Estudos em Ciências Criminais.

PREFÁCIO DA PRIMEIRA EDIÇÃO

Caro Leitor,

Recomendo sinceramente a leitura atenta do presente livro. Seja qual for o motivo que o levou a adquirir ese volume, agora você tem em mãos a obra nacional que melhor aborda o fenômeno das facções criminosas. Indiferentes às divagações, especulações e vagas teorias propaladas diariamente, os Autores compõem a obra de forma sóbria e pragmática. O livro, de conteúdo inteiro e pela forma assertiva, ao tempo em que serve ao debate acadêmico, há de se tornar literatura essencial para os operadores do direito, jurisconsultos e legisladores ao tratar do tema.

Ao adotar como premissa o fato jurídico de que as facções criminosas são modalidades de ORCRIMs e ao propor linhas de ação que consideram a casuística nacional para atacar a problemática coletiva, os escritores reverberam no seio doutrinário o desejo da sociedade e a angústia dos profissionais de segurança pública, que se recusam aceitar o negacionismo da existência de ORCRIMs e o eventual conformismo de parcelas do Estado que crê na utópica convivência pacífica com as facções criminosas.

No terceiro tópico merece relevo a questão do sistema prisional brasileiro e sua íntima conexão com origem e causas de expansão das facções. No quinto tópico temos uma verdadeira aula de como subsumir os fatos praticados por integrantes de facções criminosas à legislação pátria, em especial, a experiência compartilhada pelos autores no mister de individualizar condutas e coligir elementos de prova úteis ao Estado Juiz.

Os escritores detentores de larga expertise como órgãos do Ministério Público tecem críticas construtivas às Políticas Nacionais de Segurança Pública e Defesa Social (PNSP) ao tempo em que propõe uma real integração das diversas estruturas do seu Sistema Único de Segurança Pública (SUSP). Lançando luzes sobre os motivos da preferência das ORCRIM pelo recrutamento de jovens para o núcleo operacional das facções criminosas, o livro apresenta linhas de ação com foco preventivo através de atualização do sistema repressor do Estatuto da Criança e do Adolescente (ECA) e de inovações no sistema nacional de atendimento socioeducativo (SINASE).

Elegantes sem perder a acurácia, críticos sem ignorar as limitações das entidades envolvidas, a um tempo teórico – ao resgatar conceitos, e inovador – ao propor evolução do sistema penal vigente, os autores discutem sem preconceitos as feridas atinentes a temas nevrálgicos como a legalização das drogas e a existência de alternativas viáveis para coibir novos tipos, tais como o traficídio.

Alguns dos tópicos abordados nessa empolgante obra sobre as facções são transversais às diversas ciências que pesquisam o tecido social: conhecer a origem, reconhecer os fatores de mutação, subsumir os fatos praticados às normas vigentes, elevar as discussões acerca do tema à busca de proposições sistemáticas de enfrentamento – são todos desenvolvidos com a habitual independência funcional e acadêmica, marcas registradas dos Autores junto à comunidade jurídica.

Considerando a riqueza de dados e as propostas apresentadas, pode-se concluir que o objetivo de fomentar o debate à luz da realidade fático-jurídica foi atingido com louvor ao longo da profícua redação. Todo cidadão que acessar a obra há de concluir com os Autores que as facções são um problema do estado brasileiro que atinge a todos e só pode ser vencida com a correlação de todos os setores do estamento social.

É uma obra ímpar. Boa leitura.

Carlos Alberto Ferreira do Nascimento
Delegado da Polícia Federal.

APRESENTAÇÃO DA SEGUNDA EDIÇÃO

Apresentamos a segunda edição com grande satisfação e agradecimento a todos que reconheceram o trabalho de sintetizar os conhecimentos trazidos nesta obra. Tratar do tema facções criminosas não é fácil, especialmente por ausência de padrão e pesquisa livre de enviezamento ideológico. Há, basicamente, três linhas de obras relacionadas às entidades citadas. Uma dessas linhas é formada por jornalistas, mais preocupados com a questão histórica e de impacto na mídia. Outra linha é formada por sociólogos, que tendem a manter um viés relacionado ao impacto social. A terceira linha é formada por juristas, que, na maioria das vezes, trazem experiências próprias no enfrentamento a esse tema. Apesar dos autores serem promotores de justiça, com experiência prática no enfrentamento do tema facções criminosas, tentou-se, na medida do possível, correlacionar as três linhas de pesquisa: história, impactos sociais e aplicação prática do direito e criminologia.

Para essa segunda edição corrigimos erros materiais e formais, aprofundando, ou melhor, esclarecendo alguns conceitos. Também buscamos ampliar algumas discussões práticas, como o comportamento empresarial das facções caracterizadas como ORCRIMs e desenvolver melhor os tópicos relacionados ao tráfico de drogas, como principal, mas não a única, fonte de renda, das facções e o aspecto relacionado ao traficídio (neologismo).

Quanto à questão geográfica de atuação das facções, tivemos que atualizar algumas informações. Falar dessas entidades é falar com o presente, o que implica em assumir o risco de ter algumas informações rapidamente desatualizadas na obra. Conforme já constava na primeira edição, afirmamos que o principal não é classificar todas as facções existentes, mas trazer parâmetros básicos de classificação, como uma espécie de fórmula de entendimento.

Algumas facções desapareceram, outras mudaram de nome e de padrão de atuação, outras se subdividiram, modificaram-se geograficamente e romperam ou fizeram novas alianças. Por isso, nenhuma obra mais permanente, como livro e artigos científicos, deixa de correr o risco da desatualização. No entanto, entendemos que, quanto a esse levantamento e classificação, faz-se necessário: a) trazer um padrão de atuação das facções, que servirá para classificá-las como ORGANIZAÇÕES CRIMINOSAS, associações criminosas (antigas quadrilhas) ou meras gangues; b) entender como as entidades são criadas e desaparecem em determinado território, para compreensão dos fatores reais que permitem a sua existência; e c) compreender o quadro partindo do geral para o singular, evitando fazer a mera classificação individual das facções, sem correlacioná-las com o local e fatos onde está inserida, incluindo rotas de tráfico e contrabando, além de outros fatores regionais.

Assim, buscamos trazer atualizações, expandindo-se alguns conceitos, fazendo-se também considerações acerca do Sistema Único de Segurança Pública e Planos Nacionais de Segurança, evitando trazer discussões políticas-ideológicas, mas sem deixar de considerar as vicissitudes geradas pelas mudanças sucessivas de governos no impacto do enfrentamento das facções criminosas.

Os autores.

INTRODUÇÃO

O fenômeno das facções criminosas é um evento recente na história brasileira, mas de inequívoco impacto no sistema de segurança pública. Surgidas como organização interna de presos, por motivos mais de sobrevivência ao sistema prisional do que por outra razão, as facções passaram a se configurar como organizações criminosas complexas. A complexidade refere-se ao fato de que o fenômeno não se esgota tão somente na questão criminal. As facções alimentam-se de problemas sociais degradantes e retroalimentam essa situação.

Essas entidades são parasitárias. Atuam no sentido de incentivo ao delito e na manutenção de criminosos no mundo do crime, impedindo qualquer possibilidade de recuperação do delinquente. Mesmo que se afirme que questões sociais são fatores relevantes para o fenômeno criminal, não se pode olvidar que o fator pessoal, especialmente em virtude do livre arbítrio, é que prepondera no ingresso do agente infrator e na manutenção desse no mundo do crime. Esse ponto será devidamente aprofundado abaixo, quando será tratado do tema do empoderamento do delinquente, potencializado pelas entidades em estudo.

A capacidade de expansão das facções é maior do que a capacidade do Estado em frear tal expansão, ou dar respostas paliativas, seja em termos sociopolíticos, seja em termos criminais. Diversas legislações têm sido modificadas ou elaboradas, visando criar elementos aptos ao combate efetivo das facções criminosas, mas sem sucesso.

Para se enfrentar algo é preciso conhecimento. Nem todas as facções criminosas são ORCRIM. Algumas surgem como dissidências e têm existência tão efêmera que não se permitem organizar em estamentos mais ou menos fixos. Assim, uma facção pode se caracterizar como Organização Criminosa (ORCRIM), como associação criminosa (*vide* antigo crime de quadrilha, artigo 288 do Código Penal) ou meras gangues, com prática de crimes acessórios. Assim, o conhecimento acerca das facções, tanto com parâmetros reais quanto em tese, permite fazer a classificação de cada uma delas, durante o seu enfrentamento pela estrutura do Estado.

O presente trabalho tenta relacionar três ideias ou linhas básicas, sendo elas: 1) o conhecimento do fenômeno social, político e criminal que levou à criação das facções criminosas no Brasil e a sua constante mutação; 2) a análise jurídica, com a configuração das facções em organizações criminosas, incluindo a imputação criminal a seus membros; e 3) o levantamento de proposições de enfrentamento, com a premissa de que as facções são um problema do Estado brasileiro que atinge a todos e só pode ser vencida com a correlação de todos os setores do estamento social.

Não existem fórmulas prontas para se enfrentar problemas de grande impacto social, mas uma coisa é certa: em havendo boa-fé e acordo de vontades, não existem problemas que não sejam solucionados ou pelo menos minorados. Isso se aplica às facções criminosas.

A presente obra traz informações sobre a formação histórica das principais facções criminosas e do seu processo de expansão, explicação sobre o processo de canibalização e guerras internas e externas entre essas entidades, além da análise jurídica e implicações penais.

Porém, ciente de que o Estado brasileiro possui ferramentas aptas a enfrentar tal problema, também indicamos algumas estratégias a serem utilizadas com esse fim, sem querermos esgotar o tema e visando, primordialmente, forçar o debate pragmático, já que a omissão é algo que os operadores do direito não podem se dar ao luxo de fazer.

CAPÍTULO 1

CONCEITUAÇÃO

Segundo o dicionário eletrônico da Oxford,[1] FACÇÃO pode ser definida como:

> 1. expedição militar ou feito de armas heroico.
>
> 2. grupo de indivíduos partidários de uma mesma causa em oposição à de outros grupos [No Império Romano, as facções formavam-se entre os lutadores de circo e seus respectivos torcedores; mais tarde, formaram-se entre diversos grupos da cidade e do campo que rivalizavam entre si; na modernidade, o termo passou a designar esp. cada grupo antagônico que disputa a supremacia política.].

Do ponto de vista criminal, não há um consenso sobre o que é FACÇÃO CRIMINOSA, mas substancialmente pode ser definida como um agrupamento de pessoas que têm objetivos em comum, visando garantir o domínio de uma determinada região ou atividade criminosa, com uso de violência e grave ameaça. Ao contrário de QUADRILHAS (atualizadas no Brasil como associações criminosas), possuem estabilidade permanente e não meramente temporária, e seguem núcleos operacionais bem definidos. Por isso, no Brasil, podem

[1] OXFORD LANGUAGE. *Facção*. Disponível em: https://languages.oup.com/google-dictionary-pt/. Acesso em: 27 nov. 2022.

ser classificadas como ORGANIZAÇÕES CRIMINOSAS, com tipificação penal. Tais conceitos jurídicos serão melhor definidos nos capítulos posteriores.

Há diversos ajuntamentos de pessoas com tais objetivos pelo mundo, mudando-se a nomenclatura e forma de atuação. Na Colômbia e no México, temos os CARTÉIS, como o Cartel de Cáli e Medellin, no primeiro, e os cartéis de Sinaloa e o Los Zetas, no segundo. Nos EUA temos as máfias, como o sindicato do crime de Nova York, com a aliança das cinco famílias. No Japão temos a Yakusa, um misto de entidade criminosa e entidade filosófica, que atua muitas vezes como seita. Na Rússia existe a Bratva. Na Itália as máfias da Ndrangueta e Camorra. Dentre outras entidades.

As definições mudam e os conceitos jurídicos também, com as implicações práticas. Mas o fato é que o fenômeno não é nacional, e, por consequência, o enfrentamento e a erradicação dessas entidades necessita de uso de força externa, em associação de países para combater o crime organizado, especialmente em se falando de globalização do fornecimento de drogas, cooperação entre entidades criminosas para lavar dinheiro e conseguir armamento e logística.

No Brasil, as facções criminosas podem ser entendidas como um fenômeno de três ordens: social, político e criminal, melhor definidos abaixo.

A primeira linha parte da premissa de que as facções criminais não são um mero ajuntamento de criminosos em torno de um objetivo comum, para a prática de crimes. Seria fácil combater tais facções, se o conceito fosse tão simples. As facções são um fenômeno social, político e jurídico, com grande complexidade. Isso a faz evoluir e se tornar cada vez mais difícil de ser compreendida e combatida.

Como fenômeno social, as facções têm implicação de diversas ordens. Sendo entidades parasitárias, nascem e se expandem em regiões do corpo social onde há problemas de diversas ordens, como miséria, desemprego e desigualdade. Ao contrário do que muitos afirmam, as facções não são uma resposta política ao sistema primado pela desigualdade. Pelo contrário. Essas entidades aproveitam-se dessa linha de pensamento para se expandir, como se os seus agentes criminosos tivessem algum nível de preocupação social. O crime usa os bolsões de miséria para se encastelar, afastando o Estado e impedindo que cidadãos que vivem nessa situação social possam ter acesso aos serviços sociais e serem inseridos em atividades econômicas primárias, ou seja, o crime produz pobreza e não o contrário. O crime é uma escolha pessoal, a existência de bolsões de miséria não é fator determinante, sob pena de no mínimo a maioria se envergar para o sentido do crime (pois vivem juntos nesses bolsões) mas é o contrário, é a minoria que se esquiva para esse lado, já que a maioria de cidadãos que não infringem a lei, são os que mais são atingidos diretamente pelos faccionados.

Sobre o tema polêmico das raízes motivadoras do crime, vale pontuar o estudo denso e profundo feito pelo professor, pesquisador e psicólogo americano Stanton E. Samenow,[2] que estuda a quatro décadas as mentes criminosas, título inclusive da sua obra, em que, após entrevistar milhares de delinquentes, de larápios de rua à *Serial Killers*, chegou a algumas conclusões que derrubam a sabedoria convencional predominante sobre a criminalidade, onde o agressor é considerado uma vítima de forças sobre as quais ele teria pouco ou nenhum controle:

> A psicologia e a sociologia há muito avançam na visão de que o criminoso é basicamente uma pessoa como qualquer outra, mas que se tornou destrutiva por ter sido traumatizada ou impedida de realizar as suas aspirações. Um adolescente se envolve com

2 SAMENOW, Stanton E. *A mente criminosa*. Tradução de Ana Parreira. Campinas: Vide Editorial, 2020.

> a "turma errada" e se junta a uma gangue porque nunca teve uma vida familiar decente. Um traficante de drogas exerce o seu negócio porque suas habilidades o qualificam apenas para empregos que pagam um salário mínimo. Assim, ambos são percebidos como pessoas moldadas por circunstâncias fora de seu controle, ignorando o fato de que a maioria dos jovens de famílias disfuncionais não se junta a gangues, e que a falta de educação e de habilidades profissionais do traficante de drogas é um fracasso pessoal, não social. Em muitos círculos, o criminoso é visto como vítima, não como vitimizador.

Complementa o autor informando que o modo como os criminosos reagem às frustrações e decepções diárias frequentemente difere de maneira dramática daquele das pessoas comuns. Um motorista nos corta na estrada. A maioria das pessoas encolhe os ombros e continua seu caminho. A pessoa com uma mente criminosa, no entanto, pode perseguir o motorista infrator, intensificar o conflito até provocar uma violenta briga de trânsito. Quando tratada com grosseria por um funcionário de uma loja, a maioria das pessoas simplesmente ignora o mau comportamento. A pessoa com uma mente criminosa, por sua vez, pode usar uma série de palavrões e, possivelmente, partir para a agressão física. Em resposta a tudo o que ocorre em nossas vidas, temos pensamentos e fazemos escolhas críticas sobre o que fazer com eles. Ou seja, o crime não se limita a um grupo econômico, étnico, racial ou qualquer outro grupo demográfico específico. A maioria das pessoas pobres não é criminosa – e muitas pessoas ricas o são.

Arremata Samenow:

> A busca pelas causas do crime é interminável e, de certa forma, é comparável aos esforços dos cientistas para entender as causas do câncer. Pensamos que, se descobrirmos a causa do que nos confunde e nos atemoriza, seja qual for o flagelo, ele pode ser eliminado. Ao contrário do câncer, não se deve esperar que encontraremos um meio de sanar a criminalidade, ainda que

> tenhamos sucesso em identificar suas "causas raízes". Em vez de gerar estratégias bem sucedidas para enfrentar e combater o crime, a preocupação com a busca pelas suas causas serviu como distração para a compreensão de quem é o criminoso.

Essas questões estão diretamente ligadas ao favorecimento de entidades criminosas coletivas, como as facções, que, de todo modo, são ajuntamento de criminosos voltados a objetivos comuns.

Há um espaço desocupado pela estrutura estatal em que as facções se desenvolvem sem qualquer intervenção externa, permitindo que se encastelem e se fortaleçam, expandindo para outros espaços, dividindo o poder com o Estado oficial. Aí surge, respectivamente, o conceito político das facções, tão pouco estudado e entendido. O cidadão que vive em um território ocupado por uma entidade criminosa que usa toda forma de controle e repressão, sejam facções ou milícias, não tem qualquer liberdade política, sendo mais um instrumento de predominância de poder. Não é à toa que é cada vez mais comum notícias de políticos com vinculação a essas organizações violentas. O conhecimento das facções, de suas origens, características e impactos social e político, é essencial para a repressão criminal. O enfrentamento se faz necessário, mas deve ser amparado em conhecimento de todas as redes de comando e do impacto social que causam. A repressão, embasada em conhecimento suficiente, tem maiores condições de expurgar os núcleos inferiores e de atingir o núcleo de comando das facções e seu poder financeiro, além de impedir novas práticas delituosas. Assim, uma das ideias deste livro é a busca pelo conhecimento das facções como etapa preliminar ao seu enfrentamento.

A segunda linha de trabalho adotada refere-se à análise jurídica do fenômeno. As facções criminosas são modalidades de ORCRIMs. Essa é a premissa adotada. O desenvolvimento parte da necessidade de conceituação do que vem a ser uma ORGANIZAÇÃO CRIMINOSA, reduzida à sigla ORCRIM, no jargão policial, e a correlação ao fenômeno facções criminosas, para se verificar se a premissa é verdadeira. A organização criminosa é uma entidade formada por estamentos e organogramas, sendo mais uma pessoa de existência coletiva e fictícia (como uma empresa) do que a junção de pessoas físicas em busca de objetivos comuns, como é o caso de uma mera quadrilha (readequada juridicamente como associação criminosa, pela nova redação do artigo 288 do Código Penal). Há uma linha de evolução do conceito de concurso de pessoas, passando-se pela noção de mero concurso de pessoas (dois ou mais agentes em coautoria delitiva), associação para o crime (três ou mais agentes praticando delitos) e organizações criminosas. Basicamente o que diferencia o último conceito dos demais é a existência de *per si*, como entidade ficcional, independente das pessoas físicas que a constituem. As facções, principalmente as de expressão nacional (PCC e CV, por exemplo) existem independentemente de seus principais membros e lideranças. Essa é a grande dificuldade que o sistema oficial tem em reprimi-las. Não basta afirmar na Lei que a participação em facções criminosas é crime e que tais facções são ilegais, para que essas deixem de existir. A questão é mais complexa. De todo modo, a análise jurídica, a correlação entre as facções e as leis repressivas, especialmente com a Lei de Organização Criminosa, faz-se necessária por pelo menos dois motivos: a busca pela repressão objetiva a seus agentes identificados, com o máximo de rigor possível, e a verificação das lacunas da Lei, com indicação de modificações legislativas.

A terceira linha busca ser mais propositiva. Boa parte dos trabalhos relacionados às facções ou outras formas de entidades coletivas voltadas ao crime (milícias e organizações voltadas aos crimes de colatinho branco) limitam-se a apresentar o problema e a jogar a culpa no sistema e no Estado.

Quando apresentam proposições sobre o que pode ser feito, trazem conceitos impossíveis de serem aplicados na prática, como o fim do nosso sistema econômico (o capitalismo), mudança radical de comportamentos sociais (como o fim do uso de drogas) e ideias aceitas por todos, mas que, por serem genéricas, não têm praticidade imediata (melhoria da educação, redução da desigualdade etc). Partimos da premissa de que as facções são um problema do Estado brasileiro que atinge a todos e só pode ser vencida com a correlação de todos os setores do estamento social. Trazemos ideias já em debate ou em execução que podem dar resultados objetivos, traçando linhas de ação para o enfrentamento de facções criminosas. Quando um estudante recebe uma equação complexa de matemática para resolvê-la, não parte do todo. Primeiro, resolve as operações no interior de parênteses, depois no interior de colchetes e, por fim, no interior de chaves. Podemos usar o mesmo conceito no enfrentamento das facções. Por mais que essas entidades sejam pessoas coletivas (fictícias ou jurídicas), são formadas por pessoas físicas, que saem de uma família, de uma comunidade, de um bairro, de uma cidade, de um estado e pertencem a um país. A própria repressão necessita da individualização das condutas, conforme se verá abaixo. Se para se reprimir um facionado devemos imputar a ela atos que indiquem a sua vinculação à ORCRIM, obviamente devemos também conhecer os motivos que o levaram a se vincular a tal entidade e quem está no mesmo caminho, para impedir novos recrutamentos. Portanto, a linha de ação adotada por essa obra, quando às estratégias de enfrentamento das entidades citadas, é partir do indivíduo para atacar o coletivo.

Ainda sobre os aspectos ligados às estratégias de enfrentamento das facções criminosas, citamos alguns, para discussão ampla. A busca pela recuperação de famílias fragmentadas, de onde as facções retiram seus principais recrutas, é uma delas. A ocupação do território das facções também é discutida, mas não apenas a ocupação militar, mas com políticas públicas efetivas. A busca de apoio das comunidades ao poder público é discutida quando trazemos o conceito de polícia comunitária, e a necessidade de implementação de dois modelos de polícia, uma voltada para a comunidade, e outra voltada ao inimigo do Estado (facções e milícias), ou seja, uma resolve os problemas comuns, enquanto a outra é voltada para a repressão. Trazemos também discussão sobre a implementação do SUSP, Sistema Único de Segurança Pública, com as linhas de atuação do Município. Sobre esse ponto, frise-se que, em que pese estar na Constituição que o Município faz parte desse conglomerado de entes que devem trabalhar pela segurança pública, as leis nunca regulamentaram muito bem como seria essa participação municipal, sobretudo, quando sabemos que as guardas municipais não são realidade na maioria dos municípios brasileiros por uma questão administrativa, econômica etc. As competências municipais nunca ficaram bem delineadas, ou seja, não se sabe qual seria a sua participação na segurança, primordialmente também por que quando se fala em segurança pública junto vem a questão das polícias.

O SUSP tenta resolver os problemas acima, com o conceito de CIDADE SEGURA, com atuação das gestões municipais nessa área, através de políticas públicas coordenadas, indo já dos tradicionais serviços prestados pelos Municípios, e que impactam na segurança indiretamente (limpeza, iluminação, serviços sociais etc.) até novos serviços, como a implantação de Conselhos de Segurança, Ouvidorias e implementação e melhoria das guardas municipais.

Também trazemos discussões complementares em relação ao tema, como abolicionismo penal e política de desencarceramento; legalização das drogas; traficídio (homicídios relacionados ao tráfico de drogas), dentre outros. Na discussão de tais temas, buscamos trazer posições dicotômicas do ponto de vista ideológico, focados no pragmatismo que a ideia traz, em seu impacto social e exequibilidade.

O tema tratado nesta obra é complexo, necessitando estudo aprofundado para compreensão e para se traçar estratégias de enfrentamento. Aqui não se pretende esgotar o assunto ou, como se diz no jargão popular, *ninguém quer inventar a roda*. Trazemos alguns conceitos já consolidados quando se refere à facção criminosa, dentre outros ainda em análise e mutação jurídica e social. Os aspectos relacionados ao enfrentamento do fenômeno facções não são simplórios ou isolados. Alguns desses aspectos ou linhas de açã são mais simples, demandando apenas boa-fé e coordenação entre as forças já existentes. Outros demandariam mudança de paradigmas, incluindo revisão legislativa e até mesmo constitucional. De todo modo, a ideia central é discutir o tema proposto de forma ampla, ciente de que as facções criminosas são um problema social, político e criminal, que dependem da correlação de todas as forças oficiais para o seu enfrentamento e que, ao contrário do que se pode imaginar, é possível acabar com esse mal.

CAPÍTULO 2

DAS FACÇÕES CRIMINOSAS

2.1 Origem das facções criminosas brasileiras e causas de expansão

a) ORIGEM DAS FACÇÕES CRIMINOSAS: BREVE HISTÓRICO

As facções criminosas surgiram dentro dos presídios, como forma de auto-organização dos presos, visando, em um primeiro momento, à busca por melhorias internas e sobrevivência dentro do sistema prisional, e, em um segundo momento, à formação de grupos para atuação em diversos crimes, formando-se assim uma espécie de associação permanente para a prática de delitos e proteção dos seus agentes.

A primeira facção criminosa conhecida é o COMANDO VERMELHO, que surgiu no Rio de Janeiro. A sua origem está ligada com a união, dentro do Presídio da Ilha Grande, de presos comuns, vindos de morros cariocas, e de prisioneiros políticos, detidos com base na Lei de Segurança Nacional. Os presos trocaram experiência e passaram a se organizar para defesa de interesses mútuos dentro do Presídio, levando a organização para fora dos muros do sistema prisional.

O jornalista Carlos Amorim escreveu um livro-reportagem que explica a origem do Comando Vermelho. O autor aprofunda-se na relação de simbiose entre o preso comum e o preso político, explicando como vem a surgir o crime organizado no Brasil. Para Amorim,[3]

> os piores criminosos do Rio estão trancados nas quatro galerias que formam o presídio, contrariando tanto o projeto arquitetônico do prédio quanto as intenções da Justiça (...) a Ilha Grande se transforma num depósito para os mais perigosos. Vira prisão de segurança máxima. E ainda se comete o erro de juntar o bandido dito irrecuperável com o velho presidiário, que trabalha de colono nas lavouras em torno do presídio. Muitos homens condenados por crimes menores também enfrentam a convivência com o que há de pior nos arquivos do Tribunal de Justiça. A Ilha Grande ganha status de um curso de pós-doutorado no crime. Quem entra ladrão sai assaltante. Aquele que tentava a sorte sozinho sai chefe de quadrilha.

O livro-reportagem citado traz os elementos básicos que explicam a origem de praticamente todas as facções brasileiras. A junção de presos de periculosidade diferentes (*ladrão de galinha* e assaltante de bancos), a repressão do sistema prisional, a falta de dignidade humana dentro dos presídios, a corrupção do sistema e as linhas de oportunidades de lucro com o mercado negro são citados. Carlos Amorim cita a questão do uso da pobreza como escudo protetor por parte da facção. Cita a linha de ação do CV, no qual essa facção protegeria o pobre,[4] e que o crime organizado ocupa as lacunas de assistência social que o Estado vai deixando para trás, ao sabor da crise econômica ou da insensibilidade política. Segundo o autor, a dominação sobre as comunidades pobres passa quase que necessariamente por esse tipo de estratégia,

---

[3] AMORIM, Carlos. *Comando Vermelho*: a história secreta do Crime Organizado. Rio de Janeiro: Editora Record, 1993. p. 42.

[4] AMORIM, Carlos. *Comando Vermelho*: a história secreta do Crime Organizado. Rio de Janeiro: Editora Record, 1993. p. 136.

até porque o bandido mora na favela e é mais permeável às reivindicações do morador. A postura paternalista se mistura – até mesmo se confunde – com a aplicação da "lei do cão". E o favelado também compreende isso, numa aceitação de que a violência é natural num segmento da sociedade que já vive mesmo sem leis. A marginalização produz esse fenômeno social, ético e político.

No entanto, essa espécie de proteção dada pela facção ao membro da comunidade onde está instalada é falsa, pois após a sua instalação, e passada a fase de lua de mel, a realidade vem nua e crua, pois os moradores são utilizados como alvo humanos em operações policiais, são obrigados a esconder drogas e armas em suas residências a mando do tráfico, são obrigados a contratar os serviços prestados pelo crime, tais como internet, gás, água, tv a cabo, além de alugueis pelo uso de prédios comerciais. Sem falar que, contra a vontade dos pais, jovens são atraídos e seduzidos ao mundo do crime, recebendo represálias os genitores que intencionam demover os filhos de tal ideação.

Nessa toada as facções criminosas têm uma das características que é própria de grupos mafiosos, ou seja, a sensação de pertencimento a uma família, a um núcleo social que acolhe o delinquente e sua família, disseminando um sentimento de confiança. A máfia calabresa, 'Ndrangueta', por exemplo, introduziu no cenário quase místico das máfias uma mitologia positiva, retratando os criminosos residentes nas montanhas como combatentes da resistência contra a opressão do Estado, daí o nome 'Ndrangeta', que deriva de palavras gregas que significam 'heroísmo' e 'virtude'. Não à toa, a máfia há muito tempo já utilizava termos como "padrinho", "batismo", "*cosa nostra*" (coisa nossa), "afilhado" etc., justamente com esse intuito de fomentar uma relação próxima, de verdadeiro afeto entre os criminosos, impedindo ou dificultando a interferência de agentes externos ao grupo, por exemplo, o aparato policial. Neste ponto a *"ormetá"*, ou seja, a lei do silêncio, é um ingrediente a mais, também de inspiração mafiosa, que está presente nas facções criminosas brasileiras, que se traduz em uma barreira quase intransponível para o desvendamento de crimes praticados por esses agentes. Nas buscas e apreensões realizadas em presídios brasileiros, por exemplo, é comum encontrar listas de presos cadastrados de determinada facção criminosa, onde são denominados de "irmãos", que "lutam em conjunto contra a opressão", que atuam em "defesa da família", é um verdadeiro estatuto, um "código de ética" do crime, que organiza e digamos que até fideliza os seus integrantes.

Obviamente que tais palavras relacionadas a uma possível ligação familiar entre agentes criminosos não tem qualquer amparo na realidade prática. O alto índice de homicídios no Brasil, especialmente depois da expansão das facções, demonstra que essas entidades não possuem qualquer espécie de amor filial. Pelo contrário. Irmãos de crime se matam por qualquer motivo, e meras suspeitas de que algum desses traíram a família já fundamentam a pena capital, executada pelo tribunal do crime.

O que se afirmou acima se aplica também às demais facções, e não somente à primeira facção de expressão nacional apontada, ou seja, o CV.

A outra facção de abrangência nacional é o Primeiro Comando da Capital, ou PCC. Essa facção surgiu na tarde do dia 31 de agosto de 1993, durante um jogo de futebol na Casa de Custódia "Pinheirão".

Márcio Sérgio Christino e Claudio Tognolli, em um livro-reportagem chamado *Laços de Sangue*,[5] esclarecem todos os pormenores da fundação dessa entidade. Citam, basicamente, que já havia uma organização prévia, liderada

[5] CHRISTINO, Márcio Sérgio; TOGNOLLI, Cláudio. *Laços de Sangue*: a História Secreta do PCC. São Paulo: Matrix, 2017.

por José Márcio Felício, o Geleião, com o princípio de unidade entre presos para controlar os presídios, e que o fundador pretendia imitar o sindicato do crime liderado pelo americano Lucky Luciano.[6] Ou seja, a entidade nasceu já com uma ideia complexa, seguindo um modelo que dera certo em outro país.

Chistino e Tognolli explicam até mesmo a origem do nome da entidade:[7] "Numa reunião, às vésperas de um jogo de futebol e para decidir o nome do time, que seria também o nome do grupo, estabeleceu: — Ah, tem o Comando Vermelho, Comando isso, Comando aquilo (...) Põe o Primeiro Comando da Capital".

O nome foi dado por Geleião, antes de uma partida de um campeonato organizado entre os presos, com a autorização da gestão. Segundo os autores, já havia indicativos do surgimento de uma organização entre os presos, mas que foi na data de 31 de agosto de 1993 que a entidade se apresentou aos gestores do sistema e aos outros presos. Nessa data, os fundadores da facção (José Márcio Felício, César Augusto Roriz Silva, Ademar dos Santos, Antonio Carlos dos Santos, Wander Eduardo Ferreira, Isaias Moreira do Nascimento, Misael Aparecido da Silva e José Epifânio Pereira), antes do início da partida de futebol, mataram dois presos, que eram os entraves ao sistema de sindicato idealizado por Geleião, apresentando as armas com as quais a entidade lutaria pelas décadas seguintes: violência e união.

O Primeiro Comando da Capital é a maior organização criminosa do Brasil, atuando a partir de São Paulo e tendo

---

[6] Charles Luciano ou Lucky Luciano, nascido Salvatore Lucania (Lercara Friddi, 24 de novembro de 1897 – Nápoles, 26 de janeiro de 1962), foi um mafioso ítalo-americano, fundador do sindicato nacional do crime nos anos de 1930, em Nova Iorque. Após a sangrenta guerra Castellammarese entre Salvatore "Little Caesar" Maranzano e Giuseppe "Joe the Boss" Masseria pelo controle do submundo Nova Iorque, Luciano, ciente de que tais eventos seriam a destruição das famílias, passou a atuar para acabar com os conflitos, organizando um sindicato. Exterminou as famílias que se recusavam a se associar e dividiu as demais em cinco grupos, virando o *Capo di tutti capi* (Chefe de todos os chefes).

[7] CHRISTINO, Márcio Sérgio; TOGNOLLI, Cláudio. *Laços de Sangue*: a História Secreta do PCC. São Paulo: Matrix, 2017. p. 26.

como financiamento de sua organização o tráfico de drogas, roubo de cargas, assalto a bancos, sequestro e descaminho, dentre outros.

Diante do enfraquecimento do Comando Vermelho do Rio de Janeiro, que tem perdido vários pontos de venda de droga no Rio, o PCC aproveitou para ganhar campo comercialmente e chegar à atual posição de maior facção criminosa do país, com ramificações em presídios de vários estados do Brasil, como Mato Grosso do Sul, Paraná, Bahia, Minas Gerais e outros mais.

A partir do caso de sucesso do CV e PCC, surgiram dezenas de outras facções criminosas pelo país. O modelo, por ser um sucesso dentro do mundo do crime, expandiu-se rapidamente e tomou todo o território brasileiro.

Um fato ocorrido em 02 de outubro de 1992 abalou todo o sistema prisional brasileiro, ecoando consequências das mais diversas formas na criminalidade pátria. O massacre do Carandiru, como ficou conhecido mundialmente, foi uma ação estatal no sentido de frear uma briga entre grupos rivais que ocorria na casa de detenção de São Paulo, a atuação policial sem planejamento acabou na morte de 111 detentos. Tal episódio, sem dúvida, fez com que a médio e longo prazo as principais lideranças criminosas do país passassem a organizar o crime, dentro e fora do sistema prisional, isso no afã de protegerem-se da atuação estatal, entendida por eles como opressora, guarnecer as necessidades dos criminosos e de seus familiares *intra* e extramuros, assim como implementar estratégias comerciais na atividade criminosa.

As facções criminosas surgiram dentro das prisões, consolidando-se lentamente, até o pleno domínio das ruas. As entidades, assim, têm dois objetivos básicos, relacionados ao sistema prisional: o primeiro, como citado, é consolidar o domínio das ruas, usando os presídios como espécies de escritórios onde centralizam as decisões. O outro objetivo é a dominação e direção dos presídios, de forma a ter as regalias de um cidadão livre extramuros (uso de álcool e drogas; mulheres, entretenimento como acesso a TV, vídeos, celulares, comércio e tudo o mais, incluindo a liberdade pontual, através das saídas temporárias). *As facções não querem ordem e a garantia de seus direitos, pelo contrário. Seu poder se expande dentro do caos, que, na maioria das vezes, é provocado (queima de colchões, destruição de celas e espaços comuns etc.). Basta observar que os grandes traficantes, como Fernandinho Beira Mar, Marcola e outros, quando estão em presídios federais, os quais ostentam limpeza, organização, salubridade, espaço etc., só reclamam que não têm mais acesso às regalias de outrora.* Assim, a grande questão não é o ambiente insalubre do sistema, o cerne, mas a liberdade que os presos querem continuar a ter, mesmo dentro do sistema prisional, o que de fato amedronta e revolta os aprisionados.

Em entrevista ao Programa Jornal da Record,[8] exibida em 07 de junho de 2017, o traficante Luiz Fernando da Costa, conhecido como Fernandinho Beira-Mar, preso número um dos presídios federais de segurança máxima, no Brasil, revelou detalhes de seu cotidiano atrás das grades. Segundo a reportagem, durante 22 horas de seu dia, Fernandinho passa sozinho na cela e sai, apenas, por duas horas para banho de sol, mas só algemado. Ele tem uma definição para o presídio: *uma fábrica de fazer loucos.*

Em suma, o caos e desordem favorecem as facções, que usam essa questão fática para provocar motins, extorquir outros presos, consolidar suas lideranças, executar desafetos ou inimigos faccionados e para negociar regalias. *A resposta do Estado deve ser a IMPOSIÇÃO DA ORDEM, que inclui a limpeza, disciplina e rigor dentro do sistema, sem concessão de regalias,*

---

[8] JORNAL DA RECORD. Série JR: Fernandinho Beira-Mar revela como é a rotina na cadeia. *Youtube,* 07 jun. 2017. 10min:09s. Disponível em: https://www.youtube.com/watch?v=rAtwUBqeoFw. Acesso em: 22 out. 2022.

cumprindo assim o dever do sistema prisional, que é fazer com que os apenados tenham suas penas executadas através do sistema retributivo, permitindo que se ressocialize, acaso tenha a motivação pessoal para tanto, já que a chamada recuperação social é uma mão de via dupla, dependente da ação do Estado, mas também do egresso do sistema.

b) CAUSAS DE EXPANSÃO

Alguns fatores explicam a expansão das facções criminosas pelo país, podendo ser citados:

i) A falta de sistemática do combate ao crime organizado.

Cada Estado-Membro cuida da segurança pública de forma isolada, sem articulação nacional, sobretudo, ainda na pouca ênfase que é dada à expropriação patrimonial desses grupos criminosos, passando-se uma mensagem subliminar de que, na equação do crime, esse compensa e recompensa, pois diante das probabilidades de insucesso na empreitada criminosa, a prospecção maior é a de auferimento rápido e vultoso de lucros.

Tal ausência de sistemática resulta em entidades que não trocam informações e estratégias entre si. Tal problema decorre de uma visão arcaica de combate ao crime, que consegue reprimir pessoas físicas (mesmo com falhas), mas não pessoas jurídicas (tomando-se por verdadeira a premissa de que as facções são pessoas jurídicas ou ficcionais, mesmo que informalmente). Assim, atuando nas sombras, as facções se expandiram e se consolidaram. Pouco foi feito no sentido de sistematizar o combate a essas entidades, já que cada Estado-Membro ainda tem suas próprias estratégias, raramente se noticiando operações conjugadas entre diferentes entes federativos.

Se a união faz a força, a premissa inversa também é verdadeira. Aproveitando-se da fraqueza do Estado e de seus entes federativos, o Primeiro Comando da Capital se expandiu. Não se pode esquecer que o Estado é formado por pessoas, que têm o direito natural a temer pela própria integridade. Policiais, promotores, juízes e demais agentes responsáveis pelo poder repressivo do Estado, sem a devida proteção, tendem a ceder. No famoso filme "Tropa de Elite",[9] o personagem central faz um monólogo sobre o crime, afirmando que uns se omitem, outros se vendem e outros vão para a guerra (seu caso). *A maioria dos agentes operacionais do Estado se omite, já que ninguém tem o dever de ser mártir ou herói. É aí que nasceu uma estratégia usada pelo PCC, no enfrentamento ao Estado: esse sempre cede.*

Pode-se afirmar que o PCC cresceu dentro do vazio, desenvolvendo uma ideologia própria, resumidas por Christino e Tognolli[10] a partir da análise da ação de José Márcio Felício, o Geleião:

> É daqui que se podem tirar as duas grandes leis que eles usaram (fundadores, grifos nossos) e que foi o norte do Primeiro Comando da Capital, antes mesmo de receber o nome. O primeiro item que ele (Geleião, grifos nossos) estabelece é sempre que existirem as condições você deve liderar, e, uma vez que você lidere, os outros vão te seguir. Lidere que os outros o seguirão. Essa é a primeira questão que ele apresenta, ou seja, ele se coloca numa posição de líder e se mantiver, terá o apoio de todos, então persiga a liderança. A segunda questão era: fazendo pressão, o Estado cede; o Estado como entidade política não aguenta, não suporta a pressão. Então, uma vez que você lidere, faça pressão que você consegue seu objetivo.

---

9 *TROPA de elite*. Direção de José Padilha. Rio de Janeiro: Globo Filmes, 2007. Disponível em: https://filmow.com/tropa-de-elite-t1131/ficha-tecnica/. Acesso em: 22 out. 2022.

10 CHRISTINO, Márcio Sérgio; TOGNOLLI, Cláudio. *Laços de Sangue*: a História Secreta do PCC. São Paulo: Matrix, 2017. p. 69.

O Estado falhou e falha até o momento em coordenar ações contra essas entidades, impedindo exatamente o que o fundador do PCC pregou, ou seja, deixando espaços para o surgimento de lideranças e cedendo às pressões geradas por tais lideranças.

Também não se pode esquecer que algumas ações do próprio Estado ajudam, mesmo que indiretamente, as facções. Citamos dois casos relacionados ao Rio de Janeiro, e das suas principais organizações, especialmente o COMANDO VERMELHO, AMIGOS DOS AMIGOS e TERCEIRO COMANDO.

O primeiro, refere-se ao acordo tácito realizado pelo Governador Leonel Brizola (governador do Rio de Janeiro entre março de 1983 e março de 1987) com as facções, no intuito de se evitar o confronto violento entre Estado e criminosos. *Vide* o que Luiz Fernando Ramos Aguiar[11] diz sobre o assunto:

> Brizola iniciou essa política sem nenhum embasamento técnico. Em vez de combater eventuais abusos, ele foi pela política de não-intervenção. As facções, durante muitos anos, foram buscando convencer a população distribuindo cestas básicas, controlando os serviços de fornecimento de gás, água potável e, com isso, acabaram tomando a função do Estado. O problema é que a lei é [supostamente representada por] eles. Os territórios ficaram dominados e a própria a população acabou tornando-se escrava do crime organizado.

A polícia passou a ser impedida de atuar nas comunidades dominadas pelas facções, sendo essa uma das fortes razões para o crescimento dessas entidades nos morros do Rio de Janeiro.

O outro caso refere-se à atuação do Supremo Tribunal Federal que, no ano de 2019, na ADF nº 635, passou a

---

[11] SESTREM, Gabriel. Como o narcotráfico levou o Rio de Janeiro a uma guerra urbana sem precedentes. *Gazeta do Povo*, 26 maio 2021. Disponível em: https://www.gazetadopovo.com.br/vida-e-cidadania/narcotrafico-rio-de-janeiro-guerra-urbana/. Acesso em: 22 out. 2022.

praticamente proibir a subida da polícia nos morros cariocas, sob o argumento, em suma, de "diminuir os altos índices de letalidade policial, em decorrência do uso desproporcional das forças de segurança contra a população das favelas".[12]

Em consequência dessa decisão, essas facções aumentaram seu poderio e dominação nesses territórios, passando a se transformar, inclusive, em esconderijo de outros líderes criminosos que migraram de outras regiões do país para o Rio de Janeiro, contando com essa proteção indireta promovida pelo Supremo Tribunal Federal.[13]

O CNJ publicou, em abril de 2024, relatório decorrente de informações coletadas pela Polícia do Rio de Janeiro, confirmando tais fatos, ou seja, que, protegido pela omissão do Estado, o Comando Vermelho expandiu seu território de atuação, conquistando áreas onde não atuava anteriormente.[14]

De todo modo, apesar da afirmação de que o Estado tem responsabilidade na expansão das facções criminosas, especialmente pela ausência de coordenação de ações, podemos também afirmar que nos últimos anos algumas medidas têm sido adotadas. Dentre essas, podemos citar a importante

---

[12] ALVES-MARREIROS, Adriano (Org.). *Guerra à polícia*: reflexões sobre a ADPF 635. 1. ed. Campinas: Editora E.D.A., 2021. Sinopse da obra: "Neste livro, diversos profissionais do direito – todos preocupados com a Sociedade, todos preocupados com as vítimas inocentes e não só com seus algozes – falam das raízes e dos frutos da juristocracia; do ativismo judicial que gradativamente levou a ela e da guerra à polícia. Os autores tratam, em especial, da ADPF 635 que visa ao fim das operações policiais nas favelas, durante a pandemia, e à suspensão do uso de helicópteros como plataformas de tiros, o que pode resultar em grandes zonas liberadas para o domínio pleno de facções criminosas – um verdadeiro Estado paralelo – oprimindo a população e causando perigo para todos, gerando um incremento nas mortes de policiais ou tornando inviáveis as operações".

[13] CRUZ, Adriana. Traficantes de outros estados escolhem Rio como refúgio, diz polícia. *Portal Metrópoles*, 19 jun. 2021. Disponível em: https://www.metropoles.com/brasil/traficantes-de-outros-estados-escolhem-rio-como-refugio-diz-policia Acesso em: 22 out. 2022.

[14] Comando Vermelho se expande após decisão do STF, diz polícia. *O Antagonista*, 10 abr. 2024. Disponível em: https://oantagonista.com.br/brasil/comando-vermelho-se-expande-apos-decisao-do-stf-diz-policia/#:~:text=A%20ADPF%20n%C2%BA%20635%20restringiu,da%20situa%C3%A7%C3%A3o%20de%20emerg%C3%AAncia%20sanit%C3%A1ria. Acesso em: 11 abr. 2024.

inovação trazida pelo pacote Anticrime, que é a possibilidade do confisco alargado, em que não obstante o embranquecimento do capital ilícito através de modernas técnicas de lavagem de dinheiro, pode ser objeto de confisco estatal, mesmo que não se consiga provar a ligação direta da evolução patrimonial com o delito, mas faça-se presumir a origem ilícita pela falta de um mínimo de comprovação da origem lícita do patrimônio, podendo atingir, inclusive, com o fito de desestabilizar tais organizações, o patrimônio lícito que teve origem em um enriquecimento sem razão satisfatória, conforme reza o art. 91-A do Código de Processo Penal, para tanto, deve apurar a diferença entre o valor do patrimônio do condenado e aquele que seja compatível com o seu rendimento lícito.

A aplicação dessa técnica além de outras indicadas poderá impedir a expansão e corrigir a omissão estatal nessa seara.

Também, visando acabar com os chamados vazios de poder, tão bem sintetizados por Geleião, é preciso alargar a atuação de forças coordenadas de segurança, combatendo as facções através de diversas entidades e agentes, já que o coletivismo da força demonstrada garante a proteção individual a cada um de seus membros.

Além disso, podemos citar o caso de sucesso de Nova York, ao conseguir vencer ou reduzir substancialmente o poder da MÁFIA (CINCO FAMÍLIAS),[15] após os anos 70. O enfrentamento da *cosa nostra* passou, substancialmente, pelo ataque ao patrimônio de criminosos e seus familiares e o agravamento da legislação punitiva, através da LEI R.I.C.O.,[16]

---

[15] Cinco Famílias. In: *WIKIPÉDIA*: a enciclopédia livre. Disponível em: https://pt.wikipedia.org/wiki/Cinco_Fam%C3%ADlias Acesso em: 16 nov. 2022.

[16] *Racketeer Influenced and Corrupt Organizations, (RICO) Act is a United States federal law that provides for extended criminal penalties and a civil cause of action for acts performed as part of an ongoing criminal organization.* Basicamente, a Lei criou parâmetros para combater organizações corruptas relacionadas com atos de extorsão e outras formas de banditismo, e foi bastante eficaz no desmembramento de tais famílias criminosas.

além de uso das chamadas forças tarefas, coordenadas por procuradores federais, comissões do Congresso e FBI. O Estado brasileiro pode usar tais modelos de combate às máfias, fazendo as devidas adaptações ao nosso sistema legal.

ii) O aumento do mercado consumidor de drogas.

Houve um substancial aumento do consumo de cocaína e seu substrato, o crack, no país, fazendo o Brasil sair de mercado essencialmente exportador para ser um importante mercado de consumo.

Vide o que afirmam Manso e Dias:[17]

> Conforme o avanço do PCC pelas fronteiras evoluía, era possível identificar mudanças no mercado de drogas brasileiro. Um dos reflexos da expansão dessa rede de vendas aparecia nas cenas de consumo das cidades. Levantamento feito pelo Escritório das Nações Unidas sobre Drogas e Crime (UNODC) identificaram o aumento do consumo de cocaína no Brasil, transformando o mercado nacional num ponto fora da curva em relação ao restante do mundo (...) As estimativas mostram que cerca de 1,75% da população adulta brasileira é atualmente consumidora da droga, em pó ou em pedra.

Além de citarem o aumento do consumo, citam uma consequência natural desse processo, que é a interiorização do mercado consumidor, já que a pedra (crack) geraria problemas em 98% do total de 3.950 municípios levantados.

Considerando que o Brasil possui uma população estimada de 210 milhões de habitantes, ainda prioritariamente jovem, ao contrário dos tradicionais mercados consumidores de droga (Europa e Estados Unidos), resta *evid*ente que o

---

[17] MANSO, Bruno Paes; DIAS, Camila Nunes Guerra. *A ascensão do PCC e o mundo do crime no Brasil*. 1. ed. São Paulo: Todavia, 2018. p. 173.

mercado de cocaína e crack têm grande consumo interno. Os motivos do aumento de consumo são questões que demandam estudos sociais mais complexos, que fugiriam da objetividade deste trabalho. O que devemos considerar é que a pulverização do mercado consumidor favoreceu a expansão das facções criminosas, especialmente o PCC, que, antes concentrado em capitais e grandes cidades, passou também a atuar em pequenos municípios, em uma escala de dominação total do território brasileiro.

Não há levantamentos consolidados ou estimativas reais do número de usuários de crack no Brasil, mas basta dar uma volta no centro de São Paulo ou outra capital para se perceber a existência de um verdadeiro exército de viciados, que agem como zumbis, muitas vezes sem qualquer percepção de sua condição humana. O desembargador do TJSP, Machado de Andrade, nos autos da Apelação nº 0000363-13.2017.8.26.0318,[18] afirmou que:

> uma pessoa que transforma seu semelhante num morto vivo, ou seja, um verdadeiro zumbi, como os que se vê na mídia, principalmente televisiva, indivíduos convivendo juntos na maior sujeira e promiscuidade, sendo que os locais onde essas pobres almas habitam, tem que ser constantemente lavado, com jatos de água e detergentes, pela Prefeitura Municipal, a fim de remover o fedor que exala do chão devido às secreções e excrementos que essas pessoas deixam naqueles locais. Tudo o que disse acima, e que é do conhecimento de todos, acontece por apenas uma razão, devido à ação de pessoas destituídas de qualquer sentimento de amor ao próximo, como é o caso do traficante e, nesses autos, do acusado.

Conforme citado pelo nobre desembargador, os traficantes produzem uma gama de zumbis, que ocupam os centros

---

[18] BRASIL. Tribunal de Justiça. *Apelação nº 0000363-13.2017.8.26.0318*. Relator: Machado de Andrade, 24 maio 2018. Disponível em: https://www.conjur.com.br/dl/acordao-tj-sp-desembargador-machado.pdf. Acesso em: 16 nov. 2022.

das grandes cidades, mas que, em decorrência da expansão das facções pelo país, também têm tomado pequenos municípios, antes alheios à questão das drogas.

Os usuários zumbificados praticam toda sorte de atos que atentam contra a própria dignidade (sexo em locais públicos, higiene inadequada etc.) e contra terceiros, incluindo a propriedade privada e o direito de ir e vir dos demais cidadãos. Não há solução simples para o problema do aumento de consumo de drogas, mas o processo só pode ser revertido com campanhas contra as drogas, tratamentos médicos e assistência social, além da retirada progressiva desses usuários das ruas e punição eficaz dos traficantes.

iii) O aumento substancial da população carcerária.

Apesar de haver discordância sobre o número exato de presos no Brasil, já que há grande rotatividade no sistema prisional, é pacífico que houve um aumento substancial da população carcerária. O Departamento Penitenciário Nacional (Depen) aponta que, nas últimas décadas, a população carcerária triplicou, saltando de 232.755 pessoas em 2000 para 773.151 em 2019.[19] Haveria ainda um déficit de 212 mil vagas.[20] Soma-se a esse déficit o número de mandados de prisão em aberto, que se chegaria a uma necessidade de criação de mais de meio milhão de novas vagas.

A superlotação potencializa os problemas do grande encarceramento: diversas unidades com enormes celas coletivas, em que os detentos ficam amontoados, muitos dormem no chão, brigam por colchonetes se desfazendo.

---

19 OHANA, Victor. Número de encarcerados triplicou entre 2000 e 2019 no país, diz Depen. *Portal Carta Capital*, 14 fev. 2020. Disponível em: https://www.cartacapital.com.br/sociedade/numero-de-encarcerados-triplicou-entre-2000-e-2019-no-pais-diz-depen/. Acesso em: 26 set. 2022.

20 Disponível em: https://www.gov.br/depen/pt-br/servicos/sisdepen. Acesso em: 26 set. 2022.

Proliferam-se as doenças de todo tipo. Faltam médicos, psiquiatras, psicólogos para atender essa população que não para de crescer. Acirram-se a violência e as disputas internas, um desafio à segurança. A superlotação, inevitavelmente, vem acompanhada de maus-tratos, doenças, motins, rebeliões e mortes em muitos estados do país.

O aumento da população carcerária demanda análise crítica, evitando-se argumentos falaciosos e que destoam da realidade. Diversas hipóteses são levantadas, podendo-se citar: i) O aumento da população carcerária é uma consequência natural da expansão das facções? ii) Haveria uma relação direta entre o aumento do crime, impulsionado pelas facções, com a resposta repressiva por parte do Estado, que gera, em decorrência, aumento da quantidade de presos? iii) o Estado prende demais? E, sendo verdadeira essa premissa, quais crimes deveriam deixar de serem motivos para a prisão? iv) como otimizar o sistema prisional, criando mais vagas ou reduzindo a população prisional? v) como controlar o predomínio das facções dentro do sistema prisional, com ou sem aumento de vagas?

Lembremos que o Brasil tem um índice médio de 50 mil homicídios por ano, chegando ao ápice da contagem histórica no ano de 2017, que foram registradas mais de 60 mil vítimas de homicídio no Brasil,[21] com um total desde o acompanhamento dos números a partir de 2007, de mais de 800 mil pessoas que tiveram a vida ceifada por um homicida.

Levando-se em conta que, de todos os crimes, o que apresenta a estatística mais fidedigna a realidade é o crime de homicídio, visto que o extermínio definitivo de uma vida humana reflete em inúmeros contextos, do social, familiar ao

---

[21] MACIEL, Camila. Brasil bate recorde de mortes violentas em 2017. *Agência Brasil*, 17 jan. 2019. Disponível em: https://agenciabrasil.ebc.com.br/direitos-humanos/noticia/2019-01/brasil-bate-recorde-de-mortes-violentas-em-2017. Acesso em: 22 out. 2022.

econômico, não havendo, regra geral, como escamotear tais dados, verifica-se que a criminalidade brasileira é altíssima, assemelhando-se, ou melhor, superando número de mortos em zonas de conflito permanente, como na região entre Israel e o Estado Palestino.

Registre-se que, fora os homicídios, há outros delitos também muito graves, como o latrocínio, o estupro, o sequestro, o assalto a banco em ações conhecidas como "Novo Cangaço", assim como o tráfico organizado de drogas, que somam a esses dados da criminalidade extremamente violenta. Ademais, há outros crimes, sobretudo, delitos contra o patrimônio, muitas vezes praticados por verdadeiras ORCRIMs especializadas, que sequer passam pelo radar dos dados de segurança pública, seja porque as pessoas não acreditam no aparato estatal para a resolução desses crimes, seja porque muitas vezes se custa mais caro procurar o burocrático, lento e lerdo aparato estatal que causa mais prejuízos às vítimas, visto que necessitam de gasto de tempo e recursos para pleitear os seus direitos.

Assim, criminosos beneficiam-se desse misto de benevolência das vítimas, junto à ineficiência da atuação do aparato persecutório criminal do Estado, somadas à leniência das leis postas, para chegarem à conclusão de que o crime não somente compensa, mas também recompensa.

Vejamos que numa simples olhada no nosso Código de Penal, menos de 3% das infrações penais preveem cumprimento de pena privativa de liberdade em regime inicialmente fechado, somados a institutos despenalizadores como o SUSPRO, SURSIS, ANPP, concluímos que raramente uma pessoa pode ser mantida presa no Brasil, o que por via reflexa leva a crer que, quem está preso, está porque praticou crimes muito graves. E, ainda, levando-se em conta que a maioria esmagadora dos homicídios (95%) no total se transforma em processos com desfecho sem indiciamento, por autoria desconhecida, verifica-se de forma nua e crua como o

Brasil é, na verdade, o país da impunidade, um país que pune pouco ou quase não pune os seus delinquentes.

Sobre o tema, Bruno Amorim Carpes[22] afirma:

> Em outras palavras, verifica-se que os condenados criminalmente permanecem pouquíssimo tempo no sistema prisional, o que demonstra a falta de efeito intimidatório/dissuasório, inerente à pena de prisão por tempo prolongado, conforme alertava o Nobel Gary Becker). No Brasil, após condenado vêm a enxurrada de benefícios na execução da pena, desde a progressão de regime (sistema adotado no mundo no Brasil e mais dois países), ao livramento condicional, passando por outras benesses tais como remição de pena e saídas temporárias, passando a clara tese para os criminosos que as penas podem até ser duras, mas o sistema cuida de amolecê-las.

Carpes cunhou um termo que se mostra bem adequado para o nosso sistema punitivo, em que o autor diz que "o sistema penal brasileiro é uma porta giratória", afirmando que criminosos passam pouco tempo no cárcere, ou seja, bem menos do que as penas que lhes são impostas nas sentenças condenatórias e que, depois de soltos, votam a delinquir e a retornar para o sistema, na grande maioria das vezes, encontrando com velhos comparsas do mundo do crime. O grande problema é que, desde a saída até o retorno ao cárcere, os criminosos praticam inúmeros crimes, de tal maneira que, geralmente, só são pegos por puro azar ou quando negligenciam nos artifícios de suas empreitadas.

Assim, apesar de afirmarmos que o aumento da população carcerária impactou na expansão das facções, não podemos agir de forma irresponsável, reduzindo tal população sem qualquer critério lógico ou sem o estudo de

22 CARPES, Bruno Amorim. *O mito do encarceramento em massa*. 1. ed. Campinas: Editora E.D.A., 2021.

impacto social. Alguns advogam a simples SOLTURA EM MASSA DE PRESOS, como se, em um passe de mágicas, o crime fosse acabar.

Sobre as questões levantadas, podemos concluir que:

1) o aumento da população carcerária é uma causa e consequência da expansão das facções, seja influenciando a prática de novos crimes (*vide* abaixo o capítulo relacionado ao empoderamento do criminoso) seja se alimentando do aumento de novos presos, recrutando-os e mantendo-os no mundo do crime. Trazemos o exemplo do PCC, que proíbe a saída do membro,[23] salvo quando esse quitar suas dívidas (na prática é quase impossível, especialmente quando se trata de dívidas de drogas) e sair do mundo do crime (virando "crente", por exemplo), dependendo ainda da boa vontade do SINTONIA da área para conseguir a autorização. Importa em afirmar que as facções impedem a ressocialização dos egressos do sistema, mantendo-os em uma espécie de cárcere permanente, indicando uma única forma de sair das facções: a morte. Segundo o UNODC,[24] sistema de dados do Escritório das Nações Unidas para Crimes e Drogas, o Brasil responde por 20,4% dos homicídios no mundo, mesmo tendo apenas 2,7% dos habitantes do planeta. Enquanto, em 2020, em 102 países morreram 232.676 pessoas, só aqui foram quase 48 mil óbitos. O anuário revela que, em números absolutos, o Brasil lidera o ranking mundial de homicídios e é o oitavo país mais violento do mundo. Em volume de registros, apenas Índia (40.651) e México (36.579) possuem números tão grandes

---

[23] SANTIAGO, Abinoan. Monitoramento, testes e até tribunal: quem entra em facção pode sair? *Portal Uol*, 24 jul. 2023. Disponível em: https://noticias.uol.com.br/cotidiano/ultimas-noticias/2023/07/24/quem-entra-em-faccao-pode-sair.htm. Acesso em: 14 set. 2024..

[24] RIBEIRO, Joyce. Mortes violentas caem, mas Brasil concentra 20,4% dos homicídios do planeta, indica estudo. *Portal R7*, 03 abr. 2024. Disponível em: https://noticias.r7.com/cidades/mortes-violentas-caem-mas-brasil-concentra-204-dos-homicidios-do-planeta-indica-estudo-28062022. Acesso em: 02 set. 2024.

quanto os do Brasil. A ação das facções tem relação com a ESTABILIDADE DO NÚMERO DE ENCARCERADOS, já que, mesmo que o preso cumpra sua pena, dificilmente deixará de voltar ao sistema penal, pois o sistema das facções o incentiva ou obriga a se manter no mundo do crime. Também tem relação direta com a QUANTIDADE DE MORTES no Brasil. Em analogia com o que ocorre com os cartéis mexicanos, a morte é a porta de saída das entidades criminosas, com baixíssima recuperação social, salvo em locais onde as facções são extirpadas completamente;

2) há, naturalmente, uma relação direta entre a ação das facções e a repressão do Estado, que geram o aumento da população carcerária. Ora, mais crimes graves sendo praticados demandam uma ação mais dura por parte das entidades oficiais, que geram mais presos. Mas, como citado acima, o maior problema não é esse. É a alta rotatividade de presos dentro do sistema. Se um faccionado, membro do Tribunal do Crime, preso por homicídio (traficídio) fosse mantido preso, antes, durante e após o curso do processo, até o efetivo cumprimento da pena, dificilmente praticaria outro homicídio, especialmente se fosse devidamente monitorado dentro dos presídios;

3) O Estado não prende demais. *A população carcerária brasileira é inferior a meio por cento da população. Aqueles que comparam a população carcerária do país com outras nações, usando os números totais, sem levar em conta aspectos como o perfil populacional e a respectiva proporcionalidade, atua de má-fé.* Levando-se em conta a quantidade de homicídios praticados a cada ano, dentre outros crimes graves (roubo, estupro, extorsão, sequestro, tráfico etc.), na verdade chegamos à conclusão diversa, ou seja, de que o Estado prende pouco. *A discussão sequer deveria ser essa. Deve ser mais objetiva, especialmente relacionada à efetiva aplicação da Lei de Execuções Penais, com separação de presos por periculosidade e atuando*

no sentido de evitar que o sistema continue a ser uma PORTA GIRATÓRIA, com excessiva entrada e saída de presos. Deve-se enxugar o sistema, retirando do cárcere aqueles que têm potencial de serem ressocializados, mesmo que tenham praticado crimes graves (fora da reiteração e depois de cumprida a pena base) e mantidos no cárcere àqueles que não tem qualquer potencial de viver em sociedade;

4) O Estado deve otimizar o sistema prisional, criando vagas e readequando as existentes, de forma a manter o controle dos presos e aplicar os preceitos da Lei de Execuções Penais. O Estado deve atuar de forma coordenada. Se prevê crimes graves em sua legislação, deve reprimir, inclusive com a prisão, tais crimes, além de prever onde serão alocados tais presos. Isso se chama otimização. E é a única forma de impedir a atuação de facções criminosas dentro do sistema prisional, acabando com a solução absolutamente ilógica de manter presos separados por facções, que é um atestado de incompetência por parte do Estado brasileiro. Há inclusive PROJETO DE LEI (PL nº 2174/2019) na Câmara dos Deputados com a proibição da classificação e divisão de presos por facções.[25] Acrescente-se também a necessidade de melhoria de pessoal e simplificação dos chamados PADs (Procedimento Administrativo Disciplinar)[26] para apurar práticas de violência

[25] BRASIL. Câmara dos Deputados. *Projeto de Lei nº 2.174, de 2019*. Introduz modificações na Lei nº 7.210, de 11 de julho de 1984, objetivando resguardar a aplicação dos critérios legais relativos a classificação e separação dos condenados e internados nos estabelecimentos penais do País. O Congresso Nacional decreta: Art. 1º. Esta Lei dispõe sobre a proibição de classificação e separação dos condenados e internados nos estabelecimentos prisionais do País em desconformidade aos critérios legais atualmente previstos na Lei nº 7.210, de 11 de julho de 1984 – Lei de Execução Penal.
JUSTIFICAÇÃO: A política de separação de presos por facções criminosas não guarda previsão legal e tem acarretado graves problemas para a segurança pública e para a segurança dos próprios estabelecimentos prisionais, eis que possibilita que os líderes e membros desses grupos criminosos possam se organizar e se fortalecer, aumentando seu poder dentro e fora das penitenciarias.

[26] Em complemento, *vide* Súmula 533 do STJ, que ganhou a seguinte redação: "Para o reconhecimento da prática de falta disciplinar no âmbito da execução penal, é imprescindível a instauração de procedimento administrativo pelo diretor do estabelecimento prisional,

dentro do sistema prisional, uma vez que, sem tais PADs os faccionados conseguem as chamadas DECLARAÇÕES DE BOM COMPORTAMENTO CARCERÁRIO, que são essenciais para a progressão de regime e saídas temporárias.

Em conclusão a esse tópico, citamos a lição de Roberto Motta,[27] em *A Construção da Maldade*:

> Uma parte significativa dos criminosos não se regenera. Para muitos indivíduos, o crime é uma ocupação como qualquer outra. Criminosos profissionais fazem do assalto, do sequestro, da extorsão e da venda de drogas meios de ganhar a vida. Muitos desses criminosos simplesmente nunca tiveram uma atividade lícita e, sempre que virem uma oportunidade, praticarão crimes. Alguns homens e mulheres não entendem a importância de controlar seus impulsos. A falta de barreiras morais e a incapacidade de se coloca no lugar do outro fazem com que eles não hesitem em recorrer ao crime para satisfazer suas necessidades de dinheiro, status e sexo. A única coisa que pode parar esses criminosos é um encontro com a polícia e a prisão. Essa é a realidade em todos os países – uma realidade cada vez mais ignorada no Brasil em nome da ideologia.

A prisão serve, primordialmente, para impedir a reiteração delituosa, já que cautelares diversas do encarceramento ou penas alternativas não têm tal capacidade. Podemos lembrar aqui a obra de William Golding, *O Senhor das Moscas*, que mostra como seres humanos, sem qualquer noção de coerção coletiva (como a prisão) tendem a recrudescer do ponto de vista evolucional, imperando-se pelo uso da violência e da destruição do semelhante. Achar que todos os criminosos são

---

assegurado o direito de defesa, a ser realizado por advogado constituído ou defensor público nomeado". A dificuldade prática, por falta de pessoal e o excesso do rigor legal e jurisprudencial para punir presos que praticam faltas graves (incluindo homicídios dentro dos presídios) acabam favorecendo as facções, que não se inibem em praticar crimes dentro do sistema prisional.

[27] MOTTA, Roberto. *A Construção da Maldade*: como ocorreu a destruição da segurança pública brasileira. Timbó: Ed. Aves Raras, 2022.

recuperáveis e vítimas da sociedade ou do sistema econômico vigente é agir, no mínimo, com manifesta ingenuidade.

iv) A vulnerabilidade das fronteiras brasileiras.

Sendo o Brasil um país de dimensões continentais, possui uma das maiores fronteiras do mundo, tanto terrestre quanto marítima. Tais fronteiras são uma espécie de esponja, onde passam pessoas, veículos, armas, drogas e diversos produtos contrabandeados ou decorrentes de descaminho (produtos piratas, cigarros etc.). Por essas faixas de terra ou água entram grande parte da maconha produzida no Paraguai e na Bolívia, assim como cocaína advinda do Peru e da Colômbia, além de armas contrabandeadas que alimentam o poderio bélico dos grupos criminosos, sobretudo os estabelecidos em favelas do sudeste do país.

As vulnerabilidades das fronteiras foram exploradas pelas facções criminosas. Se, até meados dos anos 90, as vulnerabilidades serviam mais para a prática de descaminho, com entrada de produtos piratas no Brasil (sacoleiros), atualmente são exploradas para entrada no país de toda sorte de contrabando, especialmente armas e drogas. Como será tratado abaixo, as principais facções brasileiras (CV e PCC) disputam as principais rotas de entrada de drogas no Brasil, especialmente a chamada ROTA CAIPIRA e a ROTA SOLIMÕES, gerando um permanente estado de guerra, com eventuais períodos de trégua.

O Brasil possui quase 17 mil quilômetros de fronteira com outros países (10 países), só perdendo em fronteiras terrestres para a China e a Rússia, o que é um obstáculo quase que intransponível se formos pensar em combater o crime organizado (facções), olhando preponderantemente para esse ponto de vulnerabilidade. É bem verdade que as fronteiras de um país devem ser monitoradas e cuidadas, mas buscar um controle efetivo de uma área tão ampla, permeada por rios, florestas, montanhas, rotas pluviais que se modificam a cada estação, regiões com reservas indígenas, caminhos, estradas vicinais etc., como meio eficaz para o combate às facções criminosas, talvez seja um tanto quanto utópica, notadamente, quando vemos, por exemplo, o caso dos EUA com o México, onde não obstante a fronteira entre ambos ser bem menor (pouco mais de 3 mil quilômetros) e, apesar do investimento massivo em segurança, além de punições severas a imigrantes ilegais, mesmo assim essa tela de contenção é reiteradamente rompida, demonstrando que talvez esse não seja um ponto crucial numa política efetiva de desestruturação das facções.

São grandes os desafios enfrentados pelo conjunto de políticas públicas no CONTROLE DAS FRONTEIRAS, especialmente pela complexidade das áreas, graus de interferência entre entes políticos com visões díspares e pelas seguintes questões práticas: 1) necessidade de sigilo; 2) falta de confiança entre órgãos de repressão; 3) entraves de ordem legal; 4) corporativismo; e 5) insuficiência de efetivos.

Podemos citar também, como problemas, a baixa densidade demográfica da região das fronteiras, especialmente na Região Norte, a ocorrência de crimes transnacionais, a existência de conflitos fundiários, injustiças sociais e a questão da imigração, que traz impactos nas áreas de segurança, saúde, educação, emprego e assistência social.

Trazemos, para exemplificar o problema, o caso do ACRE, usando informações internas constantes de relatórios de inteligência que não estão mais sob sigilo.

O Acre está situado no extremo sudoeste da Amazônia brasileira. A superfície territorial é de 164.221,4 km2, correspondente a 4% da área amazônica brasileira e a 1,9% do território nacional. Com uma extensão territorial de 445 km no sentido Norte-Sul e 809 km entre seus extremos Leste-Oeste, faz divisa com os países Peru e Bolívia e, nacionalmente, com os Estados do Amazonas e de Rondônia. O Estado possui uma extensa faixa de fronteira com a Bolívia (618 km) e com o Peru (1.350 km). Esses países, juntos, são responsáveis por mais de 10% do cultivo de coca do mundo, com mais de 90.000 já plantados. Matérias jornalísticas apontam que a Bolívia tornou-se um território prioritário para as redes internacionais de traficantes expandirem seus negócios. Tais fatos demonstram a vulnerabilidade a que está exposto o Estado do Acre.

A extensa rede fluvial, especialmente nas regiões do Alto Acre, Purus e Juruá, apresenta-se como principal acesso de traficantes de entorpecentes oriundos de países vizinhos, Peru e Bolívia, no Estado e, consequentemente, no país.

A planta *Erythroxylum coca* é natural dos Andes, onde é largamente difundida entre aqueles povos que mascam suas folhas que ajudam a suportar mais facilmente as altas altitudes. Das folhas dessa planta são extraídos 14 alcaloides, sendo que a cocaína se destacou, sobretudo, no mercado de psicotrópicos. O Peru é grande produtor dessa substância e, considerando a larga e desguarnecida área de fronteira correspondente ao território acreano na região do Juruá, torna o município de Cruzeiro do Sul, ponto de convergência das várias rotas da região, uma das grandes portas de entrada da produção peruana de cocaína no Brasil.

O ACRE É A PRINCIPAL PORTA DE ENTRADA de cocaína no Brasil, sendo que as principais rotas internas são:

1) Rota saindo do Peru vindo pelo Rio Amônia em Marechal Thaumaturgo.

Essa é uma rota mista (terrestre/fluvial). Sai de uma comunidade peruana denominada PUTAYA e segue por uma trilha na selva saindo à margem esquerda do Amônia (tributário do Juruá), pouco abaixo da terra indígena dos AXANINKAS. Essa trilha é altamente trafegada por peruanos e brasileiros que cruzam a fronteira transportando drogas e outros contrabandos. A parte da trilha correspondente ao território brasileiro está localizada em quase sua totalidade na terra indígena APOLIMA ARARA. Os ribeirinhos demoram cerca de três horas para completar a trilha até o território peruano e de seis a sete horas até a comunidade de PUTAYA no Peru (informações levantadas por moradores da região). Daí a droga é transportada em canoas pelo rio até Cruzeiro do Sul, caso seja esse seu destino.

2) Rota saindo do Peru vindo pelo Rio Arara em Marechal Thaumaturgo.

Essa não configura propriamente uma rota, mas, sim, uma derivação da rota do Amônia. Em virtude da relativa pequena distância, os traficantes muitas vezes fazem a passagem de um rio para o outro e optam em descer pelo Arara no intuito de ludibriar eventuais fiscalizações que são raras e quase inexistentes naquela região. O Arara desemboca no Rio Juruá um pouco acima da sede administrativa do município de Marechal Thaumaturgo. Essa rota é basicamente fluvial e quase sempre utilizada nos meses de cheia.

3) Rota saindo do Peru vindo pelo Igarapé Aparição em Marechal Thaumaturgo.

Essa rota é tão trafegada quanto a rota do Rio Amônia. É feita também por via terrestre em trilha de selva e pequena parte por via fluvial quando no inverno amazônico. Na época de estiagem a rota até Marechal Thaumaturgo é toda feita via terrestre, uma vez que o Igarapé Aparição não oferece trafegabilidade nesse período.

4) Rota saindo do Peru vindo pela Foz do Breu em Marechal Thaumaturgo.

Uma das principais rotas de tráfico daquela região. Essa rota, no que diz respeito ao território brasileiro, é totalmente feita via fluvial. A droga transportada entra na fronteira na altura do Rio Breu, sendo trazida em barcos e passando pela sede do município de Marechal Thaumaturgo. O Rio Juruá tem uma boa dimensão e navegabilidade, o que facilita o uso por traficantes e dificulta a apreensão de drogas.

5) Rota saindo do Peru vindo pelo Rio Juruá Mirim até Cruzeiro.

Essa é a maior rota de entrada de droga no Brasil oriunda do Peru na região do Juruá. É uma rota mista e de difícil interceptação em virtude da localização distante, onde se chega quase que exclusivamente de barco. Faltam informações de qual comunidade peruana essa droga é trazida para o Brasil. O rio adentra o território peruano sem que haja nenhuma fiscalização. A última comunidade brasileira com capacidade de navegação denomina-se PACIÊNCIA. Dalí, seguindo uma trilha, chega-se à localidade denominada LIMÃO (afastada da margem do rio). Essa localidade seria o principal ponto de apoio e troca da droga entre brasileiros e peruanos. Uma vez no Brasil, essa droga segue de barco pelo Mirim que desemboca no Juruá abaixo do município de Porto Walter. Toda a viagem dura em média 24 horas até a sede do município de Cruzeiro do Sul e daí segue a destino.

6) Rota saindo do Peru vindo pelo Rio Paraná dos Mouras até Cruzeiro.

Essa é também uma rota mista e rivaliza com a do Mirim, sendo talvez a de maior facilidade para os traficantes. Faltam informações do nome da comunidade peruana de onde a droga é extraída. Sabe-se que o Paraná adentra o território peruano, permitindo que essa extração seja feita via fluvial que poderá seguir até Cruzeiro do Sul ou seguir em trilhas e/ou ramais a partir de comunidades ribeirinhas do próprio Paraná. Essa rota tem ligação com as demais rotas, daí a facilidade no seu uso por traficantes.

7) Rota saindo do Peru vindo pelo Rio Môa até Cruzeiro.

Essa rota em tempos atrás já foi a mais ativa e lucrativa da região. No entanto, com a instalação do entreposto do Exército Brasileiro na comunidade, São Salvador perdeu força e atualmente é menos frequentada, não significando que ela se encontre inativa. É uma rota mista, composta por trilhas que levam ao território peruano passando por dentro da Serra do Divisor (Serra do Môa). Faltam informações a partir de qual comunidade peruana a droga é extraída. Sabe-se que segue por trilhas até o Môa e daí em barcos, chegando à terra indígena do povo NUKINI na comunidade REPÚBLICA. Dalí, segundo informes, pegam uma trilha de um a dois dias de caminhada até saírem em um ramal denominado Ramal do Môa, localizado entre a BR 307 e o Rio Môa. Desse ramal a droga é escoada até Cruzeiro pelo Ramal do Pentecoste, saindo na AC 405 em frente à sede do DERACRE ou segue a BR 307, saindo na Boca da Alemanha.

8) Rota saindo do Peru vindo pelo Rio Boa Fé até Cruzeiro.

A rota que utiliza o Rio Boa Fé é antiga e atualmente pouco utilizada para transportar cocaína peruana através do território acreano. As cargas de entorpecentes que fazem essa rota são quase que exclusivamente destinada ao abastecimento da capital amazonense, bem como dos municípios às margens do baixo Rio Juruá. É uma rota mista e são poucas as informações dos traficantes que utilizam esse caminho. Também são inexistentes as informações de qual comunidade peruana o produto é extraído.

As rotas acima são de conhecimento das autoridades de fiscalização de fronteira, mas, dadas as dificuldades já informadas, o controle resta impraticável. Mesmo que o Brasil tivesse um grande contingente disponível de policiais federais e militares, o controle pleno dessas áreas não seria atingido.

Conquanto a inteligência policial aplicada ao tráfico internacional de drogas e as diversas ramificações criminosas possam permitir ações pontuais, planejadas, estratégicas e cirúrgicas, mas tão somente a vigilância geográfica, sem muita interligação com a inteligência, sem dúvida se traduziria em medida de pouca eficácia.

O ideal, para realizar o controle de fronteira, é o uso compartilhado das inteligências, monitorando as rotas de fornecimento de armas e drogas, correlacionando com os sistemas de controle da aeronáutica, marinha e exército. Nesse sentido, o Gabinete de Segurança Institucional elaborou o Programa de Proteção Integrada de Fronteiras (PPIF),[28]

---

[28] *Vide* BRASIL. *Decreto Federal nº 8.903, de 16 de novembro de 2016*. Institui o Programa de Proteção Integrada de Fronteiras e organiza a atuação de unidades da administração pública federal para sua execução. Secretaria-Geral, Brasília, DF, 2016. Disponível em: Link: (http://www.planalto.gov.br/ccivil_03/_ato2015-2018/2016/decreto/D8903.htm). Acesso em: 16 nov. 2022.

quem tem por meta a promoção das seguintes medidas: I – ações conjuntas dos órgãos de segurança pública, federais e estaduais, da Secretaria da Receita Federal do Brasil e do Estado-Maior Conjunto das Forças Armadas; II – ações conjuntas de integração federativa da União com os Estados e Municípios, situados na faixa de fronteira, e na costa marítima; III – compartilhamento de informações e ferramentas entre os órgãos de segurança pública, federais e estaduais, os órgãos de inteligência, a Secretaria da Receita Federal do Brasil e do Estado-Maior Conjunto das Forças Armadas; IV – implementação de projetos estruturantes para o fortalecimento da presença estatal na região de fronteira; V – integração com o Sistema Brasileiro de Inteligência – SISBIN; e VI – ações de cooperação internacional com países vizinhos.

Além disso, o Programa tem como missão básica o combate aos principais crimes fronteiriços no Brasil, que são: contrabando; lavagem de dinheiro; mineração ilegal; narcotráfico; tráfico de armas; tráfico de pessoas; e tráfico de recursos naturais.

As linhas de ação, acaso implementadas de forma eficaz, tendem a dar resultados a médio e a longo prazo, resolvendo o grande problema relacionado ao descontrole das fronteiras.

Além dessas medidas, não se pode esquecer da importância da chamada LEI DO ABATE. Em 1998, a Lei nº 9.614 incluiu o parágrafo terceiro ao artigo 303 do Código Brasileiro de Aeronáutica para indicar hipóteses em que aeronaves podem ser abatidas. Tal Lei e atos normativos permitem, em tese, que aeronaves que transportem drogas sejam abatidas. Na prática, os aviões da FAB (normalmente Tucanos ou Super Tucanos) acompanham aeronaves clandestinas e forçam essas a pousar, para posterior abordagem em solo.

2.2 Principais facções criminosas

2.2.1 O problema do reconhecimento oficial das facções criminosas

Antes de adentrar na análise das principais facções criminosas brasileiras, abordamos um tema relevante: o reconhecimento oficial da existência de facções. Havia duas posições divergentes. A primeira, alegando que, ao reconhecer as facções, o Estado estaria dando poder a essas. Como se, ao negar o reconhecimento oficial, negar-se-ia a relevância no mundo dos fatos dessas entidades. A segunda, alegando-se que negar algo que existe e que impacta a sociedade é um ato inútil, algo como que se afirmando que, por negar a existência de Lei da Gravidade, essa deixaria de existir. Acabou prevalecendo a segunda. Hoje, não se discute, nem dentro dos sistemas repressores mais tradicionais, que as facções existem e causam danos efetivos ao sistema.

O próprio Ministério da Justiça, ao encaminhar o chamado PACOTE ANTICRIME, em 2019, ao Congresso Nacional, reconheceu formalmente a existência dessas pessoas jurídicas informais. O pacote previa a mudança na Lei nº 12.850/2013 (Lei de Organizações Criminosas), com o seguinte teor:[29]

> Art.1º
> (...)
> §1º Considera-se organização criminosa a associação de 4 (quatro) ou mais pessoas estruturalmente ordenada e caracterizada pela divisão de tarefas, ainda que informalmente, e que:

---

[29] Veja a íntegra da lei do pacote anticrime. *Congresso em Foco*, 25 dez. 2019. Disponível em: https://congressoemfoco.uol.com.br/area/governo/veja-a-integra-da-lei-do-pacote-anticrime/. Acesso em: 22 out. 2022.

I – tenham objetivo de obter, direta ou indiretamente, vantagem de qualquer natureza, mediante a prática de infrações penais cujas penas máximas sejam superiores a 4 (quatro) anos;
II – sejam de caráter transnacional; ou
III – se valham da violência ou da força de intimidação do vínculo associativo para adquirir, de modo direto ou indireto, o controle sobre a atividade criminal ou sobre a atividade econômica, como *o Primeiro Comando da Capital, Comando Vermelho, Família do Norte, Terceiro Comando Puro, Amigo dos Amigos, Milícias,* ou outras associações como localmente denominadas.

O pacote foi substancialmente modificado pelo Congresso Nacional, não atingindo o seu objetivo inicial, relacionado ao endurecimento do sistema. A modificação legislativa proposta não foi aprovada pelo legislativo. Apesar de prever apenas de forma exemplificativa o rol das facções, a técnica legislativa não era a melhor, e poderia, no caso concreto, causar problemas de aplicação prática. Por exemplo, advogados de pequenas facções poderiam alegar que seus clientes não poderiam responder pelo crime imputado (participação em organização criminosa) por NÃO ATUAREM COMO O PRIMEIRO COMANDO DA CAPITAL, COMANDO VERMELHO etc.

De todo modo, houve o reconhecimento de algo que é e*vid*ente (existência das facções) e a busca de melhoria da legislação em seu enfrentamento, o que por si só já foi um avanço.

Como de se esperar, via de regra, nenhum Estado quer reconhecer formalmente que faliu na luta contra o crime ou que, pelo menos, que tem sido leniente na defesa de seus cidadãos no que diz respeito ao direito à segurança pública. Nesta toada não só Brasil, mas outras nações, por exemplo, a Itália, negou a existência de grupos criminosos organizados em seu território.

David Southwell, em *A História do Crime Organizado*,[30] revela que o governo italiano sempre negou, décadas a fio, a existência da máfia, ao que tão somente após a delação do famoso mafioso Tommaso Buscetta, que começou a revelar as entranhas da máfia, o Estado italiano passou formalmente a assumir a existência desses grupos criminosos. Cita o supramencionado pesquisador que:

> Essa rejeição do fato estabelecido, da história e das evidências era uma posição corrupta comprada por ingentes subornos do crime organizado em favor de certos expoentes políticos. A negação ajudou a máfia italiana em todas as suas formas de se desenvolver-se, livre da repressão maciça que muitos magistardos e oficiais de polícia de alto nível sabiem que era necessária para enfrentar a realidade dos incrivelmente poderosos sindicaros criminosos da Itália.
>
> Muitos se perguntavam como figuras internacionais, que sugeriam que o crime organizado na Itália ralizava lucros equivalentes a mais de 12% do PIB do país, podiam ser ignorados? Como poderiam as provas de inúmeros julgamentos e investigações ser esquecidas? Acima de tudo, as pessoas perguntavam como o Ministério do Interior não podia notar o grande número de cadáveres que resultavam na Mattanza (banho de sangue) da segunda guerra da máfia, que ocorreu entre 1981 e 1983?

No Brasil, aconteceu o mesmo, ou seja, o Estado somente reconheceu a existência desses grupos organizados após ataques frontais às instituições estatais, como os ocorridos em São Paulo em 2006, em que dezenas de policiais e agentes de segurança foram assassinados e prédios de órgãos públicos foram atacados.

---

30 SOUTHWELL, David. *A História do Crime Organizado*: os segredos e o código de silêncio das mais poderosas organizações criminosas foram, finalmente, quebrados. Cajamar: Editora Escala, 2014.

Sem dúvida fechar os olhos para um problema não é a melhor forma de resolvê-lo, de certo, é a pior tentativa, se é que se pode chamar de tentativa de resolução de um problema a fuga no enfrentamento a ele. O fato é que, infelizmente, há Estados-Membros, por exemplo, até recentemente, o Piauí, que não reconheciam a existência de facções em seu território, não obstante os presídios (instituição pública) já estarem dominados por esses criminosos.

A suma deste fato pontual é a indiferença a tal fenômeno criminoso, fermentada por governos claudicantes na segurança pública, que fizeram por permitir um vácuo preenchido por esses grupos, os quais se fortaleceram as custas da negligência estatal e, hodiernamente, presentes em todo o território nacional, passam a, cada vez mais, se fortalecerem por intermédio de decisões judiciais ativistas e políticas de segurança pública ingênuas.

Vale registrar, ainda, que no Ceará o ex-secretário de segurança pública Luís Mauro Albuquerque, ao afirmar publicamente que *não reconhecia facção criminosa*, o fez, no sentido de dizer que não admitiria regalias no sistema prisional por suposta força desses grupos criminosos dentro dos presídios, e*vide*nciando que os trataria tão somente como preceituado na lei de execuções penais. Decisão diametralmente oposta essa, a aqueles que afirmaram não (re)conhecer facção criminosa como um fato ausente na realidade brasileira.

A questão atual não passa mais por reconhecer ou não a existência fática dessas entidades, mas pela forma de classificação, coleta e tratamento de dados e enfrentamento.

A Secretaria Nacional de Políticas Penais, o SENAPPEN, atua nessa tarefa de coordenação de dados. A coleta de tais informações, em sede Federal, passa pelo DIPEN, Diretoria de Inteligência Penitenciárias, ligada à SENAPEN, em trabalho de coordenação com as AIPENs, as Agências de Inteligência Penitenciária, de cada sistema prisional.

A PORTARIA Nº 163, DE 06 DE DEZEMBRO DE 2022, do SENAPPEN, determinou o Mapeamento de ORCRIMs como ferramenta de acompanhamento das Organizações Criminosas que impactam o Sistema Prisional Brasileiro. Tal mapeamento ficou à cargo das AIPENS, de maneira a identificar, classificar e caracterizar as entidades em cada estado, com frequência anual. O mapeamento objetiva identificar, conhecer e monitorar a dinâmica de presença e evolução de ORCRIMs que atuam direta ou indiretamente nos sistemas prisionais com a finalidade de subsidiar os gestores do sistema prisional e Inteligência de Segurança Pública.

A portaria trouxe como informações básicas a serem coletadas: a) Mapa de ORCRIMs; b) Relatório de lideranças das ORCRIMs; e c) Relatório Dinâmico das ORCRIMs. Tal relatório dinâmico deverá trazer pelo menos os seguintes temas: a) o histórico; b) o estatuto; c) a área e perfil atuação; d) a estrutura e características; e) as lideranças; f) o impacto no sistema prisional e na segurança pública nacional e transnacional; g) os métodos de atuação; h) planos de fuga já perpetrados; i) operações policiais que tenham sido objeto; j) advogados com atuação ilícita relacionados; k) fontes de financiamento; e l) rede de alianças.

Tais relatórios serão devidamente considerados abaixo na identificação e na classificação das facções criminosas.

Fato é que, como trazido neste tópico, tanto o Estado brasileiro RECONHECEU EXPRESSAMENTE a existência de facções criminosas, quanto criou mecanismos para classificá-las e indicar, pelo menos dentro do sistema prisional, formas de enfrentamento.

2.2.2 Facções de expressão nacional

a) INTRODUÇÃO: PARÂMETROS DE CLASSIFICAÇÃO GEOGRÁFICA

O fenômeno facções criminosas é uma realidade do processo político-criminal brasileiro. Desde o surgimento do

Comando Vermelho e do Primeiro Comando da Capital esse tipo de organização criminosa foi alargando geograficamente sua atuação, chegando em todos os lugares do país. Basicamente, não há estado ou município que esteja isolado das teias dessas ORCRIMs.

O quadro inicial, constante da primeira edição desta obra, era sucinto, indiciando as principais facções em atuação em cada unidade federativa. Para a segunda edição, decidimos não apenas atualizar as entidades, como identificar melhor a forma de atuação de cada uma delas.

Acerca da atualização das informações, deixamos claro, conforme já citamos anteriormente, que é praticamente impossível estabelecer um quadro real da forma de atuação das facções e da sua consolidação em estados federados. Isso ocorre porque as alianças do crime não são tão estáveis quanto às relações oficiais. O crime adapta-se às circunstâncias. As facções são entidades vivas, que seguem as variabilidades sociais. Muitas alianças ou guerras surgem por motivos diversos, que são tantos que é praticamente impossível relacioná-las.

Assim, para essa segunda edição, decidimos estabelecer um padrão básico da atuação das facções por regiões brasileiras e a forma como essas atuam em cada unidade federativa, buscando integrá-las ao contexto regional, nacional ou internacional, sem esquecer questões eminentemente locais.

Quanto à classificação adotada, preferimos manter a linha já constante da primeira edição, qual seja, dividindo as facções pela expressão NACIONAL ou REGIONAL.

O SENAPPEN, no relatório de mapeamento das facções referente ao ano de 2023 (consolidado), trouxe a seguinte definição de ORCRIMs: "ORCRIMs são grupos organizados que reúnem principalmente, adultos com trajetória delitiva e funcionam como organizações de atividade ilícitas. A sua conformação é hierárquica e permanente, com liderança estável que se impõe através da força ou da habilidade criminal. Tais grupos visam o enriquecimento ilícito e o prestígio". Em seguida, o relatório di*vide* as ORCRIMs em INICIAIS, LOCAIS, REGIONAIS, NACIONAL OU FACÇÃO.

O relatório define cada uma das subdivisões da seguinte forma:

INICIAIS: são o embrião da maioria das organizações criminosas antes de sua expansão. Em geral não possuem denominação própria e são identificadas por indivíduos externos pelo local de residência de seus participantes. Não apresentam delimitações de áreas territoriais de denominação, permitindo que grupos rivais atuem no mesmo segmento.

LOCAIS: são também chamadas de gangues, são organizações de surgimento local, podendo atuar em um bairro, distrito ou em outras áreas de uma mesma região metropolitana. Possuem áreas delimitadas de atuação. Majoritariamente, a demarcação ocorre pelo componente geográfico (territorial).

REGIONAIS: são ORCRIMs em maior expansão e as que mais colaboram com o crescimento dos índices de violência. Possuem necessidade de rápida expansão no sistema prisional, são territoriais e monopolistas (atuante em mais de uma UF), com denominação amplamente conhecida e com grande número de membros.

NACIONAIS OU FACÇÃO: é o ápice das organizações criminosas. Seus negócios afetam todos os países limítrofes ao Brasil, são fornecedores de armas, drogas, contrabando e possuem atuação em várias unidades da federação. Seus membros necessitam efetuar uma contrapartida pecuniária ou em serviços para fazer parte do grupamento (cebola, para o PCC, camisa ou caixinha, para o COMANDO VERMELHO).

O SENAPPEN, com informações coletadas de todas as Unidades da Federação, concluiu que, ao final de 2023, havia uma estimativa da existência de pelo menos 100 dessas entidades. Baseado no critério estabelecido, o relatório traz o seguinte quadro: i) atuação em apenas um estado: LOCAL; ii) atuação em mais de um estado e expandindo para outras regiões: REGIONAL; iii) atuação em mais de três regiões diferentes e em países limítrofes ao Brasil: NACIONAL.

Para embasar tal divisão, o relatório classifica como regionais o PGC (Primeiro Grupo Catarinense) e o BDM (Bonde dos Malucos), pois, apesar de ambos atuarem em mais de um Estado (PR, MS, MG e SC, o PGC, e em BA, SE, PI e MS, o BDM), não atuam em países limítrofes ao Brasil. Segundo tal critério, apenas PCC (atua em 25 estados, deixando de atuar apenas no RS e RJ) e CV (atua em 21 estados e nas cinco regiões brasileiras) seriam FACÇÕES CRIMINOSAS de expressão nacional.

Preferimos classificar as facções apenas de acordo com dois critérios: de expressão nacional ou regional. Como as associações de criminosos se formam e se dissolvem a todo o tempo, temos que ter cuidado para não classificarmos meras gangues como facções, como explicaremos melhor à frente. *O que diferencia, portanto, uma facção de uma gangue? Não é o nome, mas a forma de atuação e os elementos de classificação jurídica. Entendemos que, para serem consideradas como FACÇÕES, as entidades precisam trazer algum dos critérios aptos a serem classificadas como Organizações Criminosas (ORCRIMs).* Por outro lado, o levantamento topográfico é essencial para a repressão, e, por isso, o trabalho de coleta de dados do SINAPPEN é salutar. Uma gangue pode tranquilamente virar uma facção, como aconteceu recentemente com o BONDE DOS MALUCOS, da Bahia, que tem se expandido e se consolidado territorialmente, usando, conforme a mídia tem repercutido, a violência como principal instrumento de propagação.

Quanto aos critérios utilizados pelo SINAPPEN para classificar facções dentro do quadro EXPRESSÃO

NACIONAL, concordamos, mas também fazemos algumas ressalvas complementares: um, a consolidação em células independentes e capacidade de atuar mesmo com a perda de alguma liderança (morte, isolamento, traição etc.), ou seja, o fluxograma acaba sendo mais importante que as pessoas envolvidas; dois, a capacidade organizacional para a lavagem de dinheiro, característica primordial das máfias; e, três, a expansão e transformação em CARTÉIS e NARCOMILÍCIAS, com características de entidades terroristas.

As duas principais facções criminosas do Brasil são o Comando Vermelho e o Primeiro Comando da Capital. Indiscutivelmente, são as duas únicas facções de expressão nacional, e, segundo alguns critérios, podem até mesmo serem consideradas CARTÉIS.

Quando começamos o trabalho de pesquisa para esta obra, havia outra facção que poderia receber a classificação como entidade de expressão nacional. Era a FAMÍLIA DO NORTE, que, apesar de ter uma posição geográfica mais limitada ao Norte do Brasil, acabava por influir na disputa pelas rotas de importação e exportação de drogas e armas, o que lhe dava uma abrangência intermediária, entre a expansão nacional e regional. E, segundo o critério do SENAPPEN, influía diretamente em outros países, principalmente nos que fazem divisa com o território amazônico. Porém, conforme será mais bem esclarecido à frente, a FAMÍLIA DO NORTE se esfacelou, gerando diversas entidades menores, com menor poder de influência.

Optamos por manter a classificação da FAMÍLIA DO NORTE como facção de expressão nacional, e os tópicos que lhe são relativos por alguns motivos: a) registro histórico, que é, por si só importante; b) explicitar como se forma e se dissolve uma facção, aspecto essencial para o combate a essas; e c) esclarecer o fim dessa entidade e compreender as forças reais de poder que surgiram de seu esfacelamento.

b) QUADRO SITUACIONAL DO COMANDO VERMELHO

O Comando Vermelho, conhecido pelas siglas CV e CVRL, é uma das maiores organizações criminosas do Brasil. Os fundadores e primeiros líderes, como Rogério Lemgruber, o "Bagulhão", William da Silva Lima, o "Professor" e José Carlos dos Reis Encina, o "Escadinha", foram substituídos ou sucedidos por outros, como Luiz Fernando da Costa, o "Fernandinho Beira-Mar"; Márcio dos Santos Nepomuceno, o "Marcinho VP"; Gilberto Martins da Silva, o "Mineiro da Cidade Alta"; Elias Pereira da Silva, o "Elias Maluco"; e Fabiano Atanásio da Silva, o "FB". O CV possui ramificações em outros estados brasileiros como Acre, Amapá, Alagoas, Ceará, Distrito Federal, Mato Grosso, Pará, Rio Grande do Norte, Rondônia, Roraima, Tocantins, dentre outros.

A estrutura do CV[31] tem no topo os chefes dos morros cariocas; seguido do STAFF, em que se incluem os serviços operacionais, como a central do arrego (propina a policiais e agentes públicos), assessoria jurídica, central de propaganda, central de operações e segurança etc.; central de produção (relacionado à droga); serviços logísticos; bocas de fumo, comandantes de áreas, vapores e aviãozinho (pequenos distribuidores) etc. O CV tende a manter alianças com facções de outros estados, ao contrário do PCC, que procura manter sintonias (franquias) locais, dentro de sua estrutura organizacional.

A disputa principalmente com o Primeiro Comando da Capital e com algumas das novas facções que surgiram nas últimas décadas, como a Família do Norte (fragmentada

---

[31] Disponível em: http://nucleoconsult.com.br/wp-content/uploads/2016/01/organograma-favelas-RJ.pdf. Acesso em: 17 fev. 2022.

em diversas outras entidades), é gerada pela necessidade de controlar duas das principais rotas de entrada de armas e drogas no Brasil, a rota paraguaia e a rota do Solimões. Essa disputa gera conflitos gerais, como as chacinas em presídios, disputas locais, por bocas de fumo, ou assassinatos pontuais, como o caso do atentado a Jorge Rafaat, o antigo rei da fronteira, e que marcou o domínio do PCC na fronteira paraguaia, em substituição ao Comando Vermelho, apesar de a guerra ainda continuar, com novos desdobramentos.[32]

O centro de comando do CV ainda é estabelecido no Rio de Janeiro, sendo que os MORROS OCUPADOS servem de base de comando. As lideranças dessa facção tendem a se modificar rapidamente, havendo basicamente dois grupos de líderes: os presos e os que estão em liberdade. Apesar de haver ação de controle do Estado, especialmente em relação aos líderes presos no Sistema Federal, ainda há indicativos de que as principais ordens advém desses líderes, como MARCINHO VP[33] e FERNANDINHO BEIRA MAR.[34] As investigações indicam, basicamente, três formas de comunicação dos presos com o mundo exterior: a corrupção de servidores públicos, responsáveis por repassar bilhetes aos presos, a atuação de familiares durante as visitas e a atuação de advogados.

O Comando Vermelho surgiu como organização baseada em dois pontos: a) o domínio dos morros e comunidades cariocas; e b) domínio da rede de fornecimento de drogas, aproveitando-se da proximidade entre asfalto (áreas mais ricas

---

32 BENITES, Afonso. Assassinato do "rei do tráfico" na fronteira deixa em alerta autoridades brasileiras. *Portal El País,* 22 jun. 2016. Disponível em: https://brasil.elpais.com/brasil/2016/06/17/politica/1466198112_870703.html. Acesso em: 17 fev. 2022.

33 BARRETO FILHO, Herculano. Gabinete na prisão. *Portal Uol*. Disponível em: https://noticias.uol.com.br/reportagens-especiais/cv-marcinho-vp-gabinete-do-crime/#page3. Acesso em: 22 out. 2022.

34 MARTÍN, María. Os bilhetes cifrados de Fernandinho Beira Mar que levaram sua família à prisão. *Portal El País,* 21 maio 2017. Disponível em: https://brasil.elpais.com/brasil/2017/05/24/politica/1495662065_199452.html. Acesso em: 22 out. 2022.

onde estão boa parte dos consumidores) e favelas (onde ficam as bocas de fumo). No entanto, nos últimos anos, têm ocorrido algumas modificações nesse quadro. A primeira mudança é geográfica, deixando de atuar apenas nas periferias, usando as atividades típicas de máfias para lavagem de dinheiro, chegando em locais onde os antigos fundadores jamais pensaram que chegariam, como os grandes condomínios e áreas nobres. A segunda é a variação de fontes de rendas. O tráfico de drogas ainda é a principal fonte de renda do CV, mas, imitando as milícias, têm se expandido para atuar em outras frentes, como a extorsão de pequenos comerciantes (vendendo proteção), gatonet (ligações ilegais de TV a cabo), venda de água e gás (em regime de monopólio) e controle do transporte popular (vans e mototáxis).

As mudanças indicadas no quadro acima explicam algo que seria impensável há alguns anos, que é a aliança entre facções e milícias, principalmente no Rio de Janeiro. Não é objeto básico deste trabalho falar de milícias, mas uma explicação básica de como essas modalidades de ORCRIMs se faz necessária. A milícia surge como forma de proteção a comerciantes e moradores, atuando como entidade paramilitar, expulsando ou matando os pequenos criminosos da área de ação (ladrões, estupradores, traficantes, usuários etc.). O trabalho de limpeza do crime precisa ser permanente, gerando a formação de associações, com policiais ou seguranças privados, para manter o local protegido. Ao dominar o território, nada impede que esses milicianos, que contaram com o apoio inicial da comunidade, passem a extorquir e controlar o crime no local. Ou seja, as milícias ocupam os espaços de poder deixados pelo Estado e pelas facções anteriormente expulsas.

Tomando-se por base a formação histórica das facções e das milícias, seria impossível se falar em ALIANÇAS. Mas essas têm ocorrido, conforme noticia a mídia nos últimos anos e tem sido perceptível nas evoluções territoriais. O Comando Vermelho, como principal facção do Rio de Janeiro, Estado onde há grande atuação de milícias, tem realizado alianças com algumas milícias locais, com diversos motivos, como a aliança para guerra com outras facções ou outras milícias, ou com fins meramente patrimoniais, conforme citamos acima, relacionado com a variação das fontes de rendas.

Essa aliança entre COMANDO VERMELHO e MILÍCIA consta em relatório publicado pelo Conselho Nacional de Justiça, em decorrência de trabalho relacionado ao ADPF nº 635.[35] Segundo tal relatório, após a implementação da ADPF nº 635, que proibiu ou restringiu substancialmente operações policiais em morros cariocas, alguns efeitos foram sentidos: 1) aumento dos confrontos, já que, encastelados e praticamente sem serem incomados pelas forças oficiais, o Comando Vermelho teve condições de se expandir e tomar novos territórios, com uso de força; e 2) expansão do Comando Vermelho na ZONA OESTE do Rio de Janeiro, tomando territórios que pertenciam às MILÍCIAS e convulsionando toda a região da Barra da Tijuca, Recreio dos Bandeirantes, Jacarepaguá, dentre outras.

O ADPF foi implementado para DIMINUIR os conflitos e evitar que civis fossem atingidos por operações policiais. No entanto, segundo o relatório citado, houve uma expansão considerável de áreas em conflitos. No ano de 2020, havia 114 áreas em conflito. Em 2021, já sob o efeito do ADPF citado, as áreas em conflito eram 289. E, em 2023, foram contabilizadas um total de 315 áreas em zonas de guerra. Ou seja, praticamente triplicou-se a área de conflitos, com claro favorecimento ao COMANDO VERMELHO. Em suma, ao

---

[35] BRASIL. Supremo Tribunal Federal. Arguição de descumprimento de Preceito Fundamental. *ADPF nº 635*. Relator: Ministro Edson Machin, DJE divulgado em 14.08.2024, publicado em 15.08.2024.

invés de diminuir as áreas em conflito (literalmente zonas de guerra), que era a intenção primordial do STF, houve o aumento dessas zonas de guerra.

Outra notícia relevante, relacionada ao COMANDO VERMELHO, em 2024, refere-se ao patrocínio da PRIMEIRA FUGA DE UM PRESÍDIO FEDERAL NO BRASIL.[36] A fuga de dois membros notórios do CV e que atuaram na conquista do ACRE (principal porta de entrada de cocaína no Brasil, frise-se) foi um fato que saiu da bolha da segurança pública, mobilizando a opinião e classe política. O Estado brasileiro mostrou-se eficaz na coordenação da operação de recaptura, demonstrando que, apesar de falhas pontuais, é plenamente possível o enfrentamento dessa facção, com uso de inteligência e coordenação.

Assim, em resumo, podemos afirmar que o Comando Vermelho se mantém, ao lado do PCC, como facção de expressão nacional, sendo suas características atuais a expansão para outras regiões e outros países (visando ao controle das rotas de tráfico de drogas e contrabando de armas), a consolidação do sistema de lavagem de dinheiro e ocultação patrimonial (constituindo-se como máfia), a variação das fontes de rendas e a formação de alianças pontuais com outras facções e até mesmo milícias.

c) QUADRO SITUACIONAL DO PRIMEIRO COMANDO DA CAPITAL

O PCC atualmente é a maior facção criminosa do país, estando em uma fase de mudança, deixando de apenas

---

[36] Infográfico mostra detalhes sobre a trajetória da fuga de presos da Penitenciária Federal de Mossoró. *Portal G1*, 20 fev. 2024. Disponível em: https://g1.globo.com/rn/rio-grande-do-norte/noticia/2024/02/20/infografico-mostra-detalhes-sobre-a-trajetoria-da-fuga-de-presos-da-penitenciaria-federal-de-mossoro.ghtml. Acesso em: 12 abr. 2024.

trabalhar na geração de recursos ilícitos, passando a ter capacidade de ocultar o patrimônio ilícito e reverter tal patrimônio em atividades lícitas. O apoio da NDRANGUETA, máfia italiana, tem sido essencial para essa evolução. A NDRANGUETA, maior máfia da Europa, aliou-se ao PCC para distribuição da cocaína no Velho Continente, além de prestar apoio logístico no processo de lavagem de capitais.[37]

O Primeiro Comando da Capital, conforme Manso e Dias,[38] tem influência em São Paulo, Mato Grosso do Sul e Paraná, mas está presente em todos os estados brasileiros (apesar da informação do SENAPPEN de que não atuaria no Rio de Janeiro diretamente). A sua estrutura segue um organograma dividido em células, com relativa autonomia. No topo do sistema, conforme Manso e Dias, está a Sintonia Geral Final, sequenciada pelas Sintonia de São Paulo e Sintonia dos Estados e Países, seguindo-se as Sintonias Locais e Quebradas e Prisões. Além das Sintonias citadas, há as Sintonias de Apoio, incluindo as Sintonias dos Gravatas (advogados cadastrados e pagos pela facção), da Ajuda (para assistência às famílias dos presos), do Cadastro (para arregimentar novos membros), do Progresso (responsável pelo tráfico de drogas), da Cebola (responsável pelo recebimento da mensalidade, chamada de cebola), dentre outras.

O PCC tem política de hegemonia, não permitindo a existência de outras facções em seus territórios, salvo como aliados. O PCC também tem outra característica primordial: agir como uma AGÊNCIA REGULADORA DO CRIME. É de conhecimento público no Brasil a existência de agências

---

[37] RIZZI, Rícard Wagner. Armas do Paquistão nas Mãos do Primeiro Comando da Capital. *Primeiro Comando da Capital Facção PCC 1533*, 23 maio 2023. Disponível em: https://faccaopcc1533primeirocomandodacapital.org/2023/05/23/armas-do-paquistao-primeiro-comando-da-capital-faccao-pcc/. Acesso em: 14 set. 2024.

[38] MANSO, Bruno Paes; DIAS, Camila Nunes Guerra. *A ascensão do PCC e o mundo do crime no Brasil*. 1. ed. São Paulo: Todavia, 2018. p. 333 e seguintes.

reguladoras. Agências governamentais essas que têm em suma a missão de fiscalizar e orientar setores da iniciativa privada que desenvolvem ou prestam serviços de interesse público. Assim o setor que regula as operadoras de telefonia no país é a ANATEL (Agência Nacional de Telecomunicações), o responsável pelo setor energético é a ANEEL (Agência Nacional de Energia Elétrica), a ANA (Agência Nacional de Águas e Saneamento Básico), por exemplo, é responsável por fiscalizar e regular o setor de abastecimento de águas.

No submundo do crime, o PCC – Primeiro Comando da Capital – arvorou-se para si a missão de regular a criminalidade. A ideologia pregada pelo PCC desde a sua fundação foi muito mais que acumular riquezas através do crime, mas fidelizar os criminosos a uma tal chamada "ética do crime", onde como está escrito em seus estatutos "irmão não rouba irmão"; "irmão não mata irmão"; "irmão não extorque irmão"; "irmão não cagueta irmão"; "irmão não trai irmão" e que, por outro lado, os inimigos não são os irmãos entre si, mas o inimigo é comum, ou seja, o inimigo é o Estado opressor e suas instituições que não respeitariam os direitos dos apenados.

Além de buscar pacificar a vida intramuros, oferecendo proteção àqueles que se filiassem à facção, o PCC também se organizou para auxiliar familiares de presos e criou responsabilidades conjuntas entre quem está preso e quem está nas ruas, dotando a organização de uma estrutura hierárquica com um fluxograma de atribuições, tendo como seu lema a expansão da facção, não somente em território brasileiro, mas para qualquer lugar, ante o próprio estatuto que reza que "o PCC não reconhece limites territoriais", demonstrando assim claramente sua política de hegemonia no submundo do crime.

Um dos fundadores do PCC, "Ademar", chegou a cobrar o reconhecimento pelas autoridades paulistas ao PCC por "pacificar" as penitenciárias, organizando o sistema para o

Estado.[39] De fato, ironicamente, com o comando do PCC nas penitenciárias que dominava caiu drasticamente os índices de opressão entre presos, sobretudo, tortura, estupros e extorsões, inclusive, o uso do crack foi proibido pela facção nas penitenciárias, sendo a erradicação de tal droga fruto do comando do PCC. Assim, o PCC se fortaleceu, prometendo atuar como um intermediador entre desavenças entre criminosos, como um verdadeiro Estado paralelo imitando o estado oficial, substituindo a vontade dos litigantes para resolver as querelas entre os criminosos. Aliás, esse por sinal, é um dos grandes pontos que gera credibilidade do grupo faccionado, ou seja, a certeza de uma "justiça" certa e célere, muito diferente da justiça oficial na qual os criminosos jamais confiariam para a resolução de seus conflitos internos.

Mas o PCC foi mais além, passou também a regular a vida dos criminosos nas ruas, oferecendo, como que uma associação oferece para seus associados, um leque de "convênios" e benesses. Por exemplo, passou a oferecer drogas em consignação, assim um traficante batizado ou mesmo um simpatizante, dono da "boca" ou de uma "quebrada", recebia a droga para a venda e tinha um prazo para depois pagar a organização, o PCC em um dos seus "salves" prometia, inclusive, com o domínio da fronteira do Brasil com os países produtores de drogas, e fornecer droga a preços melhores a seus clientes. Nesse ponto, aproveitamos para registrar que muitas das execuções do "tribunal do crime" advém do fato do beneficiado pela consignação não pagar no prazo o acerto com a facção, seja porque gastou o dinheiro da venda da droga ou mesmo porque subtraiu a droga para si e a consumiu.

Os integrantes do PCC também passavam a deter uma espécie de "nome limpo na praça" para adquirir via crédito

[39] MANSO, Bruno Paes; DIAS, Camila Nunes Guerra. *A ascensão do PCC e o mundo do crime no Brasil*. 1. ed. São Paulo: Todavia, 2018. p. 333 e seguintes.

não somente drogas para a venda, mas também armas para assaltos. A facção passou a ser avalista de muitos criminosos que, por pertencer a organização, detinham "boas referências" no submundo do crime. Aliás, no início do PCC, o batismo da organização sob uma pessoa se traduzia em uma espécie de ascensão funcional, um divisor de águas em seu "currículo", passava a ser tratado de forma diferenciada e distinta entre os demais criminosos.

Em salve publicado no ano de 2011, o PCC orienta sua grei:[40]

> A sintonia geral de rua comunica a todos os seus integrantes interna e externa, que graças a dedicação de muitos dos seus integrantes, a partir desta data 02/2011 será implantado dentro da organização um setor de apoio aos irmãos que vierem necessitar de auxílio bélico e apoio financeiro para o auxílio aluguel e outras necessidades emergenciais. Este setor se caracteriza como sendo banco de apoio aos irmãos. O objetivo central deste novo trabalho será unicamente fortalecer os irmãos que estão totalmente descabelados saindo da prisão ou também aqueles irmãos que se encontram na liberdade em período inferior a seis meses.

Através de toda essa organização que demanda inevitavelmente uma boa gestão contábil foi possível, através de informações do COAF (Conselho de Controle de Atividades Financeiras), verificar transações atípicas de onde apontou vários *modus operandi* dessa ORCRIM, a fim de escamotear o paradeiro dos recursos oriundos do crime. Verificou-se, por exemplo, o fracionamento de depósitos em pequenos valores, a fim de não chamar a atenção das autoridades, assim como depósitos feitos em nome de "laranjas" (pessoas sem nenhum problema com a justiça criminal) que eram utilizadas como canal de movimentação desses recursos. E*vide*ntemente que

---

[40] *Vide* Manso e Dias, citados acima.

várias outras formas de atuação já foram desvendadas pela polícia, esses são apenas alguns exemplos que demonstram a complexa rede de organização desses criminosos.

Portanto, essa atuação extremamente burocrática e digamos que até formal do PCC, ao mesmo tempo que organizou rigidamente o grupo, foi um facilitador para os órgãos de persecução rastrearem os passos da facção, permitindo conhecer para melhor combater.

O comando ainda é feito a partir dos presídios onde se encontram as principais lideranças, como Marcos Willians Herbas Camacho, o Marcola,[41] que está no topo da facção, comandando o setor da SINTONIA GERAL FINAL. A sua estrutura funciona como uma empresa, com matriz em São Paulo, e filiais, em cada um dos estados da Federação.

Podemos afirmar que essa entidade está consolidada, tendo características de máfia (modelo de lavagem de dinheiro, seguindo padrão italiano) e de cartel (seguindo modelo colombiano e mexicano), agindo também como AGÊNCIA REGULADORA DO CRIME, como visto acima.

---

[41] BRASIL. Tribunal de Justiça do Estado de São Paulo. *Processo Digital nº 1500037-95.2019.8.26.0483*. Disponível em: https://www.conjur.com.br/dl/marcola-condenado-novamente-liderar-pcc.pdf. Acesso em: 23 out. 2022. *Vide* processo nº 1500037-95.2019.8.26.0483. A denúncia do Ministério Público estadual baseou-se no plano do PCC para matar o promotor de Justiça Lincoln Gakiya (responsável pelo combate à facção no interior de SP) e o coordenador da Secretaria da Administração Penitenciária (SAP), Roberto Medina. As estratégias de execução dos agentes públicos passaram a ser formuladas como forma de retaliação à transferência de líderes do PCC – dentre eles o próprio Marcola – da penitenciária de Presidente Venceslau para presídios federais. Os pedidos de transferência, por sua vez, ocorreram, em 2018, após a organização criminosa elaborar um plano de resgate de Marcola e outros integrantes presos em Presidente Venceslau. À época, o governo estadual chegou a deslocar vários policiais militares, viaturas e armamentos para a cidade, além de interditar o aeroporto local. O MP-SP denunciou Marcola e outros quatro integrantes da facção pela sua atuação no município do interior. Em sua defesa, o líder do PCC chamou a acusação de "conspiratória" e lembrou que já foi condenado, com trânsito em julgado, pelo mesmo delito e liderança. O juiz Deyvison Heberth dos Reis, no entanto, lembrou que o crime de organização criminosa "é de natureza permanente", e, por isso, Marcola poderia ser punido por continuar integrando a facção mesmo após a última denúncia. A condenação baseou-se principalmente em bilhetes apreendidos e decodificados – que mostravam as ordens de execução aos agentes públicos –, bem como relatos de testemunhas.

O quadro humano dessa entidade, assim como as demais, é volúvel, dependendo de alianças, maior ou menor repressão estatal, guerras regionais etc., prejudicando a consolidação de informações. O PCC, seguindo orientações de MARCOLA e outras lideranças históricas, tem evitado conflitos diretos com o poder público desde os ataques de 2008, ao governo paulista. No entanto, possivelmente as novas lideranças e algumas SINTONIAS não têm seguido tal orientação, como podemos citar o caso dos conflitos pelo domínio do Porto de Santos e região de Guarujá, que deu origem à OPERAÇÃO ESCUDO.

Por fim, faremos considerações acerca do atual conflito interno na facção, que poderá modificar o quadro e impactar no próprio controle do submundo do crime, lembrando que, por serem atuais (abril de 2024), tais situações podem mudar com o tempo.

Alguns rivais de MARCOLA, presos no sistema Federal, decidiram expulsá-lo da facção criminosa e "decretaram" a morte dele.[42] Os responsáveis pelo "decreto" foram Roberto Soriano, o Tiriça, Abel Pacheco de Andrade, o Vida Loka, e Wanderson Nilton. O motivo do conflito foi a gravação de uma conversa entre MARCOLA e um Policial Federal (gravado em 15 de junho de 2022 no Presídio de Porto Velho), em que MARCOLA citava TIRIÇA como um "psicopata". A gravação foi usada no júri, que condenou Tiriça a 31 anos e 6 meses pela morte de uma psicóloga da Penitenciária de Catanduvas (PR). TIRIÇA e seus aliados, especialmente VIDA LOKA, julgaram e decretaram MARCOLA. A situação teria se revertido de forma interna e atualmente quem estaria decretado e expulso do PCC seriam Tiriça, Vida Loka e Andinho.

---

42 JOZINO, Josmar. Rivais tentaram excluir Marcola do PCC e o juraram de morte, diz relatório. *Portal Uol*, 12 abr. 2024. Disponível em: https://noticias.uol.com.br/colunas/josmar-jozino/2024/04/12/relatorio-mostra-como-rivais-excluiram-marcola-do-pcc-e-o-juraram-de-morte.htm?cmpid=copiaecola. Acesso em: 13 abr. 2024.

Tal situação é acompanhada pelo Ministério Público de São Paulo, que monitora a situação. Ainda não há sinal de GUERRA CIVIL, mas o impacto projetado poderá ser a formação de NOVAS FACÇÕES dentro do território de ação do PCC.

d) Quadro situacional da família do norte.

Conforme já explicado na introdução a este capítulo, resolvemos manter as informações relativas à FAMÍLIA DO NORTE na segunda edição desta obra para explicitação de como uma entidade, surgida como uma GANGUE (grupo de expressão local, conforme a classificação do SENAPPEN), evolui, domina territórios, incentiva guerras e eventualmente desaparece.

Assim, durante as pesquisas para a primeira e para essa segunda edição, encontramos, fora o PCC e o CV, apenas essa entidade como facção de expressão nacional. A FAMÍLIA DO NORTE, ou FDN, apesar de localizada em um estado específico, o Amazonas, a repercussão dos atos da facção não era meramente local. Isso porque estava em jogo a chamada ROTA DO SOLIMÕES, porta de entrada da cocaína no Brasil. O domínio da rota é essencial para fazer a cocaína chegar tanto ao mercado consumidor brasileiro, quanto internacional.[43] A facção entrou em processo de esfacelamento (gerando diversas outras facções) e canibalização interna (disputas geradas pelos principais líderes, que provocou o enfraquecimento da facção e, de forma prática, a sua extinção, em um processo consolidado).

---

43 PAIVA, Luiz Alves S. As dinâmicas do mercado ilegal de cocaína na tríplice fronteira entre Brasil, Peru e Colômbia. *Revista Brasileira de Ciências Sociais*, v. 34, n. 99, 2019. Disponível em: https://www.scielo.br/j/rbcsoc/a/MnH57mtDTqqwzgvB8LhXMnz/?format=pdf&lang=pt. Acesso em: 28 fev. 2022.

O FDN foi criado entre 2006 e 2007[44] por José Roberto Fernandes Barbosa, apelidado de "Zé Roberto da Compensa", e Gelson Carnaúba, apelidado de "Mano G". Além de dominar rapidamente o narcotráfico e outras economias criminosas no estado do noroeste do Amazonas, o FDN procurou interromper o avanço do Primeiro Comando da Capital (PCC) ao longo do rio Solimões, rota de narcotráfico que conecta a tríplice fronteira do Brasil, Colômbia e Peru com o Oceano Atlântico. Embora o FDN permanecesse enraizado na Amazônia, estabeleceu conexões com outros estados brasileiros e até com a Venezuela, tendo feito alianças com outras quadrilhas criminosas no Brasil.

Essa entidade, inclusive, tinha estreitas relações com as FARCs, entidade originalmente revolucionária e que passou a controlar o tráfico em regiões da Venezuela e da Colômbia.[45]

O FDN criou um vínculo muito forte com o Estado do Rio Grande do Norte, aproveitando o porto de Natal para exportar a cocaína cuja rota de origem (fronteiras nortes) a entidade controlava, o que exemplifica a sua capacidade de agir nacionalmente. Em suma, atuava em expressão nacional por controlar rotas de drogas, agir em fronteiras e em outros países e influenciando em outros Estados-Membros, critérios que o SENAPPEN utiliza.

No início de 2020, o FDN recebeu ataques constantes do Comando Vermelho em Manaus, capital do Amazonas, dando início ao esfacelamento.[46]

---

[44] *Vide* Familia del Norte – FDN. *InSight Crime,* 05 mar. 2020. Disponível em: https://es.insightcrime.org/noticias-crimen-organizado-brasil/familia-del-norte-fdn/. Acesso em: 28 fev. 2022.

[45] PRAZERES, Leandro. Facção que comanda tráfico no Norte tem "conexões estreitas" com as Farc, diz MPF. *Portal Uol,* 04 jan. 2017. Disponível em: https://noticias.uol.com.br/cotidiano/ultimas-noticias/2017/01/04/fdn-tinha-conexoes-estreitas-com-as-farc-diz-mpf.ht. Acesso em: 03 fev. 2024.

[46] MADEIRO, Carlos. Com brigas e traições, FDN perde força na guerra contra CV e PCC no AM. *Portal Uol,* 04 jun. 2019. Disponível em/: https://noticias.uol.com.br/cotidiano/ultimas-noticias/2019/06/04/com-disputa-e-traicoes-fdn-perde-forca-na-guerra-contra-cv-e-pcc-no-am.htm. Acesso em: 03 fev. 2024.

A guerra pelo domínio da ROTA DO SOLIMÕES levou às execuções em massa de presos, em 2017, praticadas principalmente por membros do FDN contra membros do PCC. A guerra em curso gerou impacto nos altos índices de crimes violentos no Brasil, entre 2016 e 2021.

Esse estado de guerra permanente entre facções, principalmente as chamadas guerras de rearranjo, entre as duas principais facções, o CV e o PCC e entidades locais, provoca mutações permanentes, com a consequente mudança dos *staffs* de poder.

A facção FDN atualmente é considerada extinta no estado do Amazonas. Esse fato se deveu à já citada guerra contra as duas outras facções de expressão nacional. Em 2019, a FDN e o CV romperam suas conexões criminosas após um racha interno na FDN. Zé Roberto, João Branco e Gelson Carnaúba, considerados os fundadores da FDN, entraram em conflito, o que gerou mortes nas ruas da capital amazonense. Criminosos então ligados a Gelson Carnaúba, ingressam no Comando Vermelho após o Mano G, como também é conhecido, mudar de lado na guerra. Criminosos ligados a Zé Roberto continuaram na FDN. Com a FDN enfraquecida após a expansão do CV, criminosos comandados pelo filho de Zé Roberto criam a facção Cartel do Norte, o CDN. O CDN tinha uma aliança com outra facção amazonense, os Revolucionários do Amazonas (RDA).

O RDA era uma dissidência criada a partir de membros que eram do CV e saíram da facção carioca. O CDN manteve-se ativo até 2022, em que criminosos do Comando Vermelho mataram seu principal líder, o L7, filho do Zé Roberto da Compensa.

Atualmente, há informações que apontam uma aliança entre o RDA e o PCC contra o avanço do Comando Vermelho no Amazonas.

As facções buscam alianças entre si, com entidades nacionais ou estrangeiras. O objetivo das alianças é ter facilidade para conseguir armas e munições e ter o controle e o domínio do tráfico de drogas na região. A área de maior conflito é a região de TABATINGA, onde há indícios de ação até mesmo de ex-integrantes das FARCs, que formaram um grupo criminoso chamado EJÉRCITO DEL PUEBLO.

Consigne-se que o domínio da área da Tríplice Fronteira, especialmente das rotas que passam pelo ACRE (*vide* anotações acima) repercute no domínio não apenas das rotas de tráfico de drogas, mas também de outras fontes de lucro ligados à exploração de madeira, garimpo ilegal, tráfico humano, descaminho entre outros.

O COMANDO VERMELHO foi a entidade que provocou a extinção da Família do Norte. Inclusive, a facção carioca costuma celebrar a dominação na data de 10 de fevereiro,[47] data simbólica indicando o controle de MANAUS, em 2020.

2.2.3 Facções de expressão regional

a) INTRODUÇÃO

Como citado acima, a SENAPPEN classifica as facções em INICIAIS, LOCAIS, REGIONAIS e NACIONAIS. Considerando que nem todas as entidades iniciais e locais podem ser classificadas como facções, por ausência de requisitos para classificá-las juridicamente como Organizações Criminosas (ORCRIMs), preferimos manter a divisão da primeira edição desta obra, entre facções NACIONAIS e REGIONAIS.

Quanto à classificação regional, utilizamos a divisão política do Brasil, que di*vide* o país em CINCO REGIÕES,

[47] Vídeos: aniversário de 4 anos de facção criminosa é marcado por foguetório em Manaus. *Portal Marcos Santos*, 11 fev. 2024. Disponível em: https://www.portalmarcossantos.com.br/2024/02/11/videos-aniversario-de-4-anos-de-faccao-criminosa-e-marcado-por-foguetorio-em-manaus/. Acesso em: 13 abr. 2024.

procedendo-se à coleta de informações dentro desse sistema. Lembramos que circunstâncias específicas podem fazer com que uma facção tenha influência em mais de uma região, mesmo que não seja limítrofe.

As facções CV e PCC se nacionalizaram, espalhando filiais pelo Brasil, como uma espécie de "franquia" do crime. Enquanto a matriz fornece armas e logística, as franquias fornecem recursos humanos e materiais. Não demoraram a surgir novas facções, a maioria delas por discordância das determinações das matrizes (CV e PCC), não sem antes deixar um rastro de sangue nas guerras territoriais pelo caminho.

As facções locais têm dois tipos de origem: a) ou cisão, pura e simples, com as disposições da matriz, mantendo a estrutura dessa, apenas sem a vinculação hierárquica; ou b) surgimento para abarcar as características locais, com modelo organizacional próprio.

Há diversos levantamentos sobre facções criminosas, mas não há consenso sobre o seu número e área de expansão. A DW BRASIL[48] fez levantamento inconclusivo, indicando que há pelo menos 83 facções em atuação no país. Algumas já ganharam a mídia, e merecem ser citadas, como: TCC – Terceiro Comando da Capital (SP, RJ), PCMS – Primeiro Comando do Mato Grosso do Sul (MS, ligada ao PCC), Terceiro Comando (RJ, BA), ADA – Amigos dos Amigos (RJ, CE, ES), Bonde dos 40 (MA, PI), Primeiro Comando do Norte (AM, RR, CE), Primeiro Comando do Maranhão (MA), Guardiões do Estado (CE), PCN – Primeiro Comando de Natal (RN), Comando da Paz (SE, BA) etc.

Por sua vez, a ELPAIS fez levantamento junto ao sistema prisional, informando que há mais de 30 facções dentro dos Presídios Federais, onde estão presos os maiores criminosos

---

[48] DELGADO, Malu. Brasil tem pelo menos 83 facções em presídios. *Portal DW*, 17 jan. 2017. Disponível em: https://www.dw.com/pt-br/brasil-tem-pelo-menos-83-fac%C3%A7%C3%B5es-em-pres%C3%ADdios/a-37151946. Acesso em: 27 set. 2022.

do país.[49] A SENAPPEN, em levantamento consolidado ao fim de 2023, indica a existência de pelo menos 100 entidades, mas sem proceder à classificação individualizada de cada uma, prejudicando a formação de um quadro permanente, pois, como citamos alhures, não se sabe se as listadas pela secretaria nacional são gangues, associações criminosas, filiais de entidades maiores (com outras denominações) ou facções, propriamente ditas (por terem elementos constitutivos de ORCRIMs).

Neste trabalho fizemos levantamento com base em diversas fontes, em forma de consolidação de informações, seja através de relatórios internos de conhecimento, seja através de levantamentos da imprensa. Assim, chegamos ao levantamento abaixo, por região e estado, com atuação de facções identificadas.[50]

b) REGIÃO NORTE E AMAZÔNIA LEGAL

Segundo o FÓRUM BRASILEIRO DE SEGURANÇA PÚBLICA, através do documento CARTOGRAFIAS DA VIOLÊNCIA NA AMAZÔNIA, publicado pela entidade, ao menos 22 facções criminosas nacionais e estrangeiras atuam na Amazônia Legal, área formada por nove estados brasileiros: Acre, Amapá, Amazonas, Mato Grosso, Pará, Rondônia, Roraima, Tocantins e parte do Maranhão.

O levantamento mapeou a presença de facções em 178 das 772 cidades da Amazônia Legal (24,6%), quase um a cada quatro municípios. Em 80 delas, há disputa entre facções. A presença de grupos criminosos impacta na violência e

---

[49] ALESSI, Gil. No Brasil do PCC, mais de 30 facções articulam o crime organizado no sistema penitenciário federal. *Portal El País*, 19 jul. 2020. Disponível em: https://brasil.elpais.com/brasil/2020-07-19/no-brasil-do-pcc-mais-de-30-faccoes-articulam-o-crime-organizado-no-sistema-penitenciario-federal.html. Acesso em: 27 set. 2022.

[50] Mapa das facções criminosas no Brasil. *Gazeta do Povo*, 03 jan. 2019. Disponível em: https://infograficos.gazetadopovo.com.br/seguranca-publica/mapa-das-faccoes-criminosas/. Acesso em: 27 set. 2022.

no tráfico de drogas na Amazônia Legal: a taxa de mortes violentas nessa área é 45% maior do que a média nacional e, segundo estudo, está ligada diretamente ao aumento da disputa entre facções na região a partir de 2016. Nos últimos quatro anos, a apreensão de drogas na Amazônia Legal disparou, outro indicativo para os pesquisadores do aumento do tráfico e da expansão das organizações criminosas.

Algumas informações foram consolidadas no documento citado, sendo as seguintes, as mais relevantes: i) Em 2020, os estados da Amazônia Legal apresentavam taxas de violência letal mais altas que a média nacional. Enquanto no Brasil, a taxa é de 23,9 mortes violentas intencionais (MVI) a cada 100 mil habitantes, nos estados da região amazônica ela é de 29,6. Sendo ainda superiores em estados como Amapá (41,7), Acre (32,9) e Pará (32,5); ii) Pelo menos dois fatores parecem contribuir diretamente para o crescimento da violência letal na região da Amazônia Legal: a intensa presença de facções do crime organizado e de disputas entre elas pelas rotas nacionais e transnacionais de drogas que cruzam a região; e o avanço do desmatamento e a intensificação de conflitos fundiários, que resulta também no crescimento da violência letal; iii) Enquanto no Brasil, excetuando-se os estados da Amazônia Legal, 79% das MVI estão concentradas em municípios urbanos, na região amazônica, esse percentual cai para 66%. Além disso, nota-se nesta região uma proporção maior das MVI ocorrendo em municípios rurais (21%) e intermediários (12%) do que no restante do país; e iv) foram encontrados registros de conflito entre facções nas seguintes capitais: Manaus (AM), Porto Velho (RO), Macapá (AP), Rio Branco (AC) e Palmas (TO).

O fórum identificou, dentre as facções na Amazônia Legal, as de expressão nacional, como o Primeiro Comando da Capital (PCC) e Comando Vermelho (CV). Facções locais, como a Família do Norte (já esfacelada), e estrangeiras – do Peru, da Venezuela e da Colômbia.

Também podemos apresentar aqui mais um indicativo de uma FALÁCIA repetida a toda hora pelos autointitulados garantistas (ou absolutistas, conforme explicitado em capítulo próprio sobre abolicionismo penal). Alegam que, para acabar com as facções, bastaria legalizar as drogas. Ocorre que, conforme já citamos acima, quando falamos da expansão do Comando Vermelho em outras atividades econômicas (legais e ilegais), as facções têm expandido suas atividades econômicas em outras áreas, não se resumindo apenas ao tráfico de drogas. No caso da AMAZÔNIA LEGAL, o crime organizado, que inclui milícias e facções, atua em outras áreas, como contrabando de armas, contrabando de madeira, contrabando de minérios e pesca ilegal. As mortes dos ativistas BRUNO e DOM tem relação exatamente com essa expansão criminosa.[51]

O quadro de evolução das facções, quanto à principal fonte de renda, pode ser compreendido a partir da apreensão de drogas no período levantado pela CARTOGRAFIA, a cargo do Fórum Brasileiro de Segurança Pública. Entre 2019 e 2022, a apreensão de cocaína pelas polícias estaduais na Amazônia cresceu 194,1%, totalizando cerca de 20 toneladas. Já a Polícia Federal apreendeu 32 toneladas de cocaína em 2022, crescimento de 184,4% em comparação a 2019. Uma questão e*vide*nte é que, quanto maior a apreensão de drogas, maior o fluxo. A questão a ser discutida não é a quantidade de drogas apreendida, mas a que não o é, e que continua irrigando o fluxo de fornecimento e consumo de entorpecente, retroalimentando a rede da violência.

---

[51] No dia 5 de junho de 2022, o jornalista inglês Dom Phillips desapareceu com o indigenista brasileiro Bruno Pereira, nas proximidades da comunidade ribeirinha São Rafael e da cidade de Atalaia do Norte, no Vale do Javari, oeste do estado do Amazonas. Após as investigações, os responsáveis pelo crime foram presos e denunciados, ficando comprovado que o crime tem relação com duas facções que atuam na área, e que visam controlar o tráfico de drogas, o contrabando de ouro, madeira e a pesca ilegal. *Vide*: LESSA, Henrique. Caso Bruno e Dom: preso quinto envolvido nas mortes. *Correio Brasiliense*, 19 jan. 2024. Disponível em: https://www.correiobraziliense.com.br/brasil/2024/01/6789343-caso-bruno-e-dom-preso-quinto-envolvido-nas-mortes.html. Acesso em: 13 abr. 2024.

Assim, identificamos as seguintes entidades (facções e análogas) atuando nos estados da Região Norte:

1) ACRE: BONDE DOS 13, CV, PCC, IFARA E DEUS DA MORTE.

O Estado do Acre tem grande importância para a segurança brasileira e é território bastante disputado pelas facções criminosas por causa de sua localização. Fazemos remissão à seção 2.1., b, iv, acima, na qual identificamos as rotas utilizadas para a entrada de cocaína no Brasil.

Segundo levantamento da SENAPPEN, atuam na região as duas facções de expressão nacional, o CV e o PCC, que disputam o controle sobre as rotas citadas.

Além das facções referidas, mais três entidades atuam no ACRE, com características de serem facções locais. Destaca-se o BONDE DOS 13, entidade consolidada, e mais duas, menores, a IFARA (dissidência do B13) e a DEUS DA MORTE.

De acordo com a CARTOGRAFIA DA VIOLÊNCIA NA REGIÃO AMAZÔNICA, citada na introdução deste capítulo, pelo menos 13 das 22 cidades do Acre vivem sob o fogo cruzado da guerra entre facções criminosas. Rio Branco, por exemplo, que concentra a maior população do Acre, tem territórios disputados por quatro facções criminosas. São elas: Comando Vermelho (CV), Primeiro Comando da Capital (PCC), Bonde dos 13 e a Facção Deus da Morte. Em Cruzeiro do Sul, a segunda maior cidade acreana, é disputada pela facção carioca Comando Vermelho e a acreana Bonde dos 13. Feijó e Sena Madureira, o estudo mostra que o PCC e a Deus da Morte disputam o domínio do tráfico de drogas e armas. Plácido de Castro vive uma situação atípica das demais cidades do Estado. Além do PCC, há a presença de grupos bolivianos atuando em território brasileiro para dominar as bocas de fumo do município e as rotas de entrada e saída de produtos oriundos do tráfico. Em Epitaciolândia, enquanto a facção B13 trava uma guerra sangrenta contra o PCC, em Brasileia ela enfrenta o Comando Vermelho. As duas cidades são interligadas e acabam formando um único núcleo urbano. Assis Brasil segue a mesma composição que Brasileia: CV e Bonde dos 13.

No Bujari, há a presença de mais uma facção diferente das já citadas. É a IFARA. Ela disputa o território contra o Comando Vermelho. Senador Guiomard, terra do amendoim, vive ameaçada sob o domínio de três grupos criminosos: CV, PCC e Bonde dos 13.

O tráfico de drogas e armas já chegou às cabeceiras dos rios que cortam o Vale do Juruá. Em Jordão, Marechal Thaumaturgo e Mâncio Lima, por exemplo, o tráfico é disputado pelo Comando Vermelho e Bonde dos 13. Em Acrelândia, o domínio do território foi controlado por apenas uma facção: o Comando Vermelho. O grupo da cidade do Rio de Janeiro domina ainda Xapuri, Capixaba, Porto Acre e Tarauacá. Rodrigues Alves é dominado pelo Primeiro Comando da Capital (PCC). O Bonde dos 13 domina a cidade de Manoel Urbano. A situação nessas cidades em que há apenas uma facção é considerada controlada.

Sempre rememoramos que o quadro acima não é estável. Houve chacinas recentes no Acre (novembro de 2023),[52] indicando guerra de facções e expansão de violência. Por isso o quadro citado, que é de GUERRA PERMANENTE, pode ser modificado. Indicamos também que a FUGA DO PRESÍDIO FEDERAL DE MOSSORÓ, ocorrida em 2024, pode ter relação com o domínio local, já que ambos os foragidos são

[52] Chacina em Rio Branco que vitimou seis pessoas tem ligação com guerra de facções, alega Segurança. *Portal G1 AC*, 06 nov. 2023. Disponível em: https://g1.globo.com/ac/acre/noticia/2023/11/06/chacina-em-rio-branco-que-vitimou-seis-pessoas-tem-ligacao-com-guerra-de-faccoes-alega-seguranca.ghtml. Acesso em: 13 fev. 2024.

membros do COMANDO VERMELHO e foram responsáveis por chacinarem membros do BONDE DOS 13, na guerra de domínio local.[53]

2) AMAPÁ: APS (AMIGOS PARA SEMPRE), FAMÍLIA TERROR DO AMAPÁ, UNIÃO CRIMINOSA DO AMAPÁ (UCA), CV e PCC.

Segundo levantamentos em reservado do setor de inteligência do Ministério Público do Amapá, o estado registra a presença de cinco organizações criminosas atuantes em sua região. Três delas são consideradas organizações criminosas locais, enquanto as outras duas têm uma atuação transnacional. As organizações criminosas locais incluem a Família Terror do Amapá (FTA), os Amigos Para Sempre (APS) e a União Criminosa do Amapá (UCA). Elas operam predominantemente dentro das fronteiras do estado, exercendo influência e controlando atividades ilícitas em sua área de atuação.

Por outro lado, duas organizações, o Primeiro Comando da Capital (PCC) e o Comando Vermelho Rogério Lemgruber (CVRL - AP), têm uma presença mais ampla, expandindo suas atividades para além das fronteiras do Amapá. Essas organizações têm uma atuação transnacional, estendendo sua influência para outras regiões e países.

Sempre lembramos a dificuldade de traçar um quadro permanente de funcionamento dessas entidades. Entretanto, para marcar um quadro geral de alianças, rompimentos e conflitos atuais, citamos os seguintes levantamentos: i) FTA e PCC uniram forças, travando um conflito declarado contra APS, CVRL-AP e

---

53 ASSAD, Paulo. Foragidos de Mossoró estiveram à frente de rebelião no Acre que terminou com três decapitados, aponta MP. *Portal O Globo*, 07 mar. 2023. Disponível em: https://oglobo.globo.com/brasil/noticia/2024/03/07/foragidos-de-mossoro-estiveram-a-frente-de-rebeliao-no-acre-que-terminou-com-tres-decapitados-aponta-mp.ghtml. Acesso em: 13 abr. 2024.

UCA; ii) há uma aliança entre Organização Criminosa Comando Vermelho do Amapá e a União Criminosa do Amapá - UCA, resultando na compartilhada ocupação do Pavilhão F - IV no Instituto de Administração Penitenciária do Amapá (IAPEN); iii) a UCA foi fundada em 2016, como uma dissidência do CV local; iv) a principal liderança do CV local é o nacional CARLOS ERICSON DE OLIVEIRA BARROSO, também conhecido como "Carlinho" ou "Mágico", foragido após ter recebido autorização de saída temporária do presídio onde estava preso em 15 de junho de 2023. Atua, principalmente, como gerente do tráfico de drogas na divisa entre o Brasil e Bolívia; v) a facção APS, popularmente conhecida como "BONDE DO MAESTRO", é originária do estado do Amapá e foi fundada em 10 de outubro de 2015. Tem como principal líder PAULO BRANDÃO DA SILVA, APELIDO "Maestro"; vi) a UNIÃO CRIMINOSA DO AMAPÁ – UCA, conhecida pelo nome de "BONDE DO CHAPO", foi fundada em 10 de abril de 2016. A UCA tem aproximadamente 450 membros e atua nos municípios de Laranjal do Jari e Santana; vii) a sintonia local do PRIMEIRO COMANDO DA CAPITAL – PCC é composta por diversos membros presos no sistema penitenciário local, contando com aproximadamente 500 membros em suas fileiras no Estado do Amapá. Vale ressaltar que os detentos; viii) a FTA, estabelecida em 23 de março de 2015, apresenta uma organização robusta, respaldada por um estatuto que engloba um código de conduta e diretrizes específicas relacionadas à gestão financeira. Essa estrutura claramente delineada simplifica a coordenação de atividades criminosas e a sustentação de suas operações ilícitas. Destaca-se, adicionalmente, que durante o ano de 2022, a FTA passou por um período de inatividade em decorrência de sua unificação com a APS, resultando na criação da Terceiro Comando do Amapá- TCA, uma nova entidade, a qual foi dissolvida no início de 2023 devido a conflitos internos entre seus membros, o que levou ao retorno das facções FTA e APS às suas situações originais.

Esse é o quadro decorrente de levantamentos reservados, da situação do Amapá.

3) AMAZONAS: CARTEL DO NORTE, CV, CRIAS DA TRÍPLICE, PCC e REVOLUCIONÁRIOS DO AMAZONAS.

Segundo a SENAPPEN, atuam no Estado do Amazonas as facções CARTEL DO NORTE, CV, CRIAS DA TRÍPLICE, PCC e REVOLUCIONÁRIOS DO AMAZONAS. O quadro do Estado já foi tratado de forma preliminar no capítulo relacionado à facção FAMÍLIA DO NORTE, em processo de extinção. Fazemos remissão ao capítulo citado.

4) PARÁ: COMANDO CLASSE A, CV e PCC.

No Pará atuam as duas principais facções nacionais: o CV, predominante na Região Metropolitana de Belém, e o PCC, que atua mais no interior, nas regiões de Altamira e seu entorno. Há, além dessas, outras facções do estado, como o CCA Comando Classe A), FDN (Família do Norte, em processo de extinção) e pequenas facções locais, mas com grande influência em unidades prisionais, a exemplo da EQUIPE REX. Por fim, há também o B40 (Bonde dos 40) grupo que surgiu na região Nordeste, especificamente no Maranhão, mas que atua na Amazônia a partir do Pará.

Segundo o monitor de violência,[54] o Pará possui diversos municípios dentre os 50 mais violentos do Brasil. De acordo com os dados consolidados ao final de 2022, contam as seguintes cidades, com o respectivo índice de MORTES POR GRUPO

[54] STABILE, Arthur. Anuário: veja lista com as 50 cidades mais violentas do Brasil. *Portal G1*, 20 mar. 2023. Disponível em: https://g1.globo.com/sp/sao-paulo/noticia/2023/07/20/anuario-veja-lista-com-as-50-cidades-mais-violentas-do-brasil.ghtml. Acesso em: 14 fev. 2024.

DE 100 MIL PESSOAS: 1) Altamira (PA) – 70,5; Itaituba (PA) – 61,6; 3) Marabá (PA) – 51,8; 4) Paragominas (PA) – 49,3; 5) Parauapebas (PA) – 46,9; 6) Castanhal (PA) – 44,2; e 7) Marituba (PA) – 41,6. Os altos índices de mortes têm relação com a atuação de ORCRIMs na região.

Sobre a atuação das facções criminosas no Pará, algumas informações são importantes:

i) O Pará, pela sua localização e grande extensão, está inserido dentro das rotas do tráfico. A cocaína produzida na Colômbia, Peru e Bolívia passa pelo corredor do rio Amazonas ou pela rodovia Transamazônica, que começa no estado do Amazonas até chegar ao Pará. A partir de então os traficantes distribuem a droga para o restante do país ou para portos de outras regiões, usando pequenos aviões ou as rodovias que ligam o Pará a outros Estados;

ii) O porto mais próximo dos EUA e da Europa fica no Pará. É o Porto de Vila do Conde, que está localizado na região de Ponta Grossa, no município de Barcarena, à margem direita do Rio Pará e a uma distância fluvial de 55 km da capital Belém. Está integrado ao Complexo Portuário Industrial de Vila do Conde. O porto é utilizado para DESCAMINHO de MANGANÊS e outros produtos de origem animal, vegetal e mineral, além de ser um posto vital de exportação de drogas, principalmente cocaína.[55] A Polícia Federal apreendeu, entre 2021 e 2022 cerca de cinco toneladas de cocaína no porto,[56] o que indica um fluxo gigantesco de drogas no local. O porto é DOMINADO PELO COMANDO VERMELHO, e serve de rota

---

[55] Porto de Vila do Conde vira "Corredor do tráfico" e coloca em xeque fiscalização do governo do Pará. *Coluna Olavo Dutra*, 03 jun. 2022. Disponível em: https://colunaolavodutra.com.br/porto-de-vila-do-conde-vira-corredor-do-trafico-e-coloca-em-xeque-fiscalizacao-do-governo-do-para/. Acesso em: 14 fev. 2024.

[56] Polícia Federal e Receita Federal apreendem quase 3 toneladas de cocaína em Barcarena/PA. *Portal Gov.*, 05 nov. 2022. Disponível em: https://www.gov.br/pf/pt-br/assuntos/noticias/2022/11/policia-federal-e-receita-federal-apreendem-quase-3-toneladas-cocaina-em-barcarena-pa. Acesso em: 14 fev. 2024.

de escoação de drogas, especialmente após o CV ter perdido o controle da fronteira BRASIL-PARAGUAI para o PCC;

iii) A mobilidade do mundo do crime também impacta o Pará. A EQUIPE REX, com atuação em Belém, é uma espécie de braço do CV, sem grande importância regional. O COMANDO CLASSE A, surgido em ALTAMIRA, já foi aliado do CV, e, segundo dados de 2023, é aliado do PCC;

iv) As facções e entidades paramilitares da região (milícias) atuam em outras fontes de negócios ilícitos, como o já citado descaminho de produtos de origem primária (minério, madeira, drogas do sertão, pesca ilegal etc.). Dentre tais ações, o NARCOGARIMPO tem tido grande destaque, causando, inclusive, danos de origem humana (impacto em populações ribeirinhas e indígenas) e ambiental (desmatamento e poluição com mercúrio).

São as principais informações consolidadas sobre o Estado do Pará.

5) RONDÔNIA: CV, PCC e PRIMEIRO COMANDO DO PANDA.

Segundo a SENAPPEN, em Rondônia atuam as facções PCC, CV e PCP (Primeiro Comando do Panda), essa última de expressão local. Há evidências também de ação do FDN (em processo de extinção) e B13. Essa região é extremamente estratégica para a entrada de cocaína de origem boliviana e peruana que atravessa o estado do Mato Grosso em direção à região Sul e Sudeste. Boa parte das considerações sobre o Estado do Pará e Amazonas se aplicam a esse Estado.

6) RORAIMA: CV, PCC e PCP.

Em Roraima, há facções como o CV, a FDN, o PCC e o Primeiro Comando Panda (PCP), destacando-se também a presença de grupos criminosos da Venezuela, a exemplo do Pranato, nas fronteiras com as Guianas e com o estado de Roraima. Fica então perceptível a conexão que parte dessa região tem com o Pacífico, cortando as Guianas, o Suriname e o Amapá no Brasil para abastecer de mercadorias ilegais a Europa e o mercado brasileiro.

7) TOCANTINS: ADE (AMIGOS DO ESTADO), BONDE DO CANGAÇO, CV, PCM e PCC.

No Tocantins há intensa atuação do PCC, que tem a hegemonia do Estado, mas com atuação também do CV e de outras facções locais e regionais, como o ADE, o BONDE DO CANGAÇO, CCA e B13.

c) REGIÃO NORDESTE

O Nordeste é a região do Brasil formada por nove estados e com características bem distintas, seja nos aspectos geográficos, seja nos aspectos humanos. Tem se consolidado como uma das regiões mais violentas do Brasil. De acordo com dados do Ministério da Justiça e Segurança Pública,[57] de janeiro a outubro do ano de 2023, a taxa de homicídio doloso por 100 mil habitantes ficou em 23,40, enquanto no país como um todo foi de 14,33. Foram, em média, 45 mortes do tipo por dia na região, quase metade da média do país – 110 mortes. Bahia (5.508), Pernambuco (2.995) e Ceará (2.539) lideram a lista dos estados nordestinos com mais mortes violentas, quando considerados os cinco principais indicadores: homicídio

[57] KUWANO, Yumi. Região Nordeste concentra quase metade dos homicídios do país em 2023. *Brasil 61*, 13 jan. 2024. Disponível em: https://brasil61.com/n/regiao-nordeste-concentra-quase-metade-dos-homicidios-do-pais-em-2023-bras2410616. Acesso em: 04 fev. 2014.

doloso, feminicídio, latrocínio, morte por intervenção policial e lesão corporal seguida de morte.

Os crimes dolosos contra a vida têm crescimento exponencial no Nordeste. De 1996 a 2008 o impacto percentual foi na ordem de 106% nos números absolutos, num crescimento linear na série histórica. *O Nordeste é conhecido pela desigualdade e pela pobreza, mas tais fatores, apesar do senso comum, não têm sido os fatores mais relevantes no aumento da quantidade de crimes contra a vida*. José Maria Nóbrega Jr e Jorge Zaverucha,[58] analisando os dados oficiais da evolução do crime e procedendo ao cruzamento desses dados com a situação econômica, indicaram que está ocorrendo um processo inverso: *enquanto a miséria tem diminuído nas últimas décadas, os índices de crimes violentos têm aumentado*. Os autores concluíram que: "no confronto dos dados de homicídios com as macrovariatas socioeconômicas utilizadas como proxy para desigualdade e pobreza, concluímos que não há relação entre as variáveis, ou seja, refutamos que, no Nordeste em geral, e em Pernambuco em particular, a violência homicida seja explicada (ou causada) pela desigualdade/pobreza".

Os autores completam: "Entre 2001 e 2005 a desigualdade de renda declinou substancialmente no Brasil, e de forma contínua, alcançando neste último ano o menor nível das últimas três décadas. Além de relevante por si só, esta desconcentração teve consequências expressivas sobre a pobreza e a extrema pobreza no país. A despeito do lento crescimento econômico, a extrema pobreza declinou para uma taxa seis vezes mais acelerada que a requerida pela primeira meta do primeiro objetivo de desenvolvimento do milênio

---

58 NÓBREGA JR., José Maria; ZAVERUCHA, Jorge. Violência homicida no nordeste brasileiro: uma refutação às explicações baseadas na desigualdade e na pobreza. *Journal Open Edition*, v. 35, n. 2, p. 53-87, 2010. Disponível em: https://doi.org/10.4000/aa.895. Acesso em: 02 set. 2024.

(...) Os homicídios no Nordeste vêm crescendo independente das melhorias estruturais, como foi visto na relação entre os homicídios e as macrovariatas socioeconômicas elencadas de acordo com a literatura sobre o assunto. A teoria de que o desenvolvimento econômico, a diminuição da desigualdade (social e de renda) e da pobreza são fatores decisivos para o controle da violência (proxy=homicídios) não se comprovou no caso desta região".

Partindo da premissa de que a miséria e a desigualdade são fatores primordiais para a violência, deveríamos verificar REDUÇÃO dos ÍNDICES CRIMINAIS no Nordeste nos últimos 30 anos, quando todos os aspectos de IDH (Índice de Desenvolvimento Humano) melhoraram. Mas temos observado o contrário. *Podemos indicar um fator que não existia no Nordeste há 20 anos, e que atualmente está em todos os Estados e boa parte dos municípios nordestinos: as facções criminosas.*

Entre os fins dos anos 90 e início dos anos 2000, o crime organizado no Nordeste se limitava à já tradicional corrupção política, com exceção de milícias controladas por oficiais da PM, como a ORCRIM do Tenente-Coronel Correia Lima, no Piauí. Os homicídios ligados a essas entidades normalmente se referiam a crimes políticos, como a execução de opositores. Na virada do século, surgiu no Nordeste o chamado NOVO CANGAÇO, idealizado por JOSÉ VALDETÁRIO BENE*VIDE*S CARNEIRO, que, utilizando a lógica de imposição do terror dos antigos cangaceiros, impôs terror na maioria dos estados da região. No período, houve os primeiros contatos dessas entidades, classificadas como QUADRILHAS, com o Primeiro Comando da Capital e o Comando Vermelho (especialmente no Rio Grande do Norte). As facções paulista e carioca estavam se expandindo. A aliança entre os novos cangaceiros e o "pessoal do sul" era apenas eventual, sendo que esses últimos forneciam logística, armas pesadas e treinamento, principalmente com TNT e metralhadoras pesadas.

Após os ataques em São Paulo e suas consequências, em 2008, o PCC passou a se expandir para outras regiões do Brasil, onde a repressão oficial era mais frágil. E começaram a se consolidar no Nordeste, deixando de serem menos fornecedores de armas para assaltantes de bancos, carros-fortes e correios, e passando a controlar territórios de consumo de drogas e rotas de tráfico.

A expansão econômica do Nordeste, mesmo que tímida, criou um mercado consumidor de drogas, especialmente cocaína, potencial, que logo começou a ser explorado pela facção paulista. O PCC, por ter sido a primeira entidade a se estabelecer na região, dominou facilmente os presídios e as ruas. Ocorre que outras entidades, fossem de expressão nacional (CV e a extinta FDN) ou locais (*vide* quadro por estado) também entraram na corrida por esse rico território. Assim, a disputa por territórios pelo crime organizado gerou os índices alarmantes de mortes violentas na região, que, em um quadro pessimista, tendem a avançar.

Seguem entidades abaixo, identificadas em cada Estado da região.

1) ALAGOAS: CV e PCC.

Segundo a SENAPPEN, o Estado de Alagoas é dividido entre as facções PCC e CV. Além das facções nacionais que são identificadas dentro do Estado, por dados públicos, há notícias de outras entidades menores, sem grande informação e sem maior impacto na segurança, como o BONDE DOS LOCOS, BDL, BONDE DO PAJÉ, BONDE DO TUDO, que seriam inimigas do PCC, e a COMISSÃO e PRIMEIRO COMANDO DE ALAGOAS (PCA), que seriam neutras na disputa nacional.

Apesar de haver a tradicional disputa entre ambas as entidades, com repercussão nos índices de violência urbana, há certa estabilidade nesse Estado. Segundo o FÓRUM BRASILEIRO DE SEGURANÇA PÚBLICA, o Estado de

Alagoas é um dos estados onde houve maior redução dos índices de homicídios por grupo de 100 mil pessoas desde o início da série histórica. Em 2011, havia uma média de 71,4 mortos por grupo de 100 mil, enquanto em 2021 tal índice caiu para 31.2 por grupo de 100 mil, sendo que a redução tem se mantido nos anos sucessivos (2022 e 2023. Implica em se afirmar que houve, apenas nos últimos cinco anos, redução de 40% do número de mortes intencionais violentas.

As justificativas da redução dos índices pode estar ligada à estabilidade no conflito entre as facções citadas e do sistema prisional alagoano e investimento maciço em segurança pública.

2) BAHIA: BDN (BONDE DO NEGUINHO), BONDE B DE OURO, BONDE DO AJEITA; BONDE DO ANTONIO FAL; BONDE DO MALUCO; BONDE DO TG; COMANDO DA PAZ, DMP, KATIARA, MERCADO DO POVO ATITUDE, PRIMEIRO COMANDO DE EUNÁPOLIS, PRIMEIRO COMANDO DE ITABUNA, RAIO B e REAL.

Segundo a SENAPPEN, foram identificadas atuação das seguintes facções no Estado da Bahia: BDN (BONDE DO NEGUINHO), BONDE B DE OURO, BONDE DO AJEITA; BONDE DO ANTONIO FAL; BONDE DO MALUCO; BONDE DO TG; COMANDO DA PAZ, DMP, KATIARA, MERCADO DO POVO ATITUDE, PRIMEIRO COMANDO DE EUNÁPOLIS, PRIMEIRO COMANDO DE ITABUNA, RAIO B e REAL.

As duas principais facções brasileiras, o PCC e o CV, atuam indiretamente na Bahia, através de alianças. O BONDE DO MALUCO é aliado do PCC e o COMANDO DA PAZ é aliado do CV. O BONDE DO MALUCO é apontado como grupo bastante violento e envolvido na disputa por território com outros criminosos. O aumento dos índices de violência no Estado nos últimos anos, seja através de ação e reação entre criminosos (Tribunais do Crime), seja através de aumento de letalidade policial (decorrente de operações de repressão), tem ligação direta com o BONDE DO MALUCO.

Segundo dados coletados pela OPERAÇÃO TERRA LIVRE, deflagrada em maio de 2023 pela Polícia Federal, verificou-se que o BONDE DO MALUCO impediu que o PCC passasse a controlar diretamente o tráfico de drogas no Estado. "Tendo em vista que os líderes do BDM se mostravam reticentes com a possibilidade de o PCC negociar droga diretamente dentro dos presídios, sem a intermediação deles, as lideranças paulistas partiram para reafirmação do acordo de mútua cooperação por eles acertado e a possibilidade do fornecimento de droga pelo PCC para o BDM", diz trecho em que a PF explica a relação dos grupos.[59]

A facção BONDE DO MALUCO, ao final de 2023 e início de 2024, ao lado do PRIMEIRO GRUPO CATARINENSE, são as duas facções regionais que têm maior capacidade de capilarização. Estão controlando amplamente os territórios de origem, além de se expandirem, para dominar novos territórios e controlar rotas de tráfico, seja diretamente, seja através de parcerias (caso da aliança tênue entre PCC e BDM).

O BDM é especializado no tráfico de drogas, assaltos, sequestro e assassinatos. A Facção se deu origem através de um movimento do seu líder Alexandre (Xandeco) o qual tomou vários locais de Salvador e Locais Adjacentes. A

[59] Em ação conjunta, PF deflagra operação contra facção relacionada ao tráfico de drogas na Bahia. *Portal Gov.*, 15 maio 2023. Disponível em: https://www.gov.br/pf/pt-br/assuntos/noticias/2023/05/em-acao-conjunta-pf-deflagra-operacao-contra-faccao-criminosa-relacionada-ao-trafico-de-drogas-na-bahia. Acesso em: 16 fev. 2024.

facção criminosa foi fundada no ano de 2015, no Pavilhão V do Complexo Penitenciário da Mata Escura, em Salvador. O grupo nasceu como uma ramificação de uma extinta facção criminosa conhecida como Caveira, que tinha como seu líder o assaltante de bancos José Francisco Lumes ("Zé de Lessa"), morto em um confronto com policiais militares do Batalhão de Operações Especiais da Polícia Militar do Mato Grosso do Sul, em 2019. Além de Zé de Lessa, o criminoso Ednaldo Freire Ferreira (Dadá) é apontado também como um dos fundadores do Bonde do Maluco.

A facção é atualmente a maior organização criminosa baiana, com domínio em algumas regiões em Salvador e na Região Metropolitana, bem como no Centro-Norte Baiano, no Sertão Baiano e na região da Chapada Diamantina. Em 2017, apenas dois anos após sua fundação, o Bonde do Maluco já dominava 10 bairros de Salvador e expandiu a sua atuação para os estados de Sergipe, Goiás e Alagoas. Estima-se que o Bonde do Maluco possua 15 mil membros na Bahia.

Com o intuito de demarcar poder, um dos símbolos do Bonde do Maluco é a inscrição da sigla da organização (BDM) ou da frase "Tudo 3" em muros de casas, empresas, calçadas e equipamentos públicos.

Houve, entre janeiro e outubro de 2023, 5.508 homicídios na Bahia, com grande aumento da letalidade policial, em decorrência de confrontos com facções. Assim, por ser um ESTADO EM GUERRA, durante a edição deste livro, resta inviável traçar um quadro permanente do aspecto criminal baiano.

3) CEARÁ: CV, PCC, GDE (GUARDIÕES DO ESTADO) e TDN (TUDO NEUTRO).

A SENAPPEN identificou como ativas quatro facções criminosas presentes no Ceará: Comando Vermelho (CV),

Guardiões do Estado (GDE), Massa Carcerária (também conhecido como Neutros, Tudo Neutro e TDN) e Primeiro Comando da Capital (PCC).

Conforme levantamento do jornal cearense, o POVO,[60] além das quatro facções citadas, há o caso da Família do Norte (FDN), que deixou de atuar no Estado, e tentativas de estabelecimento de, pelo menos, duas outras facções, mas sem sucesso: Lost e Terceiro Comando Puro (TCP).

Segundo a reportagem citada, a ação das facções no Estado tornou-se mais latente em meados de 2015. Até então, o crime organizado no Ceará era praticado, majoritariamente, a partir de gangues de bairro. Apesar disso, as facções deram as caras no Ceará já na década de 1990. Em 1996, um dos maiores traficantes da história do CV, Uê, apelidado de Ernaldo Pinto de Medeiros, foi preso em um hotel de luxo da avenida Beira-Mar. Já naquela época, ele, porém, era considerado traidor da facção, tendo vindo a criar, anos depois, a facção Amigos dos Amigos (ADA), rival do CV. Em 2005, O POVO mostrou que um homem que conheceu Uê – que, posteriormente, tornou-se pastor – afirmava que o traficante tinha como meta montar "bases" nos bairros Pirambu e Serviluz.

A ADA também teve ligação com o Ceará por causa de Erismar Rodrigues Moreira, o Bem-Te-Vi, chefe do tráfico na comunidade da Rocinha, no RJ. Ele era cearense e, por isso, conforme a Polícia carioca, aliciava jovens da própria terra natal, Varjota, a 272km de Fortaleza, para integrar a sua quadrilha. Em 2007, outro chefe da ADA foi preso em Fortaleza, João Rafael da Silva, o "Joca da Rocinha".

Após a ADA, foi o CV quem passou a atuar no Estado do Ceará, através de sequestros, já no ano de 1992. Dali a

---

60 BARBOSA, Lucas. Facção criminosa no Ceará: quais grupos atuam no Estado? Entenda. *Portal O POVO*, 13 jun. 2023. Disponível em: https://www.opovo.com.br/noticias/ceara/2023/06/13/faccao-criminosa-no-ceara-quais-grupos-atuam-no-estado-entenda.html. Acesso em: 16 fev. 2024.

pouco mais de uma década, o CV seria apontado como a facção com atuação em mais territórios no Estado. A operação Annulare,[61] deflagrada em 2021, apontou a presença da facção em, pelo menos, 49 municípios cearenses e 54 bairros de Fortaleza.

O PORTAL O POVO, em levantamento citado acima, indicou a presença do COMANDO VERMELHO em 705 territórios, contra 555 da GDE, 102 do PCC e 82 da Massa Carcerária.

O PCC atuou no Ceará, pela primeira vez em 2000, em um roubo que tinha a participação de Marcos William Herbas Camacho, o Marcola, com subtração de R$1,4 milhão da sede da Nordeste Segurança de Valores (NSV), em Caucaia, mas já atuava em financiamento a roubos anteriormente (*vide* roubo ao Banco Central). A partir de então, a facção passou a se consolidar no Estado do Ceará e região.

A facção GUARDIÕES DO ESTADO, GDE, foi criada em 1º de janeiro de 2016. O Relatório de Inteligência (Relint) nº 364/2020/Coint/SAP (fonte O POVO), descreve que os sete fundadores da GDE tinham "fortes vínculos" com o PCC e as duas organizações foram aliadas até 2018. Em pouco tempo, as facções arregimentaram um grande número de integrantes. Dados de 2018 da então Secretaria de Justiça e Cidadania (Sejus) mostrava que, somente nos presídios, as quatro facções tinham 18.667 membros – 9.056 do CV, 5.718 da GDE, 3.230 do PCC e 663 da FDN. Nas ruas, esse número era ainda maior: conforme depoimentos de lideranças da organização, a GDE passou a ter mais de 20 mil integrantes.

---

[61] SISNANDO, Jéssika. Operação Annulare: 13 presos são absolvidos e mais de 300 podem ser soltos após decisão. *Portal O POVO*, 30 jun. 2023. Disponível em: https://www.opovo.com.br/noticias/ceara/2023/06/30/operacao-annulare-13-presos-sao-absolvidos-e-mais-de-300-podem-ser-soltos-apos-decisao.html#:~:text=A%20opera%C3%A7%C3%A3o%20Annulare%20foi%20deflagrada,Civil%20contra%20um%20s%C3%B3%20grupo. Acesso em: 16 fev. 2024.

No final de 2016, a "pacificação", que havia contribuído até mesmo para redução no número de homicídios no Estado, chegou ao fim. Dessa forma, foram formados dois eixos beligerantes: CV e FDN contra GDE e PCC.

Esse cenário gerou o ano mais violento já registrado no Estado, 2017, que teve 5.133 assassinatos. Em 2018, CV e FDN romperam no Amazonas a aliança que tinham, fazendo com que os integrantes da facção amazonense no Estado passassem a compor com a facção carioca. Com isso, a FDN se extinguiu no Estado.

Por fim, a facção MASSA CARCERÁRIA (ou TDN, Tudo Neutro), surgiu após 2021, com dissidência do Comando Vermelho. A facção LOST, também surgida em dissidência ao CV, acabou não se consolidando. O TERCEIRO COMANDO PURO, do Rio de Janeiro, tentou se inserir no Estado do Ceará, mas foi isolado pelo GDE. Os membros ligados ao TCP migraram para a MASSA CARCERÁRIA (TDN).

Os conflitos permanentes entre as facções, por disputas de territórios, elevam os índices de mortes violentas no Ceará, tornando o Estado um dos mais violentos do Brasil. Por isso, não há como traçar um quadro permanente da situação criminal cearense.

4) MARANHÃO: PCM (PRIMEIRO COMANDO MARANHENSE), BONDE DOS 40, COMANDO VERMELHO E PCC.

No Maranhão, segundo a SENAPPEN, atuam quatro facções: o PCM, Primeiro Comando da Capital, o BONDE DOS 40, o PCC e o CV. Dentre essas, destaca-se a facção local BONDE DOS 40, que está em processo de expansão para demais Estados do Nordeste, principalmente o PIAUÍ, e para o Norte, a partir do Pará.

O Bonde dos 40, mais conhecido como B40, surgiu em São Luís, e é aliado ao ADA (Amigos dos Amigos, do RJ), e inimigo do CV e PCC. O Bonde dos 40 surgiu em 2007 por causa do contato de presidiários maranhenses com presos de outros estados que pertenciam a outras facções criminosas, nos Presídios Federais. Em apenas dois anos (2009), passaram a atuar dentro e fora das cadeias no interior do Maranhão, chegando a se aliar com oComando Vermelho (CV) e Amigos dos Amigos (ADA). Entre 2010 a 2014, o grupo ficou conhecido por promover rebeliões nas cadeias e no Pedrinhas contra PCM e ataques nas ruas, provocando a morte de mais de 100 presos. Desde então, o PCM e B40 passaram a lutar violentamente pelos domínios nos bairros de palafitas (nome local para "favelas nos mangues") e comunidades (nome local para "periferia" ou "bairro pobre", sem nenhuma relação ao significado favela), causando dezenas de mortes e feridos.

Com o tempo, entre 2013 a 2017, o B40 passou a vencer o rival PCM e a dominar quase todos os bairros, chegando a dominar 90% dos pontos de venda de drogas e bairros, além de atuar no interior do Maranhão. Porém, quando já estava a ganhar 95% dos domínios, as facções cariocas (CV) e paulista (PCC) romperam com seus antigos aliados no Maranhão, obrigando essas a fazerem alianças: o B40 se aliou com a facção carioca ADA, enquanto o PCM se aliou ao CV e mudou nome para a filial Comando Vermelho maranhense. Isso fez surgir outra facção, Comando Organizado do Maranhão (COM), uma dissidência das duas facções maranhenses, que passou a atacar na comunidade (bairro pobre) Cidade Olímpica e ganhou o domínio do bairro desde então. Enquanto isso, o CV (ex-PCM) decidiu mudar de tática, ao atacar e conseguir dominar partes dos bairros Cidade Operária e São Cristóvão, além de atuar em bairros nos municípios do Paço do Lumiar, São José de Ribamar e Raposa.

Em 2018, a facção maranhense ultrapassou a fronteira estadual e passou a ter a presença nos bairros pobres da zona sul da cidade de Teresina, capital do Piauí (após dominar bairros periféricos de Codó, Caxias e Timon nos anos anteriores).

A facção B40 tem uma estrutura hierarquizada e funciona segundo o modelo do PCC, com adaptações locais. Assim, atua com os seguintes setores: i) Conselho de Finais: é o primeiro nível da organização, dividindo-se em 1º e 2º escalão, e conta com agentes criminosos responsáveis pelas decisões de comando do grupo; ii) Gerais do Estado e Torres: exercem liderança fora dos presídios, nos bairros que atuam; iii) Disciplinas: fiscalizam se regras de conduta estão sendo seguidas pelos demais membros. Punem aqueles que não cumprem o estatuto da facção e que agem independente em suas ações; iv) Caixinhas: responsáveis pela contabilidade do grupo e por administrarem o dinheiro recolhido junto aos membros, que pagam mensalidade e porcentagem sobre o lucro das atividades ilícitas; v) Soldados: membros responsáveis pelo tráfico de drogas, por arrecadarem dinheiro com roubos e furtos, pela 'segurança' dos bairros e por executarem membros de facções rivais ou outros desafetos, muita vezes até da própria organização, no caso de descumprimento das regras por parte dos outros integrantes, nesse caso, recebem ordem da Disciplina da facção.

A facção BONDE DOS 40 é territorialista, não aceitando outras entidades em suas áreas de ação, por isso a quantidade elevada de homicídios ligados ao grupo, seja como vítimas ou executores. Mantém uma situação de guerra permanente dentro do Maranhão, com o PCM, CV e PCC, e exporta sua forma de ação para Teresina-PI e outras cidades piauienses.

5) PARAÍBA: BDC (BONDE DO CANGAÇO), CV, EUA, NOVA OKAIDA E PCC.

De acordo com a SENAPPEN, atuam na Paraíba as facções BDC (Bonde do Cangaço), CV, EUA, NOVA OKAIDA e PCC.

Digno de nota é a história da OKAIDA e da NOVA OKAIDA. Essa facção surgiu como uma MILÍCIA, ligada a um criminoso de alcunha FÃO, que executava testemunhas de crimes e autoridades públicas. Por ter surgido em 2001, próximo dos eventos do ataque às Torres Gêmeas, em Nova York, ganhou o nome de AL-QAEDA, devidamente aportuguesado. O grupo originalmente operava aos moldes das milícias cariocas e cobrava taxa pela "segurança" das "quebradas" (pontos de venda de drogas). Porém, entre 2008 e 2009, eles começaram a atuar diretamente no tráfico, incorporando os próprios traficantes atacadistas do estado. Desse modo, a Okaida passou a assumir o "controle" dos apenados no interior das penitenciárias da Capital (Região Metropolitana), e em seguida, de cidades mais populosas, como Campina Grande e Patos.

Até 2010, a adesão foi exponencial, gerando uma certa homogeneidade da facção, que atuava em boa parceria com o Primeiro Comando da Capital (PCC), que enviava remessas de entorpecentes do Paraguai para a Paraíba (principalmente maconha). Contudo, devido a rivalidades bairristas entre criminosos de cada localidade, houve comunidades que se recusaram a se associar a um grupo que incorporava também os seus oponentes históricos. Tal era o caso da "Ilha do Bispo", em João Pessoa, que rivalizava com o Alto do Mateus (que passou a integrar a Okaida), bem como da comunidade "Bola na Rede", no Bairro dos Novais, que também rivalizava com o Alto do Mateus.

Em dezembro de 2010, um membro do PCC, A.S.A. (vulgo, Pantú), foi assassinado em um dos principais redutos da Okaida, o Bairro São José, na Capital. Esse evento foi entendido como uma traição da Okaida ao PCC, rompendo-se as relações. No ano seguinte, enquanto a Okaida buscou parceria com o Comando Vermelho, o PCC buscou as comunidades que não integravam a facção paraibana.

Devido à falta de organização das comunidades resistentes à integração com a Okaida, foi possível a rápida ascensão do grupo pioneiro, que só encontrou uma oposição organizada com a formação dos "Manos da 50", na Bola na Rede, liderados por P.H.N.3 (vulgo, Alexandre Neguinho). Tal grupo forjou aliança com outro surgido em Mandacaru, os "Estados Unidos", cujo nome encontra paralelo com o panorama político internacional da época: confrontar a Okaida.

Em pouco tempo não se menciona mais a facção "Manos da 50" e observa-se uma total integração de seus membros aos "Estados Unidos", incluindo o próprio líder daquela. Por conseguinte, o ano de 2011 foi o mais crítico em termos de índices de violência na Paraíba (484 homicídios em 2001; 1680 homicídios em 2011), que se tornou o 3º estado com maior taxa de homicídios do Brasil.

A expansão da Okaida, bem como o natural acirramento de ânimos em certas áreas, alastrou-se pelos diversos rincões do estado, fazendo com que as duas facções crescessem por todo o território. Em 2017, houve uma cisão na Okaida, quando "Fão" foi afastado do grupo, cujo controle passou para as mãos de R.M.L. (vulgo, Ró Pscicopata) e J.R.B.S. (vulgo, Betinho). A Okaida foi renomeada como "Okaida RB" (RB, em alusão a Ró e Betinho). A nova composição adotou uma estrutura baseada em graus hierárquicos, composta de "final" (comando) e um "conselho" deliberativo. Em 2019, surgiu na Comunidade da Escadaria, no Alto das Populares, em Santa Rita, uma célula da facção Família do Norte, oriunda de Manaus – AM. O grupo tinha como "frente" (homem de confiança da chefia, que cumpre ordens em seu nome) o apenado J.C.S. (vulgo, Porronte) e com a mesma velocidade com que se expandiu pelas demais comunidades daquele bairro, retraiu em menos de um ano, subsistindo apenas na Escadaria. Inicialmente, forjou uma aliança com os EEUU e confrontou a Okaida RB.

Em data incerta, mas entre os anos de 2018 e 2019, um grupo dentro da aliança entre EUA e PCC, passou a se chamar Bonde do Cangaço. Com o passar do tempo, conseguiu ganhar mais autonomia e independência, controlando a maior parte das "quebradas" do Litoral Sul, liderados por S.M.S. (vulgo, Samuka). Hoje, o grupo figura como autônomo, inimigo da Nova Okaida e aliado ao EUA.

Em 2020, se deu uma nova dissidência entre os líderes da Okaida, detectada através das publicações dos faccionados em redes sociais e pela intensificação das disputas em áreas controladas pela facção. O grupo passou a usar o nome de "Nova Okaida", em substituição a "Okaida RB", sugerindo o afastamento dos líderes. Também passaram a fazer menção à "Tropa do Vaqueiro", ou "Tropa do Vaqueirinho", alcunha de F.B.O.

Hoje, a Nova Okaida se estende pelos estados vizinhos à Paraíba, com pequenas células em cidades limítrofes, principalmente de Pernambuco e Rio Grande do Norte.

6) PERNAMBUCO: BONDE DOS CACHORROS, COMANDO LITORAL SUL, OKAIDA, PCC e TREM BALA.

De acordo com a SENAPPEN, atuam no Pernambuco as facções BONDE DOS CACHORROS, COMANDO LITORAL SUL, OKAIDA, PCC e TREM BALA. No entanto, ainda há evidências da participação de outras facções em Pernambuco, como o COMANDO VERMELHO, SINDICATO DO CRIME, que tem estrutura organizada como ORCRIMs, e outras entidades menores, como O TREM DO APITO, CSP, BONDE DO CANGAÇO e OS KALANGO.

A maior parte das entidades, sejam com características de ORCRIMs ou GANGUES, disputam territórios e controle de atividades ilícitas, o que tem gerado os altos índices de mortes por grupos de 100 mil pessoas, tornando Pernambuco um dos Estados mais violentos do Brasil. No entanto, há relações de alianças, mesmo que provisórias, como é o caso das entidades BONDE DO CANGAÇO e BONDE DOS CACHORROS que são aliadas locais do PCC.

7) PIAUÍ: BONDE DO MALUCO, BONDE DOS 40, CV, GDE E PCC.

O Piauí é um Estado sem facção de origem local. Até o início dos anos 2000 atuavam apenas gangues no Estado, como a SEITA SATÂNICA, procedente da região da CAPELINHA DE PALHA, centro-sul da capital Teresina. O Estado sofria, basicamente, com a ação de MILÍCIAS, como a comandada pelo TENENTE-CORONEL CORREIA LIMA e o ataque de assaltantes de bancos ligados ao NOVO CANGAÇO, com vários roubos praticados pela quadrilha dos BENE*VIDE*S CARNEIRO. Foi com a ligação entre PCC e o NOVO CANGAÇO, que as facções começaram a entrar no Piauí, passando a ocupar espaço a partir da CASA DE CUSTÓDIA, a principal penitenciária piauiense.

O poder público do Piauí negava a existência das facções no Estado, pelo menos até 2020, permitindo que o PCC controlasse os territórios de passagem (rotas) e de consumo local de drogas. Apesar do controle dos territórios piauenses pelo PCC, havia relativa tranquilidade e baixos índices de mortalidade. O quadro se modificou quando o BONDE DOS 40, surgido no Maranhão, rompeu a aliança com a facção paulista e, a partir da cidade de Timon, vizinha a Teresina-PI, adentrou em território piauiense. A guerra entre a facção maranhense e a facção paulista levou o Piauí a ter índices alarmantes de mortes por grupo de mil e já dura pelo menos cinco anos (2019 a 2024).

A guerra entre PCC e B40 tem permitido que outras entidades entrem no território piauiense, como o COMANDO VERMELHO, que tem atuado a partir do litoral, GDE, que tem entrado no Piauí a partir da fronteira nordeste com o Ceará, e o BONDE DO MALUCO, que tem entrado no Piauí a partir da fronteira com os Estados do Pernambuco e Bahia.

8) RIO GRANDE DO NORTE: PCC E SINDICATO DO CRIME.

Atuam no Rio Grande do Norte as facções PCC e SINDICATO DO CRIME.

Quanto ao PCC, nada a acrescentar de relevante. Mas trazemos algumas anotações importantes sobre o SINDICATO DO CRIME.

Para se entender um determinado fenômeno, a técnica analítico-cognitiva exige que examinemos as causas primárias, as quais muitas vezes conseguem explicar, mesmo que incompletamente, por vezes, a origem do fenômeno. Assim, é importante que, como uma cebola, retiremos camada por camada da sua estrutura, até chegarmos ao que chamamos de núcleo. Para entendermos o surgimento de algumas facções regionais ou locais, também acreditamos mister se faz analisar as variantes causais que unidas fizeram o fenômeno estudado eclodir. Se no eixo Rio-São Paulo já conseguimos identificar e explicar as causas, no contexto regional, há outros ingredientes únicos, peculiares, que fazem a diferença no contexto criminológico, realizando uma espécie de amalgamento entre o DNA das primeiras facções brasileiras com os genes locais e regionais próprios de cada grupo, o que os diferenciam entre os demais, sendo assim, um ente único no que diz respeito à identidade. O Sindicato do Crime – SDN, facção local do Rio Grande do Norte, é um exemplo de uma simbiose entre características das facções fundadoras do crime organizado no Brasil com traços locais.

CS BARBOSA aponta:[62]

> Em 18 de maio de 1982, integrantes da família Bene*vide*s Carneiro cometeram o roubo ao carro-pagador da emergência – a emergência era um programa do governo federal criado para combater os efeitos da seca e o carro pagador transportava parte do dinheiro que seria usado para pagar os trabalhadores do programa – que seguia a rota Mossoró – Umarizal. A ação contou também com um possível integrante do Comando Vermelho, o carioca Sidney Ferreira da Silva, vulgo "Sidney Negão", como destaque na composição do grupo criminoso envolvido no roubo. "Sidney Negão" pode ter sido um dos primeiros faccionados do Comando Vermelho a pisar em solo potiguar com o intuito de realizar roubos.

A participação do carioca "Sidney Negão" foi levada a efeito, após o grupo potiguar se reunir e concluir a necessidade da participação de um "assaltante experiente" na empreitada, o que de fato veio a acontecer após um dos integrantes da família Carneiro viajar ao Rio de Janeiro, a fim de convidar o famoso assaltante. Nessa esteira, o assalto da "King Jóia", famosa rede de lojas de jóias que existia praticamente em todas as grandes cidades do nordeste, realizado no ano de 1986, também foi feito por um grupo de criminosos com integrantes nordestinos e cariocas. Como cita o referido autor, "Durante as investigações, a polícia potiguar chegou à conclusão de que o grupo que assaltou a King Joia tinha integrantes da Falange Vermelha (Comando Vermelho) e que a quadrilha viajava pelo país praticando roubos vultuosos".

Para finalizar, em 1987, o assalto ao BNC (Banco Nacional de Crédito), em Natal/RN, também foi detectada a participação

[62] BARBOSA, Cs. *As Facções Criminosas do RN 2*: ecos do passado. Editora Independently Published, 2022.

de oito membros cariocas, sendo inclusive um deles, Paulo Roberto da Silva, fugitivo do presídio de Ilha Grande/RJ, tendo o delinquente confessado ainda a participação nos roubos do Unibanco e do Itaú, ambos no Rio de Janeiro.

Desses registros históricos condensados em investigações da Polícia Civil e da Polícia Federal de mais de quatro décadas, percebe-se que a expansão das facções criminosas brasileiras, nesse caso em especial do CV – Comando Vermelho –, não aconteceu repentinamente, mas foi fruto de um processo lento e contínuo. A experiência e a "profissionalização" do crime carioca fez os criminosos angariarem um *know how* que renderia contratações e participações em vários assaltos Brasil afora, inclusive, em vários estados nordestinos.

Se num primeiro momento o Comando Vermelho, utilizando-se de conhecimento de táticas de guerrilhas, de guerra irregular etc., tiveram como carro chefe de suas ações o assalto a instituições financeiras, com o amadurecimento do grupo (obtenção de mais vantagem às custas de menos risco e sacrifício) e o vertiginoso crescimento do consumo de drogas, o tráfico de drogas passou a ser o principal crime praticado pela facção, com o posterior domínio territorial nas áreas controladas por traficantes, como se delineou nos dias de hoje.

Certamente por essas razões históricas, o SDC já nasceu coligado ao CV. O SDC, não por coincidência, inclusive, adota em seu estatuto praticamente os mesmos princípios do CV, quais sejam, "Paz, liberdade, igualdade e união". Nesse sentido, vale ressaltar que há um acordo entre a SDC e o CV, no sentido de que o CV, que é uma facção aliada, não realize batismos dentro do Rio Grande do Norte, onde está o quartel general da SDC.

Fundada em 27 de março de 2013, dia do palhaço (o personagem do palhaço é associado no mundo do crime ao assassinato de policiais), o SDC 1814, sendo que "18" representa a letra "R" e "14" a letra "N", respectivamente, pelo alfabeto congo, tem como maior rival o PCC 1533. Se por um lado o CV sempre conviveu com outros grupos criminosos, respeitando as facções de âmbito regional, o PCC – Primeiro Comando da Capital – sempre teve uma postura de hegemonia, ou seja, de tomar os espaços, seja primeiramente através da diplomacia, ou mesmo em último caso, utilizando-se na violência. Foi por essa razão, em não aceitar o domínio do PCC no tráfico e nas rotas potiguares, especialmente, do importante porto de Pecem, utilizado no tráfico internacional de drogas, que se deu o acirramento entre a SDC e o PCC, culminando em lutas sangrentas e vários atentados dentro e fora dos presídios, como o visto no ano de 2017 com a rebelião do presídio de Alcaçuz, que resultou em muitas mortes.

Vale registrar nesse ponto a estratégia inovadora adotada pelo PCC, conforme acontecimento na Penitenciária Estadual Rogério Coutinho Madruga (PERCM), de infiltrar integrantes no seio da facção rival, a SDC. Dessa forma, integrantes do PCC falsearam o ato de "rasgar a camisa", ou seja, romper com a sua facção original para, supostamente, se aliar à facção rival, isso com o intuito de, uma vez infiltrado, neutralizar seus oponentes dentro do sistema.

Ocorre que após a SDC descobrir tal manobra, declarou o hasteamento de "bandeira vermelha", ou seja, a radicalização da guerra entre as duas catervas, vindo então a ocorrer os episódios horrendos divulgados a cores e em tempo real na guerra entre essas facções em 2017. Urge frisar, também, que o CV, como facção amiga do SDC, prestou auxílio a essa em termos de pessoal e armamento contra a sua arque rival facção, o PCC.

Destarte, conclui-se que, muito embora reconheça-se a SDC-RN como uma facção autônoma e independente, deflui-se também pelo contexto histórico de sua fundação, a forte influência das facções fundantes do crime organizado brasileiro.

Vejamos, mais a frente, que da mesma forma, com as nuances e*vide*ntemente peculiares a cada grupo, como também a facção carioca e paulista serviram de modelo para a organização do crime regional e local. Como diria o adágio popular "não se inventou a roda", ela já estava pronta e, apenas, foram feitas adequações na engrenagem, no sentido de se encaixar as catracas das necessidades locais.

9) SERGIPE: BONDE DO MALUCO, CV E PCC.

O Estado de Sergipe tem ligação estreita com a Bahia, sofrendo a influência e interferência externa das entidades que disputam aquele território. Segundo a SENAPPEN, atuam no local o BONDE DO MALUCO, COMANDO VERMELHO e PCC.

d) REGIÃO CENTRO-OESTE

O Centro-Oeste é uma região formada pelos estados: Goiás (GO), Mato Grosso (MT), Mato Grosso do Sul (MS) e Distrito Federal (DF). A história da região está ligada ao processo de ocupação do interior do território brasileiro, assim como à busca por riquezas de origem mineral. A geografia centro-oestina é formada por áreas de relevo compostas por planaltos e planícies, assim como pelos tipos climáticos Tropical e Equatorial. No que toca aos aspectos humanos, a população do Centro-Oeste é considerada pequena, quando comparada ao total populacional nacional, sendo composta por 16.504.303 habitantes.

A economia da região está baseada nas atividades primárias, com destaque para a agricultura e a pecuária. Já a cultura local representa a união de influências portuguesas e indígenas, seja nas manifestações culturais, como a Cavalhada, seja nas danças folclóricas, como o Siriri.

A região, segundo o IBGE, nos dados consolidados do CENSO 2023, demonstrou dois pontos essenciais: a) aumento populacional, com acréscimo de 1,2% ao ano, mais do que o dobro da taxa de crescimento nacional; e b) incremento do PIB, relacionado, principalmente, com o avanço do setor do AGRONEGÓCIO.

A Centro-Oeste deixou de ser um deserto de pessoas e um emaranhado de florestas para se transformar em uma região com avanço populacional e econômico, atraindo pessoas de todo o país. Naturalmente, as entidades criminosas (facções e milícias) também são atraídas pelas oportunidades que essa expansão gera. Em suma, historicamente, a região servia apenas como entreposto para o fornecimento de drogas e armas para as facções paulistas e cariocas, mas, com a expansão econômica, também virou um expoente mercado consumidor. Por isso, o domínio da região é importante para as facções e milícias para garantia das rotas, especialmente a ROTA CAIPIRA, já que a região faz divisa com Bolívia e Paraguai, e para expansão e controle do mercado local de fornecimento de drogas, dentre outras atividades econômicas.

Vide quadro por Estado, abaixo.

1) DISTRITO FEDERAL (DF).

As principais facções nacionais, o CV e o PCC, atuam no Distrito Federal, sendo desnecessário complementar a linha de ação local, já que o parâmetro se repete. No entanto, é necessário tratar da outra facção com atuação na capital da República: o COMBOIO DO CÃO, ou CDC.

A facção atua nas principais cidades satélites do Distrito Federal e territórios vizinhos. Tem como principais líderes Wilian Peres Rodrigues, vulgo Wilinha e Luiz Gonzaga da Rocha, vulgo Juinho. A facção surgiu em 2015. É conhecida pelo modo sanguinário de agir, disputando pontos de drogas, executando rivais que tentam se instalar em áreas já dominadas.

A facção repete um padrão de entidades locais, que é a busca por poder com líderes eminentemente locais, evitando o pagamento padrão das franquias do crime, ou seja, envio regular de di*vide*ndos às entidades nacionais (caixinha do CV ou PCC). Essa ideia de concentração do poder de forma local tem levado o COMBOIO DO CÃO a batizar membros do PCC e CV locais, que estão, no jargão, rasgando a camisa. O PCC é inimigo da facção CDC,[63] buscando o domínio seja do COMPLEXO DA PAPUDA, onde o PCC é minoria, seja nas ruas.

É a principal facção combatida na região pelo poder público, dada a sua capacidade bélica e direcionamento para o conflito (seja com o poder público ou outras facções locais).

2) GOIÁS (GO): ADE, PCC E CV.

O Estado de Goiás tem grande importância geográfica, por estar relativamente no centro do país, sendo palco de disputas por facções, seja por causa do mercado interno de drogas e outros ilícitos, por causa do crescimento econômico, seja pelo controle das rotas do tráfico e contrabando. Em 2018, o Ministério Público mapeou 11 facções com atuação nos presídios de todo o Estado, com mais de 700 integrantes.[64] As três principais identificadas, já à época, eram o PCC, o CV e a local AMIGOS DO ESTADO (ADE). Além dessas, também

---

63 DIOGO, Darcianne. Carta escrita por membro do PCC expõe guerra contra Comboio do Cão. *Correio Braziliense*, 29 maio 2023. Disponível em: https://www.correiobraziliense.com.br/cidades-df/2023/05/5097884-carta-escrita-por-membro-do-pcc-expoe-guerra-contra-comboio-do-cao.html. Acesso em: 25 fev. 2024.

64 MOURA, Pedro. Com 5 mil membros, PCC e CV dominam tráfico de drogas em Goiás. *Jornal Opção*, 11 dez. 2023. Disponível em: https://www.jornalopcao.com.br/seguranca-publica/com-5-mil-membros-pcc-e-cv-dominam-trafico-de-drogas-em-goias-555720/. Acesso em: 25 fev. 2024.

foram apontadas a existência da Família do Norte (FDN), do Amazonas, e a maranhense Bonde dos 40 (B40).

Atualmente, apesar de indicação de gangues ou outras proto-facções, podemos afirmar que são relevantes apenas o PCC, o CV e a ADE. Segundo levantamento do jornal Opção, com base em informações de inteligência, verificou-se que o PCC é responsável por deter a maior quantidade de membros em solo goiano, na casa dos 2 mil. Viria em segundo lugar, o CV, também na faixa dos 2 mil membros. A terceira organização mais volumosa é a ADE, com 1 mil membros apenas em Goiás. A reportagem também indica que a facção ADE foi responsável por movimentar mais de R$1,2 bilhão com as atividades ilegais no estado em 2021 e está envolvida em cerca de 30% de todos os homicídios registrados na terra do agro.

3) MATO GROSSO (MT): PCC, CV e TROPA DO CASTELAR.

Apesar de estar na região Centro-Oeste, o Estado do Mato Grosso faz parte da chamada AMAZÔNIA LEGAL, já que sofre os impactos da região amazônica, incluindo impactos relacionados ao crime. Por isso, muito do que foi dito acerca da Região Norte se aplica a essa Unidade Administrativa.

Mato Grosso possui três facções criminosas que disputam território e ampliam os números da violência diariamente. O estudo "Cartografias da Violência na Amazônia", divulgado pelo Fórum Brasileiro de Segurança Pública, aponta que das 22 facções que agem na Amazônia Legal, o Comando Vermelho, o Primeiro Comando da Capital (PCC) e a Tropa do Castelar são as que conseguiram se infiltrar em território mato-grossense.

O estudo apresenta levantamento da atuação das facções em apenas 11 municípios do Estado, apontando que em quatro deles há o controle de apenas uma facção e nos outros sete há uma guerra, em seis deles entre o CV e o PCC e, no caso de Sorriso, que vem apresentando dados alarmantes de violência, há a disputa das três facções.

Como relevância especificamente em relação ao Estado do Mato Grosso, podemos citar uma facção local, chamada de TROPA DO CASTELAR. Essa entidade é recente, tendo se aliado ao Primeiro Comando da Capital (PCC) e desencadeado uma guerra entre os grupos na disputa pelo comando do tráfico de drogas na região norte e médio norte do Estado, principalmente na cidade de Sorriso (420 km ao norte). A guerra, que tem o condão de se espalhar pelo restante do Estado, conta com a aliança entre o PCC e a TROPA DO CASTELAR para tomar territórios do CV.

Sobre a divisão territorial, o já citado estudo CARTOGRAFIAS indica que Cuiabá, Cáceres e Porto Esperidião são controlados pelo Comando Vermelho. Já Mirassol D'Oeste é dominada pelo Primeiro Comando da Capital. Alta Floresta, Rondonópolis, Rosário Oeste, São José do Rio Claro, Tangará da Serra e Várzea Grande são cenários de disputa territorial entre as duas facções. Em Sorriso, além do CV e do PCC, a Tropa do Castelar também está na guerra por território. O relatório aponta que Mato Grosso é um estado estratégico na fronteira do Brasil e uma porta de entrada para drogas no país. O CV predomina na região de fronteira com a Bolívia, que tem mais de 730km de extensão, tendo Cáceres como principal referência.

4) MATO GROSSO DO SUL (MS): BONDE DO MALUCO, CV, OS MANO, PCC, PRIMEIRO GRUPO CATARINENSE E SINDICATO DO CRIME.

Mato Grosso do Sul mostra-se terreno fértil para atuação de Organizações Criminosas, por sua posição estratégica, já que seu território faz divisa com estados de Mato Grosso, Minas Gerais, Goiás, Paraná e São Paulo, além de exibir extensas fronteiras com Paraguai e Bolívia. Essas características, aliadas à baixa densidade demográfica, uma economia de base rural, 44 municípios em faixa de fronteira, a proximidade com estados brasileiros receptores de ilícitos transfronteiriços ou com canais rodoviários ou portos e aeroportos que ligam aos consumidores finais, além da proximidade com o Paraguai que possui zonas produtoras de maconha que tornam a sua produção a 2ª maior do mundo e com a Bolívia, que possui zonas produtoras de cocaína, cuja a produção o faz o 3º maior produtor mundial da droga, fazem com que o estado torne-se rota significativa do tráfico de drogas, do contrabando e do descaminho e, consequentemente, dos crimes que os circundam, como a receptação de veículos roubados ou furtados, a lavagem de dinheiro, a evasão de divisas, os homicídios, o tráfico de armas, a corrupção, roubos a instituições financeiras e a violência de uma maneira geral.

Com o Paraguai, o estado possui 436, 9km de extensão de fronteira seca, ou seja, delimitada artificialmente por meio de marcos de concretos fixados a cada 900m. Ainda há uma fronteira fluvial de pouco mais de 641km de extensão composta pelos Rios Estrela, Apa e Paraguai. Já com a Bolívia possui uma fronteira de 401, 9km de extensão, dos quais 135,3km entre fronteira fluvial e áreas alagadiças do Pantanal, com destaque ao Rio Paraguai.

Uma outra característica de Mato Grosso do Sul que facilita o enraizamento do crime são as cidades gêmeas, aqueles municípios cortados pela linha de fronteira, seja essa seca ou fluvial, integrada ou não por obra de infraestrutura.

A importância do Mato Grosso do Sul para as facções criminosas é tão e*vide*nte que a GUERRA ENTRE PCC e CV decorre exatamente da luta pelo controle dessa fronteira.

Atuam na região, segundo a SENAPPEN, as facções BONDE DO MALUCO, CV, OS MANO, PCC, PRIMEIRO GRUPO CATARINENSE E SINDICATO DO CRIME. Além duas facções nacionais, PCC e CV, é de se notar a ação de outras entidades, que claramente já tem estrutura de ORCRIM, atuando na região, sendo dignos de nota o BONDE DO MALUCO, da Bahia, o PRIMEIRO GRUPO CATARINENSE, de Santa Catarina, e o SINDICATO DO CRIME, do Rio Grande do Norte.

e) REGIÃO SUDESTE

A região Sudeste, a mais populosa e rica do Brasil, é o celeiro das facções criminosas. Muito do que já afirmado na questão histórica e do quadro evolucional e atual das duas principais facções brasileiras (PCC e CV) podem ser aplicadas a esse tópico, sendo desnecessário a repetição, salvo algumas questões de complementos pontuais.

1) ESPÍRITO SANTO: PCC E PRIMEIRO COMANDO DE VITÓRIA.

O Estado do Espírito Santo é o menor e menos populoso da região, recebendo influência em todas as esferas dos seus vizinhos, incluindo influência criminal.

Segundo a SENAPPEN, atuam nessa UF o PCC e o Primeiro Comando de Vitória.

O Primeiro Comando de Vitória (PCV) tem sede no Bairro da Penha, que fica na região conhecida como território do bem, e surgiu em 2010, em um modelo parecido com o Primeiro Comando da Capital (PCC), mas hoje é filiado ao Comando Vermelho (CV). Entre as principais áreas de atuação da organização, estão os bairros Itararé, Bonfim, Penha e São Benedito.

As investigações apontam que há, ainda, ramificação por diversos municípios da Grande Vitória e do Norte do Estado. Essa facção foi criada por Carlos Alberto Furtado (Beto) quando foi para o sistema penitenciário federal, com membros do Primeiro Comando da Capital (PCC), de São Paulo. Foi formado o Estatuto do Primeiro Comando de Vitória datado de 2010 com 10 artigos e, atualmente, tem 33 artigos. O Estatuto do PCV é muito parecido com o da facção paulista. Depois, viraram aliados do Comando Vermelho (CV), no Rio de Janeiro.

Claramente, essa entidade pode ser classificada como ORCRIM, por ter a estrutura mínima prevista em Lei. O PCV possui COMANDO CENTRAL, que fica dentro do presídio e avalia as principais determinações da organização, e núcleos formados por LIDERANÇAS, GERENTES, CONTENÇÃO, VAPORES e VISÃO.[65]

2) MINAS GERAIS: AMIGO DOS AMIGOS, BONDE DOS 40, BONDE DO MALUCO, CARTEL DO NORTE, CV, COMBOIO DO CÃO, CRBC (COMANDO REVOLUCIONÁRIO BRASILEIRO DA CRIMINALIDADE), GUARDIÕES DO ESTADO, IDI (IRMÃOS DOS IRMÃOS), PCC, PRIMEIRO GRUPO CATARINENSE, TCC (TERCEIRO COMANDO DA CAPITAL) E TERCEIRO COMANDO PURO.

O Estado de Minas Gerais é considerado uma espécie de microcosmo da civilização brasileira. Tem grande extensão

---

[65] PCV: entenda como funciona a maior organização criminosa do ES. *Redação Folha Vitória*, 26 ago. 2022. Disponível em: https://amp.folhavitoria.com.br/policia/noticia/08/2022/pcv-entenda-como-funciona-a-maior-organizacao-criminosa-do-es. Acesso em: 29 fev. 2024.

territorial e uma grande população, perdendo, nesse aspecto, apenas para São Paulo como a UF mais populosa do Brasil. O Estado tem grande variação de clima, vegetação, estrutura populacional e até mesmo cultural. Essa gama de variações não poderia deixar de ser sentida quando se fala do crime organizado e, especialmente, quando se fala em facções.

Segundo a SENAPPEN, atuam em MG as facções AMIGO DOS AMIGOS, BONDE DOS 40, BONDE DO MALUCO, CARTEL DO NORTE, CV, COMBOIO DO CÃO, CRBC (COMANDO REVOLUCIONÁRIO BRASILEIRO DA CRIMINALIDADE), GUARDIÕES DO ESTADO, IDI (IRMÃOS DOS IRMÃOS), PCC, PRIMEIRO GRUPO CATARINENSE, TCC (TERCEIRO COMANDO DA CAPITAL) E TERCEIRO COMANDO PURO.

Anota-se o impacto local das facções PCC e CV, como é padrão, mas também de outras facções regionais em processo de expansão, como a maranhense BONDE DOS 40, a baiana BONDE DO MALUCO, a amazonense CARTEL DO NORTE e a facção sulista PRIMEIRO GRUPO CATARINENSE.

As demais entidades atuam no Estado através de relações de aliança momentâneas, como é o caso do TERCEIRO COMANDO DA CAPITAL,[66] que, por ser uma DISSIDÊNCIA do PCC, tende a se expandir nos Estados onde o PCC atua, formando alianças locais contra a entidade mãe. A mesma informação se aplica às facções AMIGO DOS AMIGOS e TERCEIRO COMANDO PURO, que, por serem inimigas

---

[66] Terceiro Comando da Capital (TCC) é uma organização criminosa do Brasil, com atuação principalmente no estado de São Paulo, mas também em todo o território brasileiro. Foi criado a partir da dissidência de líderes do Primeiro Comando da Capital, sendo, portanto, um grupo rival a este. A facção atua em presídios paulistas (segundo Geleião, a facção chegou a ter aproximadamente 3 mil membros e, mesmo tendo sido fundada por ex-membros do PCC (Geleião e Cesinha), o TCC vem perdendo forças desde o assassinato de seu principal líder, morto a facadas no presídio da cidade de Avaré, comandado pela facção rival do PCC. O Terceirão, como é conhecido, domina poucos presídios do estado de São Paulo e acaba sendo até mesmo desconhecido por muitos. *Vide*: «Jornal do Brasil (RJ) – 2000 a 2009 – DocReader Web». memoria.bn.br. Consultado em: 02 mar. 2024.

do CV no Rio de Janeiro, transportam para outros Estados a disputa local.

3) RIO DE JANEIRO: AMIGO DOS AMIGOS, CV, POVO DE ISRAEL E TERCEIRO COMANDO PURO.

Segunda a SENAPPEN, atuam no Rio de Janeiro as facções AMIGO DOS AMIGOS, CV, POVO DE ISRAEL e TERCEIRO COMANDO PURO.

A facção mais importante é o COMANDO VERMELHO, já devidamente analisada anteriormente. As demais facções buscam dominar territórios locais e eventualmente se expandir. A ADA (Amigo dos Amigos) e TCP (Terceiro Comando Puro) são históricas, podendo ser classificadas como ORCRIM, dentro dos parâmetros legais.

Por fim, frise-se que a questão criminal do Rio de Janeiro é complexa. Atuam no Estado pelo menos quatro tipos de ORCRIM: a) organizações criminosas voltadas ao desvio de recursos públicos (*vide* Operação Lava Jato e decorrentes no Estado); b) cartel do Jogo do Bicho; c) milícias; e d) facções. O estudo sobre a criminalidade carioca necessita de um cruzamento de dados amplo, já que, eventualmente, todos os tipos de ORCRIMs citados se cruzam, sejam em alianças pontuais (inclusive a exótica aliança entre facções e milícias) ou guerras direcionadas (por exemplo, quando operações policiais são usadas para expulsar uma facção de um morro apenas para dar espaço à ocupação de milícias).[67]

Assim, considerando a complexidade dos temas acima, fazemos remissão ao já afirmado quando analisamos o quadro

---

[67] *Vide* a história de MARCOS FALCON e demais milicianos, que usavam a estrutura da Polícia Civil e Militar do RJ para expandirem suas áreas de atuação. Disponível em: https://g1.globo.com/tudo-sobre/marcos-falcon/. Acesso em: 13 abr. 2024.

histórico e situacional do Comando Vermelho, deixando de abordar os temas acima, por serem alheios à limitação temática desta obra.

4) SÃO PAULO: PCC.

O Estado de São Paulo é o mais rico e populoso do Brasil. Nessa UF surgiu o PCC, seguindo o modelo do CV e sendo territorialista. Praticamente todo o Estado é controlado pelo Primeiro Comando da Capital, com algumas divergências, que tem gerado facções-espelho, como é o caso do TERCEIRO COMANDO DA CAPITAL.

Sobre a atuação das facções nessa UF, fazemos referência a tudo já afirmado alhures sobre o PCC, seja quanto ao aspecto histórico, seja quanto à questão situacional. Acrescentamos apenas que, por causa de disputas internas, geradas pela contestação da liderança de MARCOLA,[68] o quadro poderá ter modificações nos próximos meses e anos. Dificilmente a facção deixará de existir, mesmo que ocorra a mudança de lideranças, já que mantém uma estrutura estável, que subsiste independentemente de quem seja o líder atual.

f) REGIÃO SUL

A Região Sul do Brasil sofre os mesmos impactos relativos às facções, aplicando-se a essa área praticamente o que já foi afirmado anteriormente. Há, por outro lado, vicissitudes locais que necessitam de complemento, com as anotações em cada Estado, abaixo.

[68] JOZINO, Josmar; BARRETO FILHO, Herculano. MP apura ordem do PCC para expulsar rivais de Marcola em guerra da facção. *Portal Uol*, 17 fev. 2024. Disponível em: https://noticias.uol.com.br/cotidiano/ultimas-noticias/2024/02/17/mp-apura-ordem-de-marcola-para-expulsar-rivais-em-guerra-interna-no-pcc.htm. Acesso em: 02 mar. 2024.

1) PARANÁ: CARTEL DO SUL, CV, FERRO VELHO, MÁFIA PARANAENSE, PCC E PRIMEIRO GRUPO CATARINENSE.

Segundo a SENAPPEN, atuam no Estado do Paraná as facções CARTEL DO SUL, CV, FERRO VELHO, MÁFIA PARANAENSE, PCC e PRIMEIRO GRUPO CATARINENSE.

Como relevantes, citamos o PCC, que se expandiu para essa UF usando a fronteira natural que o Paraná tem com o Estado de São Paulo, e o PGC, que também se favoreceu na fronteira natural para se expandir. Além dessas, ainda há a atuação do COMANDO VERMELHO e entidades locais.

2) RIO GRANDE DO SUL: ALKAIDA, ANTI BALA, BALA NA CARA, COMANDO PELO CERTO, CONCEIÇÃO, FAMÍLIA 33, OS ABERTOS, OS MANO, OS TAURAS, OS TAURAS PELOTAS, PCS, PRIMEIRO COMANDO DO INTERIOR, PRIMEIRO COMANDO SANTAMARIENSE e PRIMEIRO GRUPO CATARINENSE.

Segundo a SENAPPEN, atuam no Estado do Rio Grande do Sul as facções ALKAIDA, ANTI BALA, BALA NA CARA, COMANDO PELO CERTO, CONCEIÇÃO, FAMÍLIA 33, OS ABERTOS, OS MANO, OS TAURAS, OS TAURAS PELOTAS, PCS, PRIMEIRO COMANDO DO INTERIOR, PRIMEIRO COMANDO SANTAMARIENSE e PRIMEIRO GRUPO CATARINENSE.

A primeira facção a atuar no Estado foi a FALANGE GAÚCHA, já nos idos dos anos 80. Posteriormente, essa facção primária desdobrou-se na facção MANOS, que é uma das maiores organizações criminosas do Estado, aliando-se, pontualmente, ao PCC. Como indicação histórica, também podemos citar OS BRASAS e OS ABERTOS, sendo que os remanescentes dos BRASAS formaram a facção UNIDOS PELA PAZ. No cenário local é digno de nota a atuação das facções BALA NA CARA (BNC) e V7/ANTIBALAS, que, entre 2015 e 2017 protagonizaram, dentro da capital do Estado, uma guerra sangrenta, que consistia em decapitações gravadas e filmagem de sequestrados, cavando a própria cova antes de serem mortos.

Segundo relatórios internos de inteligência do MPRS, o Rio Grande do Sul possui SEIS FACÇÕES em atividade expressiva, sendo elas: OS MANOS, BALA NA CARA, OS TAURAS, OS ABERTOS e OS V7. Como relevância, podemos afirmar que no Rio Grande do Sul o crime tende a se organizar com parâmetros locais, refutando facções de outras regiões (PCC e CV), apesar de seguirem a mesma estrutura organizacional das facções mães.

3) SANTA CATARINA.

Segundo a SENAPPEN, atuam nessa UF as facções BALA NA CARA, COMANDO LEGAL, COMANDO VERMELHO, OS MANO, PCC, PRIMEIRO CRIME REVOLUCIONÁRIO CATARINENSE e PRIMEIRO GRUPO CATARINENSE.

A facção mais relevante do sul do Brasil é o PGC, ou PRIMEIRO GRUPO CATARINENSE, que atua nos três estados da região e está se expandindo pelo restante do país, tanto que, na classificação da SENAPPEN, é considerada uma entidade de GRANDE IMPACTO. Ao lado do BONDE DOS 40, SINDICATO DO CRIME e BONDE DO MALUCO, inclui-se na relação das facções que tende a se transformar em facções nacionais (*vide* classificação preliminar). O PGC, conhecido também como G, atua na Região Sul e nas fronteiras com o Paraguai, a Bolívia e o Peru.

A entidade surgiu em 2003, fundada na Ala Máxima da Penitenciária Masculina, no bairro Agronômica, em Florianópolis, Santa Catarina. Foi em São Pedro que a organização expandiu seu número de integrantes, fazendo da penitenciária seu "quartel-general". Ali se juntaram detentos de alta periculosidade, que viriam a se comunicar e tramar crimes da prisão para as ruas, como Nelson de Lima (o Setenta), Pedro Alves (o Pedrinho), Valdir Saggin, Jackson Luis Cardoso (o Ioga), Marcos Paulo Capistrano Melo (o Cientista), Valmir Gomes (o Macaco), Rudinei Ribeiro do Prado (o Derru), Renê Augusto Rocha (o Cumpadre), Rudinei Siqueira (o Nobre Guerreiro), e Alex Formanski (o Gângster).

A proliferação do PGC se deu de forma vertiginosa. No tráfico, atingiu o mercado de drogas sintéticas. Fora do Estado, houve associações com facções rivais. A principal delas foi com o Comando Vermelho, liderado pelo narcotraficante Fernandinho Beira-Mar, a quem coube, além de trocas de informações, o aperfeiçoamento dos recrutados pelo PGC no manuseio de armas e de fuzis e a sofisticação no *modus operandi* dos crimes. No Mato Grosso do Sul, na fronteira com a Bolívia, traficantes catarinenses da cúpula do PGC estabeleceram uma rede interestadual de comando e contavam até com uma central telefônica dentro da própria cadeia.

A aliança entre as duas facções causou a entrada do PGC na Guerra contra o PCC, rival da facção fluminense. Conflito que se intensificou também por Santa Catarina, com a tentativa de dominação de território em comunidades do estado por parte do PCC contra os catarinenses. O principal motivo pelo domínio de Santa Catarina seria os portos do litoral, que facilitaria a exportação de drogas e armas para a Europa, África e Ásia.

A facção claramente é estruturada como ORCRIM. A liderança foi fundamentada em uma espécie de primeiro "ministério", sem líder máximo e com 13 (incluindo primeiro ministério vitalício e rotativo) presos encabeçando as decisões, aliciando, ameaçando e até mesmo determinando o extermínio de testemunhas. Ou seja, na prática, as decisões mais importantes, como matar aliados e desafetos, passam pelo colegiado dos criminosos.

É o "conselho vitalício" que emana de dentro da cadeia ordens para os "sintonias". Esses são responsáveis por repassá-las aos cinco "disciplinas gerais", que então dissipam as mensagens aos "disciplinas de bairro" e da periferia. Como toda regra há exceção, em missão específica são selecionados integrantes. Em uma esfera mais baixa estão os que se dedicam ao tráfico de drogas, sequestros, roubos, aluguel de armas, ataques a bancos e cargas. Esses criminosos costumam se envolver nas comunidades, especialmente favelas e bairros populares desassistidos. Praticam ações sociais locais para aumentar a sua proteção local com base na lei do silêncio.

Num nível um pouco mais acima estão os que conseguem estabelecer conexões para fora do seu próprio ambiente, além da periferia.

CAPÍTULO 3

DEFINIÇÃO DE ORCRIM E APLICAÇÃO AOS CONCEITOS DE FACÇÃO CRIMINOSA

3.1 Introdução e classificação

A definição de Organização Criminosa não é simples e, até certo ponto, é perigosa, já que, ao haver a definição, também se limita o conceito, prejudicando a imputação quando do surgimento de novas características da organização. É dizer que não se pode definir com absoluta exatidão o que seja organização criminosa através de conceitos estritos ou mesmo de exemplos de condutas criminosas. Isso porque não se pode engessar esse conceito, restringindo-o a esta ou àquela infração penal, pois elas, as ORCRIMs, detêm incrível poder variante. Elas podem alternar as suas atividades delitivas, buscando aquela atividade que se torne mais lucrativa, para tentar escapar da persecução criminal ou para acompanhar a evolução mundial tecnológica e com tal rapidez, que, quando o legislador pretender alterar a Lei para moldá-la à realidade – aos anseios da sociedade –, já estará alguns anos em atraso.

Gomes e Cervini[69] identificam determinadas características marcantes que revelam a existência de uma associação ilícita organizada: hierarquia estrutural; planejamento empresarial; uso de meios tecnológicos avançados; recrutamento de pessoas; divisão funcional das atividades; conexão estrutural ou funcional com o poder público ou com agente do poder público; oferta de prestações sociais; divisão territorial das atividades ilícitas; alto poder de intimidação; alta capacitação para a prática de fraude; e conexão local, regional, nacional ou internacional com outra organização criminosa. Os autores sugerem que três desses atributos seriam suficientes para qualificar como organizada qualquer associação ilícita. Apesar de a lição estar embasada juridicamente em lei revogada, ainda é válida do ponto de vista doutrinário.

A Lei nº 12.850/2013 redefiniu legalmente o conceito de organizações criminosas. Segundo o artigo 1º, parágrafo 1º desse diploma normativo, considera-se organização criminosa a associação de 4 (quatro) ou mais pessoas estruturalmente ordenada e caracterizada pela divisão de tarefas, ainda que informalmente, com objetivo de obter, direta ou indiretamente, vantagem de qualquer natureza, mediante a prática de infrações penais cujas penas máximas sejam superiores a 4 (quatro) anos, ou que sejam de caráter transnacional.

A partir da definição dada pela Lei nº 12.850/2013, é possível fazer anotações sobre as ORCRIMs. Em primeiro lugar, o número de integrantes de uma organização criminosa passa a ser de 4 (quatro) e não 3 (três), como estipulado pela Lei nº 12.694/2012, alterando com isso o artigo 288, CP (o crime de quadrilha ou bando passa a se chamar associação criminosa); são mantidas a estrutura ordenada e a divisão de

---

[69] GOMES, Luiz Flavio; CERVINI, Raúl. *Crime organizado*: enfoques criminológico, jurídico (Lei 9.034/95) e político-criminal. 2. ed. rev. atual. e ampl. São Paulo: Revista dos Tribunais, 1997. p. 99-100.

tarefas e o objetivo de obter direta ou indiretamente vantagem de qualquer natureza; por fim, há um aumento do campo de incidência da Lei, que abrange todas as infrações penais, seja crime ou contravenção penal. Infrações essas cujas penas máximas sejam superiores a 4 (quatro) anos ou de caráter transnacional, não tendo relevância, nessa última hipótese, a pena cominada no tipo penal.

Os conceitos doutrinário e legal são importantes quando se busca definir, no mundo dos fatos, o que vem a ser uma organização criminosa. Para imputar a alguém o crime de participação em organização criminosa, deve-se, antes de qualquer coisa, definir, de forma preliminar, o que vem a ser ORCRIM. Existe a obrigação da autoridade policial e do Ministério Público, ao imputar a alguém tal crime, comprovar preliminarmente que esse alguém participa de uma organização com tais características, sejam cumulativas ou não.

Nem todas as facções criminosas trazem elementos aptos para serem configuradas como ORCRIM. Algumas são meras gangues e, no máximo, associações criminosas. Por isso, é importante, ao se investigar e classificar juridicamente cada uma das entidades, classificá-las, fazendo o que se chama, popularmente, de separar o *joio do trigo*.

Assim, ao analisar no caso concreto a facção, deve-se verificar se essas trazem alguma das características abaixo:

i) Estrutura hierarquizada e permanente.

Existe uma escala hierárquica a ser obedecida entre os afiliados, tendo cada um deles que observar as determinações emanadas do seu superior direto. Além disso, as organizações criminosas pretendem se perpetuar no tempo, desenvolvendo suas atividades de modo duradouro.

As principais facções descritas acima trazem de forma indelével tais características, como é o caso do CV e PCC, que seguem um organograma fixo, com células e estamentos bastante organizados.

Vide a estrutura do CV: a) CHEFES DOS MORROS CARIOCAS (espécies de quartéis centrais da facção, como territórios ocupados e de livre movimentação); b) STAFF (centrais operacionais, que incluem os serviços de corrupção de autoridades, assessoria jurídica, propaganda, segurança etc.); c) CENTRAL DE PRODUÇÃO (produz ou manufatura a droga); e d) LOGÍSTICA (concentra as bocas de fumo, comandantes de áreas, vapores e aviãozinho etc.). Repita-se que o Comando Vermelho, ao contrário do PCC, que atua como uma empresa (tem matriz e filiais), atua mais como um POOL DE EMPRESAS, fazendo alianças pontuais, com o foco de manter o predomínio do poder no Rio de Janeiro e a garantia de fornecimento de armas e drogas para seu território.

Vide estrutura do PCC: a) SINTONIA GERAL FINAL (o topo do sistema); b) SINTONIA DE SÃO PAULO; c) SINTONIA DOS ESTADOS E PAÍSES; d) SINTONIAS LOCAIS, QUEBRADAS E PRISÕES; e e) SINTONIAS DE APOIO, incluindo as Sintonias dos Gravatas (advogados cadastrados e pagos pela facção), da Ajuda (para assistência às famílias dos presos), do Cadastro (para arregimentar novos membros), do Progresso (responsável pelo tráfico de drogas), da Cebola (responsável pelo recebimento da mensalidade, chamada de cebola), dentre outras.

A terceira facção que foi considerada, por este trabalho, com expressão nacional, a FAMÍLIA DO NORTE, tende a atuar de forma mais concentrada, com menor liberdade de atuação. Mesmo assim atua com base em uma estrutura hierarquizada e permanente. Há, pelo menos, três núcleos identificados dentro dessa facção: o núcleo de chefia, o núcleo operacional (relacionado à arrecadação das caixinhas) e o tribunal do crime.

Cada uma das facções combatidas precisa ser identificada pelo investigador, estabelecendo quais são seus núcleos, uma vez que poderão ser ou não ORGANIZAÇÕES CRIMINOSAS. A maioria das facções brasileiras nasceu como braços do PCC, e mantém a estrutura-modelo, com base nas SINTONIAS ou CENTRAIS. Esse é o caso do BONDE DOS 40, do Maranhão, e que está em expansão no Piauí, enfrentando o próprio PCC. O BONDE DOS 40, nascido no Presídio de Pedrinhas, em São Luís, tem os seguintes estamentos: a) CONSELHO DE FINAIS – responsável pelas decisões de comando do grupamento, sendo composto por 13 membros, com centro de COMANDO em SÃO LUÍS, Maranhão, incluindo as lideranças da geral do Piauí; b) TORRES DOS PAVILHÕES, TORRE POR BAIRROS/TORRE GERAL – fica abaixo do Conselho dos Finais, como gerentes de operação; c) CAIXINHAS – são responsáveis pela contabilidade do grupo e administração do dinheiro; d) DISCIPLINA – responsáveis pelo cumprimento das punições. Encontra-se em posição superior aos soldados; e) SOLDADOS – compõe o nível operacional da organização criminosa, responsável pela segurança e cumprimento de mandados ou Salve, como dizem em seu jargão, para executarem membros de outras facções ou da própria facção criminosa que violem suas regras ou que não interessem mais aos fins da facção, segundo determinação do alto-comando.

Assim, fazendo-se, dentro de uma investigação concreta, a separação desses núcleos hierarquizados e permanentes, não haverá dúvidas de que a FACÇÃO é uma ORCRIM, aplicando-se as leis de regência.

ii) Busca incessante de lucros e poder econômico.

É *evid*ente que toda organização criminosa tem suas atividades orientadas para a obtenção de lucros e, consequentemente, poder econômico. Assim, se anteriormente havia uma certa "ética" no crime, por exemplo, algumas famílias mafiosas italianas não traficavam drogas, por entenderem que faziam um grande malefício à sociedade, daí se dedicava ao contrabando, roubos ou extorsões; já outras detestavam a prática de tráfico de seres humanos, sobretudo, a prostituição. Contudo, no cenário hodierno tal "ética" no crime pouco restou (isso se realmente existiu, já que boa parte desse pensamento foi inflado pelas obras de Mario Puzo e Martin Scorcese), ao que criminosos enveredam em todas as áreas do crime que possam gerar lucros, sobretudo se o risco for menor comparado a outras empreitadas criminosas, como assaltos a instituições financeiras.

As facções atuam como empresas, buscando atrair jovens que estão em situação de vulnerabilidade social e familiar, vendendo a imagem de que são provedores e responsáveis por uma prosperidade inevitável. Geram riquezas de forma permanente, atraindo assim novos membros. Muitos jovens de periferia se veem atraídos por essas entidades em busca da riqueza imediata. Por isso, essa é uma das características mais fortes das facções criminosas. *Vide* favelas e vilas espalhadas pelos grandes centros. O herói, o modelo a seguir, costuma ser o traficante, chefe de boca, que tem seu carro ou motocicleta, casa com jacuzzi e todo o poder local. Miséria, riqueza ilícita e uma distribuição de renda, mesmo que torpe, é o que faz as facções serem tão fortes nas periferias (além da violência e poder de intimidação, descrito abaixo). O recrutador vende uma imagem totalmente distorcida da realidade, mas que serve para atrair novos membros, seja jovens socialmente vulneráveis das periferias, sejam jovens de classe média, que também são atraídos por esse modelo de existência que os próprios faccionados chamam de VIDA LOKA.

Não podemos esquecer que esse recrutamento é uma mão de duas vias, ou seja, não ocorre a mera corrupção de jovens inocentes, pois, repita-se, as facções buscam atrair jovens já em processo de corrupção ou inseridos no mundo do crime, mesmo que em prática de pequenos delitos. Sobre o tema, da possível atração de jovens para o crime, cumpre reproduzir o estudo de Samenow,[70] sobre a sugestibilidade criminosa:

> O criminoso se considera sempre no comando e nada sugestionável. Admitir que ele possa ser facilmente influenciado por outras pessoas é completamente antitético à sua autoimagem. Ele é aberto a atividades excitantes e que venham a inflar sua auto importância. Preparado para a ação, precisa apenas que a insistência de terceiros forneça o impulso para um determinado crime que ele já tenha em mente. A sugestibilidade de uma pessoa depende daquilo que lhe seja importante. Isso se aplica tanto a pessoas responsáveis quanto a criminosos. Um comerciante responsável não é inclinado a envolver-se em práticas fraudulentas, por mais lucrativas que possam parecer. Um empresário desonesto é bastante passível de cometer fraudes se alguém fizer uma proposta que ele ache que o enriquecerá. Em suma, um criminoso está aberto a sugestões se o que é oferecido for algo que ele deseja. Todo tipo de tentação existe para qualquer jovem – uma jaqueta de couro, um celular, um Ipad, chaves penduradas na ignição de um carro esportivo destravado, bebidas alcoólicas no armário de bebidas de seus pais. A pressão dos colegas não compele um jovem a cometer um crime. Meninos e meninas responsáveis deixarão intocado aquilo que não lhes pertença. Quando pressionados a fazer algo contrário à sua ideia de certo e errado, eles escolhem não participar. Se por acaso um jovem responsável errar no julgamento e sucumbir à tentação, ele é dominado pelo remorso quando apreendido – às vezes, mesmo que seu crime não seja descoberto – e é improvável que repita o comportamento. Em contraste, o criminoso em desenvolvimento não tem remorso por seu crime. Seu único arrependimento é que foi pego, e ele decide, então, evitar ser apreendido no futuro.

---

70 SAMENOW, Stanton E. Pressão dos colegas: não há desculpas para o crime. *In*: SAMENOW, Stanton E. *A mente criminosa*. Tradução de Ana Parreira. Campinas: Vide Editorial, 2020.

Por mais que as entidades em estudo facilitem a prática de crimes complexos, a ideia inicial do crime em regra já existe na mente do faccionado.

iii) Alto poder de intimidação, por meio de ameaças ou violência e grande poder de corrupção dos agentes públicos.

A criminalidade organizada mantém estreitas relações com o poder público, atuando na corrupção de seus agentes com o fito de garantir a continuidade de seus negócios escusos. As maiores facções atuam como máfias ou cartéis, seguindo a lógica popularmente relacionada a Pablo Escobar, em que é ofertado "*plata ou plomo*" (*vide* série NARCOS, disponível na plataforma NETFLIX). Ou seja, oferece uma parcela da riqueza amealhada ou o chumbo quente das armas. Um sistema organizado como as facções não sobreviveria sem o uso cirúrgico ou expansivo da violência e da corrupção policial ou política. O crime organizado é um câncer que se infiltra dentro das células do corpo social e o corrói aos poucos. Em um primeiro momento há convivência, e, em um segundo momento, o câncer (crime) destrói o corpo (sociedade). Desde as máfias clássicas, como a Yakusa e a *Cosa Nostra*, até os recentes cartéis mexicanos e colombianos, passando pela N'drangueta italiana e máfia russa, todas têm essas características: uso de força como coação e corrupção dos tecidos sociais e de agentes públicos.

A violência, em regra, não é boa para os negócios. Assim, quando há paz, geralmente as facções estão no auge do lucro. Durante processos de guerra civil entre facções (*vide* disputas entre FDN e PCC entre 2017 e 2020, amplamente noticiadas pela mídia) ou guerras das facções contra o Estado (ocupação das favelas do Rio, toques de recolher em Fortaleza ou ataque a agentes policiais em São Paulo), houve diminuição do lucro. Por isso, se há disputas ou guerras, essas têm que ser rápidas e cirúrgicas. Se houver uma situação de "empate", tréguas são assinadas, com sobrevivência mútua, já que o mercado permite a sobrevivência de mais de um grupo.

No geral, o uso de violência e corrupção acaba corrompendo a estrutura de combate ao crime organizado. Policiais, promotores de justiça e juízes, por melhor intenção que tenham, são seres humanos, que temem por suas vidas. Facções e milícias (outra forma brasileira de ORCRIM, não objeto da obra) demonstram claramente que podem passar por cima de qualquer agente público estatal, e, assim, acabam desincentivando qualquer óbice às suas linhas de ação (*vide* caso do Juiz de Execução Penal ANTONIO JOSÉ MACHADO DIAS, executado pelo PCC,[71] e a morte de diversos policiais penais e servidores do sistema prisional, a mando da facção paulista). milícia carioca e a execução de agentes prisionais a mando do PCC). A violência é usada como forma de fazer o Estado ceder. A resposta deve ser mais forte: isolamento e aplicação de regimes disciplinar diferenciados aos chefes presos; ocupação de territórios das facções; ações policiais intermitentes; investigação e prisão de associados aos chefes, impedindo o fluxo patrimonial etc. Além disso, em sede do Poder Judiciário, deve-se fazer uso das previsões da Lei nº 12.694, DE 24 DE JULHO DE 2012, que possibilita a FORMAÇÃO DE COLEGIADOS de PRIMEIRO GRAU para a tomada de decisões contra Organizações Criminosas, que é uma forma eficaz de proteção ao magistrado e, naturalmente, deve ser copiada pelo Ministério Público e Polícia Judiciária, no sentido de criar um colegiado para atuação contra facções.

---

[71] JOZINO, Josmar. Faltas graves barram semiaberto para membros do PCC que assassinaram juiz. *Portal Uol,* 03 ago. 2021. Disponível em: https://noticias.uol.com.br/colunas/josmar-jozino/2021/08/03/assassinos-juiz-antonio-jose-machado-dias.htm. Acesso em: 23 out. 2022.

iv) Desenvolvimento de atividades de caráter social em substituição ao Estado.

As organizações criminosas realizam algumas ações de caráter social em favor da comunidade que está sob o seu domínio, angariando com tal conduta a simpatia e o respeito dos locais, o que dificulta ainda mais a atuação dos órgãos de persecução penal.

O Comando Vermelho tem uma CENTRAL DA AJUDA, que atua na distribuição de cestas básicas e outros benefícios sociais. Parte da população favelada, já acostumada a ver o Estado apenas quando esse "sobe o morro com fuzis", tende a dar apoio aos criminosos, criando travas às operações policiais (manifestações, fechamento de ruas etc.) ou os dando fuga. Esse processo, com maior ou menor grau, ocorre em todos os estados onde as facções atuam.

A miséria, a cidade irregular e a péssima distribuição de renda não são desculpas de *per si* para que o excluído vire criminoso (já que as vítimas potenciais do crime são outros excluídos), mas são, inegavelmente, fatores que facilitam a expansão e a estabilização do crime e do chamado "Estado Paralelo".

Como será melhor tratado abaixo, a solução para impedir essa atuação como ESTADO PARALELO, parte da reocupação dos territórios tomados pelas ORCRIMs, implementação de serviços comunitários e reordenação urbana (*vide* sistema relacionado ao REURB).[72] Primeiro, extirpa-se

[72] *Vide* a Lei nº 13.465/17 (artigo 36, §1º), a qual disciplina a regularização fundiária urbana (Reurb) e abrange medidas jurídicas, urbanísticas, ambientais e sociais destinadas à incorporação dos núcleos urbanos informais ao ordenamento territorial urbano e à titulação de seus ocupantes, aplicável plenamente a territórios ocupados pelas facções, especialmente em vilas e favelas. BRASIL. *Lei nº 13.465, de 11 de julho de 2017*. Dispõe sobre a regularização fundiária rural e urbana, sobre a liquidação de créditos concedidos aos assentados da reforma agrária e sobre a regularização fundiária no âmbito da Amazônia

as facções dos territórios ocupados, com o rigor máximo da Lei, pois é absolutamente incompatível a existência do Estado com essas entidades; segundo, ocupa-se o território com policiamento comunitário; depois se implementa serviços sociais efetivos e incentiva-se o desenvolvimento econômico local, incluindo o fomento a empresas que usam mão de obra local; e, aliado a tudo isso, busca-se a regularização fundiária, já que a favelização é uma decorrência da irregular ocupação do território, que gera problemas de miséria absoluta e risco de vida aos moradores. A legalização das empresas que atuam nas vilas e favelas, em geral Microempresas e a regularização fundiária tem por finalidade trazer o cidadão para a formalidade, impedindo a atuação de MILÍCIAS e FACÇÕES, que, ante à ausência de linhas de créditos oficiais, atuam nos serviços de AGIOTAGEM.[73]

Legal; institui mecanismos para aprimorar a eficiência dos procedimentos de alienação de imóveis da União; altera as Leis n os 8.629, de 25 de fevereiro de 1993 , 13.001, de 20 de junho de 2014 , 11.952, de 25 de junho de 2009, 13.340, de 28 de setembro de 2016, 8.666, de 21 de junho de 1993, 6.015, de 31 de dezembro de 1973, 12.512, de 14 de outubro de 2011 , 10.406, de 10 de janeiro de 2002 (Código Civil), 13.105, de 16 de março de 2015 (Código de Processo Civil), 11.977, de 7 de julho de 2009, 9.514, de 20 de novembro de 1997, 11.124, de 16 de junho de 2005, 6.766, de 19 de dezembro de 1979, 10.257, de 10 de julho de 2001, 12.651, de 25 de maio de 2012, 13.240, de 30 de dezembro de 2015, 9.636, de 15 de maio de 1998, 8.036, de 11 de maio de 1990, 13.139, de 26 de junho de 2015, 11.483, de 31 de maio de 2007, e a 12.712, de 30 de agosto de 2012, a Medida Provisória nº 2.220, de 4 de setembro de 2001, e os Decretos-Leis n º 2.398, de 21 de dezembro de 1987, 1.876, de 15 de julho de 1981, 9.760, de 5 de setembro de 1946, e 3.365, de 21 de junho de 1941; revoga dispositivos da Lei Complementar nº 76, de 6 de julho de 1993, e da Lei nº 13.347, de 10 de outubro de 2016; e dá outras providências. Secretaria-Geral, 11 jul. 2017. Disponível em: https://www.planalto.gov.br/ccviL_03///_Ato2015-2018/2017/Lei/L13465.htm. Acesso em: 02 set. 2024.

[73] *Vide* o caso da MILÍCIA DA MUZEMA, no Rio de Janeiro, que atua ocupando áreas irregulares, muitas vezes expulsando os antigos ocupantes; constroi imóveis e os vende diretamente aos moradores, em linha de crédito extorsivas, que prevê a retomada do imóvel e até mesmo a execução do morador caso não pague a dívida. Há informes no sentido de que as facções também tem usado tal forma de controle local, criando linha de crédito a moradores sem acesso aos serviços de financiamento público, para a alocação em pequenos negócios, como padarias e açougues. CARDONI, Pedro. Milícia que controla construção de imóveis na Muzema é alvo de operação policial. *Portal Band Rio de Janeiro*, 28 abr. 2022. Disponível em: https://www.band.uol.com.br/rio-de-janeiro/noticias/milicia-que-controla-construcao-de-imoveis-na-muzema-e-alvo-de-operacao-policial-16508449. Acesso em: 02 set. 2024.

v) Utilização de tecnologia avançada (comunicação, logística e lavagem de dinheiro).

A tecnologia faz parte da rotina de grandes empresas e, como não poderia ser diferente, também é cada vez mais absorvida por organizações criminosas. Os meios de comunicação avançados, as técnicas modernas de ocultação patrimonial (lavagem de dinheiro), como uso de criptomoedas e uso de escritórios digitais (hackers e crackers), aliados à capacidade de mutação das ORCRIMs e da burocracia dos aparelhos de repressão, tem facilitado cada vez mais a expansão e a consolidação do crime organizado no Brasil.

As facções criminosas inserem-se nas afirmações acima. O uso de aplicativos de celulares e ferramentas de *video*conferência são cada vez mais utilizados por essas entidades, seja no comércio de drogas e logística de outros crimes, seja na facilitação de reuniões entre células (centrais ou sintonias). O Estado repressor tem as barreiras legais da burocracia e da proteção à privacidade em sua linha de ação, barreiras essas que não se aplicam às facções.

Citamos aqui um caso concreto, que demonstra o alegado.

Segundo Paulo José de Carvalho,[74] a facção Primeiro Comando da Capital (PCC) utilizou uma *exchange* brasileira para lavar dinheiro com criptomoedas do narcotráfico internacional. O esquema envolveu pagamentos em Bitcoin pela exportação de drogas do Brasil para a Europa. A investigação policial que envolve uma corretora de criptomoedas no Brasil e o PCC foi iniciada com a prisão de André de Oliveira

[74] CARVALHO, Paulo José de. Disponível em: https://br.cointelegraph.com/news/pcc-boss-used-bitcoin-and-brazilian-exchange-to-launder-money-from-drug-trafficking. Acesso em: 14 set. 2024.

Macedo, conhecido como André do Rap. Apontado como um dos líderes da facção criminosa, André do Rap é acusado de tráfico internacional de drogas, havendo indícios de que é responsável por enviar toneladas de drogas para a Europa.

Ainda de acordo com a reportagem, a associação entre a plataforma de Bitcoin e o PCC é apresentada em uma investigação sobre a prisão do André do Rap, preso no dia 15 de setembro de 2019. Além disso, a corretora de criptomoedas supostamente utilizada pelo PCC é apontada como pirâmide financeira pelo Jornal da Band. O pedido de recuperação judicial foi solicitado após o esquema ter movimentado R$300 milhões no Brasil.

Basicamente, o PCC, através de operadores, usa as BITCOINS para receber os pagamentos pela cocaína exportada. As empresas que atuam com a chamada MOEDA DIGITAL são chamadas de EXCHANGE.[75] Podem ser definidas como corretoras de criptoativos. Porém, diferentemente das casas de câmbio tradicionais, ela só existe no ambiente digital. Sendo assim, é uma plataforma eletrônica que facilita a compra, a venda e a troca de moedas digitais e tokens. Essas empresas trabalham conectando compradores e vendedores, visando garantir uma transação prática e segura. No mercado, existem algumas exchanges que apenas negociam Bitcoins e outras que contam com uma gama variada de criptomoedas, incluindo Ethereum e Ripple, duas das maiores altcoins atualmente.

Não existe nenhum impedimento entre a troca direta de criptomoedas, ou seja, a venda de um criptoativo de um indivíduo para outro, já que toda transação pode ser feita pela internet. Porém, sem a mediação de uma exchange, é impossível saber a procedência dos recursos. A venda direta entre usuários é chamada de P2P (*peer-to-peer* ou pessoa-a-pessoa, sem

---

[75] RIPIO LAUNCHPAD. *Exchange de criptomoeda*: o que é e como funciona? Disponível em: https://launchpad-br.ripio.com/blog/o-que-e-exchange. Acesso em: 23 out. 2022.

intermediários),[76] e, quando ela ocorre, não dá para saber a origem dos recursos que transitaram na conta do comprador, principalmente no caso de moedas fiduciárias. Isso pode ser considerado como uma transação suspeita para alguns órgãos governamentais, como a Receita Federal.

A ausência de regulação eficaz tem atraído a atuação de escritórios responsáveis por lavagem de dinheiro, que criam EXCHANGES (operadoras) com finalidades ilícitas. Tramita no Congresso importante Projeto de Lei (Projeto de Lei nº 3825, de 2019)[77] sobre o tema, que certamente trará elementos aptos ao enfrentamento de operadoras relacionadas a facções criminais.

O combate a essas modalidades de transação criminal e lavagem de dinheiro é o grande desafio dos Estados modernos, dependendo de grande coordenação de esforços internacionais.

vi) Impacto social negativo e interferência nas estruturas oficiais de poder.

Como afirmado acima, podemos nos referir ao crime organizado usando a metáfora do câncer. No início, a doença convive com o corpo, mas vai aos poucos absorvendo a energia vital desse, e, quando a metástase está completamente espalhada, o corpo morre. Há organizações tão engendradas com as estruturas oficiais que às vezes a própria entidade estatal se confunde com a ORCRIM.

---

[76] LIMA, Alan Schramm de; RODRIGUES, Renato Amoedo Nadier. *Bitcoin Red Pill*: o renascimento moral, material e tecnológico. São Paulo: Editora Alan Schramm, 2022. E-book. Kindle.

[77] BRASIL. *Projeto de Lei nº 3825, de 2019*. Disciplina os serviços referentes a operações realizadas com criptoativos em plataformas eletrônicas de negociação. Disponível em: https://www25.senado.leg.br/web/atividade/materias/-/materia/137512. Acesso em: 23 out. 2022.

A violência e a corrupção, inerente ao crime organizado, prejudicam a vida em sociedade. As facções criminosas, ao lado da tradicional corrupção brasileira do "colarinho branco" e das milícias, atingem o corpo social da mesma forma.

Para fundamentar o alegado, citamos uma produção do jornal O POVO, do Ceará, que lançou uma série em forma de documentário audiovisual com o nome FACÇÕES CRIMINOSAS: GUERRA SEM FIM.[78] A série foi desenvolvida após os ataques sofridos pelo estado em janeiro de 2019. Prédios públicos e veículos foram danificados, vidas foram perdidas e a rotina de Fortaleza mudou profundamente, levando o Ministério da Justiça a encaminhar a Força Nacional de Segurança. O documentário aborda de forma aprofundada o sentimento da população que se vê dentro de uma guerra inoficiosa, e os impactos em todos os setores, incluindo transporte, comércio e vida privada.

A série relata situações graves, como a perseguição à moradores,[79] sua expulsão da comunidade, a proibição da liberdade de passagem em determinados territórios intensificado pela dinâmica do tráfico de drogas. Mostra também a incorporação das organizações criminosas ao tráfico de drogas, os conflitos armados e as disputas pelo mercado ilegal mais intensas. Logo, os bairros de Fortaleza ficam delimitados, em razão das rivalidades territoriais, reforçadas por conflitos de ego, disputa de poder, mais do que o próprio dinheiro em si. Um dos impactos diretos dessa ação das facções criminosas é estabelecer ESTIGMAS, identificando FAVELAS e ZONAS PERIFÉRICAS como LOCAIS PERIGOSOS, prejudicando o

---

[78] *FACÇÕES Criminosas*: guerra sem fim. Direção de Demitri Túlio e Cinthia Medeiros. Produção de Ana Régia e Arthur Gadelha. O Povo, 2021. Disponível em: https://mais.opovo.com.br/webdocs/opovo-doc/guerra-sem-fim-2 Acesso em: 23 out. 2022.

[79] LIMA, Maria de Fátima Brito; OLIVEIRA, Anderson Santos; LEÃO, Samila Marques. O impacto das organizações criminosas na sociedade brasileira à luz da série guerra sem fim: o povo. *Revista Científica Multidisciplinar*, v. 3, n. 2, 2022. Disponível em: https://recima21.com.br/index.php/recima21/article/view/1566/1180. Acesso em: 23 out. 2022.

desenvolvimento econômico, a implementação de serviços públicos e a liberdade de ir e vir do cidadão.

vii) O interesse e a influência de grupos criminosos (facções, milícias, ORCRIM) no processo político eleitoral brasileiro.

Em entrevista feita de dentro da penitenciária por dois dos maiores criminosos brasileiros, líderes de facções criminosas, Marcinho VP e Fernandinho Beira Mar (Programa Câmera Record), eles relataram com detalhes o *flert* das facções criminosas com a política. A própria filha de Fernandinho Beira Mar foi eleita vereadora de Duque de Caxias-RJ, em um processo eleitoral que pode ter relação com a facção criminosa comandada pelo pai.[80]

É bem verdade que por consectário lógico, só um néscio poderia duvidar dessa realidade, sobretudo, ante a dominação territorial (morros, favelas e periferias em geral) por grupos criminosos. Dessa feita, em regra, somente pessoas "abençoadas" por esses grupos têm acesso a tais áreas e, portanto, somente aqueles condescendentes de alguma forma com o crime tem trânsito livre nesses recintos (o filme "Tropa de Elite", em que pese ser uma obra de ficção da cinematografia brasileira, retrata fatos reais que aconteceram nas campanhas eleitorais do Rio de janeiro, quando candidatos a governador, a deputado e até secretário de segurança pública tiveram o apoio de traficantes, os quais sem quaisquer escrúpulos comemoravam armados, com música e muita droga o apoiamento a tais políticos em showmícios).

---

[80] Vereador é morto em Caxias e filha de Fernandinho Beira-Mar assume cargo. *Correio Braziliense*, 12 mar. 2021. Disponível em: https://www.correiobraziliense.com.br/brasil/2021/03/4911513-vereador-e-morto-em-caxias-e-filha-de-fernandinho-beira-mar-assume-cargo.html. Acesso em: 08 mar. 2022.

A realidade nua e crua, infelizmente, é essa. Chefes de facções criminosas já se deram conta do poder político que detém em suas áreas de dominação e, que bem explorados, podem ser angariadores de vantagens múltiplas, desde a interferência direta em ações policiais (impedindo, por exemplo, operações em determinadas áreas), assim como implementação de políticas públicas em áreas escolhidas sob o crivo do crime, no afã de se conseguir cada vez mais apoio popular, alimentando e retroalimentando todo o sistema criminoso. Ademais, o crime tem cada vez mais evoluído, de tal forma que, não somente prestam apoio a políticos oportunistas sem caráter, como também têm lançado ultimamente suas próprias representações no cenário político, oriundos de núcleos criminosos.

O fato é que se se pensar em democracia como a escolha livre realizada pelo cidadão afeta tão somente a sua própria consciência nesse processo político de escolha dos destinos de sua nação, através do sufrágio livre e universal, cláusula pétrea pela nossa Carta Magna (art. 60, §4º, da CF/88), como não concluir que não está havendo um ataque direto ao próprio princípio democrático, quando se conclui que o voto está sendo exercido de forma inconsciente, molestado por interesses espúrios do subterrâneo das forças do crime organizado?

Talvez, hodiernamente, essa seja a maior preocupação ante a escalada e a infiltração das facções criminosas, isto é, a possibilidade concreta de corroer e desacreditar nosso próprio sistema político e, portanto, a ideia de cidadania representativa.

viii) Capacidade de atuar dentro da estrutura formal do processo penal brasileiro: o caso das SINTONIAS DOS GRAVATAS.

A capacidade de atuar dentro da estrutura formal do Estado não é uma condição para a existência e a tipificação da

Organização Criminosa, mas um desiderato lógico. Quanto maior a estrutura de uma empresa, mas problemas burocráticos e jurídicos tendem a ter. Ora, se essa premissa é aplicável a empresas legais, por que razão não o seria para empresas ilegais, como as facções criminosas e milícias? O Comando Vermelho possui um setor específico ligado a seu estado que presta assessoria jurídica a seus associados. O Primeiro Comando da Capital também mantém tal assessoramento permanente através da SINTONIA DOS GRAVATAS.

Não temos a pretensão aqui de entrar em discussões morais ou atacar o legítimo dever de advogados no exercício constitucional de defender criminosos. Tal exercício decorre da garantia de que ninguém poderá ser considerado culpado sem o devido processo legal, com o direito à AMPLA DEFESA e ao CONTRADITÓRIO. Pelo contrário. Entendemos que há uma linha entre o advogado e seu cliente (o pretenso criminoso). O bom advogado respeita essa linha, usando suas prerrogativas para garantir o devido processo legal e a ampla defesa de seu cliente. Mas há advogados que não respeitam tal fronteira, usando o cargo para praticar crimes, devendo ser punido por tais atos. Na obra O PODEROSO CHEFÃO, de MÁRIO PUZO, Don Corleone tem um diálogo com seu filho SONNY, após esse praticar pequenos delitos, afirmando, basicamente que "o advogado com uma pasta pode roubar mais dinheiro do que um homem armado". O "padrinho" queria que os filhos fossem homens de negócio e, mesmo que precisassem usar a violência, o fizessem através de outros e não diretamente. Por isso, queria que SONNY virasse advogado, para usar a dignidade do cargo como forma de ser imune à repressão. O advogado atua na defesa do criminoso, com a lealdade do cargo, dever de cautela e rigor, para garantir a ampla defesa daquele, não importando o que tenha feito. Não pode, por outro lado, usar o cargo para praticar crimes em nome do seu cliente.

As facções atuam em busca da consolidação e manutenção do poder. Usa as falhas do Estado e a legislação protetiva como escudos. *Os gravatas*, dentro do jargão do crime, são essenciais para o sucesso das facções, atuando dentro do sistema e com o beneplácito das instituições de controle. Podemos citar algumas áreas de atuação desses membros das facções:

a) MENSAGEIROS: usam o direito à inviolabilidade profissional para ocultar o seu verdadeiro papel, que é o de garantir a comunicação entre lideranças e membros presos e aqueles que têm liberdade. Atua não como advogado, pelo contrário. Atua dentro de um sistema de comunicação, voltado para a prática de novos crimes, muitas vezes, homicídios e ataques contra o Estado. A forma de atacar essa ação, obviamente, é com o afastamento dos sigilos profissionais, com a interceptação autorizada judicialmente, após investigação prévia, podendo usar tais conversas como provas para o indiciamento de tais criminosos travestidos de advogados.

A questão da interceptação telefônica de advogados é complexa, estando, basicamente, proibida por entendimento jurisprudencial. No entanto, é importante observar a lição de Antônio Batista Gonçalves:[81]

> A interceptação telefônica ainda que legal, quando capta conversa entre advogado e cliente não pode ser considerada no processo (...) Isso quer dizer que nenhum advogado pode ser objeto de investigação penal e processual e, conseguinte, estar imune à possibilidade de interceptação telefônica? A resposta é incorreta, pois existe uma excepcionalidade, qual seja, quando o advogado faz parte de organização criminosa. Nesse sentido já decidiu o STF através do HC 96.909/MT (17.11.2009). Não há proteção quando o advogado passa a ser investigado por ser

[81] GONÇALVES, Antônio Batista. *PCC e facções criminosas*: a luta contra o estado no domínio do poder. São Paulo: Revista dos Tribunais, 2020. p. 130.

membro de organização criminosa e estar vinculado a atividades ilícitas e se aproveitar da prerrogativa do sigilo da profissão para transmitir informações relevantes à organização criminosa e a seus membros.

Perfeita a lição. Aqui se está investigando um pretenso criminoso, e não um advogado protegido por suas prerrogativas legais. Naturalmente, a mera suspeita de integrar ORCRIM não autoriza de pronto a interceptação, devendo haver elementos de prova construídos previamente, sob pena de colocar todo profissional, o bom e o mal, no mesmo lugar, em prejuízo ao estado de direito.

b) OPERADORES DE LAVAGEM DE DINHEIRO: muitos advogados usam o conhecimento, o livre trânsito e as suas prerrogativas para operar os sistemas de lavagem de dinheiro. Os crimes de LAVAGEM DE DINHEIRO são tipificados pela Lei nº 9.613, DE 3 DE MARÇO DE 1998, com suas sucessivas emendas.

Pratica o crime de LAVAGEM ou OCULTAÇÃO de bens, direitos e valores quem:

> Art. 1º Ocultar ou dissimular a natureza, origem, localização, disposição, movimentação ou propriedade de bens, direitos ou valores provenientes, direta ou indiretamente, de infração penal (...)
> §1º Incorre na mesma pena quem, para ocultar ou dissimular a utilização de bens, direitos ou valores provenientes de infração penal:
> I – os converte em ativos lícitos;
> II – os adquire, recebe, troca, negocia, dá ou recebe em garantia, guarda, tem em depósito, movimenta ou transfere;
> III – importa ou exporta bens com valores não correspondentes aos verdadeiros.
> §2º Incorre, ainda, na mesma pena quem:
> I – utiliza, na atividade econômica ou financeira, bens, direitos ou valores provenientes de infração penal;

> II – participa de grupo, associação ou escritório tendo conhecimento de que sua atividade principal ou secundária é dirigida à prática de crimes previstos nesta Lei.
> (...)
> §4º A pena será aumentada de um a dois terços, se os crimes definidos nesta Lei forem cometidos de forma reiterada ou por intermédio de organização criminosa.

As organizações mais complexas atuam através de escritórios de lavagem de dinheiro, que possuem uma gama de profissionais qualificados, incluindo advogados, contatores e servidores de Tecnologia de Inteligência. A atuação e a forma como conseguem ocultar o patrimônio auferido pelo crime demanda estudo individualizado. No presente caso, basta citar uma ocorrência bastante comum relacionada à atuação da SINTONIA DOS GRAVATAS: os líderes das facções, por estarem presos e processados, não têm liberdade sobre seu patrimônio, que se estende a seus familiares. Membros desse setor, para burlar a lei, operaram valores em nome dos membros rastreados, comprando imóveis em nome de terceiros, alugando carros e os deixando à disposição dos familiares de faccionados, dentre outras ações. O que queremos afirmar é que, em caso de ser verificado, durante as investigações, que advogados atuaram dentro de algum dos tipos penais citados acima, facilitando a ocultação patrimonial ou o uso desse patrimônio pelos faccionados ou seus familiares e associados, estará efetivamente atuando como membro da ORCRIM, e, assim, não poderá alegar as prerrogativas inerentes à sua função.

c) **CORRUPTORES DO PROCESSO PENAL**: há diversos casos de corrupção noticiados pela imprensa, relacionados à venda de decisões judiciais e atuação ilícita de servidores públicos em favorecimento a organizações criminosas. A praxe indica que o setor responsável pela corrupção do sistema judicial fica a cargo da SINTONIA DOS GRAVATAS. Além de operar no sentido de conseguir a participação de agentes públicos no sistema ilegal, há indicativos também que OS GRAVATAS atuam deliberadamente no sentido de impedir o devido andamento do processo, com a influência em depoimentos de testemunhas e outros atos que, no mínimo, atingem a ética profissional.

A questão levantada não é simples, é demasiadamente polêmica. Se, por um lado, não podemos colocar em dúvidas a atuação de advogados dentro do processo penal, tão só pelo fato de atuarem como criminalistas, por outro lado, também não podemos esquecer que as facções e demais modalidades de ORCRIMs atuam dentro do Estado, usando advogados filiados às entidades ilegais para corromper o sistema.

3.2 A atividade empresarial das facções criminosas

As facções criminosas, espécie do gênero crime organizado, são quase empresas. Não fosse o objeto ilícito de suas finalidades, assim seriam consideradas certamente e seus comandantes seriam tratados como empresários. As facções criminosas têm estrutura muito parecida com esses entes jurídicos do direito civil. É com essa visão que dissecaremos a partir deste capítulo as principais características comuns às facções, sob essa ótica empresarial, a fim de melhor expor à compreensão a dinâmica desse fenômeno criminal e a forma como pensam os empresários do crime.

Toda empresa para se formar, sobreviver e prosperar necessita irremediavelmente de organização. Tal organização, por sua vez, é necessária nos mais diferentes estratos dessa estrutura, seja na qualidade do produto a ser colocado à disposição do consumidor, seja na hierarquia na tomada de decisões, seja na busca de fornecedores, seja na divisão de setores, conforme a peculiaridade de cada área (contabilidade, transporte, logística etc.), seja também na escolha, treinamento e capacitação de seus colaboradores, seja na divisão de lucros e, até mesmo, na necessidade de um setor que discipline os desvios de conduta dentro do grupo.

Seguem considerações acerca desses aspectos de natureza empresarial.

a) TODA EMPRESA NECESSITA DE UMA CAUSA "LOUVÁVEL"

Se alguns se colocam no mercado para realizar os sonhos dos clientes, prometendo deixar-lhes mais felizes com a aquisição de uma roupa bonita, um carro sofisticado, ou experimentando uma comida deliciosa, ou até investindo em uma educação ou saúde de qualidade, as facções colocam a disposição de seus colaboradores (faccionados) muito mais que um objeto material, ou um simples serviço, mas uma ideia, ou poderíamos dizer "um ideal", fato esse que provoca um verdadeiro engajamento, uma sensação de pertencimento a um grupo. *Vide* capítulo relacionado ao empoderamento dos faccionados e seus aspectos de natureza gerencial.

Vejamos que todos os estatutos das facções já encontrados pela polícia pregam ou "vendem" uma proposta louvável, em tese, é claro. Vejamos, por exemplo, a primeira edição do estatuto do Primeiro Comando da Capital, que pregava a busca pela "paz, justiça e liberdade", depois acrescentado em um novo estatuto os valores de "igualdade e união", princípios esses, segundo os faccionados, almejados para se defenderem do Estado e dos seus agentes opressores.

A marca da luta por uma causa, sem dúvida, arregimenta e fortalece os laços entre os criminosos muito mais do que qualquer vantagem econômica, muito embora a finalidade última do crime seja o enriquecimento ilícito. Essa ideologia do crime, trataremos assim doravante, realiza uma verdadeira lavagem cerebral do indivíduo onde acontece o que se chama de "desfiliação familiar e social" e, ao mesmo tempo, uma "filiação" nova, ou seja, a um grupo, a facção. De tal maneira que, como fantoches, alguns praticam atos às cegas sob o comando indiscutível de um grupo, sempre supostamente, em perspectiva à vista do bem comum do grupo (rodapé com reportagem que um filho foi ordenado que matasse o próprio pai, por este supostamente, pertencer a outra facção rival).

Tal característica também dificulta muito mais o trabalho de repressão a esse fenômeno, posto que aqueles mais novos, sobretudo aqueles debutantes que procuram reconhecimento no mundo no crime costumam atender a tais ordens, por mais absurdas que sejam, sem qualquer filtro ou critério, visto que a suposta vontade do "grupo", materializado na decisão de alguns poucos, é sempre a melhor decisão para a coletividade, portanto, não merecendo qualquer questionamento.

Já diz a sabedoria popular que muito mais difícil no combate não é a força física ou material do inimigo, mas a ideia que move os soldados a pegar em armas e seguir para o front, mesmo às custas de suas vidas. Nesse diapasão esses membros de facções, dependendo do nível de comprometimento discernitivo, passam a agir como verdadeiros kamikazes, colocando em risco a sociedade e as forças de segurança. Nessa toada basta observar o documentário NOTÍCIAS DE UMA GUERRA PARTICULAR, de João Moreira Salles,[82] em que crianças na favela brincam

---

[82] *NOTÍCIAS de uma guerra particular*. Direção de João Moreira Salles e Katia Lund. Produção de Raquel Zangrandi. Brasil: 1999. Disponível em: https://www.dailymotion.com/video/x57ug45. Acesso em: 13 abr. 2024.

com fuzis e armas (reais ou simulacros), personificando os bandidos da favela como verdadeiros heróis, um modelo de sucesso a ser buscado.

Se uma ideia é algo praticamente impossível de ser destruído no campo material, certamente, somente uma outra ideia, dissuasória da ideia guerreada pode ser antídoto eficaz contra tal abstração. Ocorre que no Brasil temos visto que a cultura, os meios de comunicação em sua produção artística, ao contrário de combater tal "heroificação" do criminoso, tem fomentado uma cultura do sujeito incompreendido que foi prejudicado pela lei.

Isso é um ingrediente a mais nesse caldeirão de problemas que potencializa esses grupos criminosos, o que precisa ser discutido e debatido amplamente pela sociedade, especialmente, nos meios educacionais e pela família.

b) TODA EMPRESA PRECISA DE FORNECEDORES – LOGÍSTICA

As facções criminosas atuam em diversos ramos do crime, mas sem dúvida, o principal, por sua lucratividade, é o tráfico de drogas. Para tanto, como uma empresa lícita comum, necessitam de bons e regulares fornecedores e de uma logística de transportes e distribuição.

Os traficantes brasileiros sempre adquiriram a droga mais rentável desse comércio ilícito nos países andinos, Peru, Bolívia e Colômbia, locais onde há as condições naturais favoráveis ao cultivo da folha de coca, matéria-prima para a confecção do cloridrato de cocaína. Contudo, para que chegue ao mercado consumidor, nos grandes centros urbanos, nas mais diferentes regiões do país, é indispensável a existência de uma rede imbricada de rotas, transportes e transportadores. Nessa dimensão, o tráfico de drogas brasileiro utiliza-se da nossa extensa rede de transportes, seja por via terrestre, especialmente, para se chegar ao interior do país e aos grandes portos, de onde a droga embarca para outros continentes, seja por via aquática, através da rede nevrálgica de rios que compõem as bacias brasileiras, sobretudo, na região norte e, por fim, por via aérea, usando pequenos aviões que fazem voos curtos, atravessando a fronteira entre países, como Paraguai e Bolívia, entregando a droga entre canaviais (rota caipira), a fim de que dali o produto seja levado por via rodoviária aos mais diferentes lugares.

Como produto ilegal que é, uma das grandes dificuldades é trazê-lo das regiões onde são produzidos até o final da linha onde está o usuário do entorpecente. Certamente, essa etapa é das mais custosas e perigosas para os que atuam no narcotráfico.

Em capítulo próprio, será tratado especialmente da dificuldade em se combater o tráfico de drogas, tendo como ponto de partida o controle das fronteiras, tendo em vista a dimensão continental do Brasil e sua extensa rede fronteiriça. Não obstante, não podemos nos olvidar que essa mesma rede de rotas que acaba por ser tomada por empréstimo pelo crime organizado também é fonte de lutas titânicas entre facções rivais no sentido de obter o monopólio, ocasionando quase guerras entre esses grupos dentro e fora das penitenciárias.

Assim, a livre concorrência, princípio basilar da economia de mercado capitalista, é levada aos extremos por esses grupos criminosos, com a diferença dos métodos nada ortodoxos que se utilizam para neutralizar seus concorrentes, seja exterminando-os, seja anexando-os. Tal fato também faz com que haja uma extrema fugacidade na composição desses grupos, visto as disputas e as consequências destas, que muitas vezes não vem a público, fazendo com que as peças que estão no tabuleiro do crime sejam constantemente alternadas.

Uma vez tendo a linha necessária para o escoamento da mercadoria ilegal, a outra catraca basilar para fazer a engrenagem funcionar é a existência da produção da matéria-prima, sem o produto não há que se falar em necessidade de rota para vazão. Nesse ponto, temos a peculiaridade de sermos vizinhos dos maiores plantadores da folha de coca do planeta, Peru, Bolívia e Colômbia, grandes produtores, e o Brasil, como país vizinho, o consumidor mais próximo e, ao mesmo tempo, o grande entreposto dessa droga que acaba chegando nas mais diferentes regiões do mundo. Os governos desses países andinos têm um histórico de política parcimoniosa com esses traficantes, de tal maneira que o combate somente acaba sendo feito por causa de pressões externas, como o EUA, através da DEA que vem fazendo ao longo dos anos, a exemplo do que aconteceu na Colômbia, onde o governo acabou aquiescendo as requisições estadunidenses de combate às drogas, sob pena de sanções econômicas e corte de investimentos no país, fato esse que na década de 90 resultou na morte do maior traficante de drogas do mundo, o colombiano Pablo Escobar.

De outra banda, cumpre registrar que esses são países muito pobres, assim muitas vezes a população rural comum acaba sendo cooptada ou mesmo pressionada para trabalhar nos plantios de coca, sobretudo, a vista do desemprego galopante e das promessas de melhores salários. Só para citar um exemplo, mineiros que se dedicaram a vida inteira a trabalhar em minas na Bolívia, sobretudo na extração de estanho, com o declínio da atividade, ficaram desempregados e tal mão de obra acabou sendo absorvida pela linha de produção do tráfico de drogas. A região de Chapare, na Bolívia, por exemplo, conta já há alguns anos com uma associação de cocaleiros, apesar de a folha de coca ser consumida em face da cultura andina, através do chá ou mesmo mascando, a fim de afastar a fome e combater os males da altitude, relatórios de inteligência denotam que a maior parte dessa produção é desviada para o tráfico de drogas, especialmente, tal desconfiança é reforçada devido à alta presença de alcaloides nessas plantas da região de Chapare, fato que contra indica as folhas dessa região para o consumo humano in natura.

Nesse ecossistema, população pobre que precisa de dinheiro, governo leniente com tais pessoas e ao mesmo tempo indiferente ao tráfico de drogas, é inevitável concluir-se que a produção de drogas nessa região acontece a pleno vapor, gerando riqueza para poucos e miséria para muitos.

Se antes os traficantes brasileiros iam até as regiões de fronteira e compravam o seu carregamento para depois revendê-lo no Brasil, como fazem os sacoleiros que compram "muambas" no Paraguai, com as facções criminosas pós-estruturação, os grupos brasileiros passaram a investir ou até mesmo a participar da produção do entorpecente, tal fato se deflui, por exemplo, de vários acontecimentos, tal qual o esconderijo de Fernandinho Beira Mar nas selvas colombianas sob os cuidados das FARC – Forças Revolucionárias Colombianas, que a partir de investigações identificou-se que o traficante tinha fazendas na região de Capitão Bado e General Sapucaia no Paraguai, de onde cuidava de extensas plantações de maconha e, ao mesmo tempo, servia de base para a cocaína que vinha da Bolívia e da Colômbia, para posteriormente ser colocada no Brasil a partir de curtos voos até São Paulo e Mato Grosso do Sul.

Inclusive, o controle da produção da droga, conforme se depreende de vários relatos (A Guerra – A Ascensão do PCC e o Mundo do Crime no Brasil e Cocaína – A rota caipira), passou a ser a ambição maior das facções brasileiras PCC e CV. Tal fato, segundo alguns estudiosos, transformaram o PCC em um cartel, haja vista o controle total da linha de produção, ou seja, desde a produção da matéria-prima até a entrega ao consumidor final.

Para apimentar mais essas relações do submundo do crime, nada mais esperado que trazer a reboque uma verdadeira guerra entre famílias tradicionais produtoras de drogas e ORCRIMs brasileiras que pleiteiam tomar o monopólio da produção da matéria-prima. Tal constatação foi percebida, por exemplo, no ano de 2016, quando o narco traficante de origem libanesa Jorge Rafaat Toumani, conhecido como o "Rei da Fronteira", "Sadam" e "Turco", foi assassinado na fronteira entre Ponta Porã (Brasil) e Pedro Juan Caballero (Paraguai). Na ocasião, mesmo sob forte escolta e em carro blindado, o traficante foi pego em uma emboscada, tendo o seu carro sido fuzilado com metralhadora M2 Browning cal. 50 (arma militar antiaérea), passando assim a mudar os rumos do comando da fronteira na região e, por conseguinte, o comando em algumas regiões de produção de drogas nos países vizinhos.

O salve da "Conscientização", documento feito pelo PCC, deixa claro que "O comando não tem limite territorial". Portanto, segundo a facção, dominando a produção da droga, seria possível diminuir o preço da droga repassada para os "irmãos" para revenda nas "quebradas", assim como também barateraria o acesso às armas de fogo utilizadas pelos traficantes, como fuzis, metralhadoras e diversos outros artefatos bélicos.

c) TODA EMPRESA NECESSITA DE COMUNICAÇÃO

Uma intensa demanda por drogas, no Brasil e no mundo, faz o mercado de entorpecentes não parar nunca, mesmo com as prisões realizadas pela polícia e com a imensa apreensão de drogas anualmente, as facções não se quedam inoperantes. E, para dar conta dessa demanda, urge indispensável uma gigantesca e bem alinhada rede de comunicação, seja entre fornecedor atacadista e traficante de médio porte, seja entre mulas que trazem as drogas, pilotos de aviões, motoristas de caminhões e os vendedores das bocas e quebradas, para falar o nome de apenas alguns atores responsáveis pela chegada da cocaína nas raves e boates dos grandes centros urbanos.

Essa comunicação de regra é feita por aparelhos telefônicos, aplicativos de conversa, por meio de celulares, computadores ou mesmo rádios transmissores. O fato é que a comunicação é tão importante que sem ela o tráfico praticamente se estagnaria, por causa das operações policiais e, assim, as rotas, os locais de armazenamento das drogas e os métodos de esconderijo são usualmente alterados, e tão somente através das comunicações, informando codinomes e novas rotas e áreas clandestinas de pousos, por exemplo, poderiam ser eficientemente utilizadas pelo tráfico.

Não à toa as grandes rebeliões que aconteceram no sistema carcerário do Brasil tiveram como pano de fundo a instalação de bloqueadores de celulares ou o enrijecimento das medidas de revista na entrada de visitantes nos presídios, fato esse que atacou frontalmente a comunicação desses grupos que, mesmo de dentro do sistema carcerário, costumam continuar comerciando drogas e praticando diversos outros crimes de dentro das cadeias. O grande terror para os líderes desses grupos é justamente o regime disciplinar diferenciado, através do qual o isolamento do preso e, portanto, a possibilidade de comunicação com o mundo exterior é quase extirpada. Também não se pode esquecer que esses grupos criminosos também contam com uma rede de advogados (tema desenvolvido em outro capítulo, relacionado à sintonia *dos gravatas*) que acabam viabilizando a comunicação entre os criminosos que estão presos com os que estão soltos.

Exemplificamos a importância histórica da comunicação como elemento necessário para o funcionamento das facções. A primeira grande rebelião no sistema prisional brasileiro orquestrada para eclodir de forma concomitante em várias unidades prisionais ocorreu em 18 de fevereiro de 2001, atingindo 29 presídios do estado de São Paulo, participando aproximadamente 30 mil presos.[83] O fato é que para acontecer algo assim, somente uma grande rede de comunicação bem articulada e eficiente poderia propiciar tal ambição. Se não é tão simples a organização de um grande evento em situações normais, ou seja, por aqueles que gozam da liberdade de ir e vir plenamente, parece que para as pessoas que estavam presas naquele momento a regra se inverteu radicalmente. Isso porque já naquela época, há mais de 20 anos, o PCC já tinha à sua disposição uma "central telefônica", operada de fora das penitenciárias que permitia a comunicação entre diversos aparelhos telefônicos, propiciando que as ordens dos líderes fossem compartilhadas rapidamente.

A megarrebelião ocorrida em 2001 foi orquestrada a partir do Rio de Janeiro, local onde lideranças do PCC, como "Geleião", estavam presas, após insubmissões contra o sistema prisional paulista. Para tanto, o PCC contava com uma central telefônica em São Paulo que era controlada por uma mulher chamada Sueli Maria Resende, "Mãezona", que era responsável por receber as ordens dos líderes do PCC e transmiti-la via transferência telefônica. "Mãezona" funcionava como uma telefonista do século XIX, repassando ligações entre terminais diferentes e era responsável por uma agenda que tinha o contato de todos os delinquentes do grupo, obviamente, linhas cadastradas em nome de "laranjas".[84]

Os ataques feitos pelo PCC nos anos subsequentes e inclusive a ameaça de explodir uma bomba na bolsa de valores de São Paulo somente foram possíveis mediante essa sofisticada rede de comunicação de dentro para fora e de fora para dentro dos presídios. Ironicamente, somente com o próprio auxílio do crime organizado, via delação

---

83 *Vide* Manso e Dias.

84 CHRISTINO, Márcio Sérgio; TOGNOLLI, Cláudio. *Laços de Sangue*: a História Secreta do PCC. São Paulo: Matrix, 2017.

de "Geleião", que o Estado se deu conta da sofisticada comunicação entre os integrantes desses grupos criminosos, não obstante estarem formalmente com a liberdade de comunicação cerceada pelo Estado nas prisões.

Portanto, *evide*ncia-se que a comunicação é sobremodo importante para esses grupos, assim como numa pequena ou grande empresa a comunicação é nevrálgica, razão pela qual o efetivo isolamento das lideranças, como a aplicação do RDD (regime disciplinar diferenciado), a instalação de bloqueadores de celular, as cabines de parlatório e as revistas de um modo geral, assim como a presença de scanner corporal nas penitenciárias são tão importantes para o efetivo combate a esses grupos criminosos. O combate efetivo e eficiente perpassa necessariamente pelo controle da comunicação.

d) TODA EMPRESA NECESSITA DE ESTRATÉGIA DE MARKETING

Como um grupo organizado que se postou a ser, as facções criminosas, todas elas, mas em especial o PCC pela sua organização, observaram que a estratégica única do confronto através da violência não era suficiente, então conseguiu captar o entendimento de que uma estratégia marqueteira em favor das suas reivindicações seria algo necessário para atingir seus objetivos.

Em 2006, a título de exemplo, foram apreendidos milhares de panfletos redigidos pela liderança do PCC, que tinha titulação "Grito dos Oprimidos Encarcerados", em que em síntese denunciavam os sistemas políticos postos, para, ao final, arrematar que os verdadeiros bandidos não eram os faccionados. Nessa estratégia também o grupo faccioso passou a investir em OSCIPs (Organização da Sociedade

Civil de Interesse Público), como a NOVA ORDEM,[85] em que o mister de tal organização era denunciar abusos do estado dentro do sistema carcerário e defender melhorias para as pessoas que estavam presas, fins em última análise nada ilegais. Contudo, verificou-se que tal organização servia para lavagem de dinheiro do tráfico de drogas, bem como infiltrava-se em outras organizações, como no CONDEPE (Conselho Estadual de Defesa dos Direitos da Pessoa Humana), a fim de minar a atuação do Estado como fazia ao tentar fragilizar o RDD (regime disciplinar diferenciado), tão temido pelos presos.[86]

A estratégia de se infiltrar em ONGs, OSCIPs, assim como conquistar grupos da sociedade civil organizada, acadêmicos para a causa, através de passeatas e protestos, como o ocorrido na frente do MASP em São Paulo, também são estratégias de marketing praticadas por essas ORCRIMs. Recentemente, notícia que causou estardalhaço foi o recebimento em audiência pelo Ministério da Justiça de uma mulher conhecida como a "Dama do Tráfico", tratando-se de Luciane Barbosa Farias, esposa do líder do CV do Amazonas, Clemilson dos Santos Farias, conhecido como "Tio Patinhas", segundo relatório de inteligência da polícia amazonense[87] por trás da Associação LIA (Instituto Liberdade do Amazonas) que tem como objetivo ser "porta voz de todos os familiares e egressos dentro e fora do Estado do Amazonas", conforme se destaca em seu portal.[88]

---

85 4 ex-policiais fazem parte da organização. *Folha de São Paulo,* 13 jul. 2006. Disponível em: https://www1.folha.uol.com.br/fsp/cotidian/ff1307200615.htm. Acesso em: 13 abr. 2024.

86 Justiça condena ex-vice presidente do Condepe e mais 4 advogados por integrarem facção criminosa. *Portal G1,* 27 jun. 2017. Disponível em: https://g1.globo.com/sao-paulo/noticia/justica-condena-ex-vice-presidente-do-condepe-e-mais-4-advogados-por-integrarem-faccao-criminosa.ghtml. Acesso em: 13 abr. 2024.

87 4 ex-policiais fazem parte da organização. *Folha de São Paulo,* 13 jul. 2006. Disponível em: https://www1.folha.uol.com.br/fsp/cotidian/ff1307200615.htm. Acesso em: 13 abr. 2024.

88 ASSOCIAÇÃO INSTITUTO LIBERDADE DO AMAZONAS. Disponível em: https://www.institutoliberdadedoam.org/. Acesso em: 03 set. 2024.

Contudo, investigações demonstram que misturada a essa defesa de tais direitos, também esses organismos têm a missão primacial de enfraquecer as entidades que combatem o crime, sobretudo através da exploração da opinião pública, assim como meio para a lavagem e ocultação de dinheiro e patrimônio advindo do crime.

e) TODA EMPRESA NECESSITA DE UMA ASSESSORIA JURÍDICA

Como sabemos a arena jurídica de uma empresa, por vezes, é das mais espinhosas, assim esses grupos também não se descuidaram dessa parte importante para o sucesso de uma empreitada empresarial.

As facções criminosas, por exemplo, o PCC, contam com uma equipe de advogados permanentes que, como acontece com uma assessoria jurídica empresarial, estão de prontidão para atender a qualquer demanda da empresa, nesse caso a facção. Tanto é que é comum que nas audiências de custódia cheguem advogados "de paraquedas" para prestar auxílio jurídico ao preso, sem que esse nunca tenha visto tal profissional na sua vida. Nesse caso, por fazer parte de uma facção e auxiliar o grupo através da "cebola" ou rifas" (mensalidade que criminosos pagam à facção, assunto que será desenvolvido em outro tópico deste livro), quando um dos membros "cai" nas mãos da polícia, a assessoria chega como que um plano de saúde em caso de emergência. Tais profissionais, como se denominam no mundo do crime, são chamados de "gravatas", havendo um setor específico dentro da ORCRIM que cuida disso, denominada "sintonia dos gravatas". Esse setor é pago mensalmente, como um plano de saúde, independente do serviço ser efetivamente utilizado ou não.

Os "gravatas" não são meros advogados que cumprem seu mister indispensável à realização da justiça, mas são arregimentados conforme a ideologia pessoal tenha semelhança com a causa da facção, em uma colaboração premiada um dos líderes do PCC explica bem como funciona esse grupo de advogados.[89]

No caso, como em uma empresa que faz uma minuciosa entrevista com um postulante a uma vaga, o PCC, como disse Orlando Mota Júnior, "Macarrão", fazia uma "sabatina" para ver se a pessoa (advogado) simpatizava com a causa e se tinha disponibilidade para fazer algumas coisas ilegais que a facção necessitava. Nesse ponto, inclusive, destaca bem a centralização do PCC, pois somente a "sintonia final" poderia efetuar um contrato com um advogado novo, os mais velhos poderiam até indicar um colega, mas a decisão final de contratação sempre era feita pela "final" após uma espécie de análise curricular e de vida pregressa do futuro "gravata".

Mas a necessidade dos "gravatas", segundo se verificou posteriormente em várias investigações, podendo aí ser destacada a operação Ethos, ia muito além da assessoria jurídica, mas intercomunicava-se esse setor com o setor da comunicação, ou seja, os advogados, como têm acesso livre aos seus clientes dentro do sistema prisional com o direito ao sigilo protegido em relação às conversas travadas, passou a ser o instrumento de comunicação entre os faccionados e o mundo extramuros. Não à toa, diversos "salves" e ordens, por exemplo, a ordem para matar o juiz da execução penal de Presidente Venceslau no ano de 2006, foi repassada por um dos integrantes da sintonia dos "gravatas".

Daí, deflui-se a necessidade imperiosa do isolamento das lideranças no sistema prisional, posto que, do contrário, o crime organizado só acaba mudando o endereço do seu quartel general, sendo que o controle e as ordens continuam fluidas. É nesse tom que o Estado deve agir, em nosso entendimento, e é essa a

[89] FALA TRIBUNOS COM HENRIQUE PEREZ. Em Audiência a Justiça delator do PCC explica a chamada Sintonia dos Gravatas. *Youtube*, 18 maio 2020. Disponível em: https://www.youtube.com/watch?v=qwYpPO3_QlQ. Acesso em: 13 abr. 2024.

principal razão para rebeliões e motins no sistema prisional e a grande maioria dos casos de insubordinação ao sistema.

Nesse ponto do braço jurídico desses grupos criminosos, vale gizar que investigações já demonstraram um *upgrade* na ambição desses grupos, no sentido não somente mais de contratar advogados para "a causa", mas também financiar estudos para simpatizantes do crime no sentido de serem aprovados em concursos públicos e ingressaram na Administração Pública em cargos que vão desde as polícias até carreiras de envergadura considerável como juiz de direito, promotor de justiça, delegados de polícia e auditores da receita federal, talvez essa seja uma das investidas mais perigosas do crime organizado hodiernamente, a estratégia de corroer as estruturas do Estado de dentro para fora.

f) TODA EMPRESA PRECISA DE UMA CONTABILIDADE

Se o crime, de forma geral, tem como fim precípuo a obtenção de vantagem ilícita, sobretudo, de cunho econômico, é pertinente que os criminosos tenham uma estrutura organizacional, como uma empresa formal, com o afã de guardar e gerenciar o proveito de suas atividades. Ademais, no submundo do crime, não há "santos" ou "donzelas inexperientes", ao revés como se diz no linguajar policial, são caras "matriculados na forma da lei" e é de costume um querer enrolar o outro nesse cenário. Dessa maneira, urge que essas ORCRIMs tenham uma contabilidade bem estruturada para evitar vazamentos financeiros.

Vários são os casos citados na literatura policial em que comparsas enganam companheiros do crime com o fito de aumentar seus lucros, alguns chegando até a trair toda a facção ante a cobiça desmedida. Diante de tal cenário, as facções em geral, sobretudo, o PCC e o CV, contam com um setor específico, como é na atividade empresarial, que cuida da contabilidade do grupo, responsável inclusive por realizar investimentos com o numerário do crime.

Muitas apreensões policiais conseguem captar agendas, como que fossem livros-caixa, em que há anotações de fornecedores, consumidores, seus respectivos débitos, valor de compra e de revenda do entorpecente, além de outros dados. Por vezes, esse cuidado em registrar o balanço patrimonial do crime acaba tendo duas facetas, esta que permite a organização do grupo, fortalecendo-o economicamente, mas ao mesmo tempo possui uma faceta interessante para os investigadores, que é justamente a possibilidade de comprovação probatória das atividades ilícitas do grupo, permitindo-se assim a responsabilização de seus integrantes e a descoberta dos seus bens ilícitos.

Entretanto, além dessa contabilidade mais simples, em que muitas vezes o próprio dono da "boca" ou da "quebrada" é o responsável pelas suas anotações, como se faz o dono de uma bodega, há também uma contabilidade mais profissionalizada ainda, em que alguém que de fato tem muito conhecimento nessa área realiza os balancetes de entrada e saída financeira e, quando necessário, o dispêndio monetário para alguma operação, é quem é responsável por entregá-lo aos integrantes do grupo, mediante ordem da sintonia final. Nesse ponto, o PCC descentralizou sua atividade contábil, visto a experiência ruim que teve quando, uma vez centralizada demais tal atividade, àqueles que cuidavam dela quando eram presos ou mortos prejudicavam consideravelmente as atividades ordinárias do grupo.

g) TODA EMPRESA NECESSITA DE UM SISTEMA DE COMPLIANCE

O objetivo do "compliance" nas empresas é garantir a conformidade com a lei, regulamentos e padrões éticos externos e internos, a fim de evitar danos e prejuízos. Pois bem, as facções criminosas também possuem uma espécie de compliance, no sentido de haver um código rígido de normas em seus estatutos, conforme é claro, a própria ética do crime, punindo de forma rápida e severa àqueles que descumprem o estatuto.

Há um lema das facções: "nós andamos pelo certo, no lado errado da vida". Assim, aquele que costuma transgredir as normas da facção, são punidos por um setor chamado de "disciplina", ou como costumeiramente chama-se no meio policial, pelo "tribunal do crime", muito embora os criminosos não prefiram essa denominação, posto que "tribunal" tem a ver com Estado e justiça formal, institutos esses que são expressão da opressão, segundo as ideias do crime.

Mas vejamos bem, no submundo do crime, com tantos "vida louca", sem haver um mecanismo para organizar e ponderar as ações dos integrantes do grupo, a sobrevivência de uma ORCRIM seria fugaz, seria praticamente um ente natimorto. Assim, os "tribunais" do crime, muito embora os criminosos não queiram para si qualquer comparação a essas instituições, ironicamente, utilizam-se de procedimentos e regras desses órgãos formais de julgamento.

Em interceptação feita pela polícia em São Paulo, foi captado o julgamento de um criminoso de uma facção que supostamente havia matado uma pessoa sem qualquer justificativa. Nesse caso, ficou muito e*vide*nte que havia uma espécie de policial do crime, responsável por levantar evidências do crime praticado pelo "mano", também existia uma pessoa responsável pela acusação dos suspeitos, e o direito de defesa, que regra geral é exercido pelo próprio "acusado" e por testemunhas que ele arrola em seu favor como que conhecedoras do fato que podem lhe auxiliar. No julgamento, por sua vez, alguns membros da facção presos em presídios de São Paulo que acompanhavam via "WhatsApp" os depoimentos dos parentes da vítima, das testemunhas e do próprio "réu", tecendo ao final um veredicto, no caso concreto, a determinação do banimento da comunidade de dois rapazes que estavam junto ao executor do fato no momento do homicídio e, para o executor do crime, a pena capital, a qual após lida a sentença para o "mano" que era réu, imediatamente, foi executada por cinco disparos de arma de fogo.

A organização do crime, por incrível que pareça, necessita também de tomadas de decisões, digamos, quase medievais, para que seja mantida a ordem e a "paz" entre o grupo, assim a cobrança pelo erro cometido não é em si mesma uma forma de punir quem errou, mas uma forma de passar ao grupo uma ideia de coesão, de ordem, de "pacificação social", em que naquele local (favelas/comunidades) a facção tem a sua própria lei e, para que seja respeitada, ela tem que ter efetiva aplicabilidade, diferentemente das leis formais do Estado que acabam por serem constantemente desrespeitadas, tendo em vista a previsão, mas pouca executoriedade. Só para citar um exemplo, nesse contexto, uma facção do Rio de Janeiro proibiu som alto em determinado local da comunidade, assim como também a proibição de jogar lixo na rua, sob a pena de "tiro na mão", como foi escrito em tintas vermelhas em um muro do local. A indagação que se faz: Será que essa lei foi descumprida? Certamente se foi, rara vez, só até o primeiro receber a "pena" prevista.

Nessa tônica, inevitavelmente, a população ordeira que muitas vezes é marginalizada dos serviços básicos do Estado, como segurança e limpeza pública, acaba por apoiar ou tolerar tais ações do crime, posto que ali a "lei" é aquela posta, e é efetivamente aplicada, portanto, acaba sendo respeitada. Não à toa dentro das comunidades é quase inexistente a prática de roubos ou furtos, cujos são sentenciados imediatamente com a mutilação dos membros superiores ou até mesmo com a morte, essa realidade passa uma sensação de pseudossegurança para as pessoas, pois na verdade o crime só respeita os seus próprios "princípios" e, várias vezes, a população acaba sendo vítima desses grupos e é utilizada como escudo humano ou como depositário de drogas e armas.

h) TODA EMPRESA NECESSITA DE UM SETOR DE RH (RECURSOS HUMANOS) - BATISMO E CADASTRO

Toda empresa que se preze tem no seu organograma um setor conhecido por "RH". A sigla se traduz em "recursos humanos", sendo responsável pela triagem, avaliação e exames para admissão de futuros colaboradores, aplicando uma espécie de teste, realizado sobretudo através de currículos e entrevistas, ao que uma vez admitido ainda terá um período probatório para a sua aprovação definitiva, galgando degraus, desde o de "colaborador-aprendiz" a algum tipo de gerência a partir do seu mérito, qualidade essa última que já analisamos em outro tópico específico deste capítulo.

No crime organizado, com as facções criminosas brasileiras, a admissão ocorre de forma bem semelhante. Há um setor específico que cuida dos trâmites para tanto, no PCC, por exemplo, é denominado de "sintonia do cadastro", havendo alguns requisitos e procedimentos que devem ser preenchidos pelo novel aspirante do mundo do crime, conforme veremos a seguir.

Primeiramente, é analisado se o postulante a faccionado tem um perfil específico de criminoso, ou seja, determinados tipos de delinquentes, tais como estupradores e pedófilos são terminantemente proibidos no grupo. Geralmente, são bem aceitos nessas catervas pessoas com ficha criminal composta de homicídios, tráfico de drogas e roubo, em especial, se se tratar de assalto a bancos.

Nas facções, geralmente, também não há muita aceitação com criminosos viciados em drogas, sobretudo o crack, assim como para furtadores, isso por uma razão muito simples: essas pessoas potencialmente causam muitos problemas, seja pela utilização da droga de forma indiscriminada, seja pela subtração contumaz de objetos, o que atrai a presença da polícia para esses locais, fato que prejudica o carro-chefe da atuação desses grupos que é, sem sombra de dúvidas, o tráfico de entorpecentes.

O artigo 6º do Estatuto do PCC determina:

> o Comando não admite entre os seus integrantes: estupradores, pedófilos, caguetagem, extorsão, inveja, calúnia e outros itens que ferem a ética do crime". Já o estatuto do SINDICATO DO CRIME, SDC-RN reza sobre os critérios de admissão no grupo criminoso: "art. 5º Todo integrante deve seguir a ética do crime. A verdade e igualdade acima de tudo, por isso não aceitamos: cagueta, estuprador, talarico ou qualquer outro ato que manche a ética do crime. a) respeitamos todas as opções sexuais, pois não somos preconceituosos, mas não aceitamos homossexuais dentro de nossa organização, frisar que aceitamos dentro de nossos convívios, desde que eles mantenham a conduta moral e o respeito aos demais. b) caso seja identificado entre os nossos integrantes, alguma das atitudes citadas no item anterior, ele será conduzido, avaliado e disciplinado em cima do certo pelo certo, pelo Conselho e pela Final.

Já a facção regional denominada "Bonde dos 40" entoa no item número 04 do seu Estatuto, os tipos de pessoas que não são admitidas em seu grupo: "Item 04. A organização não admite: estuprador, talarico, cagoeta e pistoleiro, em nosso convívio seja na rua ou na cadeia. Inciso I. Caso venhamos nos deparar com esses tipos de espécies em nosso convívio, pedimos ao quadro local que apure os fatos antes de tomar qualquer tipo de atitude, buscando todos os entendimentos com riqueza de detalhes para que não seja feito injustiças.

Lembramos que trabalhamos com 100% de certeza e provas. Inciso II. Caso seja comprovado o mesmo estará infringido a ética do crime e terá tratamento severo pagando até mesmo com sua própria vida para servir de exemplo".

Segundo ponto é que independentemente da facção, sempre há uma pessoa que já é faccionado que indica o postulante, essas pessoas responsáveis pela indicação são denominadas de "padrinho" ou "referência", conforme o estatuto da facção. Essa pessoa em síntese será a responsável por avalizar a outra, inclusive, há penalidades que recaem sob o padrinho, quando o apadrinhado, por exemplo, cai em alguma falta com o grupo.

Em relação às responsabilidades do "padrinho", diz o art. 11 do Comando Vermelho: "art. 11. Um integrante poderá ser sujeito à punição severa, se caso o irmão não tiver cautela, não ser criterioso, nem minucioso na hora de colocar, indicar e cadastrar novos faccionados e, desta maneira, incluir camaradas vacilões, com mancha no mundo do crime em nossa organização".

Nesse diapasão, é confeccionada uma ficha de cadastro que deverá conter alguns dados básicos do novo filiado, tais como nome, alcunha, foto, idade, telefone, matrícula, local do batismo (rua ou dentro do sistema prisional), a "quebrada de origem" (bairro e cidade onde morava e/ou atuava quando começou no crime), a data e local do batismo, o nome do "padrinho" ou da "referência" (às vezes, é mais de um, já que algumas facções como o PCC exigiam no início que três pessoas apadrinhassem o novo faccionado), tipo de crime que já praticou, se tem outros parentes ligados a alguma facção e também se há alguma pendência ou falta que tenha tido com alguém do crime (dívida com a família ou punição).

Na prática, corre em grupos de "WhatsApp" o nome e a foto do postulante, no sentido de fazer uma pesquisa geral, a fim de verificar se há alguma coisa que o desabone, não havendo passa-se para o "batismo".

Terceiro, assim como na máfia, há um ritual simbólico. Se em algumas organizações criminosas italianas exige-se que se fure o dedo da mão e pingue sangue na imagem de uma santa e depois a imagem seja queimada, no Brasil a forma basicamente é um juramento solene, em que o novo faccionado lê em voz alta o estatuto e depois faz um juramento na frente dos seus "irmãos", prometendo defender os interesses do grupo criminoso acima de qualquer interesse com a sua própria vida, inclusive, caso seja necessário.

Como dito alhures, neste momento ocorre uma desfiliação familiar e social, ao mesmo instante que se materializa uma filiação ao grupo, passando então o faccionado a gozar dos deveres, mas também do prestígio e da proteção advinda com o ato.

O "batismo", como costumam denominar os criminosos, tem muita força simbólica, especialmente, para aqueles mais jovens que pouco anteparo crítico tem frente a persuasão e promessas de empoderamento desses grupos. Assim como no batismo realizado pelo apóstolo João Batista nas águas do rio Jordão, o qual após o mergulho nas águas a pessoa se transformava em outra, no "batismo" do crime a tônica é incutir na cabeça das mentes jovens postulantes a faccionados que daqui para a frente a sua vida e a sua família é outra, sendo, portanto, também, um novo "ser".

O "Conselho" ou a "Sintonia do Estado", dependendo da facção, é o colegiado de criminosos, segundo nível de hierarquia, que acaba sendo o responsável pela aprovação do cadastro do novo membro.

Enquanto o PCC não batiza menores de idade, outros grupos não têm qualquer parcimônia em batizar menores de 18 anos de idade. Confira trecho interessante extraído do livro *A GUERRA – A ASCENÇÃO DO PCC E O MUNDO DO CRIME*, falando do batismo de crianças: "Na GDE (Guardiões do Estado, facção cearense) o ritual é semelhante. E mesmo que as regras sejam mais frouxas, há obviamente controle. 'Não pode roubar na sua área' me disse o iniciado Mateus. Perguntei a Mariana se no CV crianças também podem ser batizadas. Ela estava com a própria filha no colo quando me respondeu que depende do que considero criança. 'Para mim, é só enquanto é inocente. A partir do momento em que rouba, que mata, já não é mais. Eu conheço meninos que têm uma mentalidade que adulto não tem. Eles pensam planos de crimes que eu não conseguiria'".

Vale ressaltar que o PCC sempre teve uma política rígida no que diz respeito a novas filiações, de tal maneira que no seu estatuto exigia-se, inicialmente, o apadrinhamento de três pessoas para que o interessado fosse admitido na irmandade do crime, contudo, com o surgimento de facções regionais e a expansão delas, o PCC, temendo a ameaça desses novos grupos, passou a afrouxar as regras, exigindo, por exemplo, apenas um "padrinho", como passou a acontecer e, ao mesmo tempo, suspendendo a cobrança da "cebola" (cebola: mensalidade paga por criminosos à facção) ou mesmo diminuindo o seu valor, a fim de permitir novas filiações e fortalecer o grupo. Dessa estratégia o PCC, que tinha apenas 2,4 mil presos espalhados no sistema prisional brasileiro em 2012, em 24 estados, passou, em 2018, a ter um total de 29 mil filiados e presença em todos os estados da federação, segundo informações da inteligência do sistema prisional brasileiro. Vale destacar que o PCC também, que sempre teve uma política de hegemonia, passou a realizar acordos com facções menores, regionais, como fez com a GDE no Ceará, a fim de se contrapor ao seu arque rival, o Comando Vermelho, que escolheu uma política diferente de expansão, ou seja, através de alianças com facções rivais, desde o início, como fez, por exemplo, com a SDC (Sindicato do Crime do Rio Grande do Norte).

Nesta toada de batismos *versus* expansão, o Comando Vermelho já deixava bem claro no art. 7º do seu Estatuto: "em referência aos criminosos dos outros estados, fica proibido a entrada para o CV de candidatos onde já exista uma facção criminosa que corre pelo certo. Se for conveniente, em comum acordo, fecharemos aliança nesse estado e daremos suporte para as alianças progredirem, mas em respeito aos que correm pelo certo, nós jamais batizaremos nesse estado. Desta maneira, plantaremos a semente do CV em cada canto deste Brasil, todavia, priorizando sempre a qualidade, espírito de luta e não a quantidade".

Já a política de expansão do PCC fica bem demonstrada pela inteligência do art. 12 do seu estatuto: "art. 12. o Comando não tem limite territorial, todos os integrantes que foram batizados são componentes do Primeiro Comando da Capital, independentemente da cidade, estado ou país. Todos devem seguir a nossa disciplina e hierarquia presente no nosso estatuto".

O SDC-RN, no que diz respeito ao batismo de outras facções em sua área, é bastante explícito: "art.14. A facção SDC-RN é uma organização honrosa, que corre em cima do certo dentro do Estado do Rio Grande do Norte. E está aberta para receber qualquer 'criminoso', que seja merecedor. Não aceitaremos que nenhuma outra facção batize em nosso Estado. Caso seja identificado, o cadastro será anulado e a hierarquia do Sindicato do Crime vai entrar em sintonia com a outra facção".

Em suma, percebe-se que as facções criminosas possuem uma espécie de setor de recursos humanos, assim como numa empresa formalmente constituída, cujos critérios de admissão são altamente rígidos, lançando mão outrossim de meios de investigação da vida pregressa desses postulantes, a fim de admitir apenas aqueles que comungam com os ideais do crime.

i) Toda empresa tem critérios de evolução (meritocracia).

No mundo empresarial, da livre concorrência, para utilizar-se de um jargão moderno, ascende quem "promete e entrega", isso quer dizer, precisa ser efetivo e eficiente. Se na esfera do mundo político ou do serviço público muitos galgam posições mesmo sem demonstrar competência, a regra no submundo do crime é outra, talvez por tal razão os faccionados acreditam tanto na ORCRIM a que pertencem, prestando uma verdadeira devoção aos seus líderes e aos seus mandamentos como se uma seita religiosa fosse.

Assim, com base no termo cunhado pelo próprio sistema capitalista, preenche os lugares aquele que detém mérito, ou seja, aplica-se o sistema, um tanto quanto polêmico, mas na maior parte aceito no seio concorrencial, da "MERITOCRACIA".

O art. 14 do Estatuto do Primeiro Comando da Capital está insculpida a regra de ouro: "art. 14. Todos os integrantes serão tratados com igualdade, sendo que a nossa luta é constante e permanente. Seus méritos e atitudes serão avaliados dando prioridade para aquele que merece. Esclarecendo que méritos não são sinônimos de acomodações e impunidade diante da nossa luta, tratando com igualdade para com os iguais e desigualdade para os desiguais".

No que diz respeito ao Comando Vermelho, a regra da meritocracia é presenciada em pelo menos duas passagens do seu estatuto. No art. 4º, quando diz que o "conselho", uma espécie de colegiado que é composto por criminosos diante do mérito que cada um apresenta na vida do crime. "art. 4º Os conselhos serão formados por 13 conselheiros do mais alto grau de conhecimento de nossas regras, capacidade moral e senso de imparcialidade, dentre eles, o presidente do Conselho, vice-presidente, porta voz e tesoureiro".

O art. 6º, nessa esteira, preconiza que aquele que se esforçar mais pelo grupo, pelo ideal da organização, demonstrando na prática a sua submissão ao estatuto e as ordens da facção, fará carreira meteórica dentro da ORCRIM: "art. 6º.

Cada integrante terá o valor que merece, de acordo com suas ações, boas intenções e responsabilidade".

Portanto, mais uma vez percebe-se que o submundo do crime toma para si de empréstimo as regras de ouro da livre concorrência, prometendo através delas, como faz com a "meritocracia", a ascensão do criminoso conforme o seu esforço, a sua perseverança, ou seja, "pelo seu próprio mérito". Tal regra, sem sombra de dúvidas, é um grande atrativo para jovens, sobretudo, aqueles sem base moral, de famílias disfuncionais, despidos de senso crítico, que observam nessa proposta um meio de se "vencer na vida".

j) COMO SE MATA UMA EMPRESA

Se constatamos que uma pessoa jurídica é um ente ficcional do direito, que é uma abstração criada pela norma jurídica, e que nada tem de "pessoa" no sentido material do termo, por suposto, concluiremos que a morte ou a prisão de pessoas físicas integrantes desse ente fictício não fará com que esse último deixe de existir.

É como se pensarmos na rede Globo, esse imenso conglomerado de comunicação e entretenimento brasileiro: o seu fundador Roberto Marinho faleceu há alguns anos e, sem nenhuma dúvida, os seus herdeiros uma hora também deixarão de existir, mas há alguma dúvida de a grande probabilidade desse ente jurídico continuar existindo por décadas ou séculos?

As facções criminosas funcionam da mesma forma. Se antes a polícia, ao prender ou eliminar um criminoso, colocava fim àquela quadrilha ou grupo, na dinâmica da criminalidade hodierna, as peças do tabuleiro movem-se e são cambiadas com uma velocidade vertiginosa, ou há alguma dúvida que com a morte de "Marcola" ou "Fernandinho Beira Mar", as respectivas facções que chefiam continuarão existindo?

Neste contexto de criminalidade organizada e hierarquizada, entendemos que somente atacando o principal fim da atividade criminosa, qual seja, o lucro, é que causaremos a morte da pessoa jurídica, ou seja, pela falência.

Aprendemos no direito empresarial que a falência é a forma de exterminar uma pessoa jurídica e, tal fenômeno jurídico, vem justamente em decorrência de um desfalque financeiro e patrimonial que coloca em xeque a saúde do ente fictício até levá-lo à bancarrota completa e, portanto, à falência.

Nessa toada, sob o aspecto repressivo, sem dúvidas o isolamento das lideranças, evitando-se a comunicação dos criminosos, sobretudo entre os presídios e as ruas, casado ao combate na esfera patrimonial, através da persecução patrimonial, parece-nos a estratégia mais efetiva à desarticulação e, por fim, à extinção desses grupos.

CAPÍTULO 4

INDIVIDUALIZAÇÃO DAS CONDUTAS E ELEMENTOS DE PROVA PARA IMPUTAÇÃO

4.1 Classificação e imputação

A investigação de organizações criminosas é complexa e demorada. Seja em sede de Inquérito Policial, pelas polícias judiciárias, ou em sede de Procedimento de Investigação Criminal, por parte do Ministério Público, a investigação envolve muitos operadores, já que se investigam núcleos operacionais diversos. Não há um único padrão de investigação. No geral, as antigas técnicas de investigação, ainda em curso em casos simples (oitiva de testemunhas, interrogatório do investigado e indiciamento) não são eficientes em se tratando de Organizações Criminosas.

Ao investigar ORCRIMs, especialmente organizações criminosas violentas, como facções e milícias, o coordenador-investigador deve ter em mente a necessidade de limitar informações, com base no princípio da "necessidade de conhecer". Mário Pestana[90] define o princípio da necessidade como a "limitação da realização do tratamento ao mínimo necessário para a realização de suas finalidades, com abrangência dos

---

[90] PESTANA, Mário. *Os princípios no tratamento de dados na LGPD*. Disponível em: https://www.conjur.com.br/dl/artigo-marcio-pestana-lgpd.pdf. Acesso em: 28 fev. 2022.

dados pertinentes, proporcionais e não excessivos em relação às finalidades do tratamento de dados".

Por exemplo: imagine que haja uma investigação sobre um braço regional de uma facção criminosa. Essa atua em núcleos (centrais, torres, sintonias etc.), que, apesar de seguirem ordens superiores, não têm necessariamente contato uns com os outros, como células de uma organização criminosa. Funcionam assim pelo simples motivo de que, ao cair uma célula (núcleo), as informações do corpo (organização) estarão preservadas. A investigação deve seguir tal lógica, para evitar vazamentos de informações por eventual corrupção de agentes investigadores. Então, deve-se fatiar a investigação por núcleos operacionais, fechando-se a cadeia de funcionamento da ORCRIM. No caso de facções, um dos grandes erros da estrutura do estado é ainda separar delegacias por especialidade (delegacia de entorpecentes e delegacia de homicídios, por exemplo). Tais delegacias investigam de forma autônoma e acabam prejudicando a eficácia no enfrentamento de facções criminosas, que, de um lado, tanto dominam o tráfico de drogas, e do outro, são responsáveis pela maioria absoluta dos homicídios.

O objeto desta obra não é trazer técnicas de investigação que, de toda forma, são variáveis, dependendo de grande capacidade de organização dos operadores-investigadores e do apoio dos gestores, já que demandam tempo e recursos (humanos e materiais). O importante é frisar que a imputação à agentes faccionados, seja em relatórios de indiciamento, seja em denúncias ou em eventuais sentenças condenatórias, é um ato complexo, que necessita de duas fases: na primeira, comprova-se a existência da Organização Criminosa (facção), e na outra, prova-se a participação do agente (réu).

O operador deve indicar, de forma concreta, elementos que comprovem que existe uma organização criminosa (facção) ou um braço dela, em efetivo funcionamento, com os requisitos básicos previstos em Lei (art 1º, da Lei nº 12.850/2013), respectivamente: concurso de quatro ou mais agentes, relação estruturada com divisão de tarefas (núcleos), objetivo de vantagem e prática de infrações penais graves. No caso de facções, deve-se apresentar o organograma da ORCRIM, indicando o papel de cada um dos denunciados e os crimes que praticam (em regra, roubos, tráfico e homicídios).

Após comprovar a existência da ORCRIM, passa-se à imputação individualizada, sendo a regra a imputação prevista no artigo 2º da Lei de regência, com as causas de aumento e agravantes previstas nos seus parágrafos. *Vide* os tipos:

> Art. 2º Promover, constituir, financiar ou integrar, pessoalmente ou por interposta pessoa, organização criminosa:
> Pena – reclusão, de 3 (três) a 8 (oito) anos, e multa, sem prejuízo das penas correspondentes às demais infrações penais praticadas.
> §2º As penas aumentam-se até a metade se na atuação da organização criminosa houver emprego de arma de fogo;
> §3º A pena é agravada para quem exerce o comando, individual ou coletivo, da organização criminosa, ainda que não pratique pessoalmente atos de execução.

Ainda há a discussão sobre o concurso de crimes, já que, em regra, a investigação pelo crime de PARTICIPAÇÃO EM ORGANIZAÇÃO CRIMINOSA atrairia, por conexão, os demais crimes praticados (tráfico, homicídios, roubos, lavagem de dinheiro, dentre outros). Pela complexidade e autonomia do tema e por depender de análise de regras específicas do processo criminal, não trataremos do assunto neste livro.

De todo modo, por ser autônomo, a imputação do crime previsto no artigo 2º da Lei 12.850/2013 não depende da comprovação de outros crimes, bastando-se comprovar, como dito, que existe uma ORCRIM (facção) e que o agente investigado (denunciado) tem ou teve papel dentro dessa organização.

A complexidade dessa imputação dúplice acaba tendo consequências práticas. Como levantado alhures, a SENAPPEN calculou em pelo menos cem as entidades classificadas como FACÇÕES. Nós utilizamos critérios mais rigorosos para classificar uma entidade como facção. Relembramos: para ser uma facção a entidade tem que ter característica de ORCRIM. Ou seja, deve ser possível imputar ao investigado (membro da entidade) o crime previsto no artigo art 2º, da Lei nº 12.850/2013. E, para se imputar ao citado investigado tal crime deve-se, primeiro, provar que a entidade existe e tem constituição minimamente complexa, nos termos do artigo primeiro da citada Lei.

As secretarias de justiça e segurança, a SENAPPEN e a mídia e especialistas em segurança pública, tendem a chamar de facções todas as entidades que se autodenominam como tal. Porém, para fins jurídicos e até mesmo de repressão, deve-se evitar esse açodamento. Meras gangues, que são classificadas juridicamente como ASSOCIAÇÕES CRIMINOSAS (antigo crime de quadrilha) não têm os mesmos impactos sociais e criminológicos que facções, mas poderão vir a ter. Um dos problemas básicos desse reconhecimento indevido é uma decisão (que refutamos em capítulo próprio) de separar as facções por presídios, mantendo os faccionados em alas separadas. Eventualmente, uma associação criminosa (uma mera gangue) formada por sete ou oito membros presos, quando colocada junta em um pavilhão ou ala de presídio tende a se fortalecer, arregimentar novos membros e fazer alianças. *Vide* a origem do PCC, para entender melhor o quadro citado.

Em suma, a classificação jurídica das entidades é essencial, seja para fins de repressão jurídica, seja para fins de melhoria das técnicas de enfrentamento.

4.2 Tribunal do crime

a) ANÁLISE DA JUSTIÇA PARALELA

O discurso muitas vezes irrefletido do tal "senso comum", disseminado pela mídia, de que a punição não funciona no combate ao tráfico de drogas e ao crime de forma geral, é desmentido pelas próprias estruturas do crime organizado. Pode até parecer uma ironia, mas se aperceba como faz sentido.

É que essas facções criminosas possuem seus próprios códigos de conduta, com a previsão de espécies de tipos penais paralelos ao código penal formal, com previsão de pena para cada infração. Para a aplicação desta norma material, há também uma espécie de código de processo penal do crime, em que se delineia os atos investigativos, a oitiva de testemunhas, o direito de defesa do acusado, com a estipulação de prazos inclusive; o julgamento e, por fim, a execução dos seus veredictos. Há ainda facções que desenvolveram cartilhas, como o Sindicato do Crime do Rio Grande do Norte, por exemplo, onde existem verdadeiros princípios de "hermenêutica jurídica do crime" que devem ser levados em conta pelos juízes do tribunal do crime ao realizar os julgamentos. O fato é que tais normas, via de regra, são cumpridas à risca pelos integrantes desses grupos criminosos, certamente, porque nesses tribunais o princípio desencorajador que deve está contido no tipo penal do crime, de fato, desencoraja o descumprimento, isso porque, diferentemente da norma legal posta, a punição nesse mundo "jurídico" paralelo é certa. Nesse cenário, não existe duplo grau de jurisdição, prescrição delitiva, nem a defesa monocular dos direitos humanos, ou fraude processual, nulidades pré-plantadas, ou até mesmo um sistema lento e permeável a anulações. *A verdade é que o tribunal paralelo não se apega a migalhas processuais, ou seja, a forma não se projeta sobre o conteúdo, o que importa é o fato, não havendo possibilidade de se anular procedimento por alguma filigrana processual como no processo formal legal.* Essa certeza de um veredicto de conteúdo meritório certo, impermeável a malabarismos jurídicos, talvez seja o ponto crucial de desencorajamento para os criminosos.

Muito embora saiba-se que os próprios faccionados não simpatizam tanto com a expressão cunhada no meio jornalístico "Tribunal do Crime", pois segundo eles a ideia de tribunal está ligada ao sistema de Estado formal, supostamente opressor, contra o qual eles lutam. Na verdade, pode se denominar de outras maneiras, tais como sintonia restrita ou setor de disciplina, dentre outros, mas o que fazem na verdade, é sim um julgamento através de suas próprias leis, obviamente.

Inúmeros são os exemplos que se pode acessar em reportagens televisivas, na internet, ou mesmo *in loco*, vendo, por exemplo, pichações e placas em bairros e ruas das cidades, sobretudo, nas comunidades dominadas pelo tráfico, onde há comandos do tipo, "proibido roubar na comunidade", "proibido som alto", "proibido empinar motos", "proibido dar cavalo de pau", "proibido usar crack" etc. Uma vez descumprido o singelo conselho, a punição é certa e imediata, variando de uma "simples" surra à expulsão do bairro ou até mesmo um disparo de arma de fogo na mão daquele que rouba dentro da própria comunidade.

Desta feisa, percebe-se que a ideia da punição apenas não funciona para o mundo da legalidade formal, porque para os criminosos, dentro do seu próprio sistema de justiça, não há dúvidas que tenha grande efetividade, com irrisório percentual de descumprimento.

Não podemos defender a violência, a tortura ou meios ilegais e repugnantes de conteção do crime, mas, apesar dessa restrição ética, não nos omitimos em demonstrar que as entidades estudadas não tem tais limites. Estamos apenas demonstrando que a punição efetuada pelos tribunais do crime tem sim a capacidade de demover o criminoso da ideia delituosa, conteúdo esse que foi esvaziado da nossa norma penal, sobretudo, ante a uma infinidade de benesses legais que atenuam drasticamente a função dissuasória que deveria ter a pena. Portanto, não é a punição em si, materializada pela aplicação de uma retribuição negativa ao mal injusto que deixou de funcionar. Na verdade, por sua efetiva aplicação ser tão remota, o destemor da punição advém pela quase certeza de sua inaplicação e não da sua existência. Nos termos da literatura clássica, a PENA tem CARÁTER PEDAGÓGICO. Pelo menos dentro do sistema implementado e mantido pelos tribunais do crime.

O PCC, por exemplo, seguindo o critério da legalidade do código penal, descreve em seu estatuto o tipo penal dos crimes, assim como imputa no seu preceito secundário a sanção dos respectivos tipos. Vejamos alguns:

1. **Ato de talarico**: ocorre quando o agente tenta seduzir a companheira de outro homem e não é correspondido, usando meios de comunicação: mensagens, ligações ou gestos. Punição: exclusão sem retorno. A cobrança fica a critério do prejudicado e é analisada pela sintonia;
2. **Ato de "malabarismo"**: é caracterizado quando o agente usa da pressão psicológica ou da força física para subtrair algo de alguém. Punição: exclusão e cobrança dentro da disciplina do comando, a qual será analisada pela sintonia;
3. **Calúnia**: fica caracterizado quando o integrante levanta algo de alguém e não prova. Caso seja colocado para provar e não conseguir, será caracterizada a calúnia. Punição: exclusão, a cobrança por parte do prejudicado será analisado pela sintonia;
4. **Caguetagem**: fica caracterizado quando são exibidas provas concretas ou quando o envolvido é reconhecido.

A sintonia deve analisar todos os ângulos, porque se trata de uma situação muito delicada. Punição: exclusão; a cobrança será a critério do prejudicado;

5. **Traição**: a infração fica caracterizada quando um integrante da organização leva informações para outras facções criminosas, ou para a polícia ou quando sai da facção para integrar a outra. Ocorre também quando o integrante ficou responsável por assuntos sensíveis devido à confiança depositada pela organização e ele usa disso para prejudicar a família ou outras pessoas e quando causa a divisão da organização. Punição: exclusão e morte;
6. **Punição por afilhado**: a infração ocorre quando o afilhado é batizado no salve e for excluído por dívida particular – o padrinho fica um ano sem batizar. Se for dívida com o Comando, o padrinho será punido com 90 dias de afastamento.

Esses são apenas alguns exemplos de artigos do código penal do crime. Interessante notar que há alguns artigos que não são propriamente tipos penais do crime, mas que se assemelham mais às regras de procedimento, por exemplo, no que se refere à "cobrança" que está descrita em vários artigos.

Diz o código que a "cobrança disciplinar" é aplicada após análise da sintonia e dado o "ok" do resumo, sendo para a sua execução "necessário verificar se o acusado toma remédio controlado, se tem cirurgia no corpo, se tem parente no crime e se já foi cobrado alguma vez". Desse último enxerto verifica-se a preocupação em saber se o que será "disciplinado" tem condições de resistir a penalidade imposta, por isso a necessidade de se saber do seu estado de saúde, assim como a facção se preocupa em saber se o criminoso já foi "cobrado" alguma vez, ou seja, se é reincidente, assim como adotamos no código penal formal, onde a reiteração delitiva merece uma reprovação maior.

Mas não para por aí as semelhanças, vale gizar que essa "cobrança", dependendo do caso, é realizada após autorização da facção, pelo próprio prejudicado ou familiar. Exemplo: *o acusado matou uma pessoa dentro da comunidade por conta própria, sem qualquer relação com o interesse da facção, daí a família da vítima morta cobra o julgamento, após julgar e condenar, quem cumprirá a decisão, ou seja quem "cobrará" será o pai ou o irmão da vítima. Nesse caso em especial, vale a regra de talião "olho por olho, dente por dente".*

Quando a falta ataca diretamente os interesses da facção, como o tipo penal do crime de traição, quem realizará a "cobrança" será o setor de disciplina da facção, responsável por cumprir as ordens de punição do grupo, após julgamento.

Interessante notar, por derradeiro, que no final do código há uma espécie de "considerações finais", onde se diz "este dicionário é uma ferramenta de extrema importância nas conduções e na preparação de novos líderes. Deve-se analisar com muita prudência um item antes de aplicá-lo, pois o intuito é facilitar as conduções, deixando claro que pode haver alterações nas conduções para a aplicação de itens, conforme análise da sintonia. VIDA SE PAGA COM VIDA E SANGUE SE PAGA COM SANGUE".

Ironicamente, assim como acontece no sistema formal posto, existem aquelas pessoas que transitam facilmente pelos bastidores do poder, as regras para essas pouco valem, pois possuem "costas largas" e não sofrem punições, valendo aquele ditado popular "aos amigos, favores; aos inimigos, a lei". O fato é que no mundo do crime não é diferente, mas as reações são rápidas. Foi por essa razão, inclusive, que algumas facções de expressão regional romperam com facções nacionais, pois os criminosos regionais passaram a reclamar da falta de imparcialidade dos julgamentos praticados, visto que não se punia devidamente os criminosos batizados pela facção nacional, enquanto havia um rigor exacerbado contra os faccionados que estavam longe do centro de decisão, fato esse que fez com que houvesse o rompimento por si só entre a aliança entre as facções ou mesmo a dissidência de membros com a posterior fundação de outra facção.

O Comando Vermelho, por sua vez, no seu estatuto, faz uma gradação extensa das suas punições: "art. 9º. A punição para os que violarem as normas serão de acordo com a infração: a) advertência verbal para infração leve; b) afastamento por um ano e sem capacidade de opinar em nada que seja do interesse da facção, para infração leve; c) banido em definitivo para infração grave; d) e o decreto para as infrações super graves".

O "decreto", para o mundo do crime, é a ordem para matar, é a pena de morte. Quando se fala que fulano foi "decretado" quer dizer que esse teve uma sentença de morte expedida. Interessante também que essa mesma nomenclatura tanto é utilizada como punição por descumprimento das regras por algum faccionado que comete uma falta grave, quanto para aquelas pessoas que não são do mundo do crime, mas ao revés combatem o crime, como autoridades públicas, e são ameaçadas de morte, como aconteceu com uma psicóloga do sistema penitenciário federal que foi assassinada a mando do PCC, fato ocorrido em 2017 em Cascavel/PR.

Em entrevista que um dos autores deste livro colheu na penitenciária de Segurança Máxima do Piauí no final do ano de 2023,[91] em Altos, com um preso de codinome "Químico" ou "Mente Criminosa", ex-integrante do PCC, atualmente decretado pela facção por tê-la traído praticando ato de "mão na cumbuca", quer dizer, "infração que é caracterizada quando o integrante rouba algo da organização: dinheiro, drogas, armas etc. Trata-se de uma situação grave. Punição: exclusão

---

[91] Arquivo pessoal devidamente documentado.

e morte, que dependerá da situação e será analisada pela sintonia". *Esse* descreveu uma penalidade aplicada pelo PCC que é um tanto quanto peculiar.

Segundo o ex-faccionado que detém uma extensa ficha criminal por crimes que vão de homicídios, assalto a bancos e tráfico de drogas, tendo sido integrante da sintonia da disciplina, ou seja, a responsável para dar cumprimento aos "decretos" da facção, algumas infrações praticadas por faccionados, sobretudo, por aqueles que estão dentro do sistema prisional, como a indisciplina às normas do cárcere, são punidas ou cobradas pelo procedimento que ele denominou de "1533", sigla que corresponde às letras da facção no alfabeto. *A punição consiste em espancar o discípulo errante, uma coça (surra) de exatos 15 minutos e 33 segundos.* Caso o penitente caia no chão, o procedimento deve ser repetido até que resista à surra de pé por esse exato período de tempo.

O referido detento, no que tange ao tribunal do crime, trouxe dados novos interessantes da política de rearranjo do PCC: "Químico", como é conhecido no meio do crime, por duas razões: primeiro, porque de fato estudou bacharelado em química na UEMA – Universidade Estadual do Maranhão e, segundo, porque era responsável por "revirar" (revirar segundo ele significa tratar a cocaína para lhe conferir um maior grau de pureza) a cocaína que chegava no nordeste vinda do Peru, passando pelo Paraguai. "Químico" caiu na ganância, como o próprio asseverou, de desviar uma grande quantidade de drogas em proveito próprio, tendo em resumo o PCC mais tarde descoberto que ele mesmo era o autor da subtração. Assim, "Químico" foi decretado, tendo sido vítima de um ataque dentro de um presídio em Belém do Pará e sobreviveu a 23 golpes de faca. Sua esposa já não teve a mesma sorte e foi assassinada em Teresina, após sair de uma visita feita a "Químico" na época. Pelo assassinato da cônjuge o então faccionado resolveu "rasgar a camisa" e saiu da facção.

O criminoso disse que pela sua vivência no mundo crime, mais de 25 anos pelo menos, e por ter acesso a canais de envio de drogas desde a fronteira do Brasil e também de ter experiência em assaltos do tipo "novo cangaço", sabendo inclusive manipular artefatos explosivos, dentre outras proezas, tal como exímio matador de "decretados" a mando do PCC, relata que já recebeu diversos convites para integrar outras facções, mas ele diz não querer mais, continuará em carreira solo até um dia, quem sabe, sair do mundo do crime. O dado relevante é que, segundo pontuou, o PCC está perdendo espaço para outras facções menores, grupos locais inclusive, não tendo mais o controle que tinha antes sobre os criminosos. Assim, teria o PCC resolvido perdoar o ex-faccionado pela falta grave, convidando-o a se reintegrar ao grupo, segundo ele, isso por conta da sua expertise no mundo do crime organizado, convite que teria recusado, razão essa de ainda estar decretado. Recusa, vale registrar, segundo o ex-faccionado, feita por dois motivos: um porque a facção teria executado a sua esposa, e segundo, e o mais importante para este estudo, por desconfiar desse "perdão" oferecido pela facção.

Dessa feita, esse imbricado esquema de justiça paralela, embora algumas vezes possa trazer uma falsa sensação ou impressão de justiça à população dominada por esses grupos, já que ante a ausência do Estado esses grupos se encarregaram da segurança pública e da aplicação das leis, o que supostamente se traduziria em uma proteção à população trabalhadora. Na verdade, não há nada, digamos, para parafrasear um termo do direito, de "segurança jurídica" nisso, posto que sem sombra de dúvidas esses tribunais agem influenciados pelo apetecimento dos líderes do momento, sendo o conceito de "justiça" muito mais atrelado aos seus interesses particulares do que propriamente a qualquer princípio de imparcialidade.

A fim de regulamentar disputas e brigas entre integrantes da mesma facção criminosa, o Sindicato do Crime do RN, por exemplo, criou a "cartilha das quebradas do SDC", a qual descreve a atuação também do seu próprio "tribunal do crime", com regras de interpretação hermenêutica inclusive.

A ver "o direito de ser dono de uma quebrada ou biqueira é dado para o traficante mais antigo; é necessário saber a diferença entre quem é traficante e quem é assaltante, pois o direito é dado para aquele que atua no tráfico de drogas e tem fortalecido na quebrada".

No código de conduta, propriamente, reza "I. não aceitamos roubos na nossa quebrada. II. em caso de confusão ou algo similar, deve-se procurar o quadro da quebrada para o problema ser resolvido da melhor forma possível. III. não aceitamos som alto até tarde da noite em nossas quebradas, pois o sossego da população é primordial. IV. não aceitamos agressões físicas em desfavor de viciados. V. não aceitamos nenhum vínculo com policiais. VI. pedimos também para quem use drogas que o faça longe das crianças. VII. se alguém for fazer teste de uma arma de fogo, ele deverá ser feito a noite. VIII. não aceitamos que deixem carros roubados muito tempo em nossas quebradas. IX. nós temos que respeitar sempre a população das nossas quebradas".

A finalidade dessas regras é buscar a benevolência da população, como se fossem úteis e necessárias naquele contexto, daí pode-se enxergar uma das estratégias de praticamente todas as facções criminosas, ou seja, a aproximação inicial com a comunidade. Mas veja-se que muitas proibições têm como razão mesma de ser o singular interesse da facção e não a coletividade. Por exemplo, a proibição de roubos, som alto ou barulho à noite ou o abandono de carros roubados visa primordialmente evitar a presença de policiais nesses locais, o que acabaria prejudicando o comércio de entorpecentes. Nota-se que a proibição de agredir viciados não decorre do fato em si de se tratar de um ser humano e, portanto, detentor de direito à integridade física, mas o interesse subjacente é no cativar o seu cliente, ou seja, o consumidor que sustenta a "boca", a "biqueira" ou a "loja" com a compra de entorpecentes.

Concluímos, assim, por uma razão muito simples: quando é do interesse desses grupos, eles miram suas armas sem nenhum constrangimento para a população local, obrigando-os a guardar drogas e armas em suas casas, a emprestar suas residências como esconderijos de criminosos, ou mesmo até a requisitar "favores sexuais", como alguns chefes de morro fazem. A violência, por sua vez, quando necessária, é efetivada de forma covarde e aterrorizante, inclusive até contra crianças, como vem ocorrendo rotineiramente, quando esses "tribunais do crime" executam jovens menores de idade sem a menor parcimônia.

Nesse contexto, cumpre registrar que não obstante uma tônica hodierna de movimentos sociais e inovações legislativas no sentido de defender e preservar as mulheres pela sua condição em si, como a idealização das delegacias das mulheres, casas de acolhimento feminino e a própria lei Maria da Penha, no mundo do crime não há esse espaço ideológico. Nesse flanco é comum a execução também de vítimas do sexo feminino, como as execuções acontecidas e filmadas no estado do Acre a golpes de facão ou tiros entre os olhos, em que jovens garotas são assassinadas por descumprirem as normas do grupo. Punição mais branda comumente é vista quando, por atos de "ilicitude" contra as regras do crime, elas têm os cabelos cortados à faca, junto a surras de paus e cacetes, em casos de infidelidade a um componente da facção ou em caso de postagens "indevidas" nas redes sociais. O fato é que os criminosos não respeitam idade, sexo, classe social, condição de vulnerabilidade, absolutamente nada, a não ser seus próprios interesses.

Nessa tônica de execuções macabras e medievais, o "Químico" em seu relato fez uma análise interessante, ao dizer que esses grupos novos, com "meninos querendo se aparecer", ou seja, se autoafirmarem no submundo do crime, não está mais havendo qualquer critério na morte de pessoas, o que, segundo ele, com o PCC era algo organizado e que necessitava de permissão, uma verdadeira burocracia. Citou no depoimento colhido que: "Hoje eles saem matando adversários e rivais de outras facções no meio da rua de qualquer jeito e parece que quanto mais grosseira a forma de matar, mais respeito julgam adquirir".

Portanto, há, dentro dos sistemas das facções, um TRIBUNAL DO CRIME, com regras de natureza material e processual, estamento esse utilizado para manter o sistema em funcionamento.

b) COLABORAÇÃO PREMIADA EM SEDE DE FACÇÕES CRIMINOSAS

Em 2013, foi sancionada a lei de organização criminosa. A Lei nº 12.850 passou de forma detalhada a definir o que seria o tipo penal de organização criminosa, assim como a investigação e a persecução para delitos praticados nesse contexto de criminalidade. Nessa harmonia, também foi detalhado o instituto que seria tratado como técnica especial de investigação, isto é, a famosa "colaboração premiada", que se tornou tão popular nos tempos de operação Lava Jato entre os anos de 2014 a 2018.

A colaboração do criminoso sempre teve previsão no código penal brasileiro, como caso de atenuação de pena, ou mesmo em leis esparsas, como a lei de tóxicos (Lei nº 11.343/2006) em seu art. 41, sendo causa de diminuição de pena.[92] A inovação trazida pela LEI DE ORGANIZAÇÃO

[92] Art. 41. O indiciado ou acusado que colaborar voluntariamente com a investigação policial e o processo criminal na identificação dos demais co-autores ou partícipes do crime e na recuperação total ou parcial do produto do crime, no caso de condenação, terá pena reduzida de um terço a dois terços.

CRIMINOSA foi a forma, ou seja, o detalhamento de como deveria ser realizada essa "colaboração", assim como os papéis da defesa, do colaborador, do Ministério Público e do Poder Judiciário nesse mecanismo, matéria que não trataremos aqui por não ser o objeto deste estudo.

Vale pontuar que a colaboração premiada no aspecto das facções criminosas, como técnica especial de investigação, é pouco utilizada, visto que no submundo do crime vige a lei do silêncio, a *omertá* dos italianos, onde o código de silêncio dos apaniguados do crime uma vez quebrado é cobrado com a vida. Nesse aspecto observamos mais uma característica existente entre facções criminosas e máfias, ou seja, a predisposição para o exercício da violência. É através desse mecanismo que as ordens e os tratos são cumpridos. Se no fenômeno criminoso das organizações criminais de colarinho branco há uma grande utilidade de tal técnica investigativa, posto que dificilmente os atores desses crimes têm aptidão para o exercício da violência, portanto o integrante de uma ORCRIM se vê tentado a colaborar em busca de um benefício legal, no caso das facções criminosas, a lógica é diametralmente oposta.

Assim, pouca serventia tem tal técnica nesse contexto de criminalidade. Pensar que um faccionado "dedurará" ou "caguetará" um comparsa, ou, muitas vezes, até um inimigo do mundo do crime, é não conhecer a "justiça" rápida e certa dos "tribunais do crime".

Contudo, vale trazer o registro histórico e até mesmo irônico, já que, somente através da colaboração de um dos fundadores do PCC foi que a polícia passou a ter uma ideia real da articulação desses grupos criminosos. O principal fundador do PCC, "Geleião", após perceber uma traição orquestrada pela segunda geração do grupo, sob o comando de "Marcola", resolveu colaborar com Promotores de Justiça e policiais civis de São Paulo, conforme se verifica da entrevista realizada que consta no livro *Laços de Sangue – A História Secreta do PCC*.

Pode-se dizer que a colaboração de "Geleião" com relação à compreensão do que são as facções se equipara à colaboração do mafioso "Tomaso Buschetta" que delatou toda a máfia na Itália. Outros integrantes do PCC, por exemplo, Macarrão, também realizaram colaboração, explicando, por exemplo, na Operação Ethos, como funcionava a arregimentação e a contratação de advogados para a "sintonia dos gravatas". Contudo, como já dito, são muito raros esses casos e, na maioria esmagadora das vezes, não são fruto de um arrependimento do criminoso, mas sobretudo um ato de busca de ajuda quando acaba sendo "decretado" pela própria facção a que pertence e, colabora, com o fito principal de obter a proteção do Estado.

Talvez estejamos vendo no momento um outro fenômeno até mais preocupante que as clássicas formações faccionais, ou seja, o surgimento de grupos e gangues que agem nos moldes, no que diz respeito à violência, semelhante às facções, mas que ao contrário dessas, não há respeito a uma ordem hierárquica, onde cada um, muitas vezes, ou um pequeno grupo, decide o que vai fazer e faz. Implica em afirmarmos que, quando há CÉLULAS ISOLADAS dentro de facções, que agem por vontade própria e sem obedecerem às normativas do grupo, tais células tendem a ser mais violentas e trazerem resultados inesperados. *Vide*, a título de exemplo, o assassinato de médicos que se encontravam de férias no Rio de janeiro,[93] em que um deles teria sido confundido com um miliciano inimigo da facção. A decisão do ataque e a execução não passou pelo organograma do grupo. Como consequência, posteriormente os faccionados que executaram o crime foram DECRETADOS e mortos pela própria facção.

---

[93] MONTEIRO, Rodrigo. Médicos mortos por engano no Rio: polícia prende miliciano que era alvo de traficantes. *CNN Brasil*, 31 out. 2023. Disponível em: https://www.cnnbrasil.com.br/nacional/medicos-mortos-por-engano-no-rio-policia-prende-miliciano-que-era-alvo-de-traficantes/. Acesso em: 14 abr. 2024.

4.3 Análise jurídica dos salves e teoria do domínio do fato

a) CONCEITO DA ORDEM DE COMUNICAÇÃO CONHECIDA COMO "SALVES"

É da natureza das entidades organizadas, sejam estatais ou privadas, possuir um sistema de deliberações internas e de comunicação de suas decisões. O organograma das entidades traz de forma clara como as ordens são originadas e distribuídas entre o pessoal interno e externo. Portarias, avisos, notas técnicas, dentre outras modalidades de comunicação, são utilizados.

As organizações criminosas em estudo (facções) também têm suas modalidades de comunicação, que decorrem de sua estrutura interna.

As formas mais comuns de repassarem as deliberações dos seus estamentos (gerais, sintonias, torres etc.) são os COMUNICADOS e SALVES. Normalmente, os COMUNICADOS são ordens gerais, deliberações a serem conhecidas por todos ou apenas por alguns setores (internos ou externos). Já os SALVES, normalmente são ordens mais diretas. Tradicionalmente, o SALVE decorre da deliberação do SETOR DE DISCIPLINA da facção, conhecido como TRIBUNAL DO CRIME. Seria uma espécie de SENTENÇA ou ACÓRDÃO, já que, em regra, é deliberada coletivamente.

Os "salves", originalmente, eram mensagens da cúpula do PCC, que circulavam especialmente pelo WhatsApp ou bilhetes trocados entre membros, sendo o principal meio de comunicação interna da facção. Muitas vezes, com erros gramaticais e de ortografia, e*vide*nciam o contraste da baixa educação formal dos presos com a elevada capacidade de articulação política e gestão administrativa.

Após a expansão do PCC pelo país, a modalidade de comunicação citada também se expandiu. Quando novas facções começaram a surgir, acabaram adotando o modelo organizacional da facção paulista, incluindo essa modalidade de comunicação.

Assim, mesmo fora do PCC, os "salves" são a forma mais efetiva de comunicação. Normalmente, são deliberadas por setores coletivos da facção, especialmente pelas SINTONIAS GERAIS ou TRIBUNAIS DO CRIME (sintonia da disciplina), mas não há nada que impeça que sejam expedidos por um único membro, desde que tenha possibilidade de mando. Aqui fica claro uma questão *evide*nte dos "salves": elas são ORDENS, substancialmente. São destinadas ao público interno (faccionados) e externo (inimigos ou terceiros, envolvidos ou não com o crime). Por serem ordens, há necessidade de sua análise dentro da questão organizacional das ORCRIMs e dentro do conceito de CONCURSO DE CRIMES, já que, em regra, os "salves" são ordens para que determinados membros pratiquem atos ilícitos.

Assim, temos que analisar essas modalidades de comunicação dentro da classificação do crime, especialmente quanto aos aspectos do nexo de causalidade e das regras de concurso de pessoas, além de analisar o cabimento da TEORIA DO DOMÍNIO DO FATO na imputação de crimes às ORCRIMs (facções).

b) TEORIA DO DOMÍNIO DO FATO: CONCEITO E ANÁLISE JURÍDICA

Segundo Luis Greco,[94] a origem da teoria decorre da monografia "Autoria e domínio do fato", de Claus Roxin,

[94] GRECO, Luís *et. al. Autoria como domínio do fato*: estudos introdutórios sobre o concurso de pessoas no direito penal brasileiro. 1. ed. São Paulo: Marcial Pons, 2014.

que inaugurou novas concepções na busca por uma melhor definição do conceito de autor. A teoria do domínio do fato ganhou contornos dogmáticos voltados ao efetivo dimensionamento do fenômeno de autoria de Hans Welzel, considerando que as referências até então registradas eram objeto de considerações esparsas sem a conotação científica posta atualmente. Entretanto, mesmo voltada para distinguir autoria de participação, a obra de Welzel tinha escopo bem mais restrito do que a de Roxin. Essencialmente, a ideia de 'domínio final do fato' proclamava a ideia de 'compleição do todo', que estaria associada à figura do autor, e a 'restrição do domínio sobre si' para designar o partícipe.

Ainda de acordo com Luis Greco, a concepção de Roxin também buscava distinguir autoria e participação; todavia, propunha métodos que vão além das proposições de Welzel. Não há uma redução ao mote de definir quem teria, em tese, a consciência do todo ou não para o fim de predicar o agir pela autoria ou participação.

O domínio do fato decorre do PODER DO AUTOR em determinar o ACONTECIMENTO TÍPICO.

A partir dessa concepção ideal que estabelece uma centralidade pressuposta inerente à figura do autor, a tese desce aos degraus das categorias dogmáticas da dimensão da autoria. Há, primeiramente, um valor a ser compreendido (o autor como centro do acontecer típico) e, a partir daí, as regras a serem aplicadas à luz desse primado.

Além de pensar o domínio funcional sobre a própria conduta (autoria direta) ou sobre o fato em si – quando agentes organizam e segmentam tarefas para executar de forma fracionada a conduta típica (coautoria) – a obra de Roxin, ainda segundo Luis Greco, constrói um novo modelo de nexo entre conduta e resultado baseado no domínio sobre a vontade de terceiros, sem desconsiderar que esse terceiro pode ser alguém consciente do resultado que pretende alcançar de forma associativa (autoria mediata). Essa última categoria, referente ao domínio sobre terceiros, pode ocorrer sob três formas: pela (i) coação exercida sobre o 'homem da frente'; (ii) indução do 'homem da frente' em erro; (iii) domínio por meio de aparato de poder.

A aplicação mais controversa refere-se ao DOMÍNIO DA VONTADE por meio de aparatos institucionais, ou dentro de uma organização (lícita ou ilícita).

Há, segundo Roxin, quatro pressupostos fundamentais para se inferir esse DOMÍNIO DA VONTADE: (i) o poder de mando dentro da organização; (ii) a desvinculação do direito pelo aparato de poder; (iii) a fungibilidade do executor direto e, por fim, um pressuposto acrescentado posteriormente, que é (iv) a disposição essencialmente elevada dos executores diretos ao cometimento do fato.

Vamos exemplificar, trazendo tais requisitos para o TRIBUNAL DO CRIME das facções. Imagine-se que haja um julgamento dentro dessa sintonia (estamento da facção). O conselho da DISCIPLINA tem poder real de decidir, já que receberam tal poder do comando geral da entidade (sintonias finais). Já estará preenchido o item i, citado acima (poder de mando dentro da organização). A entidade tem regras próprias, agindo fora do direito posto, e, assim, já estará preenchido o item ii acima (desvinculação do direito pelo aparato do poder). No julgamento, um determinado cidadão é DECRETADO, ou seja, recebe a pena de morte. A ordem (decreto, através de um SALVE) é repassada a todos os membros do setor de disciplina. Substancialmente, não importa quem vai executar a ordem (decreto), sendo mais importante o resultado em si. Tal fato preenche o terceiro item (fungibilidade do executor direto). O outro item, relacionado à disposição dos executores diretos em cumprir a ordem, é decorrente da estrutura das facções, que incentiva a atuação autônoma do faccionado, desde que siga deliberações da entidade.

No caso, preenchendo-se os pressupostos acima, permite-se a punição, como AUTOR MEDIATO, do chamado AUTOR DE ESCRITÓRIO.

O principal ponto controvertido ou a ser observado é a questão do DOLO. Segundo a vertente mais adotada no Brasil, não se pode mitigar a necessidade das duas facetas do dolo (consciência e vontade) em face do autor intelectual da infração penal. O conhecimento da infração penal, sem a respectiva vontade, não é suficiente para induzir à conclusão de que tal pessoa concorreu para o crime, uma vez que a teoria do domínio não deveria se confundir com a omissão imprópria (crimes comissivos por omissão).

Em suma, ninguém pode ser autor por meramente ocupar uma posição, mas por agir em função de um fato típico. Por essa vertente predominante, a posição de comando associada ao domínio do fato não se digna a legitimar um *animus* hipotético decorrente, tão somente, da mera suposição de que o cume de uma organização impinge ao seu ocupante um pertencimento inerente a todo e qualquer produto de crimes oriundos da atividade da organização.

A posição prevalente na jurisprudência brasileira, no sentido de que NÃO SE PODE PRESUMIR a conduta dolosa apenas por o agente ocupar posição de DOMÍNIO DO FATO dentro da estrutura organizacional, decorre da reação ao julgamento da AP 470 (MENSALÃO), em que houve a aplicação e posterior revisão da teoria do domínio do fato.

O STJ, em julgamento recente, relatado pelo Ministro Rogério Schietti (STJ, REsp nº 1.854.893, Rel. Min. Rogerio Schietti Cruz, 6ª Turma, j. 08.09.2020), entendeu ser equivocado afirmar que o indivíduo é autor do crime porque detém o domínio do fato se, no plano fático, não há nenhuma circunstância que estabeleça o nexo entre sua conduta e o resultado lesivo. Não haveria, portanto, como considerar, com base na teoria do domínio do fato, que a posição de gestor, diretor ou sócio administrador de uma empresa implique uma presunção de que houve a participação no delito, se não houver, no plano ôntico, alguma circunstância que o vincule à prática delitiva.

Há uma confusão na aplicação da teoria, confundindo-se DOMÍNIO DA ORGANIZAÇÃO com DOMÍNIO DO FATO. Essa já era a preocupação de Roxin. O chamado domínio da organização não se confunde com o domínio do fato, sendo antes uma entre várias outras concretizações da ideia reitora de que autor do delito é a figura central do acontecer típico. Dominar a organização é uma forma de aparição de domínio mediato do fato ao lado do domínio por erro ou por coação, e essas por sua vez têm a seu lado o domínio da ação, característico do autor imediato, e o domínio funcional do fato, característico da coautoria.

Isso quer dizer que nem todos aqueles que integram o aparato organizado de poder são, sempre, autores. Há a possibilidade de cumplicidade no interior desses aparatos, por exemplo, quando o sujeito pratica fatos que não influenciam o direcionamento concreto do aparato, como aquele que, sem poder decisório qualquer, auxilia tecnicamente na elaboração de um plano de aniquilação de um grupo de pessoas (cúmplice), assim como aquele que, de fora do aparato, denuncia um determinado grupo e causa na cúpula uma ideia de aniquilação, sem possuir qualquer influência no decorrer dos acontecimentos (instigador).

Luis Greco conclui que a ideia de domínio do fato aplica-se apenas a delitos de domínio, que são, em sua totalidade, delitos dolosos. Dolo é, segundo a definição clássica, conhecimento e vontade de realizar o tipo objetivo, querer o resultado ou assumir o risco de produzi-lo, no dizer do art. 18, I, CP. Isso significa que se o agente não agiu, pelo menos, assumindo o risco da realização do tipo, isto é, com dolo eventual, sequer se poderá falar em domínio do fato.

Uma responsabilidade fundada na mera posição de comando, que dispensa qualquer dolo, existe apenas no direito penal internacional, na chamada *command responsibility* (art. 28, Estatuto do Tribunal Penal Internacional).

c) APLICAÇÃO DA TEORIA DO DOMÍNIO DO FATO EM RELAÇÃO ÀS ORGANIZAÇÕES EM ESTUDO (FACÇÕES)

Após descrever a forma como as facções comunicam suas ordens ("salves") e esclarecer o que é a teoria do domínio do fato, devemos analisar o impacto desses institutos na repressão aos crimes praticados por ORCRIMs violentas (facções e análogas).

Faremos, em nome da didática, considerações através de primados.

1) quando um agente mediato (sintonia com poder de comando) dá ordem direta ("salve") para um agente imediato (sintonia da disciplina) praticar um crime certo (executar determinada pessoa), e há provas *evidentes* dessa ordem (apreensão de cópia do "salve", interceptação, provas testemunhais etc.), estamos falando em DOLO DIRETO, e CONCURSO DE PESSOAS, devendo autor mediato e imediato responder pelos crimes praticados na condição de coautores;
2) quando um agente com poder de comando de uma ORCRIM (sintonia) dá ordens gerais, mas com objeto indeterminado (por exemplo, o "salve" para queimar ônibus ou atacar policiais e demais autoridades), estará agindo com DOLO EVENTUAL, já que, com a sua ação (emissão do "salve") ASSUMIU o risco do RESULTADO, devendo responder como agente mediato (quem expediu a ordem) em coautoria com o agente imediato (agente que executou os crimes);

3) quando um agente com poder de comando de uma ORCRIM (sintonia) dá uma ordem (expede um "salve") que não chega a ser executada por circunstâncias alheias à sua vontade (ordem interceptada, recusa do autor imediato, por exemplo), não poderá responder pelo crime pretendido, já que a ordem de "SALVE" é ato MERAMENTE PREPARATÓRIO. Frise-se que essa ordem poderá servir para imputação de crime de PARTICIPAÇÃO EM ORGANIZAÇÃO CRIMINOSA, mas não tem condão de imputação ao crime fim, já que esse sequer chegou a ser iniciado. Aqui, já apontamos a falha legislativa, quando falamos em ORCRIMs violentas, especialmente facções criminosas. Precisamos de um NOVO TIPO PENAL que CRIMINIZALIZE OS "SALVES", seguindo as linhas de punição de crimes meramente preparatórios, como é o caso do CRIME DE ASSOCIAÇÃO CRIMINOSA e TERRORISMO;
4) quando um crime (homicídio, ataque a prédios e serviços públicos, v.g.) é praticado por agente que atua em nome de uma ORCRIM (facção), temos algumas situações fáticas e processuais: a) a ordem ("salve") foi apreendida e está assinada por determinado agente (ou agentes) ou é possível imputar o conhecimento dessa ordem a pessoas certas, termos que aplicar os conceitos já delimitados nos itens 1 a 3 acima (coautoria com dolo direto ou eventual, ou fato atípico, caso não tenha sido iniciado atos de execução); b) a ordem ("salve") foi apreendida, mas está em nome de setores da ORCRIM (sintonias) sem identificação de pessoa física que a assinou. Nesse caso, é PLENAMENTE CABÍVEL A APLICAÇÃO DA TEORIA DO DOMÍNIO DO FATO, devendo ser comprovado que determinado agente faz parte do setor de onde a ordem foi emanada e que tem poder de IMPEDIR

O RESULTADO ou de determiná-lo. Nesse caso, a restrição citada no capítulo anterior, no sentido de que o MERO DOMÍNIO DA ORGANIZAÇÃO não é DOMÍNIO DO FATO, não se aplica. Primeiro, estamos falando do domínio de organização em si criminosa (e apenada como tal), não podendo o agente alegar que está agindo licitamente, quando já tem o dolo de participar de ORCRIM. Segundo, pela posição que ocupa dentro da organização, funciona como uma barreira ou um motor, sem o qual determinada ordem criminosa ("salve") não seria emanada ou executada.

d) DISCUSSÃO ACERCA DA CRIMINALIZAÇÃO DOS "SALVES"

Os "salves", consoante já pontuado nesta obra, funcionam como um meio de comunicação e, ao mesmo tempo, de chamamento para que os vinculados à facção criminosa não somente tomem conhecimento do comunicado, mas também e, especialmente, cumpram alguma determinação. Atualmente, a conduta de confeccionar, redigir, transmitir, entregar, facilitar a entrega, repassar, publicar, disseminar nas redes sociais ou em aplicativos de mensagens, ou similares, absolutamente, nenhuma delas é incriminadas pela legislação pátria, não obstante a gravidade em abstrato que tão somente a existência desses "salves" gera.

O Ministro Nelson Hungria[95] já tecia comentários desse contexto há quase um século quando expressava: "A delinquência associada ou de grupo fez-se, na atualidade, um alarmante fenômeno de hostilidade contra a ordem jurídico-social. Certos indivíduos que, por circunstâncias múltiplas,

95 HUNGRIA, Nelson. *Comentários ao Código Penal*. 2. ed. Rio de Janeiro: Companhia Editora Forense, 1959. v. IX.

notadamente por influência de um ambiente criminógeno, a agravar-lhes a inconformação com a própria incapacidade de êxito pelos meios honestos, coligam-se como militantes inimigos da sociedade, formando entre si estáveis associações para o crime e entregando-se, pelo encorajamento e auxílio recíprocos, a todas as audácias e a todos os riscos".

O que acaba acontecendo é que, via de regra, as pessoas envolvidas com o "salve" integram uma facção criminosa, fato que por si só já configura o tipo do 1º, da Lei nº 12.850/2013, ao que acabam sendo punidas por integrar Orcrim e não pelo fato de ter alguma participação no "salve". Entretanto, muitas vezes, é extremamente tortuosa a tarefa de enquadrar o agente como integrante de Orcrim, visto que se faz necessário que se delineie razoavelmente a participação e as tarefas daquela pessoa na Orcrim.

Assim, a possibilidade de um novo tipo a ser inserido na lei de Organização Criminosa figura como algo importante para efetiva repressão a essa conduta que, muitas vezes, pode ser praticada por quem não faz parte de facção criminosa, como advogados, carcereiros, e outras pessoas que praticariam tais condutas com o fim de receber alguma vantagem. De outra banda, tal tipo serviria como uma espécie de "soldado de reserva", já que uma vez comprovado que o agente pertence a uma Orcrim, a prática do "salve" estaria absorvida pelo delito de integrar Orcrim, já em caso contrário, não se conseguindo comprovar a participação em uma Orcrim, restaria o crime remanescente de praticar "salve".

E*vide*ntemente, assim como no crime de associação criminosa, antigo crime de "quadrilha ou bando", que ataca objeto jurídico específico (a incolumidade e a paz pública), diferente dos crimes em si que eventualmente a caterva venha a praticar, o tipo penal de "salve" também seria considerado autônomo nesse quadrante, de tal maneira que a prática de homicídios, danos, incêndios, lesões corporais, entre outros que comumente acontecem nos episódios de "salves" seriam punidos de forma independente e autônoma ao tipo de "salve", ou seja, por atacar objetos jurídicos diversos haveria um verdadeiro concurso de crimes. Nas lições dos mestres penalistas Delmanto, utilizando-se do crime de quadrilha ou bando que, pelas mesmas características, se aplicariam ao futuro tipo de "salve": "o crime de quadrilha é sempre independente dos crimes que pelo bando vierem a ser praticados, o membro da quadrilha será co-autor do crime para o qual concorrer e este delito poderá ser isolado do conjunto dos demais crimes praticados pelo bando".[96]

Acreditamos que com tal modificação legislativa, os atores do aparato de persecução criminal teriam mais condições de prevenir e reprimir com mais eficiência e eficácia as ações denominadas "salves" que muitas vezes, apesar de presos e identificados, os componentes dessa ardilosa empreitada acaba sub responsabilizados, como acontece quando, no máximo, respondem pelos danos causados ao patrimônio público e particular nesses casos.

[96] DELMANTO, Celso. *Código Penal Anotado*. 6. ed. Rio de Janeiro: Editora Renovar, 2002.

CAPÍTULO 5

LINHAS DE AÇÃO DE ENFRENTAMENTO DO FENÔMENO DAS FACÇÕES CRIMINOSAS

As facções criminosas são um fenômeno que pressupõe o uso de estratégias de enfrentamento que não se resumem apenas à questão de política criminal. O problema exige uma atuação conjunta do Estado e da sociedade, com políticas bem definidas e estratégias claras, com metas realizáveis. Pode-se estabelecer alguns parâmetros ou linhas de ação no enfrentamento de facções criminosas, citados abaixo:

a) RECONHECIMENTO DE QUE AS FACÇÕES SÃO UM PROBLEMA NACIONAL

O sistema criminal brasileiro é arcaico, e ainda está engessado nos parâmetros da década de 80, com a edição do artigo 144 da Constituição da República de 1988. Tal artigo é complementado por dispositivos dispersos, que incluem o Código de Processo Penal, Constituições e Leis Estaduais e Leis de Organização Judiciária, dentre outros. A competência na área de segurança pública, basicamente, ficou a cargo dos estados. Essa decisão do Poder Constituinte tinha sentido em 1988, mas não no presente. Em 1988, não existiam facções criminosas atacando o Estado e a nação brasileira, colocando em risco a própria seguridade nacional. O Comando Vermelho à época era uma entidade em expansão, mas ainda incapaz de impor domínio coletivo.

Em pouco mais de 30 anos de vigor da CF de 1988, as facções criminosas se expadiram e viraram verdadeiras máfias. Não se trata mais de problema local, quando a mera atuação padrão do trinômio POLÍCIA OSTENSIVA, POLÍCIA JUDICIÁRIA e PODER JUDICIÁRIO eram suficientes para manter sob controle. O crime organizado não tem limitações geográficas, ao contrário do Estado. Há uma expansão das facções em máfias internacionais, controlando a produção e distribuição de drogas e posterior embranquecimento dos capitais adquiridos. Imaginar que esse é um problema local, e que cabe aos Estados-Membros garantir a segurança pública é se prender ao passado e se omitir ante a um problema global.

Os Estados-Membros não possuem condições de garantir a segurança pública quando se refere ao problema das facções criminosas por pelo menos dois motivos: não terem condições de atuar dentro de outros estados (executar operações de investigação e repressão) e não poderem atuar em outros países, principalmente na parte de repressão ao tráfico internacional de drogas e armas, e em troca de informações com entidades financeiras supranacionais, visando reprimir a lavagem de dinheiro. *Vide*, em complemento, o afirmado acima, acerca do uso de EXCHANGES e BITCOINS para comércio internacional de drogas e lavagem de dinheiro com uso de criptomoedas, que está fora da linha de atuação dos Estados Federados.

O mero fato de haver atribuições da Polícia Federal em atuar quando se trata de TRÁFICO INTERESTADUAL e INTERNACIONAL, não resolve o problema. As facções funcionam como um SUPER ÍMÃ, que atraem praticamente todos os crimes dentro de sua área de controle. Pequenos usuários de drogas, que alimentam o tráfico, costumam praticar furtos e roubos para conseguir dinheiro para sustentar o vício, assaltantes de bancos (novo cangaço) costumam ser financiados por facções (recebem armas, logística e treinamento), contraventores de jogos de azar geralmente lavam dinheiro de facções (e milícias, obviamente), homicídios têm relação com disputas por áreas de controle onde funcionam bocas de fumo etc. Os Estados-Membros mantêm a investigação desses crimes de forma separada, sendo que o problema é global. Por mais importante que seja a prisão de um pequeno arrombador (furto qualificado) dentro de uma comunidade, a ação é inócua se não se vai além, chegando-se a reprimir o traficante que recebe os produtos furtados em pagamento pela droga fornecida. Por mais importante que seja prender o traficante local (pelo dano direto que esse promove na comunidade), perde-se a oportunidade de provocar a queda do sistema de distribuição caso não se vá além, atacando tanto o distribuidor regional quanto o nacional e o internacional. O ataque local ao ciclo do crime (usuário de droga, que pratica furtos e alimenta o tráfico localizado) é vital no sentido de enfrentar as mazelas causadas pelas facções especialmente às famílias impactadas pelo vício de um membro, mas não se deve resumir a tanto. Todo trabalho de investigação localizado deve ser incorporado a um trabalho de investigação mais amplo, com o fim de atingir os estamentos mais altos da ORCRIM.

Assim, o primeiro ponto é reconhecer que as facções criminosas são um fenômeno de expansão nacional, exigindo que a União, entendida como a representação dos três poderes e das quatro entidades federativas, atue de forma coordenada, atuando tanto na seara legislativa, via PECs e Leis de regência, quanto em projetos nacionais devidamente acordados entre os entes federativos.

b) FEDERALIZAÇÃO DE CRIMES QUANDO ENVOLVEM FACÇÕES CRIMINOSAS

A maior parte dos crimes praticados pelas facções criminosas são processados e julgados pela Justiça Comum Estadual, incluindo os crimes de TRAFICÍDIO (neologismo). Normalmente, a atuação da Polícia Federal se dá quando há investigação de tráfico interestadual e internacional, quando essa entidade especializada atua tanto na persecução dos crimes de mercância quanto nos crimes decorrentes, como a LAVAGEM DE DINHEIRO.

Entretanto, tal forma de atuação da Polícia Federal e, consequentemente, da Justiça Federal não são suficientes para repressão global de crimes, especialmente quando há envolvimento de braços de facções que atuam ao mesmo tempo em vários Estados-Membros.

Uma solução, em tese, seria a FEDERALIZAÇÃO DOS CRIMES praticados por facções criminosas, quando haja a inviabilidade da atuação unicamente por parte do Estado-Membro, especialmente quando há indicativos de corrupção policial (*vide* milícias v.g.), ação de políticos cooptados pelas ORCRIMs e incapacidade técnica e operacional.

A federação de crimes já existe e tem por finalidade assegurar uma proteção efetiva aos direitos humanos e o cumprimento das obrigações assumidas pelo Brasil em tratados internacionais. O incidente, que poderá ser suscitado pelo Procurador-Geral da República, perante o Superior Tribunal de Justiça, em qualquer fase do inquérito ou do processo, é medida de caráter excepcional e só poderá ser admitida em casos de extrema gravidade, quando houver a demonstração concreta do risco de não cumprimento de obrigações decorrentes de tratados internacionais dos quais o Brasil seja parte. Esse incidente está previsto no art. 109, V-A e 5º, CRFB/88.

Já foi aplicado no caso DOROTHY STANG (STJ – IDC 1/PA).

Teoricamente, não haveria empecilho na federalização de investigações de crimes praticados por ORCRIMs que tomam territórios do Estado e impedem o exercício básico dos direitos fundamentais, como a vida, a segurança, a propriedade e o direito de ir e vir, citando-se o caso de ocupações paramilitares exercidas por facções e milícias nas Favelas do Rio de Janeiro e em diversas zonas urbanas Brasil adentro. Mas o ideal seria haver a modificação da própria CF, acrescentando essa possibilidade, de federalização de investigações e repressões a crimes praticados por milícias e facções quando o Estado-Membro é incapaz de resolver o problema (regra geral, frise-se).

Essa linha de ação deve ser fundamentada, naturalmente, usando critérios objetivos para que não implique em restrição da autonomia do próprio ente federativo, garantia constitucional. Uma das soluções intermediárias ou até mesmo prévias a essa FEDERALIZAÇÃO é a criação de FORÇAS-TAREFAS, representadas por policiais estaduais (militares, civis e penais) e federais, no sentido de fazer um trabalho coordenado e mais eficiente, evitando o retrabalho. A ação conjunta implica em troca de informações e elementos de provas indiciárias e em proteção aos próprios agentes envolvidos na ação.

Em favor dessa linha de ação, citamos a conclusão das investigações relacionadas ao ASSASSINATO da VEREADORA DO RIO DE JANEIRO MARIELE FRANCO. O crime foi desvendado, com indiciamento de EXECUTORES ligados ao ESCRITÓRIO DO CRIME (sindicato de assassinos profissionais) e dos MANDANTES (agentes públicos notórios), além de ser descoberto que havia agentes públicos (delegados) operando para impedir as investigações. Restou claro que, sem a atuação da Polícia Federal, tal crime não seria desvendado. Por isso, a necessidade de se expandir tal *modus operandi* em outras situações.

c) CRIAÇÃO DE UMA FORÇA NACIONAL DE ENFRENTAMENTO A FACÇÕES CRIMINOSAS E POSSÍVEL ADOÇÃO DO MODELO DE AGÊNCIA UTILIZADA PELOS ESTADOS UNIDOS

Os tópicos acima podem ser complementados pela presente linha de ação. Quando se fala em COMBATER O CRIME, o legislador, os gestores e o cidadão médio tem a visão imediata de SOLDADOS FORTEMENTE ARMADOS invadindo favelas ou casa-matas prendendo ou neutralizando criminosos (uso progressivo de força letal). A fantasia coletiva esquece dois pontos básicos: primeiro, o uso de força, mesmo que letal, tira apenas bandidos da escala mais baixa de ação das facções das ruas, e esses são substituíveis a qualquer tempo. Segundo, não é capaz de atingir o patrimônio auferido com o crime e devidamente transformado em patrimônio lícito (lavado). As Forças Armadas e Força Nacional de Segurança tem sim o papel de elemento repressor ao crime, especialmente se utilizados com inteligência e em locais corretos. Além disso, qualquer atuação dessas forças especiais de segurança, quando acionados o chamado GLO[97] (Garantia da Lei e Ordem) deve estar dentro de um plano maior de segurança. Por exemplo, caso acionado o Exército para ocupar temporariamente um complexo de favelas, o comando deve estar em sintonia com outra parte das forças armadas relacionadas ao controle de fronteiras, buscando controlar a entrada de armamento nos morros, que vem, predominantemente, do exterior.

[97] O emprego das Forças Armadas em ações de GLO está amparado pela Constituição Federal, em seu Art. 142 e pelas Leis Complementares nº 97/99, nº 117/04 e nº 36/10 e, ainda, pelo Decreto nº 3897/99. De acordo com essa legislação, o emprego das Forças Armadas em ações próprias de GLO pode ocorrer em diversas situações. Como exemplo, pode-se citar o Capitulado na LC nº 97/99, Art.15 §2º: "A atuação das Forças Armadas, na garantia da lei e da ordem, por iniciativa de quaisquer dos poderes constitucionais, ocorrerá de acordo com as diretrizes baixadas em ato do Presidente da República, após esgotados os instrumentos destinados à preservação da ordem pública e da incolumidade das pessoas e do patrimônio, relacionados no art. 144 da Constituição Federal".

O ideal é a criação de uma FORÇA NACIONAL DE ENFRENTAMENTO ÀS FACÇÕES, que atuaria não só na repressão armada, mas também na investigação e repressão judicial, em apoio à Polícia Federal e às demais forças de segurança, sejam federais ou estaduais. O modelo indicado é de UMA AGÊNCIA, como é o caso da DEA (Drug Enforcement Administration), que em seu país di*vide* atribuições com o FBI (Federal Bureau Investigation), sendo mais especializada e com capacidade de atuar fora do país (em parcerias, como a realizada com a PRF no Brasil).[98]

Para entender como funciona o sistema americano, valemo-nos da lição de Ubiratan Antunes Sanderson,[99] que resume o sistema da seguinte forma:

> A tradição política norte-americana manda competir aos estados a prestação da maioria das atividades de policiamento. Os estados, por sua vez, transferem às comunidades locais boa parte do poder de fiscalização, o qual, em última análise, termina por ser exercido pelas polícias locais. Com o aumento da incidência de crimes tipificados em legislação federal, bem como o advento da comunicação instantânea, o governo norte-americano, através de seus 75 mil profissionais empregados nas diferentes agências policiais federais, passou a exercer maior influência operacional.

Segundo o autor citado, a influência do governo federal se dá através das agências policiais federais, com a seguinte divisão: a) Departamento de Justiça: FBI Federal Bureau of Investigation – (Agência Federal de Investigação ou Polícia Federal propriamente dita); DEA Drug Enforcement

---

98 Agência antidrogas dos EUA e PRF firmam parceria para combate ao tráfico. *Agência CNT Transporte Atual*, 29 fev. 2016. Disponível em: https://cnt.org.br/agencia-cnt/prf-e-dea-firmam-termo-de-cooperacao-para-combate-ao-trafico-cnt. Acesso em: 23 out. 2022.

99 SANDERSON, Ubiratan Antunes. Modelo federativo dos EUA é refletido na segurança pública. *Consultor Jurídico*, 30 maio 2016. Disponível em: https://www.conjur.com.br/2016-mai-30/sanderson-modelo-federativo-eua-refletido-seguranca-publica. Acesso em: 23 out. 2022.

Administration – (Departamento Anti Drogas Norte Americano); USM U.S. Marshalls – (Transporte de presos e captura de procurados); INS Immigration and Naturalization Service – (Fiscalização das Fronteiras e Serviço de Imigração e Naturalização Norte Americano); b) Departamento do Tesouro: ATF Bureau of Alcohol, Tobacco, and Fire Arms (Agência de Controle de Álcool, Tabaco e Armas de Fogo); IRS Internal Revenue Service (Serviço de Rendas Internas); USCS U.S. Customs Service (Serviço Aduaneiro Norte-Americano); USSS U.S. Secret Service (Serviço Secreto Norte-Americano); c) Departamento do Interior: FWS Fish and Wildlife Service (Serviço de Peixes e Vida Silvestre); RANGERS National Park Service (Serviço Nacional de Parques); d) Departamento de Administração: GSA – General Services Administration (segurança dos imóveis da União); e e) Departamento de Transportes: U.S. Coast Guard – Guarda Costeira dos EUA (policiamento da costa americana).

Aqui, não defendemos que o nosso sistema seja totalmente readequado. Temos experiências de sucesso no combate ao crime organizado, podendo-se citar as operações da Polícia Federal contra as facções criminosas relacionadas à lavagem de dinheiro, como o *leading case* envolvendo o criminoso ANDRÉ DO RAP, citado em capítulo anterior e a ação eficiente da Polícia Rodoviária na apreensão de cocaína dentro do território nacional. Temos que aproveitar a experiência dessas polícias de atuação nacional e correlacionar com formas mais específicas de ação, incluindo atuação internacional.

O modelo americano tem duas lógicas interessantes, relacionadas ao combate ao crime. A primeira, é combater o criminoso onde esse se encontra (mesmo que em outros países, o que acaba sendo uma forma de intervencionismo nem sempre bem explicado, mas também através do uso de parcerias, como ocorre no Brasil), e a segunda é a perseguição ao dinheiro (*follow the money*). Por isso, a maioria das ações contra facções, cartéis e máfias realizadas pelos Estados Unidos passa pela ação conjunta de três agências: o FBI, o DEA e as agências vinculadas ao Departamento do Tesouro (não esqueçamos que Al Capone foi preso pelo Departamento do Tesouro).[100]

O modelo proposto seria a criação de uma AGÊNCIA de estrutura nacional (incluindo a convocação de membros de forças estaduais), com as atribuições da DEA e DEPARTAMENTO DO TESOURO, atuando na repressão ao tráfico e crimes conexos, mas também na lavagem de dinheiro.

De forma bem preliminar, já houve uma ideia de vincular um departamento do tesouro ao sistema de combate ao crime, com a edição da Medida Provisória (MP) nº 870, que previa a reorganização administrativa do Governo Federal, em 2019.[101]

Havia a previsão de que a Lei nº 9.613, de 3 de março de 1998, passaria a vigorar com as seguintes alterações:

> Art. 14. Fica criado, no âmbito do Ministério da Justiça e Segurança Pública, o Conselho de Controle de Atividades Financeiras – COAF, com a finalidade de disciplinar, aplicar penas administrativas, receber, examinar e identificar as ocorrências suspeitas de atividades ilícitas previstas nesta Lei, sem prejuízo da competência de outros órgãos e entidades.
> (...)
> Art. 16. O COAF será composto por servidores públicos de reputação ilibada e reconhecida competência, designados em ato do Ministro de Estado da Justiça e Segurança Pública, dentre os integrantes do quadro de pessoal efetivo do Banco Central do

[100] 1931: Al Capone condenado por sonegação de impostos. *Portal DW*. Disponível em: https://www.dw.com/pt-br/1931-al-capone-condenado-por-sonega%C3%A7%C3%A3o-de-impostos/a-974704. Acesso em: 23 out. 2022.

[101] COSTA, Rodolfo. Governo tem derrota e Coaf sai do Ministério da Justiça para o da Economia. *Correio Braziliense*, 22 maio 2019. Disponível em: https://www.correiobraziliense.com.br/app/noticia/politica/2019/05/22/interna_politica,756699/governo-tem-derrota-e-coaf-sai-do-ministerio-da-justica-para-o-da-econ.shtml. Acesso em: 23 out. 2022.

> Brasil, da Comissão de Valores Mobiliários, da Superintendência de Seguros Privados do Ministério da Economia, da Procuradoria-Geral da Fazenda Nacional do Ministério da Economia, da Secretaria Especial da Receita Federal do Brasil do Ministério da Economia, da Agência Brasileira de Inteligência do Gabinete de Segurança Institucional da Presidência da República, do Ministério das Relações Exteriores, do Ministério da Justiça e Segurança Pública, da Polícia Federal do Ministério da Justiça e Segurança Pública, da Superintendência Nacional de Previdência Complementar do Ministério da Economia e da Controladoria-Geral da União, indicados pelos respectivos Ministros de Estado.
> §1º O Presidente do COAF será indicado pelo Ministro de Estado da Justiça e Segurança Pública e nomeado pelo Presidente da República.

O dispositivo foi derrubado pelo Congresso Nacional, por questões alheias ao tecnicismo deste trabalho. Mas, *de lege ferenda*, a discussão ainda é válida: vincular um setor do TESOURO, especialmente o capaz de produzir relatórios financeiros (como o COAF) ao combate ao crime organizado. O modelo de agência, com autonomia (mandado fixo do diretor, dentre outras garantias), seria uma ideia viável, principalmente para vencer eventuais resistências políticas do Congresso Nacional (como ocorreu na derrubada da Medida Provisória citada).

Uma agência com tais atribuições seria permanente, com acesso a dados coletados por todos os sistemas de controle, sejam estaduais, federais ou municipais (guarda municipal, coletorias de impostos etc.), com núcleos capazes de atuar na investigação, mas também com núcleos com treinamento de elite, aptos a intervir com uso moderado da força quando se fizer necessário. Nos moldes do que já ocorre com a FORÇA NACIONAL DE SEGURANÇA, estados poderiam fazer parcerias para ceder delegados, agentes e policiais militares e penais para fazerem parte dessa agência ou força, como queira.

Aqui, estamos apenas levantando a sugestão, sem a busca pelo esgotamento do tema, e voltado à discussão sobre o aperfeiçoamento do nosso sistema repressivo.

d) ATUAÇÃO DO MINISTÉRIO PÚBLICO NA COORDENAÇÃO NACIONAL DO ENFRENTAMENTO ÀS FACÇÕES CRIMINOSAS

O Ministério Público é titular da ação penal pública. Conforme decidiu o STF, no Recurso Extraordinário (RE) nº 593727,[102] o parquet também pode atuar na investigação para embasar as ações que patrocina (*quem dá os fins dá os meios*, no jargão). Nada mais lógico, já que se atua no final (processo) pode atuar no início (fase inquisitorial), buscando armas (provas) para lutar dentro do processo.

E*vide*ntemente que tal regra permissiva deve ser aplicada com cuidado, seguindo os parâmetros do VOTO CONDUTOR, proferido ainda em junho de 2012 pelo DECANO CELSO DE MELLO, para quem a atribuição do Ministério Público de investigar crimes deve ter limites estabelecidos e fez considerações sobre alguns requisitos a serem respeitados para tal atuação. Com base nessas considerações, chegou-se à tese acolhida:

> O Ministério Público dispõe de competência para promover, por autoridade própria, e por prazo razoável, investigações de natureza penal, desde que respeitados os direitos e garantias que assistem a qualquer indiciado ou a qualquer pessoa sob investigação do Estado, observadas, sempre, por seus agentes, as hipóteses de reserva constitucional de jurisdição e, também,

---

[102] STF reconhece poder de investigação do Ministério Público. *CNMP*, 15 maio 2015. Disponível em: https://www.cnmp.mp.br/portal/todas-as-noticias/7256-stf-reconhece-poder-de-investigacao-do-ministerio-publico Acesso em: 24 out. 2022.

> as prerrogativas profissionais de que se acham investidos, em nosso País, os Advogados (Lei nº 8.906/94, artigo 7º, notadamente os incisos I, II, III, XI, XIII, XIV e XIX), sem prejuízo da possibilidade – sempre presente no Estado democrático de Direito – do permanente controle jurisdicional dos atos, necessariamente documentados, praticados pelos membros dessa instituição.

A tese ainda prevalece, estando regulamentada pelo Conselho Nacional do Ministério Público através da RESOLUÇÃO nº 181, de 2017, que dispõe sobre instauração e tramitação do procedimento investigatório criminal (PIC) a cargo do Ministério Público.

Basicamente, como citou a Ministra Carmen Lúcia no RE em apreço, a atuação da polícia e do MP é complementar. Assim, por ter outras atribuições, quase que infinitas, não deve o parquet investigar todo e qualquer crime. A entidade deve atuar apenas em crimes com grande repercussão social, política e econômica, quando haja omissão das polícias ou em combate ao crime organizado (colarinho branco, milícias, facções, novo cangaço etc.). Os Ministérios Públicos Estaduais têm um órgão específico para centralizar as investigações mais gerais, sem prejuízo da atuação individual de cada membro. Tais órgãos são os GAECOS – Grupo de Atuação Especial em Crime Organizado. A sigla pode ter variações de estado a estado, mas o conceito e atribuições é o mesmo. Um órgão, ligado administrativamente ao procurador geral de justiça, que atua em investigações próprias, delegadas pelo PGJ, ou em apoio a Promotorias de Justiça.

É praticamente unânime a afirmação de que os Estados-Membros devem se unir para enfrentar facções criminosas. Mas há o fator político partidário que trava tais colaborações. Cada ente tem sua própria política de segurança que, muitas vezes, é formada por *ações caça votos, sem qualquer embasamento técnico ou sem integração com entidades do próprio estado*, quiçá de outros estados ou com o Governo Federal. Há casos de estados vizinhos em que as secretarias de segurança e justiça (ou outra entidade responsável pelo sistema prisional) sequer trocam informações básicas, de controle de divisas, troca de informações sobre operações ou recambiamento de presos. Os governos mudam a cada quatro ou oito anos (caso de reeleição) e os sucessores tendem a não manter os programas e projetos anteriores. Às vezes, bons trabalhos de investigação são jogados no fundo de uma gaveta quando *há danças de cadeiras* em delegacias especializadas, por causa do humor político e ingerência de terceiros.

Uma solução indicada é o Ministério Público atuar de forma a centralizar o enfrentamento ao crime organizado, especialmente as facções criminosas, objeto deste trabalho. Os GAECOs podem criar grupos permanentes de trabalho, voltados principalmente aos aspectos relacionados ao MONITORAMENTO de facções e OPERAÇÕES CONJUNTAS, visando esmagar o poder dessas entidades, seja na parte logística seja na parte humana. Operações bem coordenadas e deflagradas em mais de um Estado são mais eficazes que o trabalho isolado de um único ente federativo. A título de comprovação, basta citar o eficiente trabalho do Ministério Público do Rio de Janeiro, através do grupo de repressão ao crime organizado, que tem conseguido excelentes resultados no combate a milícias (*vide* operações INTOCÁVEIS I e II,[103] com mandados de busca e prisão cumpridos em diversos estados, além de outras provas compartilhadas, demonstrando a viabilidade desse tipo de coordenação e cooperação entre GAECOS).

[103] BRASIL. Superior Tribunal de Justiça. Decisão Monocrática. *Habeas Corpus nº 645999*. Relator: Ministro Reynaldo Soares da Fonseca. Disponível em: https://www.jusbrasil.com.br/jurisprudencia/stj/1199496112/decisao-monocratica-1199496123. Acesso em: 02 set. 2024. e GAECO/MPPI cumpre mandados em Cocal dos Alves para prender milicianos que atuavam no RJ. *MPPI*, 30 jan. 2020. Disponível em: https://www.mppi.mp.br/internet/2020/01/gaeco-mppi-cumpre-mandados-de-prisao-em-cocal-dos-alves-para-prender-milicianos-que-atuavam-no-rj/. Acesso em: 24 out. 2022.

Obviamente, há problemas práticos. O primeiro é que os GAECOS precisam de recursos financeiros e humanos, um desafio orçamentário permanente, havendo a necessidade de fixar prioridades e convencer relatores do orçamento junto ao Poder Legislativo da necessidade de incremento da receita. O segundo é o temor do membro (promotor de justiça) em atuar nesses grupos, por causa do temor em relação à sua própria segurança. Os dois problemas têm solução. Primeiro, deve haver sim pressão social para melhoria da estrutura dos GAECOS, já que, comprovadamente, esses órgãos atuam com independência e entregam resultados satisfatórios à sociedade. O segundo é a proteção interna, principalmente através do coletivismo. *Um único promotor de justiça que investiga vira alvo. Um conjunto de promotores de justiça que atuam em conjunto cria um corpo coletivo de autoproteção.* A sociedade precisa de servidores públicos capazes de dar resultado social e não de heróis ou mártires.

A atuação em rede já existe, mas ainda necessita de melhoramento. Tal melhoria passa pela criação de grupos de trabalho formados por membros dos GAECOS e coordenados pela Procuradoria Geral da República, focados no enfrentamento a facções criminosas. Tal missão passa pela melhoria dos serviços de TI, com monitoramento de faccionados, criando uma espécie de MAPA DE CALOR em tempo real, com a movimentação das ORCRIMs e coordenação de investigação, dando apoio logístico a estados onde haja menor poder de reação.

Em complemento a esse tópico, também se verifica a necessidade de atuação junto aos Tribunais Superiores no sentido de apoio do Poder Judiciário a esses grupos de enfrentamento. O combate ao crime necessita de estabilidade da jurisprudência, preferencialmente com Súmulas Vinculantes, e mudança do paradigma atual de concessão de *habeas corpus* em decisões monocráticas *per saltum* pelo Supremo Tribunal

Federal.[104] Tais decisões, como a que concedeu a liberdade ao chefe do PCC ANDRÉ DO RAP,[105] acabam prejudicando o trabalho de investigação, gerando prejuízo para a própria sociedade. Cabe ao Poder Judiciário a pacificação social através de sua ação, e a soltura de chefes de facções criminosas, muitas vezes por meras alegações genéricas de descumprimento do devido processo legal, geram caos e a já permanente sensação de intranquilidade pública. Em suma, o Poder Judiciário também tem sua responsabilidade, devendo ser cobrado tanto juridicamente quanto socialmente.

e) LINHAS DE AÇÕES GERAIS COM EXECUÇÃO LOCAL: APLICAÇÃO DE POLICIAMENTO COMUNITÁRIO ALINHADOS À EFETIVIDADE DE SERVIÇOS PÚBLICOS

O cidadão não mora na União. O cidadão mora em uma casa localizada em uma rua, que faz parte de um bairro, que faz parte de uma cidade, que faz parte de um município, que faz parte de um Estado-Membro que forma a federação. O cidadão

---

[104] De acordo com a jurisprudência do Supremo Tribunal Federal entabulada no verbete de súmula nº 691, não compete a este o conhecimento de *habeas corpus* impetrado contra denegação de pedido liminar em Tribunal Superior. Contudo, em excepcionais casos, o próprio STF tem abrandado o ordenamento de sua própria súmula, desde que se constate flagrante constrangimento ilegal no direito de locomoção da pessoa ou quando essa técnica for necessária a reverter situação manifestamente contrária à jurisprudência do Pretório Excelso. De mais a mais, é importante frisar que nos dias hodiernos a competência do Supremo Tribunal Federal é totalmente diversa daquela que confeccionou o verbete em comento, o que, sem dúvida, põe em xeque o entendimento nele esposado.

[105] Em decisão liminar datada de 02 de outubro de 2020, o ministro Marco Aurélio, do Supremo Tribunal Federal, deferiu pedido de soltura de André Oliveira Macedo, conhecido como "André do Rap". Somente na manhã do sábado, dia 10, André do Rap deixou a prisão de Presidente Wenceslau (SP), onde se encontrava, tomando rumo ignorado. No mesmo sábado, o presidente do STF, ministro Luiz Fux, no plantão, revogou a referida decisão. A ordem de captura não teve sucesso. No dia 15 seguinte, o Plenário da Corte, por 9 votos contra 1, referendou a posição do presidente. *Vide*: A soltura de "André do rap" vai além do artigo 316 do CPP. *Consultor Jurídico*, 18 out. 2020. Disponível em: https://www.conjur.com.br/2020-out-18/segunda-leitura-soltura-andre-rap-alem-artigo-386-cpp. Acesso em: 24 out. 2022.

espera que o seu problema de segurança seja resolvido. De nada adianta haver a apreensão de toneladas de cocaína pela Polícia Rodoviária Federal se o cidadão não pode sair de sua casa com o celular na mão para não ser roubado por usuários de drogas que alimentam o tráfico. Esse cidadão espera a atuação estatal.

O enfrentamento do fenômeno facção criminosa não é mero ato de polícia. Envolve todos os aspectos estatais. As linhas de enfrentamento, citadas a título de exemplo nos tópicos anteriores deste capítulo, são gerais, mas devem estar coordenadas com projetos de execução local. Aplica-se aqui o conceito de que é PRECISO DIVIDIR PARA CONQUISTAR. As próprias facções já fizeram isso, quando dividiram entre si o país (guerras pontuais entre essas entidades são rearranjos de forças). O Estado tem que atuar com o mesmo princípio. O chamado ZONEAMENTO DE ÁREAS DE CONTROLE passa pela divisão de territórios dominados por facções e coordenação de atos e serviços para enfrentamento local. Algo como a POLÍCIA COMUNITÁRIA implementada com sucesso em BOGOTÁ, Colômbia e executada de forma insatisfatória no Rio de Janeiro, quando já começou errando o nome (Unidade de Polícia Pacificadora), sendo mais uma força de ocupação sem resultados práticos, salvo o aumento de risco aos policiais envolvidos e aos cidadãos vítimas de confrontos permanentes.

A execução de projetos em áreas zoneadas será melhor especificada abaixo. Mas, basicamente, deve-se levar ao cidadão os benefícios que o Estado pode lhe proporcionar, devolvendo a quem de direito os espaços públicos, atualmente tomados por grupos criminosos. Não é ilusório ou utópico imaginar que os bairros populares tenham a mesma segurança que condomínios fechados. É plenamente possível. O conceito de policiamento comunitário, ligado à execução de serviços e controle social são metas viáveis no sentido de dar corpo a esse anseio de segurança.

CAPÍTULO 6

IMPACTO SOCIAL DAS FACÇÕES CRIMINOSAS

6.1 Análise sociológica e visões políticas-ideológicas do crime e da repressão

Há um certo *glamour* no crime. Basta observar a literatura e a arte como um todo. Há um padrão na mídia em transformar criminosos em rebeldes e em pessoas incompreendidas pela sociedade. Independentemente da ideologia em voga, há um hábito de heroificação do criminoso.

A questão não é ideológica. O crime não respeita convicções. Ataca o Estado como um todo e não há uma única solução a seu enfrentamento.

O crime atinge diretamente os mais pobres, isso é um fato. São vítimas em pelo menos três momentos: a) quando lhe são negados os direitos sociais e a segurança pública que o Estado deve lhe proporcionar, ficando à mercê de criminosos, sem direito básico ao próprio patrimônio; b) quando seus filhos e filhas são recrutados a todo tempo por facções criminosas, para servirem como soldados (agentes) do tráfico e responsáveis por mover a máquina de financiamento dessas organizações; e c) quando sofrem com ações descoordenadas do sistema de repressão estatal, especialmente com operações policiais mal planejadas e executadas, que acabam prejudicando inocentes nas guerras territoriais.

A maioria dos pesquisadores tende a seguir a linha marxista, vendo todas as expressões sociais (incluindo o crime) como repercussão de questões econômicas. Isso cria uma abordagem unilateral, que é incompleta, para dizer o mínimo, já que não leva em conta a personalidade delitiva. O crime é primordialmente uma questão de escolha pessoal, ou porque o indivíduo nasce com o mal dentro de si – desvio, e a família e a sociedade (leis) não conseguem eficazmente promover o desencorajamento ao caminho do crime; ou porque a pessoa escolhe um meio bem mais fácil de se obter sucesso financeiro e/ou social, sem querer trabalhar, estudar, enfim, dar duro, já que a maioria esmagadora das pessoas são vulneráveis em vários termos (econômicos, sociais, afetivos) e nem por isso escolhem o caminho do crime.

Há uma porcentagem razoável de pessoas que têm DESVIO DE CARÁTER, com personalidade manipuladora, movidos por uma ANOMIA e EGOÍSMO em seu agir, sem qualquer interesse pelas consequências de seus atos em relação a vítimas próximas ou distantes (sociedade como um todo). Mesmo quando o fato social é um impulsionador do crime, pela ausência de limites, desequilíbrio familiar, ausência de fatores sanitários e corrupção de valores, ainda há a escolha, a opção entre ser ou não criminoso.

Esse espectro político-ideológico, que vê no criminoso ora uma vítima do sistema, ora um rebelde que enfrenta esse sistema, acaba criando travas legais e práticas ao enfrentamento do crime. O conceito de bandidolatria[106] (neologismo) explica parcialmente esse ponto. Criminosos não podem ser

---

106 *Vide* PESSI, Diego; SOUZA, Leonardo Giardin. *Bandidolatria e Democídio*: Ensaios sobre Garantismo Penal e a Criminalidade no Brasil. 3. ed. Campinas: SV Editora, 2018.

transformados em heróis, sob pena de fazer do crime uma situação normal das coisas postas. Da mesma forma, o conceito de GARANTISMO PENAL não pode ser visto apenas como GARANTIA AO CRIMINOSO, pelo contrário, já que, em primeiro lugar, deve-se buscar a GARANTIA DOS DIREITOS DO CIDADÃO, cumpridor da Lei, não podendo colocar o direito desse, especialmente o direito à segurança pública, como se fossem menos importantes que as garantias daqueles que respondem processo criminais. Até mesmo o conceito de GARANTISMO é DISTORCIDO, como será visto melhor abaixo, jogando-se a pecha naqueles que defendem a necessária repressão ao crime como MONSTROS PUNITIVISTAS ou algum adjetivo de tal natureza (fascistas, por exemplo).

Em suma, o enfrentamento ao crime, especialmente às facções, que é o maior vetor de delitos no Brasil, passa por um equilíbrio de políticas públicas, buscando um mínimo de consenso, especialmente dentro do Poder Legislativo, entre os diversos espectros políticos (direita, esquerda, centro). Tal equilíbrio e a capacidade de gestores públicos e membros dos Poderes da República atuarem com o pragmatismo é essencial para o enfrentamento do problema posto.

6.2 O empoderamento de pequenos marginais através de facções criminosas

a) CONCEITO DE EMPODERAMENTO E APLICAÇÃO DENTRO DO ORGANOGRAMA DAS FACÇÕES CRIMINOSAS

A palavra EMPODERAMENTO é uma das modernas palavras de ordem. Basicamente, significa dar poder àqueles que sempre foram alijados de seus anseios. É utilizada, por exemplo, em relação às mulheres e negros, que através do empoderamento coletivo encontram forças para ocupar os espaços que lhe são de direito.

O conceito, no entanto, não surgiu com a ideia acima, mas ligado à noção de independência dentro de organogramas empresariais, alargando-se atualmente para dar significância à participação de quem era ou é alheio ao sistema coletivo de tomada de poder. Está em voga muito para contestar o tradicional poder branco, heteronormativo e masculino, buscando a democratização e atuação de grupo de indivíduos historicamente alijados desse processo (negros, mulheres, imigrantes, população LGBTQIA+ etc.).

Não é o objeto deste trabalho discutir essa questão sociológica, mas entender até onde as facções criminosas, como estruturas de poder organizacionais, EMPODERAM criminosos, fortificando-os frente às normas de funcionamento do próprio Estado.

O empoderamento parte da ideia de dar às pessoas o poder, a liberdade e a informação que lhes permitem tomar decisões e participar ativamente da organização. A utilização de equipes autodirigidas e a adoção de sistemas orgânicos de administração e culturas participativas e abertas nas organizações significam que essas estão tentando difundir e compartilhar o poder com todos os seus membros, abrindo mão do controle centralizado, e isso parece ser a solução viável que promove rapidez, flexibilidade e capacidade de decisão da organização.

O empoderamento assenta-se em quatro bases principais: poder, motivação, desenvolvimento e liderança. Essa é a lição básica de Chiavenato,[107] que explica tais bases do *empowerment*:

> Poder – dar poder às pessoas, delegando autoridade e responsabilidade em todos os níveis da organização. Isso significa dar

---

[107] CHIAVENATO, Idalberto. *Gerenciando pessoas*: como transformar gerentes em gestores de pessoas. 4. ed. São Paulo: Editora Prentice Hall, 2003. p. 372.

> importância e confiar nas pessoas, dar-lhes liberdade e autonomia de ação. Motivação – proporcionar motivação às pessoas para incentivá-las continuamente. Isso significa reconhecer o bom desempenho, recompensar os resultados, permitir que as pessoas participem dos resultados de seu trabalho e festejam o alcance das metas. Desenvolvimento – dar recursos às pessoas em termos de capacitação e desenvolvimento pessoal e continuamente novas técnicas, criar e desenvolver talentos na organização. Liderança – proporcionar liderança na organização. Isso significa orientar as pessoas, definir objetivos e metas, abrir novos horizontes, avaliar o desempenho e proporcionar retroação.

Ainda segundo o autor citado, "uma organização é um conjunto de pessoas que atuam juntas em uma criteriosa divisão de trabalho para alcançar um propósito comum".

Basta pegar a estrutura organizacional das facções criminosas e aplicar tais conceitos, para entender como essas entidades EMPODERAM jovens criminosos, recrutando-os e dando-lhes uma posição de poder e prestígio que nenhuma entidade oficial pode dar.

Observa-se o que faz a estrutura da organização criminosa a seguir, como que aplicando as lições clássicas e modernas de administração de empresas. Frise-se que estamos tomando por base o que a entidade criminosa oferece ao seu membro, sem julgamento de valor, já que, obviamente, aquele que se vincula a essas organizações violentas acabam trilhando dois caminhos: *cadeia e cemitério*, como se diz no jargão policial.

1) A facção DÁ IMPORTÂNCIA a seus integrantes, fazendo-os se sentirem como parte de algo maior, necessários e respeitados, dentro e fora de seu nicho. O menino que abandonou a escola logo é recrutado pela facção, que começa a lhe pagar para fazer a entrega de pequenas quantidades de drogas, para ficar soltando pipa ou segurando rojões para avisar as bocas de fumo da aproximação de policiais ou pessoas estranhas etc. Recebe vantagens sociais nesse processo. Sente-se integrante de algo maior, e não meramente contido como

tende a ser dentro do sistema educacional, que não consegue lhe dar resultados práticos e promessas críveis de prosperidade (material, no conceito nosso de sucesso) a curto prazo (ao contrário das facções). O administrador local da facção (chefe da boca de fumo), ao dar oportunidade a esse marginal (no sentido daquele que vive à margem da sociedade estamental) atua como um gerente de empresa, dando importância a seus colaboradores. É algo assim como um relacionamento recíproco. O jovem tende a ter pressa, a achar que tudo tem que ser no agora. As famílias estruturadas e a escola têm o papel essencial na contenção dessa pressa, dessa tendência do jovem em ir cedo demais ao pote. As facções fazem o contrário. Favorecem o caos nas escolas públicas, incutindo medo, aliciando jovens desagregados e transformando-os em criminosos contumazes. As facções identificam jovens com o seguinte perfil: frágeis socialmente, vindos de família desagregada (pais separados, órfãos etc.), com problemas de comportamento na escola (muito em decorrência da desagregação familiar) e com tendência a ter raiva de tudo e de todos, e molda-os, transformando-os em seres humanos sem qualquer noção de culpa e ávidos a matar e praticar qualquer crime determinado pela facção. Ora, se a facção identifica tal perfil, o sistema também tem que identificar, atuando fortemente na contenção do problema. Por isso, citamos abaixo linhas de ação relacionadas ao trabalho conjunto entre educação, polícia e serviços sociais. É premente atacar essa ideia errônea de que a facção, o crime e a VIDA LOKA são sinônimos de sucesso para o jovem de periferia.

2) A facção ORIENTA seus integrantes, dando a logística necessária para a atuação. Ensina a manusear armas, dolar a droga (preparar para entrega ao consumidor na dosagem correta), trabalhar em rede com o financiamento direto da entidade (tráfico ou crimes diversos), a lavar dinheiro etc. Trata-se de obter a colaboração por meio da orientação e não da coerção. No tratamento coercitivo, com obediência cega às ordens, os colaboradores reagem com um comportamento

passivo e reativo. A coerção é usada pelas facções. Por isso, a existência do SETOR DE DISCIPLINA, responsável por EXECUTAR pessoas. Mas geralmente essa coerção é utilizada quando seus membros TRAEM a entidade. Por isso, o hábito comum de se executar traidores com TIROS ENTRE OS OLHOS, que significam um sinal de punição a quem descumpre as regras (*vide* morte de GEGÊ DO MANGUE, líder do PCC executado no Ceará).[108] Esse é o aspecto mais prejudicial do funcionamento de facções para o sistema de segurança. Um marginal em posse de uma navalha representa perigo público, mas nada se compara a um grupo de marginais, motivados, treinados, com armamento de ponta e logística. Normalmente, quem tem dado esse amparo ao chamado NOVO CANGAÇO, responsável por ataques diretos à cidades, como os antigos cangaceiros faziam, são as facções criminosas.

3) As facções incentivam o DESENVOLVIMENTO CONTINUADO DOS SEUS MEMBROS. O *empowerment* transforma as pessoas em talentos, ao passo que elas aprendem a trabalhar em equipe. A ideia principal é que o colaborador, devidamente treinado e orientado, passe a ser um multiplicador de conhecimento e habilidades, ajudando a treinar e orientar os outros colaboradores. Isso é um aprendizado contínuo. As facções não fazem como muitos CEOs (gerentes) que passam o tempo inteiro reclamando da falta de mão de obra qualificada. As facções criam formas de qualificação dentro do próprio organograma, melhorando a própria mão de obra. Às vezes, usam parceiros para tanto, voluntários ou involuntários. Como parceiros de qualificação de criminosos voluntários pode-se citar os CARTÉIS INTERNACIONAIS, as MÁFIAS

---

[108] COSTA, Flávio; ADORNO, Luís. Traição e tiro no rosto: como mataram Gegê do Mangue e Paca, líderes do PCC. *Portal Uol*, 28 jul. 2019. Disponível em: https://noticias.uol.com.br/cotidiano/ultimas-noticias/2019/07/28/morte-de-gege-do-mangue-pcc-homicidio-ceara-fuminho.htm. Acesso em: 02 set. 2024.

(*vide* parceria entre PCC e Ndrangheta),[109] entre outros. Há até mesmo parceria entre facções, que às vezes funcionam como uma FRANQUIA DO CRIME. Como parceiros de qualificação de criminosos involuntários, cita-se o EXÉRCITO, OAB e POLÍCIAS. É cada vez mais comum jovens já ligados a facções se alistarem no exército, para receberem treinamento militar especializado. *Vide* caso da execução de JORGE RAFAAT, o antigo rei da fronteira BRA-PAR, morto por armamento pesado e operado por um ex-militar brasileiro.[110] Também há casos de jovens que têm seus estudos patrocinados pelas facções para posteriormente ingressarem nas polícias e na OAB, onde atuarão de forma ativa, seja como informantes ou operadores de setor específicos.

4) As facções DEFINEM OBJETIVOS CONSENSUAIS com seus membros. Funcionando, na prática, como empresas, as entidades em estudo definem, junto da equipe, os objetivos que deverão ser atingidos. Atuam de forma a reforçar os objetivos, avaliar os progressos, discuti-los com todos, corrigir possíveis falhas, fazer alterações. As entidades se reúnem, usando a tecnologia para tanto, e, muitas vezes, com participação de lideranças presas, pela falha do sistema de controle. As reuniões servem para os setores prestarem contas, para deliberar sobre os próximos passos, analisar possíveis alianças etc. No caso de entidades que funcionam de forma mais centralizada, como é o caso do PCC, as decisões finais são tomadas pelas SINTONIAS FINAIS, mas, no geral, mesmo nessa facção, há relativa autonomia de outros setores, desde que não fuja do sistema estamental.

---

[109] ANESI, Cecilia; RUBINO, Giulio; ADORNO, Luís. O PCC e a máfia italiana. *Portal Uol*, 20 dez. 2018. Disponível em: https://noticias.uol.com.br/reportagens-especiais/os-negocios-do-pcc-com-a-mafia-italiana/#cover. Acesso em: 02 set. 2024.

[110] BENITES, Afonso. Assassinato do "rei do tráfico" na fronteira deixa em alerta autoridades brasileiras. *Portal El País*, 22 jun. 2016. Disponível em: https://brasil.elpais.com/brasil/2016/06/17/politica/1466198112_870703.html. Acesso em: 17 fev. 2022.

A avaliação acima, que traz lições avançadas de teoria de administração de empresas para entender o fenômeno facções criminosas, tem por princípio básico o conhecimento estrutural, sem maniqueísmo (bem contra o mal), supervalorização (achar que esses entes são invencíveis e inevitáveis) ou subestimação (achar que as facções não são tão fortes e eficazes do que são).

Sobre o citado maniqueísmo, entendemos que conceitos subjetivos no combate ao crime leva, de um lado, à desumanização do criminoso (que continua a ser um sujeito de direitos, com as restrições previstas em Lei) ou ao LAXISMO PENAL. Esse conceito é explicado por Ricardo Dip e Volney Correa Leite de Moraes Junior como sendo a tendência em se propor soluções absolutórias mesmo quando essas mesmas evidências presentes no processo apontem em direção oposta, ou a aplicação de punições benevolentes, desproporcionada à gravidade e circunstâncias do fato e à periculosidade do agente, sob o pretexto de que o agente seja vítima do esgarçamento do tecido social ou de relações familiares deterioradas, sujeitando-se à reprimenda simbólica, ao desconsiderar o livre-arbítrio na etiologia do fenômeno transgressivo.[111]

Alguns acreditam que as facções são supervalorizadas, não tendo tanto impacto social e criminológico como afirmado. Esse aspecto pode decorrer de certo preconceito social, já que muitos analistas não acreditam que pessoas de origem humilde tenham a capacidade de organizar tais entidades. Quem pensa assim deveria estudar melhor a história do criminoso GELEIÃO, um dos fundadores do PCC, que se amparou na base do sindicato do crime criado por LUCK LUCIANO (*vide* citações acima). Por outro lado, também não devemos achar que tais entidades são invencíveis. Não o são. Os Estados Unidos, através da LEI R.I.C.O., citada acima,

---

[111] DIP, Ricardo; MORAES JUNIOR, Volney Correa Leite de. *Crime e castigo*: reflexões politicamente incorretas. Campinas: Millennium, 2002. p. 16.

já indicaram o caminho para se vencer o crime organizado violento: atacar as entidades e não apenas seus membros.

Não se enfrenta um problema geral, que impacta todos os setores da sociedade, sem o conhecimento adequado. As facções seguem princípios de administração de empresas, com EMPODERAMENTO cada vez mais aplicado, aumentando seu nível de sucesso e tornando-as cada vez mais difíceis de serem reprimidas.

As facções brasileiras, especialmente o PCC, estão em processo contínuo de expansão. Como citado alhures, essa entidade está se convertendo em MÁFIA INTERNACIONAL, em uma situação consolidada como as MÁFIAS RUSSA, ITALIANA e JAPONESA, controlando um dos setores mais importantes da economia mundial, que é o tráfico de drogas, e operando eficazmente no processo de LAVAGEM DO CAPITAL AUFERIDO.

Então, ao entender o CONTÍNUO PROCESSO DE EMPODERAMENTO das facções, fica mais viável o seu combate eficaz.

b) PROGRESSÃO CRIMINOSA E DESENVOLVIMENTO INDIVIDUAL DO FACCIONADO

A tese básica levantada neste capítulo é a de que as facções criminosas empoderam marginais, levando-os a praticar crimes que, individualmente, não praticariam, e a progredirem de forma mais rápida e brutal dentro do sistema delitivo.

O tópico anterior trouxe a conceituação de empoderamento de forma organizacional, dentro do ORGANOGRAMA da empresa. Mas, por mais que as pessoas jurídicas tenham existência fáticas, tal existência é uma ficção, já que empresas são formadas por pessoas. O presente tópico visa analisar, de forma superficial, conceitos básicos de crime e de personalidade criminosa, para entender esse processo, especialmente o fato de que pequenos marginais evoluam e se tornem criminosos extremamente confiantes e perigosos.

Para apresentar a ideia básica, citamos um caso concreto, com atuação processual do primeiro autor deste livro, como promotor de justiça. Um jovem com aparente transtorno de personalidade (plenamente capaz, do ponto de vista criminológico, segundo avaliação a que foi submetido) tinha uma vida relativamente normal. Era bastante pobre e de família fragmentada, um padrão entre recrutados por facções. Trabalhava como ajudante de descarga em uma rodoviária do interior do Piauí. Praticava pequenos furtos, na maioria das vezes para alimentar o vício em drogas e álcool. Não era um grande problema para o sistema repressor, que o via mais como um pobre coitado, que precisava de ajuda (recebia apoio dos comerciantes e até de servidores do Poder Judiciário). Mas, por ser de baixa periculosidade, sempre respondia aos processos-crime em liberdade. Certo dia, estava na casa de sua genitora, um casebre na periferia da cidade. Ligou para o SAMU local, afirmando que tinha ocorrido um acidente. A equipe foi até o local. Lá chegando, o motorista, a enfermeira e um auxiliar de enfermagem verificaram que não havia acidente algum. Foram rendidos pelo criminoso, que utilizava uma arma artesanal (bate-bucha). Foram levados para dentro do casebre. O nosso personagem afirmou que IRIA MATAR TODOS, pois QUERIA ENTRAR PARA O PCC. Repetiu várias vezes tal expressão, chegando a efetuar um disparo com intenção de matar o motorista, errando por pouco. Logo sua mãe chegou ao local, verificando a situação, conseguindo debelar a intenção homicida do filho, que acabou contido por suas vítimas e entregue à autoridade policial. Foi processado, julgado e condenado, estando em fase de cumprimento de prisão em regime fechado.

O caso demonstra, mesmo que sem rigor científico, que a existência de uma entidade como o PCC é um convite permanente a pequenos criminosos para que possam evoluir no sistema delitivo. Todos os anos morrem milhares de jovens com o mesmo perfil de nosso personagem acima. Por serem pobres, terem algum tipo de transtorno ou desvio de personalidade, por serem usuários de drogas e autores de pequenos delitos, como furtos, acabam sendo os recrutas preferenciais das entidades sob estudo. Como citado no tópico anterior, as ORCRIMs se postam como empresas e têm um sistema de evolução dentro de seu organograma. Pequenos marginais, que, individualmente, não chegariam a praticar crimes graves, acabam sendo treinados, motivados, armados e coordenados, passando a praticar crimes graves, indo de sequestro a homicídios. Matam e morrem com a mesma frequência. São absolutamente descartáveis. Mas, enquanto vivos, estão empenhados em defender seu partido do crime, fazendo todo o possível para conseguir evoluir dentro da estrutura de poder.

O jovem personagem citado é real. Por ter reduzido QI, não sabia como ingressar na facção, acreditando que se praticasse algum ato grave (execução de uma equipe inteira do SAMU) iria ser recrutado pelo PCC. Possivelmente, acabou conseguindo seu intento, já que se encontra dentro do sistema prisional, onde a facção atua, apesar do constante monitoramento da polícia e da Secretaria de Justiça. Em suma, um pequeno marginal, que era controlado e com possibilidade real de ressocialização, virou um criminoso temido. O *animus* da sua evolução foi a existência da facção criminosa. Foi, por assim dizer, EMPODERADO.

Explicar esse processo de evolução também é importante para o enfrentamento de facções criminosas, pois, do contrário, não adiantará prender ou matar faccionados. Sempre haverão outros aptos a substituir o preso ou morto.

A pergunta essencial é: *existem traços de personalidade voltados ao crime?*

Dois pontos se destacam na literatura mundial; primeiro, é que parece aceito unanimemente a existência de determinada personalidade marcantemente criminosa ou, ao menos, inclinada significativamente para o crime. Segundo, que a diferença principal entre as várias tendências doutrinárias diz respeito à flexibilidade ou inflexibilidade dessa personalidade criminosa, atribuindo ora uma predominância de fatores genéticos, ora de fatores emocionais e afetivos e, ora ainda, fatores sociais e vivenciais.

Esquirol, citado por Maria Vera Pompêo de Camargo Pacheco,[112] diferenciou quatro grupos principais de doenças mentais, por meio dos quais procurou separar as perturbações de fundo claramente orgânico das perturbações de natureza psíquica, consideradas disfunções mentais:

- Idiotia: que pode ser congênita ou adquirida, mas constitui uma categoria bastante diferenciada das que agrupam os problemas propriamente psíquicos;
- Demência: na forma aguda, passível de cura, e na forma crônica, praticamente incurável;
- Mania: que se refere ao delírio total com exaltação. Seria uma alteração generalizada das funções mentais, como a inteligência, percepção, volição, atenção;
- Monomanias: que agrupam todas as perturbações mentais que trazem prejuízos psíquicos apenas parciais, conservando perfeitas outras funções intelectuais.

Dentro das MONOMANIAS, propôs a MONOMANIA HOMICIDA para designar certas formas de loucura, cujo único

[112] PACHECO, Maria Vera Pompêo de Camargo. Esquirol e o surgimento da psiquiatria contemporânea. *Rev. Latinoam. Psicop. Fund. VI*, ano XI, n. 2, p. 152-157, jun. 2003. Disponível em: https://www.scielo.br/j/rlpf/a/wdZ8NCsDnBst4Nq3jZjgBMb/?format=pdf&lang=pt. Acesso em: 02 set. 2024.

sintoma *evid*ente seria uma desordem ética e moral, propensa à prática de crimes. Talvez se tratasse de uma exigência mais social que médica, numa tentativa de a sociedade segregar as duas figuras mais temidas do desvio da conduta humana; o louco alienado e o criminoso cruel.

Após a evolução do estudo psiquiátrico, chegou-se à situação atual, em que existem CID.10 critérios de diagnóstico para a Personalidade Dissocial, caracterizada por um desprezo das obrigações sociais, falta de empatia com os outros e por um desvio considerável entre o comportamento e as normas sociais.

Nesse tipo de personalidade, há uma baixa tolerância à frustração e baixo limiar de descarga da agressividade, inclusive da violência. Existe também uma tendência a culpar os outros ou a fornecer racionalizações duvidosas para explicar um comportamento de conflito com a sociedade. Seriam sinônimo da Personalidade Dissocial: Personalidade Amoral, Personalidade Antissocial, Personalidade Associal, Personalidade Psicopática e a Personalidade Sociopática.

Na classificação do *Manual Diagnóstico e Estatístico dos Transtornos Mentais,* 5ª edição (DSM-5), a característica essencial do transtorno da Personalidade Antissocial é um padrão de desrespeito e violação dos direitos dos outros, padrão também conhecido como Psicopatia, Sociopatia ou Transtorno da Personalidade Dissocial. O engodo e a manipulação maquiavélica das outras pessoas são aspectos centrais nesse Transtorno da Personalidade, no qual ocorre também violação de normas ou regras sociais importantes. Os comportamentos criminosos ou delinquenciais característicos desse transtorno de personalidade englobam a agressão a pessoas e animais, destruição de propriedade, defraudação ou furto e séria violação de regras.

O criminologista clássico LOMBROSO classificou os criminosos em cinco tipos: O Criminoso Nato; O Criminoso

Louco ou Alienado; O Criminoso Profissional; O Criminoso Primário; e o O Criminoso por Paixão.

Por mais que tais estudos sejam contestados, muito por uma visão limitada de DETERMINISMO CRIMINOSO, serve de parâmetro ao presente estudo.

G. Ballone,[113] analisando lições clássicas sobre a PERSONALIDADE CRIMINOSA, organiza os seguintes grupos:

> (a) o criminoso é um homem como outro qualquer, só se diferenciando por uma maior aptidão para ato criminoso;
> (b) a personalidade criminosa seria descrita através de traços psicológicos agrupados numa determinada característica;
> (c) essa característica englobaria os traços de agressividade, egocentrismo, labilidade e indiferença afetiva, sendo estes os elementos responsáveis pelo ato delituoso, enquanto as variáveis, tais como o temperamento, as aptidões físicas, intelectuais e profissionais, as razões aparentes, e as necessidades seriam responsáveis pelas diferentes modalidades desse ato;
> (d) a personalidade criminosa, considerada na sua globalidade, seria dinâmica em relação aos seus diferentes traços constitutivos e adaptabilidade social.

Por praticidade, pode-se separar dois grupos de criminosos. O primeiro, que se refere a delinquentes que tem problemas de ordem psiquiátrica e que são reconhecidos como INIMPUTÁVEIS, no termo da lei de regência, e após incidente de insanidade mental. Podem ser violentos, mas não são os principais agentes recrutados por facções, já que são INCONTROLÁVEIS, e, por isso, acabam prejudicando a entidade a que pertencem (por exemplo, praticando homicídios por paixão e sem autorização das facções, causando guerras contra outras facções e o sistema repressor). O segundo grupo refere-se a delinquentes que têm plena

[113] BALLONE, G. J. Personalidade Criminosa. *Passei Direto*, revisto em 2015. Disponível em: www.psiqweb.med.br. Acesso em: 02 set. 2024.

capacidade de agir. Tem a ação livre na causa, pela teoria finalística de WELZEL.

Os inimputáveis agem de forma individual, enquanto os imputáveis, mesmo que tenham DESVIO DE PERSONALIDADE, como PERSONALIDADE AGRESSIVA e seus subtipos tendem a atuar em associação. Se forem reprimidos e tratados nas fases iniciais da demonstração de sua personalidade criminosa, podem ser controlados e até eventualmente ressocializados. Mas, ao serem recrutados por ORCRIMs, essa possibilidade passa a ser nula. Há um jargão no mundo do crime que diz que só existe um meio de sair de facção: morrendo. Mesmo que o indivíduo queira, dificilmente conseguirá se desvincular dessa entidade. Ora, foi recrutado, motivado, qualificado e recompensado. Sair da facção é ser ingrato, literalmente CUSPINDO NO PRATO QUE COMEU. O setor de DISCIPLINA, devidamente explicado em capítulo próprio, existe para tratar desses ingratos.

Cita-se mais uma vez G. Ballone, para quem *não se pode subtrair da pessoa a responsabilidade por seus atos em favor dos defeitos psicopatológicos de sua personalidade, seja ela predominantemente constitucional ou, ao contrário, ambiental. São raríssimos os casos psiquiátricos em que a pessoa não tem noção da natureza de seus atos ou que seja plenamente incapaz de se autodeterminar.*

A tendência ao que se propõe denominar de desvio de personalidade permanece inclusive quando o criminoso é apanhado e passa pelo processo de expiação, enfatizando o senso comum entre os detentos de se traduzirem em vítimas do 'sistema'. Vejamos o que diz Samenow[114] sobre o ponto:

> O criminoso acredita que o confinamento seja o último de uma série de injustiças que começaram com a sua detenção. Leis

---

114 SAMENOW, Stanton E. *A mente criminosa*. Tradução de Ana Parreira. Campinas: Vide Editorial, 2020.

> e direitos de terceiros significavam pouco no passado; mas agora que está confinado, ele se torna altamente legalista em afirmar os seus próprios direitos. Criminosos que acabem na prisão enfrentando sentenças longas ou sentenças de morte frequentemente oferecem uma série de desculpas por sua situação: a polícia queria pegá-los, cúmplices vira-casacas que negociavam por clemência eram os verdadeiros culpados, seus advogados de defesa eram incompetentes, o juiz era tendencioso e os jurados já tinham se decidido antes de considerar completamente a evidência.

O enfrentamento à questão da violência no Brasil passa pela ERRADICAÇÃO DAS FACÇÕES CRIMINOSAS, para que esse processo de EMPODERAMENTO do criminoso comum continue em vigor. Rompe-se o ciclo do crime impedindo-se a progressão e isolando socialmente (através do cárcere) os criminosos contumazes, servindo, tal ato, também de desincentivo a novos agentes, que, mesmo que por medo da punição, reduzirão seus atos de delinquência. um princípio básico que deve ser aplicado em políticas públicas.

O SISTEMA ÚNICO DE SEGURANÇA PÚBLICA E A ATUAÇÃO DOS MUNICÍPIOS NO ENFRENTAMENTO AO CRIME

7.1 SUSP (Sistema Único de Segurança Pública) e PNSPDS (Política Nacional de Segurança Pública e Defesa Social): introdução

Há um princípio básico que deve ser aplicado em políticas públicas. Refere-se ao princípio de que a linha de ação deve ser geral, mas a aplicação deve ser local. O mero fato de o Congresso Nacional, coordenado pelo Governo Federal, ter reconhecido que não se combate o crime com ações isoladas de entes federativos já é um ganho. Os maiores avanços sociais que o Brasil teve ocorreram quando o sistema de saúde e assistência social foram unificados, em um sistema que vem de cima para baixo.

Refere-se ao princípio de que a linha de ação deve ser geral, mas a aplicação deve ser local. O mero fato de o Congresso Nacional, coordenado pelo Governo Federal, ter reconhecido que não se combate o crime com ações isoladas de entes federativos já é um ganho. Os maiores avanços sociais que o Brasil teve ocorreram quando o sistema de saúde e assistência social foram unificados, em um sistema que vem de cima para baixo.

O SISTEMA ÚNICO DE SEGURANÇA PÚBLICA, resumido como SUSP, tem a intenção de unificar o sistema, atuando de forma conjunta com os três entes federativos. Mesmo que, primordialmente, caiba aos Estados-membros executar o sistema de segurança, não se pode olvidar que o Governo Federal é quem tem a maior capacidade de operar em sede geral, especialmente através de políticas públicas nacionais e internacionais. A seu turno, não se pode esquecer que as pessoas vivem em cidades, e tem maior contato com as políticas públicas locais. Não é razoável deixar os municípios sem obrigações quanto a essas matérias.

O SUSP foi criado pela Lei nº 13.675/2018. A lei também instituiu a Política Nacional de Segurança Pública e Defesa Social (PNSPDS). A finalidade do SUSP e do PNSPDS é preservar a ordem pública e a incolumidade das pessoas e do patrimônio, por meio de atuação conjunta, coordenada, sistêmica e integrada dos órgãos de segurança pública e defesa social da União, dos Estados, do Distrito Federal e dos Municípios, em articulação com a sociedade.

A POLÍTICA NACIONAL DE SEGURANÇA PÚBLICA E DEFESA SOCIAL (PNSPDS) teve suas competências federativas divididas da seguinte forma: a) União: estabelece a Política Nacional de Segurança Pública e Defesa Social (PNSPDS) e b) Estados, Distrito Federal e Municípios: estabelecem suas respectivas políticas, observadas as diretrizes da política nacional.

A PNSPDS traçou princípios, voltados tanto ao respeito dos direitos humanos, mas também à eficácia das políticas públicas de segurança, buscando a simplicidade, informalidade, economia procedimental e celeridade no serviço prestado.

Também trouxe diretrizes, como o atendimento imediato ao cidadão, prevenção e resolução pacífica de conflitos, priorizando políticas de redução da letalidade violenta, com ênfase para os grupos vulneráveis, atuação integrada entre a União, os Estados, o Distrito Federal e os Municípios para a preservação da vida, do meio ambiente e da dignidade da pessoa humana, formação e capacitação continuada e qualificada dos profissionais de segurança pública, desenvolvimento de projetos estruturantes e de inovação tecnológica, compartilhamento das informações de segurança pública, prisionais e sobre drogas, dentre outras.

Em relação a objetivos, a PNSPDS trás como metas a execução de estratégicas e operacionais, em atividades de inteligência e em gerenciamento de crises e incidentes, ações de manutenção da ordem pública e da incolumidade das pessoas, do patrimônio, do meio ambiente e de bens e direitos, incentivar medidas para a modernização de equipamentos, da investigação e da perícia e para a padronização de tecnologia dos órgãos e das instituições de segurança pública, estimular e apoiar a realização de ações de prevenção à violência e à criminalidade, com prioridade para aquelas relacionadas à letalidade da população jovem negra, das mulheres e de outros grupos vulneráveis, e promover a interoperabilidade dos sistemas de segurança pública, dentre outros igualmente ambiciosos.

O elogio que se faz à Lei é haver o reconhecimento de que a segurança pública é um dos mais graves problemas nacionais e que o seu enfrentamento deve ser intersetorial e envolver todos os entes federativos. A crítica, ao seu lado, é a mais óbvia: aparentemente a ideia não pegou (para usar um termo comum). Os motivos ainda não são claros, mas pode-se citar a desconfiança entre gestores públicos, que atuam movidos mais por ideologias políticas, no pior sentido do termo, do que por compromisso com a resolução do problema.

A Lei citada entrou em vigor em 2018, sem que tenha surtido efeito substancial na redução da criminalidade, do ponto de vista objetivo, e redução da sensação de insegurança, do ponto de vista subjetivo. Buscando resolver esse problema, o Governo Federal está implementando o CIDADESUSP, que visa dar executoriedade à respectiva Lei, com melhoria do sistema de enfrentamento à criminalidade.[115]

7.2 executoriedade do Sistema Único de Segurança Pública

De nada adianta criar o SUSP se não houver a execução dos seus princípios e metas. Essa execução passa pela coordenação dos ÓRGÃOS CENTRAIS, que são o Ministério Extraordinário da Segurança Pública, criado na época da edição da Lei (Governo Temer) e abarcado pelo Ministério da Justiça posteriormente (Governo Bolsonaro). Como ÓRGÃOS INTEGRANTES encontram-se todos os órgãos listados no art. 144 da Constituição Federal, guardas municipais e demais integrantes estratégicos e operacionais, que atuarão nos limites de suas competências, de forma cooperativa, sistêmica e harmônica.

São integrantes ESTRATÉGICOS do SUSP os entes federativos, por intermédio dos respectivos Poderes Executivos, e os Conselhos de Segurança Pública e Defesa Social dos três entes federados. Seus integrantes OPERACIONAIS são as polícias, as guardas municipais, a Secretaria Nacional de Segurança Pública (Senasp), secretarias estaduais de segurança

[115] CidadeSusp: programa do Ministério da Justiça amplia capacidade de atuação dos municípios em segurança pública. *Portal Gov.com*, 08 ago. 2022. Disponível em: https://www.gov.br/mj/pt-br/assuntos/noticias/cidadesusp-programa-do-ministerio-da-justica-amplia-capacidade-de-atuacao-dos-municipios-em-seguranca-publica. Acesso em: 25 out. 2022.

pública ou congêneres, Secretaria Nacional de Proteção e Defesa Civil (Sedec), Secretaria Nacional de Política Sobre Drogas (Senad), agentes de trânsito e guarda portuária.

O seu funcionamento é realizado através de integração dos órgãos, com operações com planejamento e execução integrados, estratégias comuns, aceitação mútua de registro de ocorrência policial, compartilhamento de informações, intercâmbio de conhecimentos e integração das informações e dos dados de segurança pública por meio do SINESP.

A Lei de regência trouxe a obrigatoriedade de criação dos CONSELHOS DE SEGURANÇA PÚBLICA E DEFESA SOCIAL. Existe o Conselho Nacional e também os Conselhos Estaduais, Distrital e Municipais de Segurança Pública e Defesa Social. Esses conselhos devem exercer o acompanhamento dos integrantes operacionais do SUSP (polícia federal, polícia civil, polícia militar etc.) e poderão recomendar providências legais às autoridades competentes.

Os conselhos são compostos por I – representantes de cada órgão ou entidade integrante do SUSP; II – representante do Poder Judiciário; III – representante do Ministério Público; IV – representante da OAB; V – representante da Defensoria Pública; VI – representantes de entidades e organizações da sociedade cuja finalidade esteja relacionada com políticas de segurança pública e defesa social; VII – representantes de entidades de profissionais de segurança pública.

Também houve a previsão de FORMULAÇÃO DOS PLANOS DE SEGURANÇA PÚBLICA E DEFESA SOCIAL. Cabe à União instituir o Plano Nacional de Segurança Pública e Defesa Social, destinado a articular as ações do poder público.

O Plano terá duração de 10 anos a contar de sua publicação.

No plano, o papel da União é, por intermédio do Ministério Extraordinário da Segurança Pública (posteriormente abarcado pelo Ministério da Justiça), elaborar os objetivos, as ações estratégicas, as metas, as prioridades, os indicadores e as formas de financiamento e gestão das Políticas de Segurança Pública e Defesa Social. Os Estados, o Distrito Federal e os Municípios deverão, com base no Plano Nacional de Segurança Pública e Defesa Social, elaborar e implantar seus planos correspondentes em até 2 (dois) anos a partir da publicação do documento nacional, sob pena de não poderem receber recursos da União para a execução de programas ou ações de segurança pública e defesa social.

Outros objetos foram tratados na criação do SUSP, como CONTROLE E TRANSPARÊNCIA, especialmente através de suas ouvidorias, e CAPACITAÇÃO E VALORIZAÇÃO DO PROFISSIONAL EM SEGURANÇA PÚBLICA E DEFESA SOCIAL, através do SIEVAP (Sistema Integrado de Educação e Valorização Profissional).

7.3 O Plano Nacional de Segurança Pública e Defesa Social (PNSP 2021-2030)

Seguindo as disposições legais, preconizadas nos objetivos e diretrizes da PNSPDS, o Governo Federal instituiu, em 2021, o Plano Nacional de Segurança Pública e Defesa, década 2021-2030, através do Decreto nº 10.822/2021. Estabeleceu prioridades, metas, indicadores e prazos para os próximos 10 anos.

O plano é gerido pelo Ministério da Justiça e parceiros, e tem metas razoáveis, para serem implementadas até 2030. São um TOTAL DE 13 METAS:

1. Reduzir a taxa nacional de homicídios para abaixo de 16 mortes por 100 mil habitantes. A meta é viável, já que houve a redução da taxa nos últimos anos, passando-se de 28.2 em 2012 para 22.3 em 2021, segundo o 16º Anuário Brasileiro de Segurança Pública;[116]

[116] FÓRUM BRASILEIRO DE SEGURANÇA PÚBLICA. *Anuário Brasileiro de Segurança Pública*. Disponível em: https://forumseguranca.org.br/anuario-brasileiro-seguranca-

2. Reduzir a taxa nacional de lesão corporal seguida de morte para abaixo de 0,30 morte por 100 mil habitantes;
3. Reduzir a taxa nacional de latrocínio para abaixo de 0,70 morte por 100 mil habitantes;
4. Reduzir a taxa nacional de mortes violentas de mulheres para abaixo de 2 mortes por 100 mil mulheres;
5. Reduzir a taxa nacional de mortes no trânsito para abaixo de 9 mortes por 100 mil habitantes;
6. Reduzir o número absoluto de vitimização de profissionais de segurança pública em 30%;
7. Reduzir o número absoluto de suicídio de profissionais de segurança pública em 30%;
8. Reduzir a taxa nacional de furto de veículos para abaixo de 140 ocorrências por 100 mil veículos;
9. Reduzir a taxa nacional de roubo de veículos para abaixo de 150 ocorrências por 100 mil;
10. Aumentar em 60% o quantitativo de vagas no sistema prisional, com o total de 677.187 vagas;
11. Aumentar em 185% o quantitativo de presos que exercem atividade laboral, com o total de 363.414 presos em atividades laborais;
12. Aumentar em 185% o quantitativo de presos que exercem atividades educacionais, com o total de 218.994 mil presos em atividades educacionais; e
13. Atingir o índice de 50% das Unidades Locais devidamente certificadas, por meio de alvará de licença (ou instrumento equivalente) emitidos pelos corpos de bombeiros militares.

O grande mérito dos coordenadores do trabalho é o estabelecimento de METAS VIÁVEIS, sem promessas vagas, como

publica/. Acesso em: 25 out. 2022. As demais metas podem ser comparadas dentro do citado anuário.

se em poucos anos chegássemos a índices equiparados aos dos países nórdicos, que têm outra realidade. Metas críveis, com trabalho efetivo, não plenamente capazes de serem atingidas.

Dentre as 13 metas estabelecidas pelo PNSP 2021-2030, 12 vinculam-se a temáticas relevantes à atuação municipal, de modo que o delineamento de linhas de ação e a execução de projetos, políticas e programas por parte dos executivos municipais em linha com as diretrizes do plano nacional é uma condição necessária à efetivação de suas metas.

O SUSP usa o eixo municipal como finalidade de execução. Reconhece que os planos e metas devem ser nacionais, mas a execução deve ser local. Não há política pública, seja em que área for, sem a participação ativa dos Municípios. A maior delegação de responsabilidade para o nível local está diretamente associada à obtenção de maiores níveis de eficiência e eficácia na aplicação de recursos públicos, na medida em que os agentes públicos locais, por estarem mais próximos da realidade de cada território, teriam melhores condições de compreender as demandas de cada comunidade e de adequar a oferta de serviços a essa realidade. Ao mesmo passo, a proximidade entre cidadãos e os agentes públicos é vista como essencial para fortalecer o chamado *accountability* das autoridades, instituindo um ciclo virtuoso na gestão dos recursos públicos.

A PNSPDS (Lei nº 13.675/2018) propõe deveres e responsabilidades aos integrantes estratégicos do Sistema Único de Segurança Pública (SUSP). No caso dos municípios, destacam-se a criação/manutenção de Conselho Municipal de Segurança Pública e Defesa Social, formulação de Plano Municipal de Segurança Pública e Defesa Social e instituição de órgãos de ouvidoria.

O plano reconhece que grande parte dos municípios ainda possui déficits em termos de estrutura e de domínio de metodologias e competências necessárias ao desempenho das funções esperadas. Em áreas nas quais as competências municipais já estão estabelecidas há bastante tempo, como é o caso da Saúde e da Educação, a existência de conselhos municipais que servem de instrumento para a efetivação da participação social no processo de formulação de políticas públicas é significativamente maior do que a proporção de municípios que possuem conselhos de segurança.

O CIDADE SUSP visa ser um programa de abrangência nacional, através do qual o Ministério da Justiça e Segurança Pública instituirá meios para transferir, ao conjunto dos municípios brasileiros, as competências necessárias à qualificação de sua atuação no campo da segurança e à integração de suas iniciativas com relação aos esforços empreendidos pelos demais entes federativos, com o objetivo de impulsionar mais e melhores resultados.

O CidadeSusp[117] consiste, especificamente, no desenvolvimento de competências municipais para a segurança pública, por meio de um conjunto de ações orientadas à transferência de conhecimento, metodologias, sistemas, estruturas, soluções informatizadas para que os municípios possam, efetivamente, atuar como integrantes estratégicos do SUSP.

Foram separados dois eixos de atuação:

EIXO I

Apoio institucional à implementação ou aperfeiçoamento de Observatórios de Segurança Pública Municipais (OSEPMunicipais), capazes de efetivar metodologias de gestão qualificada, baseada em Diagnósticos e Planos Municipais de Segurança Pública sustentados em evidências.

EIXO II

Disseminação de metodologias e disponibilização de guias, sistemas e soluções informatizadas necessárias ao desenvolvimento

---

[117] BRASIL. *Programa Nacional de Fortalecimento da Gestão Municipal de Segurança Pública.* Disponível em: https://cidadesusp.mj.gov.br/. Acesso em: 25 out. 2022.

de Diagnósticos e Planos Municipais de Segurança Pública e Defesa Social e transferência de competências para atuação autônoma dos OSEP-Municipais, em integração aos demais integrantes estratégicos e operacionais do SUSP Compromissos, responsabilidades e atribuições do Ministério da Justiça e Segurança Pública.

O plano possibilita a TRANSFERÊNCIA DE RECURSOS aos Municípios para execução de seus projetos de segurança pública. Se, por um lado, é óbvio que não há execução de políticas públicas sem recursos, por outros há o risco de perversão do sistema de cooperação do SUSP através dessa transferência de recursos.

Os riscos que podem ser citados são:

a) a entidade municipal, querendo receber recursos, realiza projetos no estilo COPIA-COLA, buscando projetos de impacto mais político-propagandístico do que práticos e adequados à realidade local;
b) desvio de recursos públicos, como costuma ocorrer em projetos relacionados a fundos já existentes (FUNDEB, FNS etc.); e
c) visando impedir desvios, a forma de controle será mais burocrática, dificultando a execução dos planos.

De todo modo, pode-se afirmar que a transferência de recursos técnicos aos municípios é um dos pilares mais importantes do programa. A possibilidade de transferência de recursos também exige contrapartidas por parte dos Municípios, incluindo a criação de um Conselho Municipal de Segurança Pública e de Observatório Municipal de Segurança Pública, incluindo sua estrutura física e de mobiliário, bem como de pessoal de carreira dedicado.

Complementa-se afirmando que o CIDADE SUSP precisa ser mais divulgado, principalmente entre a classe política, pois precisa ser debatido inclusive em campanhas eleitorais. *Vide* o que Felipe Sampaio,[118] em artigo sobre o tema, afirma:

> Contudo, a maioria dos candidatos às prefeituras e câmaras locais não conheceu a amplitude das atribuições municipais na segurança urbana, disciplinadas pela Lei do Susp. A criação de um sistema nacional para a segurança pública veio complementar, com atraso de 30 anos, o Art. 144 da Constituição Federal de 1988 e reafirmou que a segurança pública é responsabilidade da União e dos Estados, mas também dos Municípios. Para tanto, vale a pena montar uma equipe e um modelo de gestão que consigam organizar e analisar as informações da cidade, diagnosticando quem são as pessoas mais vulneráveis à violência, onde vivem e os fatores correlatos, montando o mapa da insegurança e da desigualdade do município.

Por isso, a importância da divulgação desse sistema, para que efetivamente venha a ser implementado pelos Municípios brasileiros.

O SUSP-CIDADES, trazendo as responsabilidades dos Municípios, pode ser resumido através dos tópicos abaixo.

a) OBRIGAÇÃO DO MUNICÍPIO EM ATUAR NA GESTÃO DE SEGURANÇA PÚBLICA

Os municípios têm papel premente na segurança pública e, por isso mesmo, foram alçados à condição de ente estratégico do SUSP pela Política Nacional de Segurança Pública e Defesa Social (PNSPDS, Lei nº 13.675/2018). Assim como em outras áreas temáticas, os municípios se constituem no ente federativo mais próximo à população,

---

118 SAMPAIO, Felipe. Cidades seguras: o município e o SUSP. *Fonte Segura*, 25 nov. 2020. Disponível em: https://fontesegura.forumseguranca.org.br/cidades-seguras-o-municipio-e-o-susp/. Acesso em: 25 out. 2022.

gozando, portanto, de melhores condições de partida para compreender, em profundidade, as demandas e anseios da comunidade e, mediante articulação com os demais entes, estabelecer políticas públicas que respondam de maneira eficiente e eficaz a essas demandas, considerando as melhores evidências disponíveis. Ademais, o município tem gestão sobre um conjunto de serviços públicos que se vinculam a um conjunto de "causas críticas" da insegurança e da incidência de riscos coletivos, dentre os quais aqueles fenômenos ligados às áreas da educação básica, da saúde, da assistência social e do desenvolvimento e controle urbano.

b) DEVERES E RESPONSABILIDADES DOS MUNICÍPIOS NA SEGURANÇA PÚBLICA

Segundo o Art. 144 da Constituição Federal de 1988, a segurança pública é um dever do Estado brasileiro e um dos direitos da cidadania. Historicamente, as responsabilidades dos municípios nesse campo foram usualmente percebidas como associadas quase que exclusivamente à preservação do patrimônio público municipal (Art. 144, §8º, CF/1988), mediante o trabalho comumente desempenhado pelas chamadas Guardas Municipais. A ideia não é resumir o papel dessa entidade na mera manutenção de Guarda Municipal, mas através do fortalecimento de políticas sociais para dirimir riscos sociais, como será melhor analisado abaixo.

c) O MUNICÍPIO COMO ENTIDADE INTEGRANTE ESTRATÉGICO DO SUSP

A promulgação da Política Nacional de Segurança Pública e Defesa Social (PNSPDS, Lei nº 13.675/2018) estabeleceu-se como um novo marco na trajetória histórica do tema no Brasil.

Dentre as diversas e relevantes transformações fomentadas por esse novo marco legal, destaca-se o fato de que a referida lei federal (Art. 9, §1º) avançou no sentido de reconhecer o município como um integrante estratégico do SUSP, ao lado da União, Estados, Distrito Federal e dos Conselhos de Segurança Pública e Defesa Social dos três entes federados. Ser um "integrante estratégico" significa ser corresponsável pelo delineamento, definição e implantação de estratégias (específicas ou comuns) no âmbito da prevenção e do controle qualificado da incidência de criminalidade e violência. Não há a possibilidade de o MUNICÍPIO ESCOLHER NÃO SER INTEGRANTE, já que a Lei de Regência, por ter caráter de LEI NACIONAL,[119] o exige. Pode-se, até mesmo, falar em possível responsabilização do gestor que se recusa ou se omite em participar de tal plano.

d) OBSERVATÓRIO DE SEGURANÇA PÚBLICA MUNICIPAL (OSEP-MUNICIPAL)

Os Municípios devem criar um OBSERVATÓRIO de segurança pública, como uma espécie de agência. Tem a finalidade de analisar a efetivação de diagnósticos situacionais, à prestação de contas, à identificação de problemas relativos ao crime e fatores associados, ou mesmo para se instituírem como instâncias de reflexão crítica, a partir da qual sejam produzidos suporte empírico e tecnológico necessários à orientação do processo de tomada de decisão, seja em âmbito estratégico, seja junto a atividades de natureza mais tático-operacional.

---

[119] A Lei Nacional é uma lei federal que obriga a todos em todo o território nacional. Quando a lei federal tem abrangência apenas no sentido de obrigar a União, diz-se que esta é lei federal. Denominada lei federal de forma imprópria. Um exemplo é a Lei nº 8112, que regula apenas as relações de trabalho dos servidores da União, e não a de Estados e Municípios e DF. Estes é que farão suas leis para regular a relação de trabalho de seus servidores.

Essas organizações podem ser locais/municipais, regionais, estaduais, nacionais ou supranacionais, e podem cobrir a criminalidade geral ou abarcar, também, um conjunto de causas críticas e de fatores sociais de risco (e/ou de proteção) relevantes à temática da segurança pública e defesa social em um sentido mais amplo, como é o caso, por exemplo, da desordem urbana, da evasão escolar, da precariedade do acesso a mecanismos e políticas de proteção social, e assim por diante.

A título de informação, trazemos o caso do OBSERVATÓRIO já em funcionamento, no Município de CANOAS, RIO GRANDE DO SUL. Claudete de Souza, Cristina Carvalho e Rosária Lanziotti Moraes resumem o funcionamento do citado OSEP:[120]

> No município de Canoas, o Observatório de Segurança Pública foi implantado inicialmente com recursos captados do Governo Federal. O município justificou a criação, estruturação e implementação do Observatório de Segurança Pública, defendendo a importância de produzir e analisar dados relativos à caracterização da natureza, do número e da distribuição espacial da ocorrência das ações de violência e dos crimes incidentes no município. Foi assim instituído um Centro de Pesquisa Social Aplicada à Segurança Pública. Com este propósito e esta justificativa foi institucionalizado e tornou-se uma política pública, através da Lei Municipal nº 5.386, de 19 de maio de 2009. Seus objetivos passavam também pela qualificação e aperfeiçoamento da gestão de segurança pública, através das atividades desenvolvidas pelo GGI-M e, também, por oportunizar novas possibilidades de abordar e intervir na gestão de políticas públicas de segurança, com foco na prevenção da violência. Com o propósito de garantir a sustentabilidade do projeto, o município instituiu uma parceria com a Fundação La Salle e sua faculdade local, a Unilasalle, a fim de constituir um grupo de pesquisa acadêmico. Desde sua implantação o

[120] SOUZA, Claudete de; CARVALHO, Cristina; MORAES, Rosária Lanziotti. *Os Observatórios de Segurança Pública Municipais como Ferramenta de Gestão* – o caso do município de Canoas. https://core.ac.uk/download/pdf/293607229.pdf. Acesso em: 25 out. 2022.

Observatório foi formado por um tripé composto pela Prefeitura Municipal de Canoas, o Fórum Brasileiro de Segurança Pública e o Grupo de Pesquisa e Violência e Cidadania da Universidade Federal do Rio Grande do Sul.

O modelo tem dado resultados, já que traz tanto parceiros públicos quanto privados para a discussão das metas, problemas e soluções para a temática segurança pública, implementando o princípio da participação ativa do cidadão nas decisões coletivas. Dentre os resultados práticos, podemos citar a capacidade de verificar onde há maior ocorrência de crimes, tipo de ocorrência, fluxo de armas e drogas, dentre outras informações vitais.[121]

e) CONSELHO MUNICIPAL DE SEGURANÇA PÚBLICA MUNICIPAL

O Conselho Municipal de Segurança Pública é uma instância de participação popular nas decisões que interferem diretamente na ordem pública de suas respectivas cidades e comunidades. O objetivo primordial desses conselhos é, além do fortalecimento do controle social, estabelecer um canal propício para que a população e organizações da sociedade civil participem do processo de identificação das necessidades locais no âmbito da segurança pública, bem como no desenho e implementação de políticas públicas e no processo de definição de prioridades, inclusive no que diz à alocação de recursos. A PNSPDS (Lei nº 13.675/2018) estabelece, em seu capítulo IV, diretrizes para o estabelecimento e composição desses conselhos, e define que deverão ter natureza de colegiado,

[121] Sobre o observatório citado, *vide* mais informações em: https://www.canoas.rs.gov.br/servicos/observatorio-de-seguranca/. Acesso em: 27 nov. 2022, onde constam os informativos e relatórios específicos.

com competência consultiva, sugestiva e de acompanhamento social das atividades de segurança pública e defesa social.

Sobre a natureza jurídica dos CONSEGs, verifica-se que há uma mudança de rumo, conforme Felipe Lyra da Cunha,[122] para quem:

> houve uma omissão persistente do Poder Legislativo. Como mencionado, a previsão normativa de uma política pública ocorreu apenas no ano de 2018 – 30 anos após o texto constitucional – por meio da edição da Lei 13.675/2018. Por conseguinte, a previsão legal dos conselhos de segurança pública também sofreu tal atraso. O tempo, no entanto, encarregou-se de mostrar a importância do direito fundamental à segurança pública. Com o passar dos anos, houve um incremento da violência, representado pelo grande aumento do número de mortes violentas, de crimes contra o patrimônio e de violência contra a mulher. Sendo assim, diante do vácuo normativo, a própria sociedade, no afã de frear a escalada da violência, mobilizou-se para criar os conselhos de segurança pública, inicialmente com uma natureza jurídica eminentemente privada e, portanto, sem qualquer traço de controle social. (...) Ocorre que a capacidade de mobilização social não é uniforme. Sendo assim, nesse momento, os conselhos foram criados sem a representação plural e paritária, essencial aos órgãos de controle social. Por tal razão, o funcionamento mais efetivo dos conselhos ficou restrito aos grandes centros urbanos, com a participação mais expressiva de comerciantes e empresários. Atualmente, a Lei Federal 13.675/2018 supriu a carência legislativa acerca do tema, regulamentando os conselhos de segurança pública em capítulo específico, determinando a sua criação em todos os entes da Federação: A Lei Federal 13.675/2018 realmente pretende conferir aos conselhos de segurança pública o status de órgão de controle social. Um dos objetivos do Plano Nacional de Segurança Pública

[122] CUNHA, Felipe Lyra da. *Conselhos de segurança pública*: participação dos membros do Ministério Público e controle social das políticas públicas de segurança. Disponível em: https://escolasuperior.mppr.mp.br/arquivos/File/TCCs/2019/Felipe_Lyra_-_Conselhos_de_Seguranca_Publica_Participacao_dos_Membros_do_Ministerio_Publico_e_Controle_Social_das_Politicas_Publicas.pdf. Acesso em: 25 out. 2022.

e Defesa Social é a promoção da participação social nos conselhos (artigo 6º, inciso V).

Ou seja, os CONSEGs evoluíram de entidades privadas, no vazio legislativo, para entidades públicas e de controle social, de acordo com a Lei de análise.

Por fim, verifica-se que a criação dessas estruturas e instâncias de participação é de extrema importância e relevância, na medida em que a própria estrutura formal do SUSP se dá pela formação de Conselhos (conforme *caput* do Art. 19). Ademais, há projetos de lei em tramitação no Congresso Nacional (ex.: Projeto de Lei nº 5905/2019)[123] que vêm buscando estabelecer a criação e manutenção desses conselhos como condição necessária para que os municípios possam acessar os recursos do Fundo Nacional de Segurança Pública (FNSP).

f) DIAGNÓSTICO MUNICIPAL DE SEGURANÇA PÚBLICA

O Diagnóstico Municipal de Segurança Pública (DMSP) é um instrumento de gestão que tem como objetivo permitir que os municípios conheçam, com o maior nível de profundidade possível, a situação atualmente vivida pela cidade, no âmbito da segurança pública. Esse instrumento de avaliação situacional se propõe a apresentar uma "radiografia" do município, tanto do ponto de vista da incidência da criminalidade e violência quanto de determinados riscos coletivos e fatores sociais ("causas críticas") altamente relevantes para a deterioração e/ou insustentabilidade dos indicadores nestas áreas.

[123] BRASIL. *Projeto de Lei nº 5905/2019*. Altera dispositivos da Lei nº 13.756/2018 para garantir a transferência de recursos do Fundo Nacional de Segurança Pública (FNSP) para os Municípios. Disponível em: https://www.camara.leg.br/propostas-legislativas/2228872. Acesso em: 25 out. 2022.

g) PLANO MUNICIPAL DE SEGURANÇA PÚBLICA

O plano municipal de segurança pública (PMSP) corresponde a um instrumento de gestão no qual atores relevantes à gestão da segurança em âmbito municipal pactuam metas e resultados a serem alcançados dentro de um determinado horizonte de tempo, bem como estabelecem as linhas de ação, políticas, programas e projetos que serão implantados para viabilizar o alcance dos objetivos estabelecidos, com suas respectivas ordens de prioridade e formas de financiamento. A Lei nº 13.756/2018, que dispõe sobre o Fundo Nacional de Segurança Pública (FNSP), estabelece, em seu artigo 9º, que o recebimento, pelos municípios, de recursos financeiros por meio de convênios ou contratos de repasse junto à União é condicionado à existência de um plano municipal de segurança. A PNSPDS (Lei nº 13.675/2018) estabelece, em seu capítulo V, diretrizes para a formulação desses instrumentos, que, no caso do Distrito Federal, dos estados e municípios brasileiros, devem ser elaborados com base no Plano Nacional de Segurança Pública e Defesa Social, e implantados dentro de um prazo de até 2 (dois) anos a partir da publicação do documento nacional, sob pena de não poderem receber recursos da União para o cofinanciamento de programas ou ações de segurança pública e defesa social.

h) CRIAÇÃO DE GUARDA MUNICIPAL

As Guardas Municipais (GM), em alguns casos denominadas "Guardas Metropolitanas", são integrantes operacionais do Sistema Único de Segurança Pública (SUSP), ao lado da polícia federal; da polícia rodoviária federal; das polícias civis; das polícias militares; dos corpos de bombeiros militares; e de um conjunto de órgãos listados no art. 9º §2º da PNSPDS (Lei nº 13.675/2018), dentre os quais está a Secretaria Nacional de

Segurança Pública (SENASP/MJSP). Essas guardas correspondem, em geral, a um órgão de segurança pública vinculado aos poderes executivos municipais, que têm, lato sensu, poder de polícia administrativa e executam, via de regra, ações de patrulhamento, seja ele preventivo, comunitário, focado na mediação de conflitos, na proteção do patrimônio público, na fiscalização do trânsito ou vinculado a alguma das outras atribuições usualmente atribuídas à GM, conforme competências listadas no Estatuto Geral das Guardas Municipais (Lei nº 13.022/2014).

A Lei de Regência das Guardas Municipais dispõe sobre: 1) INCUMBÊNCIA (Incumbe às guardas municipais, instituições de caráter civil, uniformizadas e armadas conforme previsto em lei, a função de proteção municipal preventiva, ressalvadas as competências da União, dos Estados e do Distrito Federal); 2) PRINCÍPIOS (I – proteção dos direitos humanos fundamentais, do exercício da cidadania e das liberdades públicas; II – preservação da vida, redução do sofrimento e diminuição das perdas; III – patrulhamento preventivo; IV – compromisso com a evolução social da comunidade; e V – uso progressivo da força; 3) COMPETÊNCIAS (proteção de bens, serviços, logradouros públicos municipais e instalações do Município, além de outras competências específicas que incluem a atuação conjunta com as demais forças de segurança); 4) REGRAS DE CRIAÇÃO (que a vinculam ao chefe do Poder Legislativo e limitam o efetivo de acordo com a população); 5) FORMAS DE CONTROLE (prevendo controle interno e externo), dentre outras regras específicas.

A criação de Guardas Municipais já foi, no passado, uma pré-condição exigida pelo governo federal para que municípios pudessem acessar recursos do FNSP (Lei nº 10.201/2001, revogada pela Lei nº 13.756/2018). Hoje já não é mais assim. A recomendação da SENASP é que os municípios optem pela criação da Guarda Municipal levando em consideração as condições específicas da realidade local, e a forma como os vetores de criminalidade, violência e riscos coletivos se manifestam no território, conforme elucidado pelo Diagnóstico Municipal de Segurança Pública (DMSP).

i) Programa Nacional de Fortalecimento da Gestão Municipal.

O Programa Nacional de Fortalecimento da Gestão Municipal de Segurança Pública (CidadeSusp) é uma iniciativa da Secretaria Nacional de Segurança Pública (SENASP/MJSP) e tem como principal objetivo apoiar a instituição de ambientes sociais mais seguros e cidades menos propensas à desordem e à incidência de criminalidade mediante o fortalecimento dos municípios para atuarem enquanto integrantes estratégicos do Sistema Único de Segurança Pública (SUSP). Para atingir tal objetivo, o CidadeSusp buscará equipar os municípios com metodologias, ferramentas e soluções tecnológicas que fortaleçam suas competências e os dotem de maior autonomia para lidar com o tema e gerar melhores resultados no campo da segurança pública. O programa possibilitará, por meio de uma plataforma digital online (Portal CidadeSusp), que os municípios realizem diagnósticos (DMSP) e elaborem planos municipais (PMSP) orientados à melhoria da segurança pública municipal, com foco nos principais problemas, debilidades e desafios encontrados em seu território.

j) A adesão do município ao Programa Nacional de Fortalecimento da Gestão Municipal.

Todo e qualquer município brasileiro pode aderir ao programa. Entretanto, o CidadeSusp possui duas modalidades de adesão específicas: "focalizada" e "ampla". A adesão focalizada destina-se aos 120 municípios prioritários do programa, que irão aderi-lo em 06 grandes fases (ou "ondas") de implementação, cada uma delas com 20 municípios. Todos os demais 5450 municípios brasileiros estão aptos a participar na modalidade "adesão ampla".

Dentre os 5.570 municípios do território nacional, utilizando-se os dados do Sinesp, identificaram-se aqueles que representariam uma parcela significativa dos homicídios que ocorrem no país. De acordo com os dados do Sinesp,[124] dentre todos os homicídios registrados no triênio 2018-2020, 47,53% ocorreram em apenas 120 dos municípios que compõem o território nacional, ou seja, cerca de 2% dos 5.570 municípios brasileiros concentraram, no período analisado, quase metade dos homicídios do país.

Os MUNICÍPIOS PRIORITÁRIOS têm suas próprias características, não havendo, a priori, estudos conclusivos sobre os motivos dos altos índices de mortes violentas, podendo-se presumir que há uma maior atuação de facções criminosas nesses. Os municípios prioritários estão divididos nas seguintes por macrorregiões: 51 municípios (ou 42,5%) na Região Nordeste, 30 municípios (ou 25%) na Região Sudeste, 16 municípios (ou 13,33%) na Região Norte, 14 municípios (ou 11,66%) na Região Sul e 9 municípios (ou 7,5%) na Região Centro-Oeste.

Fazemos aqui uma observação sobre a lista apresentada pelo SINESP e que referendam a implementação progressiva dos municípios dentro do PROGRAMA NACIONAL DE FORTALECIMENTO. *Vide* os 20 MUNICÍPIOS com maior número de HOMICÍDIOS em dados absolutos. São eles: Rio de Janeiro, Salvador, Fortaleza, Manaus, São Paulo, Recife,

---

[124] BRASIL. Ministério da Justiça e Segurança Pública. *Nota Técnica nº 5/2022/CidadeSusp/DPSP/SENASP/MJ*. Disponível em: https://cidadesusp.mj.gov.br/docs/NotaTecnica.pdf. Acesso em: 26 out. 2022.

Belém, Brasília, Porto Alegre, Feira de Santana, Maceió, Belo Horizonte, Caucaia, Goiânia, Jaboatão dos Guararapes, Nova Iguaçu, São Gonçalo, Duque de Caxias, Teresina e Curitiba. Há grande distorção entre esses, respectivamente ao total da população, perfil sócio econômico, índice de desenvolvimento humano, origem populacional (perfil étnico) etc. Tal distorção impede que seja levantada uma única hipótese sobre o alto índice de homicídios. A existência de facções consolidadas no território (Rio de Janeiro e cidades conurbadas e São Paulo) ou a guerra de expansão e de conquista por facções (cidades de médio porte nordestinas e capitais historicamente com baixos índices de homicídio, como Teresina, Goiânia e Curitiba) podem explicar esse processo.

O levantamento e a adesão desses municípios, aliado aos outros aspectos citados acima, como o OBSERVATÓRIO MUNICIPAL, permitirá compreender porque determinados municípios estão nessa espécie de LISTA NEGRA, da qual todos querem se autoexcluir.

As metas de atuação em forma de ondas são razoáveis, permitindo uma expansão segura e com correção de rumos.

k) ETAPA DE MONITORAMENTO E GESTÃO DOS PLANOS MUNICIPAIS DE SEGURANÇA PÚBLICA (PMSP)

Nesta etapa, os Planos Municipais de Segurança Pública (PMSP) são detalhados e entram em sua fase de execução. A partir desse momento, o Gerente do PMSP – definido pelo Ponto Focal –, passa a realizar a gestão do plano a nível estratégico. Por um lado, acompanha o avanço da execução física e financeira das ações, avaliando os marcos críticos, gerenciando riscos, identificando restrições e propondo providências para superá-las. Por outro lado, monitora a trajetória dos indicadores de entregas e resultados, de forma a garantir que as ações acordadas estão de fato atingindo os objetivos esperados. Paralelamente, por intermédio da gestão de usuários, o Ponto Focal pode habilitar os membros do Observatório de Segurança Pública (OSEP-Municipal) a monitorar a execução do PMSP. Com isso, esses usuários têm acesso a gráficos e informações que permitem uma visualização executiva sobre o andamento do plano.

Concluindo a parte relacionada ao SUSP, especialmente ao CIDADE SUSP, vemos que os caminhos trilhados até agora são de preparação, havendo a necessidade de convencer gestores públicos de que SEGURANÇA é um tema urgente e que há formas objetivas de enfrentar os desafios. O primeiro passo, consistente em regulamentação legislativa e normativa já foi tomado, estando descritos acima. O segundo passo está em processo, ou seja, o chamamento dos Municípios para que atuem dentro desse sistema. Essa fase necessita de atuação da mídia, do Ministério Público e da sociedade como um todo, para que gestores públicos não se omitam ante a esse problema. As fases seguintes passam pela implementação de projetos e programas adequados à melhoria do sistema social e enfrentamento efetivo da questão.

A principal hipótese levantada por este trabalho é a de que AS FACÇÕES CRIMINOSAS são o principal problema de segurança nacional, estando em fase de expansão lenta e gradual para entidades mafiosas (capazes de auferir rendas ilícitas e atuar eficazmente no processo de ocultamento desse patrimônio) e entidades terroristas, como os cartéis mexicanos, com risco real de rompimento da normalidade de funcionamento estatal.

O SUSP e seus corolários são uma resposta eficaz, que precisa sair do papel. Essa é a melhor forma de enfrentamento da criminalidade, com correção de rumos e melhoria social.

Tomemos a lição de Roberto Motta,[125] para quem:

> O Brasil não é um país violento. As pessoas comuns não saem dando murros e atirando umas nas outras nas ruas. O brasileiro médio é gentil e cordial, independentemente de ter mais ou menos recursos e instrução. O problema do Brasil é uma grave infestação pelo crime em todas as suas formas. O PROBLEMA DO BRASIL É UMA CRISE DE CRIMINALIDADE. Nenhum assunto é mais importante do que esse. Para que nossa vida melhore, é preciso entender o que tornou o Estado brasileiro tão incompetente para realizar uma de suas funções mais básicas: garantir nossa segurança. É preciso conhecer os fatos. E os fatos são chocantes. Há muito tempo o Brasil vive uma guerra civil não declarada, na qual apenas um dos lados está armado.

O autor cita os alarmantes índices de homicídio já analisados, fazendo o comparativo com outros países de pior IDH que o Brasil, mas que não enfrentam a CRISE DA CRIMINALIDADE. O autor tenta, trazendo dados e considerações objetivas, fazer a sociedade entender que o problema precisa ser encarado de frente, ou nunca será resolvido.

E uma das principais formas de enfrentar essa crise da criminalidade é o enfrentamento às facções criminosas, causa e consequência desse processo.

---

[125] MOTTA, Roberto. *A Construção da Maldade*: como ocorreu a destruição da segurança pública brasileira. Timbó: Ed. Aves Raras, 2022. p. 14.

CAPÍTULO 8

CONCEITO DE ZONEAMENTO E POLÍCIA COMUNITÁRIA

8.1 Introdução

Como introdução a esse tópico deve-se conceituar o que vem a ser ZONEAMENTO e POLÍCIA COMUNITÁRIA. Parte-se do princípio de que as políticas públicas precisam ter execução local, dentro de um contexto maior, traçado por linhas de ação e princípios gerais. A ideia do PLANO NACIONAL DE SEGURANÇA, citado acima, alinhado aos ditames do SUSP, traz essa aplicação prática.

O conceito de ZONEAMENTO parte de uma base simples de que É PRECISO DIVIDIR PARA CONQUISTAR. As próprias facções criminosas, como modalidades de ORCRIMs altamente especializadas, já fazem isso. As divisões tradicionais do estado (comarca, município, estado etc.) não têm sido suficientes para essa conquista de territórios ocupados pelo crime. O termo correto é CONQUISTA e não RECONQUISTA. Boa parte de territórios ocupados pelo crime NUNCA FORAM OCUPADOS PELO ESTADO, podendo-se citar as favelas, vilas, bairros alagadiços etc. Áreas de extrema miséria que nunca viram políticas públicas efetivas, e foram tomadas por facções, como entidades organizadas. Não existe vácuo de poder. Onde o Estado não entra, entram outras formas de organização social. Nem todas essas formas são criminosas, podendo-se citar diversas organizações sociais, como assembleias de moradores, quilombos, cooperativas etc. que servem de auto-organização.

A ideia básica é criar ZONAS DE CONTROLE, com estrutura de poder bem definidas, e programas, tanto de policiamento quanto de aplicação de serviços sociais individualizados. O zoneamento parte desse conceito. Ao dividir uma área em zonas e aplicar os projetos específicos de segurança pública e serviços sociais, há uma possibilidade de controle. Isso não é nada mais do que agir de forma local. A questão sobre o tamanho de cada área zoneada não deve ser fixa. Às vezes, trata-se de região em que dezenas de municípios têm as mesmas características sociais e econômicas, e sofrem com o mesmo tipo de criminalidade. Podemos citar a região do Nordeste conhecida como POLÍGONO DA MACONHA, que, apesar de centrada no MUNICÍPIO DE SALGUEIRO-PE, atinge regiões em outros estados, em forma de vórtice ou espiral, que começa no centro indo até onde o poder dessa modalidade de crime consegue chegar. Podemos citar também regiões de fronteira, que têm as mesmas características, acerca do domínio de facções criminosas, que chega a outros países. O trabalho de zoneamento dessas áreas de controle, assim, deverá ser mais amplo, sendo necessário a articulação entre estados diferentes e até entre países diferentes.

A área devidamente zoneada, além de receber serviços públicos efetivos, e implementação de melhorias sócio-econômicas, devem receber também policiamento comunitário. Mas, antes de passar a esse conceito de policiamento, deve-se fazer uma consideração preliminar. O policiamento comunitário é voltado ao cidadão residente, e não ao INIMIGO, o adversário do projeto de ocupação do estado. Explica-se. O princípio básico é que algumas áreas precisam ser conquistadas antes de haver a aplicação de conceitos de policiamento comunitário e implementação de políticas sociais. Um dos grandes erros de política pública na área de segurança, entre os anos 80 e os anos 2 mil, foi a NEGOCIAÇÃO COM FACÇÕES. São numerosas as notícias de pedidos de autorização feitos por gestores públicos a donos de morros para construção de obras públicas, funcionamento de postos de saúde, escolas etc. Essa é a maior aberração a que o estado brasileiro se submeteu e se submete. As facções têm caráter terrorista. Por princípio não, se deve negociar com terroristas em hipótese alguma.

A ocupação, pelo estado, de territórios dominados por facções criminosas ou milícias (que têm a mesma natureza criminosa), passa pelas seguintes fases:

> a) delimitação do território, com conhecimento geográfico e de estrutura populacional e dos reais ocupantes do poder;
> b) infiltração, investigação e identificação dos líderes;
> c) ação repressiva com inteligência e força policial, inclusive letal (em último caso, frise-se), controlada, focando em anular resistência armada, priorizando os alvos que têm maior poder de controle, já que, por princípio de guerra básica, quando o líder é anulado (detido com vida, prioritariamente), seus comandados perdem força;
> d) ocupação do território de forma permanente, até que os agentes inimigos identificados sejam retirados da zona de controle (presos); e
> e) aplicação de polícia comunitária dentro da área de controle, mas mantendo forças de ocupação como um cordão de isolamento, para impedir a reocupação desses territórios pelas organizações criminosas.

A aplicação dessa ocupação parte de círculos internos e externos. Imagine-se a cena da cidade-império de ROMA. Roma tinha dois tipos de exércitos. As famosas LEGIÕES, que eram responsáveis por atacar os inimigos externos, preferencialmente em seus territórios, e a proteger, através da pax romana (*se queres paz te prepara para a guerra*, era o lema), a Cidade-Estado. Mas as legiões não entravam na capital. Eram proibidas. A segurança interna era responsabilidade da GUARDA PRETORIANA. Dois tipos de forças públicas. Uma voltada para o conflito e outra voltada para a paz. Uma voltada para a segurança externa e outra para a segurança interna. Pode-se pensar a solução da seguinte forma: ao ocupar áreas antes controladas por facções, as forças de guerra são mantidas em alerta permanente, mas atuando fora da área interna, zoneada, devendo controlar, principalmente, o acesso a essas áreas, como um ANEL em volta da área zoneada. Após, a polícia comunitária, conforme o modelo da guarda pretoriana, passa a atuar.

8.2 Policiamento comunitário

Veja a definição de polícia comunitária, segundo Trojanowicz e Bucqueroux:[126]

> A polícia comunitária é uma filosofia de policiamento personalizado de serviço completo, onde o mesmo policial patrulha e trabalha na mesma área numa base permanente, a partir de um local descentralizado, trabalhando numa parceria preventiva dos cidadãos para identificar e resolver os problemas.

É uma alternativa ao modelo tradicional de polícia. Esse último caracteriza-se por uma atitude reativa praticada após os incidentes, uma abordagem focada sobre os sintomas dos problemas de segurança ao invés de suas causas e pela posição isolada da polícia, não integrada e distante da

---

126 TROJANOWICZ Robert; BUCQUEROUX, Bonnie. *Policiamento Comunitário*: como começar. Rio de Janeiro: Editora Parma, 1994. p. 10.

população. A sua implementação exige mudanças tanto em termos administrativos – novas estruturas, métodos e táticas operacionais funcionando de forma integrada – quanto em termos simbólicos, ou seja, novos valores, representações e práticas inscritas na cultura organizacional da polícia.

David Bayley[127] destacou quatro elementos sempre presentes:

> a) Consulta – a polícia elabora mecanismos para discutir com a população os Programas de Polícia Comunitária no Brasil problemas que exigem atenção policial, para estabelecer prioridades e tentar resolvê-los.
> b) Adaptação – representa maior flexibilidade dentro da abordagem policial dos diversos problemas. O policiamento comunitário descentraliza o processo decisional, de maneira a poder desenvolver soluções propícias aos problemas específicos locais.
> c) Mobilização – envolve as atividades e iniciativas que a polícia empreende para obter a colaboração da população, buscando a promoção da segurança e o tratamento dos problemas sociais relacionados com a criminalidade. Aí se inserem, também, as parcerias e contatos como outros órgãos públicos.
> d) Resolução de problemas – no POC a polícia age de forma proativa e antecipada, de forma a analisar e reagir às causas das repetidas demandas pela sua intervenção.

Consulta, adaptação, mobilização e resolução de problemas são os pilares de sustentação da polícia comunitária. Trazendo para a nossa analogia, a polícia comunitária atua como guarda pretoriana, de proteção interna da polis. Não deve existir um único modelo de polícia. Um dos grandes erros da execução do conceito, em especial no Rio de Janeiro, foi

---

[127] BAYLEY, David. Police for the future. *Oxford University Press*, p. 105-115, 1994; BAYLEY, David. What works in policing. *Oxford University Press*, 1998. Citado em: FERRET, J.; OCQUETEAU, F. *Evaluer la police de proximité*. Paris: La Documentatión Française, 1998.

transformar a polícia comunitária em uma FORÇA DE OCUPAÇÃO PERMANENTE. A segurança da área zoneada, ou área de controle, deve ser apontada para dois pontos. Para fora, no sentido de que deve atuar com inteligência e força, impedindo a invasão de criminosos, com fornecimento de armas, drogas e logística, com uso de policiamento bem armado, treinado e com conhecimento tecnológico e informacional, ciente de que deve atuar com o uso de força que é prerrogativa apenas do Estado. Para dentro, no sentido de que é uma polícia mais voltada à resolução de conflitos internos. Essa é a ideia básica. Não adianta desarmar a polícia e tirar do Estado a força de agir contra facções criminosas e milícias, resumindo todo o problema de segurança pública ao conceito de policiamento comunitário. Devem existir dois tipos de polícia, portanto, uma voltada para a guerra permanente e outra para a paz, que deve ser permanente.

As orientações estratégicas do policiamento comunitário baseiam-se nos seguintes eixos:

a) Descentralização organizacional e orientação das patrulhas para favorecer a comunicação entre a população e a polícia;
b) Ações focadas sobre a resolução de problemas;
c) Atenção da polícia às prioridades da população quando da determinação dos problemas locais e da estratégia apropriada.

O ponto principal desse policiamento é a integração entre polícia e comunidade. A polícia presta serviço orientado para as necessidades e as expectativas dos beneficiários de sua função. A resolução de problemas objetiva: a) eliminar o problema, b) reduzir a sua incidência, diminuir a sua gravidade e a extensão de suas consequências, encaminhá-lo para um serviço público mais apropriado e melhorar as condições de vida da comunidade. Através de uma abordagem planificada e reflexiva.

Observe-se a lição de David Bayley:[128]

> Eu desisti de falar em policiamento comunitário. Aproximadamente há um ano, a Organização das Nações Unidas me pediu para escrever seu documento sobre o policiamento comunitário e como implementá-lo. Escrevi, mas ao final, disse: "por que não paramos de falar em policiamento comunitário? Por que não falamos de policiamento efetivo, de policiamento inteligente?" Policiamento inteligente significa que é possível reduzir o problema da criminalidade se você tem o público do seu lado. É simples assim. E como se faz isso? Você presta ao público o serviço que o público pede a você que preste. Esse é agora meu mantra.

Alguns pontos prejudicam o alinhamento entre comunidade e polícia. Pode-se citar, dentre outros: a) medo dos grupos criminosos urbanos; b) desconfiança e desarmonia com a polícia; b) o interesse pessoal dos diferentes grupos; c) conservadorismo e forte resistência à mudança da cultura policial.

Em relação ao primeiro ponto, referente ao medo de represálias por parte de grupos criminosos, fazemos referência ao afirmado acima, acerca da necessidade de uso de força de ocupação, antes de implementação de policiamento comunitário. Não existe a menor possibilidade de sucesso do policiamento comunitário se os grupos criminosos locais, especificamente FACÇÕES e MILÍCIAS ainda estiverem atuando. A população será forçada por esses grupos a boicotar a polícia, e seguirá tais recomendações, pelo princípio básico de que a polícia é limitada pela Lei (mesmo que pratica abusos), enquanto as facções e milícias respeitam apenas a chamada LEI DO CÃO (com permissão do uso da expressão nua e crua).

---

[128] BAYLEY, David. Police for the future. *Oxford University Press*, p. 105-115, 1994; BAYLEY, David. What works in policing. *Oxford University Press*, 1998. Citado em: FERRET, J.; OCQUETEAU, F. *Evaluer la police de proximité*. Paris: La Documentatión Française, 1998.

Não há qualquer entrave às organizações criminosas em usar instrumentos de força, como execução pública de caguetas e colaboradores da polícia. Assim, antes da implantação de qualquer ação do Estado, faz-se necessário a expulsão, com o uso de força necessário, desses grupos da comunidade, impedindo o seu reingresso. Isso fará com que a população se sinta protegida e apta a cooperar com as forças de segurança.

O segundo ponto, referente à desarmonia com a polícia, poderá ser revertido com políticas sérias de segurança, principalmente através de implementação de cooperação e democracia nesses serviços, indicando-se o uso de CONSELHOS DE SEGURANÇA e OUVIDORIAS nesse processo.

O terceiro ponto, referente ao conservadorismo da polícia, é complexo, e passa por mudança de pensamento de atuação da própria sociedade. Há uma necessidade urgente de mudança de paradigma, no sentido de que convencer tais grupos conservadores ou reacionários de que a segurança pública não se faz apenas com policiais, armamento, prisão e conflito. Faz-se também através de programas sociais e cooperação entre o maior interessado pela segurança (o cidadão) e o Estado como um todo.

Mesquita Neto,[129] tratando das dificuldades da consolidação do modelo de policiamento, aponta as dificuldades de sua consolidação, sintetizados abaixo:

- a cultura tradicional da polícia, centrada na pronta resposta diante do crime e da desordem e no uso da força para manter a lei e a ordem e garantir a segurança pública;
- a expectativa ou a demanda da sociedade por essa polícia tradicional e reativa;

[129] MESQUITA NETO, Paulo de. Policiamento Comunitário e Prevenção do Crime: a visão dos coronéis da Brigada Militar. *São Paulo em Perspectiva*, São Paulo, v. 18, n. 1, mar. 2004.

- o corporativismo dos policiais, expresso principalmente através das suas associações profissionais, que temem a erosão do monopólio da polícia na área da segurança pública e o aumento de responsabilização dos profissionais perante a sociedade;
- a limitação de recursos que a polícia dispõe para se dedicar ao atendimento de ocorrências, a investigação criminal e a organização e mobilização da comunidade, especialmente se a demanda pelo atendimento de ocorrências e investigação criminal é grande;
- a falta de capacidade das organizações policiais de monitorar e avaliar o próprio trabalho e fazer escolhas entre tipos diferentes de policiamento, levando em consideração sua eficácia, eficiência e legitimidade;
- as divisões e conflitos entre os policiais da direção e os da ponta da linha, entre policiais experientes e os policiais novos e, no caso do Brasil, uma dificuldade adicional seria o conflito entre policiais militares e civis;
- as divisões e conflitos entre a polícia e outros setores da Administração Pública;
- as divisões e conflitos entre grupos e classes sociais no interior da comunidade.

Esses são os problemas, mas todos são passíveis de serem superados.

CAPÍTULO 9

LINHAS DE ATUAÇÃO E PLANOS DE AÇÃO NO CONTROLE DE ÁREAS ZONEADAS (PLANOS DE AÇÃO RELACIONADOS À SEGURANÇA PÚBLICA)

9.1 Introdução

O Estado, em primeiro lugar, deve ocupar áreas antes sob comando do crime organizado. Essa ocupação demanda o uso de força, se necessário, mas demanda, antes de tudo, conhecimento e aprimoramento da gestão de recursos públicos. Passa, como dito alhures, por uma mudança de conceito, de que as áreas de risco (favelas, vilas etc.) devem ser absorvidas pelo Estado e não repelidas por esse. Pedaços do território brasileiro, que formam boa parte do perímetro urbano, não podem ser tratados como TERRITÓRIO OCUPADO, como faz Israel em relação aos territórios ocupados da Palestina.

Assim, após a conquista, passa-se à implantação de programas permanentes de segurança pública, especialmente pela execução de policiamento comunitário, e de programas gerais de melhoria da vida em sociedade, passando por áreas diversas e que estão interligadas, como esporte, lazer, trabalho, educação, saúde e assistência social e, principalmente, reordenamento urbano (*vide* o que foi afirmado sobre as REURBs).

Esse processo demanda linhas de ação claras e objetivas, além de factíveis. Citamos algumas, a título de sugestão, sem a pretensão de esgotar o assunto, e tão somente para dar início à discussão aprofundada sobre o tema.

9.2 Atuação da polícia ostensiva

Rodrigo Foureaux[130] apresenta o conceito de polícia ostensiva nos seguintes termos:

> A polícia ostensiva envolve a atuação preventiva e visual da polícia, com o fim de se evitar a ocorrência de crimes; perpassa pelas quatro fases do poder de polícia; engloba toda atividade ostensiva voltada para a segurança pública que não esteja expressamente na Constituição para os demais órgãos de segurança pública. Quando a Constituição quis limitar a atuação da Polícia ao patrulhamento ostensivo disse expressamente, como o caso da Polícia Rodoviária e Ferroviária Federal (art. 144, §§2º e 3º). Patrulhamento consiste no ato de patrulhar, que por sua vez, significa, realizar atividades móveis de fiscalização e rondas, que, geralmente, ocorre por intermédio de viaturas em movimento ou policiais que realizam o patrulhamento a pé. Policiamento é um substantivo que advém do ato de policiar, que, por sua vez, significa vigiar, fiscalizar, "proteger", "ficar de olho". O conceito é mais amplo que o de patrulhamento, pois além de englobar este, abrange as diversas atividades da polícia, como a prevenção e repressão a atos relacionados com a segurança pública.

Dessa forma, segundo o autor, ostensivo é um adjetivo que caracteriza o substantivo que o acompanha como algo que é possível de ser visto, notado, que "chama atenção", que é

---

[130] FOUREAUX, Rodrigo. Polícia Ostensiva e Policiamento Ostensivo. *Atividade Policial*, 02 maio 2020. Disponível em: https://atividadepolicial.com.br/2020/05/02/policia-ostensiva-e-policiamento-ostensivo/. Acesso em: 29 ago. 2022.

perceptível pelos sentidos humanos, sobretudo pela visão, que é o mais comum, por intermédio de viaturas e do giroflex, e audição, quando a polícia liga as sirenes ou emite mensagens pela viatura através do sistema de som.

A polícia ostensiva atua antes da prática do crime, impedindo-o. Está ligada ao conceito de que, vigiado, o criminoso deixa de agir. Pressupõe uma fiscalização permanente sobre uma área de controle, devidamente zoneada. Normalmente, o trabalho de policiamento ostensivo é realizado pela Polícia Militar, que tem a hierarquia militarizada, dividida em grupamentos, companhias e batalhões. A estrutura militar, ao tempo que facilita o policiamento ostensivo, também o prejudica, pela formalidade e pouca liberdade de atuação. Mas ainda é o modelo permanente em uso no Brasil.

Há algumas premissas quando se fala em policiamento preventivo, podendo-se citar: a) quanto mais vigiada uma área, menor a ocorrência de crimes; b) é impossível controlar, com olhar humano, toda a área de patrulhamento, havendo a necessidade de uso de tecnologia de monitoramento; c) o crime não é impedido apenas com esse tipo de policiamento, sendo uma falácia a busca por níveis zero ou próximo a zero de ocorrências; d) quanto mais controlado é o policial responsável pelo policiamento, menos abuso pratica contra o fiscalizado e menos corrompido tende a ser; e) outros.

Por ser a polícia que mantém contato prévio com o cidadão, é a Polícia Militar a entidade mais adequada a manter o chamado policiamento comunitário, devendo ser devidamente adaptada. Aqui não se busca entrar em questões polêmicas e eivadas de disputas ideológicas, como a desmilitarização da polícia e a unificação das suas forças. Tais questões acabam sendo acessórias, para o que se propõe. Repita-se o afirmado acima, quando se tratou de implementação de policiamento comunitário: deve haver uma polícia voltada para fora da área zoneada e outra voltada para dentro.

Assim, é plenamente possível a existência de dois modelos de polícia ostensiva. Não se pode colocar cães Rottweiller para vigiar ovelhas. Usa-se cães mais amistosos, como Border Colier. Apesar de indevida, a comparação é necessária para fins didáticos. As forças policiais precisam de agentes de segurança bem armados, treinados e motivados, e aptos a usar a força em nome do Estado, de forma controlada, incluindo a força letal. Não se esqueça que o objeto desta obra é o enfrentamento a facções criminosas, entidades que matam milhares de brasileiros a cada ano, sem qualquer pudor em usar a força letal. Não pode ser mais forte que o Estado, do ponto de vista de uso de força bruta, já que pensar o contrário é assumir que o Brasil perdeu a guerra contra essas entidades de forma definitiva. A força voltada para o enfrentamento, como o BOPE, no Rio de Janeiro, e a ROTA, em São Paulo, são polícias voltadas para o enfrentamento, para fora, conforme o argumento. Não serve para policiamento comunitário, que precisa de uma polícia mais voltada a problemas comuns, que passam de pequenos furtos, violência doméstica, homicídios sem relação com o crime organizado, dentre outros. É outro tipo de policiamento. Ambos podem ser feitos pela Polícia Militar, desde que com parâmetros, inclusive de destacamento de forças e recrutamento, diferentes. Colocar policiais treinados, literalmente, para matar, no policiamento ostensivo, é incentivar abuso e aumentar a desconfiança que a população de lugares ocupados pelo crime tem com a entidade policial.

A melhoria dos serviços de policiamento ostensivo passa, em primeiro lugar, pela integração ao sistema de policiamento comunitário, já tratado acima.

Algumas linhas de melhoria, a priori, podem ser citadas:

a) melhorar a integração com o Ministério Público, já que é essa entidade que defende em juízo as atuações da polícia ostensiva, quando atingem a sua finalidade, mas também as corrige, quando eivadas de vícios (*vide* controle externo da atividade policial previsto no artigo 129, VII, da Constituição Federal). A comunicação entre as entidades, especialmente em operações e planos de ação conjunta, são essenciais para a melhoria do trabalho de ambas, com consequente repercussão social positiva;

b) melhorar o serviço de inteligência da PM, voltado à análise das áreas de risco e focando em projetos de melhoria dos serviços de rondas ostensivas nas áreas zoneadas. As Polícias Militares possuem o chamado SERVIÇO P2, com essa finalidade, serviços esses que precisam ser melhorados e controlados, voltados não à investigação *post crimem*, mas ao levantamento de informações aptas a impedir o avanço e à ocorrência de crimes, especialmente o fluxo de drogas e armas por áreas controladas;

c) elaborar relatórios relacionados à atuação preventiva (número de abordagens, tipos de ocorrências, indicativos de áreas onde funcionam BOCAS DE FUMO etc.) e encaminhar ao MP e PC, para instaurar eventuais PICs ou IPs;

d) firmar parcerias com os serviços de segurança privada (seguranças de ruas ou de condomínios) para troca de informações;

e) monitoramento de réus ou investigados que respondem a cautelares diversas da prisão e que costumam descumprir tais cautelares impunemente;

f) manter um sistema permanente, idealmente através de aplicativos, para atualizar a população sobre ocorrências, áreas de risco e apresentação de sugestões e denúncias anônimas.

9.3 Atuação da polícia judiciária

A polícia judiciária, basicamente, é a polícia que investiga o crime já praticado, ou seja, que atua de forma repressiva, ao contrário da polícia ostensiva, que atua de forma preventiva (mesmo que reprima o crime ao fazer os agentes cessarem a conduta, quando da prisão desses em flagrante).

Conforme Júlio Lopes Hott,[131]

> A Polícia Judiciária realiza a investigação criminal por meio de procedimentos informais e também por meio da instrução cartorária do Inquérito Policial fazendo uma espécie de "formação de culpa" pré-processual. Trata-se de uma ação inquisitorial de política pública criminal que interfere na intimidade e na liberdade das pessoas com um grau de seletividade e discricionariedade que deve ser demonstrado por meio de um referencial de criminologia crítica.

O Código de Processo Penal Brasileiro conceitua a Polícia Judiciária como a agência de política pública cuja atividade será exercida por autoridades policiais no território de suas respectivas circunscrições, tendo por fim a apuração das infrações penais e sua respectiva autoria (art. 4º, CPP). Preconiza o dispositivo que, logo que tiver conhecimento da prática da infração penal, a autoridade policial deverá tomar uma série de medidas (art. 6º, CPP). São diligências que visam à constatação e, se possível, a apuração do fato investigado, cuja formalização deveria ocorrer obrigatoriamente por meio da autuação instrumental do inquérito policial para facilitar o controle do Ministério Público e subsidiar uma possível ação penal, podendo servir de base até para a condenação.

Dessa forma, todas as informações sobre a materialidade dos delitos e os indícios de sua suposta autoria são realizadas pela polícia, pois esta, como titular da investigação preliminar, possui autonomia e o poder de decisão, ou seja, ela determinará a linha de investigação, as provas e perícias

---

[131] HOTT, Júlio Lopes. A polícia judiciária e o combate à criminalidade. *Revista Brasileira de Políticas Públicas*, Brasília, v. 5, n. 1, 2015.

a serem produzidas, os objetos a serem apreendidos e as testemunhas a serem inquiridas. Vale ressaltar que nesse sistema não existe uma subordinação funcional em relação aos juízes e promotores, embora, em tese, exista um controle externo do Ministério Público e o resultado, se formalizado, deva ser submetido ao poder judiciário.

Há duas polícias judiciárias no Brasil, a Polícia Civil, vinculada ao executivo estadual, e responsável pela investigação de crimes comuns, e a Polícia Federal, especializada para atuação em crimes com interesse da União e em casos pontuais, como o tráfico interestadual e internacional. Não interessa aqui a discussão acerca da atribuição interna da Justiça Militar para investigar crimes praticados por seus membros, mesmo que tal atribuição tenha relevância quando se trate de repressão às entidades violentas com membros ativos da Polícia Militar (milícias).

A título de direito comparado, há dois grandes sistemas, relacionados à polícia judiciária. Nos países anglo-saxões, na tradição da Common Law, a investigação criminal é realizada em regra pela Polícia judiciária, com ou sem subordinação ao MP ou ao Judiciário. Contudo, situação peculiar é do modelo norte-americano, em que o chefe de polícia e o promotor (*district attorney*) são eleitos pelo voto popular e existe a participação do promotor durante as investigações para tentar barganhar com o acusado uma verdade negociada. Nos países continentais, na tradição da Civil Law, a investigação criminal, em tese, é sempre uma política de Estado na busca da verdade real dos fatos, subordinada ao positivismo legitimado pelo legislativo, podendo ser concomitantemente com as atribuições de Polícia Judiciária dentro ou fora do Ministério Público ou na forma do Juizado de Instrução, o qual preside as investigações utilizando a Polícia Judiciária para as diligências necessárias.

O Brasil segue a tradição dos países continentais. A investigação é competência da Polícia Judiciária sob controle externo do Ministério Público.

Um dos grandes problemas práticos, e que acabam prejudicando a efetividade desse modelo, é a INTERFERÊNCIA POLÍTICA nas polícias. O Delegado Geral de Polícia Civil ou Delegado Geral da Polícia Federal são indicados, respectivamente, pelo Governador do Estado ou Presidente da República. Há notícias da ocorrência de interferência política, indicando o que e quem deve ou não ser investigado. Como há diversas ORGANIZAÇÕES CRIMINOSAS inseridas dentro de partidos políticos e governos, há indicativos de que tais ORCRIMs atuam para impedir investigações. Em um primeiro momento, tais entidades querem se proteger de investigações focadas em agentes públicos e organizações ligadas ao chamado crime do colarinho branco, mas que, por questão lógica, também acabam prejudicando as investigações contra ORCRIMs que atuam de forma violenta (facções ou milícias).

Obviamente, não pretendemos generalizar tais afirmações, com a chamada CRIMINALIZAÇÃO DA POLÍTICA, que em nada favorece o Estado de Direito. Mas também não podemos negar que existe risco de interferências indevidas em investigações, conforme uma gama de casos divulgados na imprensa. O modelo atual precisa ser melhorado, buscando resguardar a independência do órgão de investigação, que já tem sobre si o controle finalístico do Poder Judiciário e o controle de meio (atuação conforme a Lei) por parte do Ministério Público.

Podemos dividir a questão posta, relacionada à melhoria dos serviços de policiamento judiciário, em dois pontos. O primeiro, relacionado à melhoria dos serviços atuais, sem grande modificação do sistema, e o segundo, relacionado à mudança de paradigma, com inversão completa do sistema. Uma, portanto, mantendo a estrutura jurídica e política atual, e outra, mudando a estrutura da polícia, inclusive com mutação nas esferas da federação.

PONTO 1: MELHORIA DOS SERVIÇOS DE POLÍCIA JUDICIÁRIA MANTENDO O PARADIGMA ATUAL.

A presente obra não tem a pretensão de tratar de técnicas de investigação, sendo que tal objetivo demanda obra específica, possivelmente voltada a público interno, já que é deveras perigoso abrir para público externo as chamadas técnicas de investigação avançada.

No entanto, podemos afirmar, em complemento ao dito alhures, que a metodologia padrão de investigação criminal é insuficiente para a repressão de organizações criminosas violentas. Tradicionalmente, o Inquérito Policial segue a seguinte ordem: crime, prisão em flagrante, oitiva dos condutores (policiais que efetuaram a prisão) e vítima, quando possível, interrogatório, exames de corpo de delito e outras provas da materialidade (termo de apreensão e restituição, exame merceológico, laudo cadavérico, perícia no local do furto etc.), relatório circunstanciado e envio ao Ministério Público. A investigação de organizações criminosas é mais complexa, necessitando de outras provas, especialmente as que possam comprovar a vinculação do investigado a essas entidades, além da respectiva ocultação patrimonial.

A melhoria dos serviços de policiamento judiciário passam, portanto, sucessivamente, pelo RECONHECIMENTO de que o modelo de investigação padrão é inadequado para tal finalidade. Por mais óbvia que tal assertiva seja, ela é notoriamente negada pelos gestores públicos, que, diante de péssimo assessoramento na área de segurança, mantém a mesma divisão interna da Polícia Civil ou Federal, dos anos pré-facções. Pode-se citar, como exemplo comprobatório, o fato de que, na maioria das capitais, ainda existem DELEGACIAS DE ENTORPECENTES separadas de DELEGACIAS DE

HOMICÍDIOS. Os índices de homicídio comprovam que a maior parte das mortes violentas tem relação com facções criminosas. *Ou mata-se em guerra entre facções ou braços de facções (disputas internas), ou mata-se usuários que têm dívidas de drogas, ou mata-se traidores das facções (X-9, caguetas etc.), ou mata-se para conseguir financiamento para as facções (latrocínios).* Ainda há algo mais ultrapassado, que é a divisão de delegacias especializadas por regiões da cidade, geralmente bairros. Na prática, determinada delegacia só atua em sua área de divisão (roubos, entorpecentes, homicídio etc.) dentro de um território determinado.

Uma das possibilidades da resolução do problema acima seria criar NÍVEIS DE COMPLEXIDADE para atuação das delegacias de polícia, considerando a natureza do crime, impacto social, dificuldade de investigação etc. A maior parte dos crimes demandam provas preliminares e judiciais simples. Um homicídio praticado em uma briga de bar, por exemplo, não é complexo. Geralmente, há testemunhas presenciais, a autoria é inconteste e as provas são todas coletadas em uma assentada. A discussão nesse tipo de crime (homicídio passional) é mais jurídica que probatória (*houve legítima defesa? O homicídio foi privilegiado? Etc.*). Já um homicídio praticado por sicários em uma rua escura, após emboscada usando carro ou motocicleta com placa fria e armamento não rastreável, demanda muito mais tempo do investigador e sua equipe. É irrazoável obrigar a mesma equipe de investigação, tão só por se tratar de homicídio em determinada área, a atuarem nos dois tipos de investigação. Na prática, as autoridades policiais tendem a relatar e concluir os IPs com os homicídios mais simples e a protelar a conclusão dos mais complexos, gerando os já conhecidos índices de baixa resolubilidade.

A divisão a que se propõe ser discutida seria focada não mais na divisão por tipo de crime e por área territorial, mas por complexidade da investigação. Esse seria o novo paradigma.

Pegue-se o caso de tráfico de drogas, que é a principal fonte de renda das facções, para exemplificar o ponto em discussão. Uma guarnição da PM efetua a prisão em flagrante de um pequeno traficante, lavrando-se APF (Auto de Prisão em Flagrante) com elementos suficientes para imputação do crime de TRÁFICO DE DROGAS (artigo 33 da Lei de Drogas). Tal investigação não é complexa, em regra, e as provas indicadas no IP são as mesmas produzidas no APF. A autoridade policial, por se tratar de réu preso, tem que correr contra o tempo, concluindo as investigações no prazo. A celeridade prejudica a efetividade. O que fazer, nesse caso? Se existissem delegacias especializadas, pela complexidade das investigações, a ação se daria da seguinte forma: a autoridade policial atuante no PRIMEIRO NÍVEL DE COMPLEXIDADE concluiria o IP e indiciaria o investigado pelo crime de TRÁFICO DE DROGAS, em uma de suas modalidades, e encaminharia cópia dos autos para o SEGUNDO NÍVEL DE COMPLEXIDADE, que continuaria as investigações, buscando, basicamente, provas de que o indiciado pertence a uma rede de distribuição de entorpecentes (praticando o crime de ASSOCIAÇÃO PARA O TRÁFICO, previsto no artigo 35 da Lei de Drogas) e se pertence a alguma facção criminosa (praticando o crime de INTEGRAR ORGANIZAÇÃO CRIMINOSA, previsto no artigo 2º da Lei respectiva).

Os delegados responsáveis pelos níveis mais baixos de complexidade teriam maiores atribuições, obviamente, já que a produção de prova é mais simples. Quanto maior a complexidade, menos atribuições, em nome da primazia das investigações e resultados úteis, exigindo também equipes menores e mais qualificadas, com possível melhoria também de seus vencimentos, como forma de incentivo à atuação e à qualificação permanente.

A discussão sobre a validade e eficácia da forma de divisão de tarefas e atribuições por parte da polícia judiciária, seja a nível estadual ou federal, não deve ser considerada um tabu. Ocorra através da redistribuição de atribuições conforme sugerido, por níveis de complexidade, ou de outra forma, certo é que se deve analisar novos paradigmas de atuação.

Por fim, citando questões pacíficas e até certo ponto genéricas, pode-se afirmar que a melhoria dos serviços de policiamento judiciário passam pelo seguintes tópicos: a) melhoria da interoperabilidade, entre setores de inteligência diversos, mantendo o controle da informação; b) qualificação de investigações acerca de novas técnicas mais adequadas ao enfrentamento de organizações criminosas e crimes conexos; c) controle finalístico por parte da polícia judiciária, acompanhando todo o ciclo da produção e análise de provas, incluindo acompanhamento judicial, para readequação de procedimentos, evitando nulidades desnecessárias e processos fadados à absolvição por ausência de provas ou insuficiência de elementos para condenação do investigado (réu); d) modernização dos equipamentos, inserindo-os nas ferramentas modernas de informatização; e) melhoria da comunicação social, rompendo com estigmas e frases de efeito, como a *clássica a polícia prende a justiça solta;* f) outros.

De todo modo, há formas de melhoria da atividade de investigação, mantendo-se o modelo atual, bastando haver ciência de que tal modelo é inadequado ao combate de organizações criminosas violentas, e busca pela modernização do modelo, em nome da eficácia e pacificação social.

PONTO 2: MELHORIA DOS SERVIÇOS DE POLÍCIA JUDICIÁRIA SUPERANDO O PARADIGMA ATUAL

Aqui, as modificações do sistema seriam mais profundas, com necessidade de uma ampla reforma legal. Antes de passar a elas, frisamos que são postas apenas como base para discussão, sem esgotamento do tema e cientes de que o sistema criminal precisa evoluir para se adaptar aos novos tempos.

Júlio Lopes Hott,[132] analisando as questões levantadas acima, indica como solução a ser discutida, relacionadas à melhoria do serviços de polícia judiciária:

> a) Vinculação da polícia judiciária ao poder judiciário, investigação judicial e ou juizado de instrução;
> b) Vinculação da polícia judiciária ao Ministério Público e ou investigação ministerial;
> c) Descentralização por meio da municipalização da Polícia Judiciária.

Defende ainda que o ciclo completo pode ser realizado satisfatoriamente em termos municipais, já que parte do trabalho é feito pela guarda municipal e, embora não exista uma Justiça municipal, nada impede que uma polícia municipal possa realizar também a investigação policial e até mesmo o inquérito, para aqueles que o entendem necessário, e encaminhar o resultado ao Ministério Público que está presente em todos os municípios.

O modelo teria que ser adotado *de lege ferenda* (lei futura), com mudança de paradigma.

As duas principais mudanças propostas neste trabalho, relacionada à melhoria da Polícia Judiciária, seriam:

i) Vinculação da Polícia Judiciária ao Ministério Público, retirando-a da esfera do Poder Executivo;

ii) Criação de uma Polícia Judiciária na esfera municipal.

As propostas demandam modificação profunda no nosso modelo de Polícia, havendo a necessidade de Emenda Constitucional, seja com modificação do artigo 144 e 129 da CF, quando das questões relacionadas a orçamento, além de ampla modificação legislativa.

---

132 HOTT, Júlio Lopes. A polícia judiciária e o combate à criminalidade. *Revista Brasileira de Políticas Públicas*, Brasília, v. 5, n. 1, 2015.

Justifica-se a vinculação da Polícia Judiciária ao Ministério Público com os seguintes argumentos: 1) independência para as investigações, tirando-as do crivo político; 2) autonomia orçamentária, já que o orçamento do MP (a ser incrementado por essa atribuição) tem previsão constitucional; 3) controle do ciclo completo da prova, já que a defesa da prova produzida pela polícia judiciária é realizada pelo Ministério Público dentro do processo judicial.

O outro ponto, qual seja, a criação de uma POLÍCIA MUNICIPAL, passa pelo aumento de atribuições das guardas municipais, reconhecendo-as como ENTIDADES POLICIAIS, nos termos do artigo 144 da Constituição, dando-lhe poder para atuar em crimes de expressão local e sob controle da comunidade, através dos Conselhos de Segurança e Ouvidorias, além de terem o controle final por parte do Ministério Público. Por crimes de expressão local entenda-se crimes em que é possível a aplicação dos institutos despenalizadores da TRANSAÇÃO PENAL, SUSPENSÃO CONDICIONAL DO PROCESSO e ACORDO DE NÃO PERSECUÇÃO PENAL. Tais crimes não têm violência contra a pessoa, em regra, e impacto intra partes. Pode-se incluir também nessa atribuição atuação em VIOLÊNCIA DOMÉSTICA, e outros. Essa atribuição diminuiria a carga de trabalho da polícia judiciária estadual (Polícia Civil), que poderia atuar de forma mais eficaz em investigações mais complexas, relacionadas a homicídios (incluindo traficídios e feminicídios) e conexos a ORCRIMs.

Júlio Lopes Hott afirma que:[133]

> O princípio da municipalização ainda é incipiente em nosso país. Com o advento da Constituição Federal de 1988, houve a descentralização das ações governamentais na área da assistência

[133] HOTT, Júlio Lopes. A polícia judiciária e o combate à criminalidade. *Revista Brasileira de Políticas Públicas*, Brasília, v. 5, n. 1, 2015.

social, sendo então o Município elevado à categoria de ente da federação. Mas na área das políticas públicas de segurança essas ações ainda permanecem centralizadas na seara federal e estadual. É preciso abolir esse sistema policial centralizado e distante da comunidade para tentar substituí-lo por algo nosso, mesmo que usando a inspiração americana, mas com um mínimo de eficiência.

Complementando seu pensamento, afirma que não se pode confundir municipalização com "prefeiturização", que é o simples repasse de encargos para as prefeituras municipais ou com "prefeiturização" que é o repasse de competências para a figura política do prefeito. Ao contrário, municipalizar significa que os demais entes federativos transferiram atribuições aos Municípios. Significa a destinação de autonomia e poder maiores em favor desses entes descentralizados de onde partem, na verdade, as verbas para a segurança pública. Essa municipalização deve incorporar a gestão pública de programas de combate à criminalidade local e também a estruturação das polícias, sob o controle da comunidade que poderia até participar de um processo de escolha da direção da polícia.

As principais críticas a essa MUNICIPALIZAÇÃO ou DESCENTRALIZAÇÃO para incluir os Municípios na estrutura policial, seriam: a) uso político por parte de gestores municipais da atividade policial, seguindo o primado do coronelismo de que *aos amigos fazemos justiça e aos inimigos aplicamos os rigores da Lei*; e b) ausência de capacidade operacional. Tais críticas também podem ser aplicadas ao atual sistema, que exclui o Município como ente federativo na prestação de serviços de segurança. O primeiro ponto pode ser rebatido através de controle efetivo por parte da comunidade (Conselhos de Segurança e Ouvidorias), do Ministério Público e do Poder Judiciário, e o segundo por transferência de conhecimento por parte de entes federativos.

9.4 Atuação do Conselho Tutelar e da Rede de Controle do SINASE (Sistema Nacional de Atendimento Socioeducativo)

a) INTRODUÇÃO

Uma das questões mais polêmicas em relação ao crime diz respeito à origem do pensamento criminoso. Desde os penalistas clássicos busca-se entender como alguém decide praticar atos criminosos. Teorias sobre a personalidade criminosa inata, personalidade criminosa adquirida, influência do meio etc. Não se tem a pretensão de trazer tal discussão para este trabalho, mas é *evide*nte que há três tópicos que precisam ser discutidos, mesmo que de forma preliminar, sendo esses: a) questão social como fator influenciador do crime; b) fragmentação familiar com fator influenciador do crime; e c) atuação das facções no recrutamento de jovens impactados tanto pela miséria quanto pela fragmentação familiar.

Os três pontos estão casados. A pobreza não é justificativa para a prática delitiva, ao contrário do que setor relevante da pesquisa criminológica, muito influenciada por teorias políticas, querem fazer crer. Sempre há o chamado livre arbítrio. Pensar o contrário é imaginar que todo pobre é um criminoso em potencial. Isso é, no mínimo, um dogma falho. Há, no entanto, outros fatores que influenciam o jovem impactado pela pobreza a praticar crimes. O maior desses fatores é a FRAGMENTAÇÃO FAMILIAR. Tome-se dois jovens excluídos socialmente. Um, inserido em uma família agregada, com figuras paternas e maternas bem definidas (não necessariamente representada pelo pai e pela mãe), com valores sociais e religiosos bem definidos e devidamente inserido dentro de uma hierarquia e disciplina familiar. Outro, inserido em uma família desagregada, sem qualquer tipo de controle, figuras paternas ou maternas bem definidas, sem apoio de família extensa (tios, avós, primos etc.) ou qualquer conceito de valor social, religioso e noção de hierarquia e disciplina. O primeiro raramente ingressa no mundo do crime. Sua família é o seu elo de repressão e proteção. Mesmo que continue pobre, e inserido em uma questão social exclusiva, não praticará crimes, em regra. Já o segundo tipo tende a viver a chamada VIDA LOKA. Passa de uma situação de vítima, tanto da exclusão social e abandono familiar, para algoz da sociedade. Tende a ser recrutado por facções, passando pelo processo de EMPODERAMENTO citado em capítulo anterior.

Há muita discussão ideológica relacionada à segurança pública. É comum discursos extremados de que a solução para o crime, especialmente o violento, é a pena de morte e a execução direta e fora do sistema judicial de faccionados. Tal alegação é rasteira, além de inconstitucional. Tomando-se como possível essa prática (execução de criminosos, de forma oficial ou oficiosa), ela não teria resultado a longo prazo. A polícia carioca é uma das mais letais do mundo, e, mesmo assim, incapaz de conter o crime. Para cada criminoso (ou pretenso criminoso, já que não houve o devido processo legal antes da aplicação da pena fatal) morto, surgiu outro no lugar. Mesmo que, em nome da teoria utilitarista, tomasse-se como legítima a ideia de execuções oficiosas de criminosos, essa prática acaba sendo inútil, pois não impede o surgimento de novos criminosos.

O que reduz a incidência do crime é o equilíbrio entre JUSTIÇA SOCIAL e REPRESSÃO.

Criminosos não surgem do nada. Nascem de uma mãe, têm um pai, foram crianças, passaram pela adolescência e viraram *bicho homem*. E tudo começou dentro de uma família.

A família é a base da sociedade. É na família que o indivíduo encontra proteção e é educado socialmente, para se integrar a um corpo coletivo maior. Ao ruírem as famílias, ruem a sociedade. E aqui não se está a falar de um modelo clássico e fechado de família (pai, mãe e filhos, com o pai sendo o protetor-provedor-repressor e a mãe a rainha do lar, com filhos submissos), mas de diversos modelos de famílias, que incluem a família extensa (parentes próximos), que tem papel essencial na difusão dos valores.

Sabrina Oliveira de Figueiredo[134] cita as funções mais importantes exercidas pela instituição familiar, sendo essas:

> Biológica: relacionada à reprodução da espécie e satisfação das necessidades sexuais. Socialização: refere-se à transmissão da herança social e cultural através da educação dos filhos (linguagem, usos, costumes, valores, crenças).
> Social: diz respeito ao papel que a família exerce ao determinar o status inicial do indivíduo. Cada criança começa a vida com o status de classe de sua família.
> Assistencial: relaciona-se a responsabilidade que a família tem perante a proteção física, econômica e psicológica de seus membros.
> Econômica: a família se constitui numa unidade de produção além do consumo.

Conclui afirmando que, em variados níveis, a família, se comparada a outras instituições sociais (escola, igreja), demonstra aspectos singulares. Não é cedo para asseverar que a família influencia não somente no desenvolvimento físico e psíquico das crianças, mas também é a base que fundamenta as atitudes, emoções e decisões humanas no período da adolescência, juventude, e por que não dizer, por toda a vida.

A família precisa ser protegida pela sociedade, pois é dentro dela que o ser humano se desenvolve validamente. É

---

[134] FIGUEIREDO, Sabrina Oliveira de. Desestruturação familiar e criminalidade juvenil: reflexões sobre uma possível relação à luz de abordagens interdisciplinares. *Jus.com*, 13 mar. 2020. Disponível em: https://jus.com.br/artigos/79709/desestruturacao-familiar-e-criminalidade-juvenil. Acesso em: 05 set. 2022.

onde encontra limites aos seus instintos naturais, especialmente à agressividade, e aprende a respeitar o direito do outro. A família desagregada precisa ser reconstruída.

O Estado tem instrumentos para atuar na recuperação de famílias fragmentadas. Tais instrumentos passam pela educação pública ou privada, rede de assistência social e de saúde, além de aplicação de programas sociais coordenados através de acompanhamento psicológico e de qualificação e inserção no mercado de trabalho.

b) FUNÇÃO DO CONSELHO TUTELAR E DO SISTEMA PROTETIVO E REPRESSIVO MENORISTA

De acordo com o artigo 131 da Lei nº 8.069/1990, o Conselho Tutelar é órgão permanente e autônomo, não jurisdicional, envolvido pela sociedade de direito com a competência de zelar pelo cumprimento dos direitos da criança e do adolescente, aplicado por lei. Como órgão permanente, entende-se que é contínuo, duradouro e ininterrupto, ou seja, o Conselho Tutelar não pode ser desfeito ou extinto pela vontade de um governante, não é possível, portanto, deixar de existir. Quanto ao recurso de autônomo, significa que o Conselho tem liberdade para atuar em sua jurisdição e não depende de uma escala hierárquica. A autonomia do órgão é expressa de duas formas, em como o Conselho vai atender suas atribuições, quais ações irão realizar, de que forma se relacionam com a família, comunidade, sociedade e poder público para defesa do estatuto; e em quais medidas serão aplicadas e em que momento será feito. A autonomia garante a não interferência nos dois casos. Já um recurso de não jurisdição significa que o Conselho exerce apenas uma função. Sendo um órgão responsável por cumprir e fiscalizar o cumprimento da lei e dos direitos da criança e do adolescente, executar apenas atividades necessárias, deixando os julgamentos e sanções disciplinares (punições) para o judiciário.

Toda parcela do território nacional possui um Conselho Tutelar. A regra da divisão é manter um Conselho por Município, ou mais de um, a depender do tamanho desse. Ou seja, em tese, toda a população juvenil é protegida por essa instituição. Na prática, o que ocorre é que essa proteção é insuficiente, podendo-se indicar, como motivos: i) falta de estrutura material e de pessoal dos Conselhos Tutelares, que não recebem a devida autonomia financeira para agir; e ii) ausência de articulação entre os Conselhos Tutelares e os demais poderes e entidades públicas.

A atuação do Conselho Tutelar, por ter cobertura completa de todo o território nacional, é extremamente importante para o enfrentamento das facções criminosas. Não se combate o crime tão só com armamento e prisão, mas também impedindo a geração de novos braços para o crime. Conforme dito em tópicos anteriores, as vítimas preferenciais das facções são jovens de famílias fragmentadas e imersos em situação de pobreza extrema. *São recrutados, empoderados, e acabam passando de vítimas, em um primeiro momento, para algozes de outros jovens em um segundo momento*. Esse fluxo interminável de oferta de mão de obra para as facções deve cessar, e a ação do Conselho Tutelar é essencial.

Indica-se, dentre outras, duas ações que o Conselho Tutelar pode implementar:

i) Articulação com a Rede Educacional Pública para identificação de menores em situação de risco.

O Brasil atingiu níveis quase absolutos de inclusão de crianças e adolescentes na rede educacional, graças aos fundos nacionais (FUNDEF e FUNDEB). Ou seja, praticamente todas as crianças e adolescentes estão matriculados. Mas não basta a mera matrícula se não há condições de permanência na escola. O Conselho Tutelar deve atuar em rede com o sistema educacional, conforme disposição expressa do artigo 56 do Estatuto da Criança e do Adolescente, *in verbis:*

> Art.56. Os dirigentes de estabelecimentos de ensino fundamental comunicarão ao Conselho Tutelar os casos de:
> I – maus-tratos envolvendo seus alunos;
> II – reiteração de faltas injustificadas e de evasão escolar, esgotados os recursos escolares;
> III – elevados níveis de repetência.

A escola é o principal local em que se identifica agressão, maus tratos e qualquer forma de vilipêndio a direito de crianças e adolescentes. O professor, ao identificar comportamentos destoantes do aluno, deve acionar a rede educacional, começando pelo Conselho Escolar, e indo até os demais órgãos, quando se fizer necessário. A ação dos Conselhos Escolares é primordial na identificação de famílias fragmentadas e que prejudicam o desenvolvimento educacional e social do menor. Esse deve ser protegido de toda sevícia. Quando o menor sofre maus-tratos no seio familiar ou em sua comunidade, quando começa a se evadir ou não apresentar o desenvolvimento educacional adequado (distorção idade-série), deve ser colocado na rede de proteção.

Diversos fatores podem levar à evasão ou inassiduidade escolar, como omissão do poder público no fornecimento de materiais escolares adequados, merenda e transporte escolar, além da própria omissão do corpo docente, que, ante *alunos-problema* (indisciplina grave), preferem que esses deixem o ambiente escolar para não contaminar e prejudicar os demais. Quanto ao problema estrutural, cabe a comunicação aos órgãos de controle (TRIBUNAIS DE CONTAS, PODER LEGISLATIVO, MINISTÉRIO PÚBLICO etc.). Os demais problemas dependem do acionamento da rede. A família onde o menor remisso deverá ser acompanhada, buscando a resolubilidade. Às vezes, a solução é simples, bastando a orientação e o fortalecimento de vínculos dentro da unidade familiar. Outras vezes, verifica-se necessário o acionamento da família extensa (parentes próximos), com a divisão de responsabilidades, e, em outras, verifica-se necessário retirar o menor do ambiente familiar onde está inserido, para protegê-lo, encaminhando-o a famílias substitutas ou abrigos. São os casos, por exemplo, de menores filhos de traficantes, que acabam recebendo treinamento dado pelos próprios pais para se tornarem criminosos profissionais. São casos comuns e que demandam tomada de ação rápida e dura, sendo recomendado, em último caso, a perda do poder familiar.

ii) Levantamento de áreas de risco e trabalho articulado com a polícia ostensiva e Ministério Público, na aplicação do artigo 149 do ECA.

Uma das polêmicas relacionadas à situação dos menores refere-se ao chamado TOQUE DE RECOLHER. O direito à liberdade encontra-se previsto dentre os direitos e garantias individuais descritos no art. 5º da nossa Carta Constitucional, mais especificamente no seu inciso XV, que garante a todos o Direito de ir e vir, da seguinte forma: "É livre a locomoção no território nacional em tempo de paz, podendo qualquer pessoa, nos termos da lei, nele entrar, permanecer ou dele sair com seus bens". Com efeito, o referido direito também é regulamentado em diversas leis infraconstitucionais, dentre as quais podemos destacar a Lei nº 8.069/1990 (Estatuto da Criança e do Adolescente), que, em seu artigo 15, dispõe que "A criança e o adolescente têm direito à liberdade, ao respeito e à dignidade como pessoas humanas em processo de desenvolvimento e como sujeitos de direitos civis, humanos e sociais garantidos na Constituição e nas leis".

Vide o que Ronald Medeiros de Morais[135] afirma sobre o tema:

> Não obstante, as previsões constitucional e legal garantindo o direito de ir e vir no nosso território nacional, é de se destacar que, assim como os outros direitos e garantias individuais, tal direito não é absoluto, podendo sofrer relativizações no caso concreto. Neste diapasão, vem à tona o debate acerca da legalidade ou não do chamado "toque de recolher" de crianças e adolescentes, que vem sendo determinado por alguns magistrados brasileiros, como forma de tentar diminuir a criminalidade envolvendo esses sujeitos de direitos em seus respectivos municípios. Neste debate, há os que são contrários à implantação do toque de recolher nos municípios brasileiros e os que são favoráveis à utilização de tal medida. Os que são contrários à implementação do toque de recolher, argumentam que o próprio Conanda já se manifestou de forma contrária à utilização de tal procedimento, tendo, inclusive, publicado nota afirmando, em suma, que tal procedimento contraria a Doutrina da proteção integral, estando a apreensão de crianças e adolescentes, neste caso, em desconformidade com as duas únicas hipóteses possíveis (flagrante e mandado judicial específico). O Conanda ainda asseverou que a medida importa em verdadeiro retorno ao já não mais utilizado "Direito do Menor", que regia o antigo Código de Menores, e que acaba sendo uma medida que visa apenas esconder os problemas, ao invés de solucioná-los. Seguindo o mesmo norte, o Fórum Colegiado Nacional dos Conselhos Tutelares também publicou nota onde enfatizou o dever de "articulação, fomentação e integração operacional entre os mais diversos setores governamentais e não governamentais", para não se fazer uso do toque de recolher.

O Superior Tribunal de Justiça, nos autos do HC nº 207720, Relator Min. Herman Benjamin. Segunda Turma.

---

135 MORAIS, Ronald Medeiros de. *O "toque de recolher" no Estatuto da Criança e Adolescente.* 2013. Disponível em: http://www.conteudojuridico.com.br/?artigos&ver=2.42658&seo=1. Acesso em: 02 out. 2018.

DJe 23.02.2012, decidiu pela ILEGALIDADE DO TOQUE DE RECOLHER. Apesar dessa decisão, em sede de HC COLETIVO, há diversas decisões validando o toque de recolher. A Câmara dos Deputados analisa o Projeto de Lei nº 4590/2012, do deputado Roberto de Lucena (PV-SP), que restringe a permanência de crianças e adolescentes em bares, restaurantes, lanchonetes ou qualquer local público, após as 22 horas, podendo, portanto, dar ares de legalidade ao procedimento preventivo, restringindo a circulação de menores em determinados horários.

Às vezes, o operador do direito, sob a justificativa de proteger direitos fundamentais, acaba atacando-os, impedindo a sua implementação efetiva. Isso ocorre com a questão do TOQUE DE RECOLHER, sendo que os operadores jurídicos acabam transformando o direito à locomoção em um direito absoluto, em uma posição superior ao direito à vida, à integridade e à segurança. O que o menor pode conseguir de bom durante a madrugada? Nada, salvo riscos à sua integridade física e psicológica, além de ser alvo fácil do crime de corrupção de menores.

Em suma, defendemos neste trabalho que o toque de recolher não implica em qualquer violência aos direitos e garantias fundamentais de crianças e adolescentes, tendo em vista que esses não são absolutos, de forma que comportam relativizações, em especial quando se trata de crianças e adolescentes que ostentam a condição de pessoas em desenvolvimento, podendo ser limitado, em certas ocasiões, o seu direito de ir e vir.

Mesmo ciente de que os precedentes judiciais são contra a medida, nada impede a utilização dos preceitos do artigo 149, I, do ECA, para fins de solução prática do problema.

Vide o que dispõe o artigo citado:

> Art. 149. Compete à autoridade judiciária disciplinar, através de portaria, ou autorizar, mediante alvará:

> I – a entrada e permanência de criança ou adolescente, desacompanhado dos pais ou responsável, em:
> a) estádio, ginásio e campo desportivo;
> b) bailes ou promoções dançantes;
> c) boate ou congêneres;
> d) casa que explore comercialmente diversões eletrônicas;
> e) estúdios cinematográficos, de teatro, rádio e televisão.
> (...)
> §1º Para os fins do disposto neste artigo, a autoridade judiciária levará em conta, dentre outros fatores:
> a) os princípios desta Lei;
> b) as peculiaridades locais;
> c) a existência de instalações adequadas;
> d) o tipo de freqüência habitual ao local;
> e) a adequação do ambiente a eventual participação ou freqüência de crianças e adolescentes;
> f) a natureza do espetáculo.
> §2º As medidas adotadas na conformidade deste artigo deverão ser fundamentadas, caso a caso, vedadas as determinações de caráter geral.

Apesar de se defender a implementação de TOQUE DE RECOLHER como medida excepcional em lugares e períodos determinados, sabe-se que tal medida não tem sido aceita pelo judiciário, e que o parágrafo segundo do artigo 149 do ECA veda tal ato, por proibir medidas de caráter geral. Assim, em obediência aos precedentes e à Lei, deve-se atuar de forma individualizada, em cada caso concreto.

Em suma, dentro de sua área de atuação, o Conselho Tutelar, com apoio da Polícia Ostensiva, em sendo necessário, deve indicar locais onde há risco ao acesso e permanência de crianças e adolescentes. Praças onde se costuma usar drogas, becos e vielas sem segurança, boates e congêneres, bares e clubes de festas, por exemplo, são locais que precisam ser fiscalizados e controlados. A ação seria de duas formas: a primeira, com levantamento dos locais de risco, atuando junto aos pais e responsáveis, firmando TERMOS DE AJUSTAMENTO DE CONDUTAS, para que esses últimos atuem no sentido de evitar a frequência dos filhos em locais inadequados ao seu desenvolvimento, com a consequente notificação do Ministério Público e da Polícia Judiciária em caso de reiteração da conduta omissiva. A segunda forma é encaminhar ao Poder Judiciário o levantamento dos locais de risco, para que o juiz de direito, nos termos do artigo 149, I, do ECA, baixe a portaria com as regras de acesso e permanência, aplicando-se, de preferência, parâmetros rigorosos, especialmente onde haja indicativos de serem áreas dominadas por traficantes, faccionados ou não.

Essas medidas, por mais simples que sejam, são bastante eficazes, principalmente quando haja a coordenação de ação entre o Poder Judiciário, Ministério Público, Polícia Judiciária e Ostensiva e toda a rede de controle. Ao impedir o acesso de crianças a lugares inadequados ao seu acesso e frequência, retira-se um AGENTE EM POTENCIAL das facções criminosas.

c) SINASE – SISTEMA NACIONAL DE ATENDIMENTO SOCIOEDUCATIVO

A Lei nº 12.594 de 2012 instituiu o SINASE – Sistema Nacional de Atendimento Socioeducativo, o qual regulamenta a execução das medidas destinadas a adolescente que pratique ato infracional. De acordo com a referida legislação, entende-se por SINASE o conjunto ordenado de princípios, regras e critérios que envolvem a execução das medidas socioeducativas, incluindo-se nele, por adesão, os sistemas estaduais, distritais e municipais, bem como todos os planos, políticas e programas específicos de atendimento a adolescente em conflito com a lei.

Não nos esqueçamos de que o artigo 103 do Estatuto da Criança e do Adolescente conceitua ato infracional a conduta descrita como crime ou contravenção penal, entendendo-se por medidas socioeducativas as previstas no artigo 112 do mesmo diploma legal, quais sejam: advertência; obrigação de reparar o dano; prestação de serviços à comunidade; liberdade assistida; semiliberdade; internação e as medidas de proteção do art. 101, incisos I a VI, também, do ECA.

Pois bem, a Lei do SINASE, que podemos comparar a Lei de Execução Penal, aduz que essas medidas têm por objetivos a responsabilização do adolescente quanto às consequências lesivas do ato infracional, sempre que possível incentivando a sua reparação; a integração social do adolescente e a garantia de seus direitos individuais e sociais, por meio do cumprimento de seu plano individual de atendimento, o chamado PIA; e a desaprovação da conduta infracional, efetivando as disposições da sentença como parâmetro máximo de privação de liberdade ou restrição de direitos, observados os limites previstos em lei. Dessa forma, *evide*nte que a legislação confere à medida socioeducativa caráter retributivo e preventivo, nos termos das teorias absolutas e relativas da pena, analogamente falando.

Há medidas que impõem privação de liberdade (internação e semiliberdade), e as demais são medidas que se dão no meio aberto, portanto, sem restrição da liberdade.

Mas, mesmo se a execução for de medida em meio fechado ou aberto, a lei é clara, ao estabelecer que a execução das medidas reger-se-á pelos princípios da legalidade, o qual aqui significa que o adolescente não pode receber tratamento mais gravoso do que o conferido ao adulto; excepcionalidade da intervenção judicial e da imposição de medidas, favorecendo-se meios de autocomposição de conflitos; prioridade a práticas ou medidas que sejam restaurativas e, sempre que possível, atendam às necessidades das vítimas; proporcionalidade em relação à ofensa cometida; brevidade da medida em resposta ao ato cometido, em especial diante da medida de internação, já que o artigo 122 do ECA estabelece que a privação da liberdade é medida sujeita à brevidade, excepcionalidade e respeito à condição peculiar de pessoa em desenvolvimento, trazendo as hipóteses taxativas e legais em que tal imposição é permitida; individualização, considerando-se a idade, capacidades e circunstâncias pessoais do adolescente; mínima intervenção, restrita ao necessário para a realização dos objetivos da medida; não discriminação do adolescente e fortalecimento dos vínculos familiares e comunitários no processo socioeducativo.

Em suma, o SINASE é um sistema de acompanhamento de medidas diversas da INTERNAÇÃO de menores infratores, que pressupõe a atuação em REDE, incluindo serviços sociais, esportivos, profissionais, de saúde etc.

O principal instrumento ao dispor do sistema é o PIA, ou Plano Individual de Atendimento, previsto na Lei do SINASE. *Vide* artigos mais relevantes:

> Art. 52. O cumprimento das medidas socioeducativas, em regime de prestação de serviços à comunidade, liberdade assistida, semiliberdade ou internação, dependerá de Plano Individual de Atendimento (PIA), instrumento de previsão, registro e gestão das atividades a serem desenvolvidas com o adolescente.
>
> Parágrafo único. O PIA deverá contemplar a participação dos pais ou responsáveis, os quais têm o dever de contribuir com o processo ressocializador do adolescente, sendo esses passíveis de responsabilização administrativa, nos termos do art. 249 da Lei nº 8.069, de 13 de julho de 1990 (Estatuto da Criança e do Adolescente), civil e criminal.
>
> Art. 53. O PIA será elaborado sob a responsabilidade da equipe técnica do respectivo programa de atendimento, com a participação efetiva do adolescente e de sua família, representada por seus pais ou responsável.
>
> Art. 54. Constarão do plano individual, no mínimo:P
>
> I – os resultados da avaliação interdisciplinar;

> II – os objetivos declarados pelo adolescente;
> III – a previsão de suas atividades de integração social e/ou capacitação profissional;
> IV – atividades de integração e apoio à família;
> V – formas de participação da família para efetivo cumprimento do plano individual;
> VI – as medidas específicas de atenção à sua saúde.

A Lei prevê demais regras de produção e implementação do PIA. Veja-se que o PIA tem como principais pontos a INDIVIDUALIZAÇÃO do atendimento e a INTERSETORIALIDADE.

O PIA é elaborado pelos servidores da rede de atendimento, normalmente por assistentes sociais. Apesar de ser individual, abrange o acompanhamento de pessoas ao redor do adolescente atendido, buscando a melhoria do espaço familiar e social. Se bem executado, pode sim ser um importante instrumento de ressocialização do adolescente infrator.

Aqui trazemos uma introdução relevante quando se discute a LEI DO SINASE.

Vide o artigo 46 da Lei acima:

> Artigo 46. A medida socioeducativa será declarada extinta:
> (...)
> §1º No caso de o maior de 18 (dezoito) anos, em cumprimento de medida socioeducativa, responder a processo-crime, caberá à autoridade judiciária decidir sobre eventual extinção da execução, cientificando da decisão o juízo criminal competente.

Explicando: o menor, ao praticar infração penal equiparada à crime (prevista nas legislações aplicáveis a maiores), recebe uma medida socioeducativa (advertência; a obrigação de reparar o dano; a prestação de serviços à comunidade; a liberdade assistida; a inserção em regime de semiliberdade; a internação em estabelecimento educacional; além de outras medidas de proteção). Tais medidas podem ser executadas até os 21 anos (artigo 121, §5º, do ECA). Pode ocorrer a seguinte situação: um menor que tenha praticado um ato infracional recebe uma medida socioeducativa que ainda deverá ser executada ao atingir a maioridade. Já maior, pratica um crime. Em sendo condenado pelo crime, receberia uma pena, executável segundo os preceitos da Lei de Execuções Penais. Isso poderia criar um problema prático, já que, em estando preso ou cumprindo alguma pena prevista na LEP, poderia ser impedido de cumprir as medidas socioeducativas. O artigo 46, §1º da Lei do SINASE, possibilita ao juiz extinguir a medida socioeducativa prejudicada, permitindo que o infrator (agora maior e réu ou apenado em ação penal) cumpra somente as penas segundo a LEP.

Ocorre que tal sistema pode ser pervertido e facilitar abusos, caso o promotor de justiça em atuação e o juiz do caso não adotem a permissão legal (extinção das medidas socioeducativas) com cautela. Imagine-se um caso de um menor que aos 17 anos pratica um ato infracional grave (homicídio), e, assim que completa 18 anos pratica um crime. Ao extinguir a medida socioeducativa adequada ao caso (em regra, internação por até três anos), o juiz estará aplicando indevidamente uma causa de isenção de pena (punição lato sensu), incentivando que as facções passem a usar menores nos setores de disciplina (Tribunais do Crime).

A recomendação é que o juiz, antes de aplicar o artigo 46, §1º, da Lei do SINASE, observe os seguintes aspectos: a) compatibilidade entre as medidas socioeducativas e a pena aplicável ao crime imputado, devendo manter ambas, quando compatíveis; b) comparação entre as gravidades em concreto do ato infracional e do crime, podendo: 1) extinguir a medida socioeducativa quando o ato infracional for menos gravoso que o crime praticado; ou 2) manter as medidas aplicadas ao ato infracional quando esse tiver impacto em concreto (especialmente em caso de lesão grave e morte da vítima), executando primeiro a medida socioeducativa e após a pena do crime praticado.[136]

Sobre o último caso, entendemos que o cúmulo, com execuções subsequentes (primeiro as medidas socioeducativas e depois a execução da pena criminal) ou cumulativas inibe a prática de atos infracionais graves por aqueles que estão prestes a completar 18 anos, e que podem ver no artigo 46, §1º, da Lei do SINASE como uma forma de escapar da responsabilização de seus atos.

9.5 As facções criminosas e o recrutamento de menores: erros do estado e possíveis medidas de correção

a) INTRODUÇÃO

O presente capítulo parte do conceito básico de que as facções implementam uma guerra de dominação total no Brasil. E estão tendo um sucesso incontestável, aproveitando-se da situação social e da incompetência de gestores públicos na área de segurança. Nessa guerra tem perdido muitos membros. Alguns agentes de baixo escalão (chamados de soldados, pelo

[136] *Vide* precedente: CRIMINAL. HABEAS CORPUS. ECA. ATO INFRACIONAL ANÁLOGO AO DELITO DE HOMICÍDIO DUPLAMENTE QUALIFICADO. SEMILIBERDADE. MANUTENÇÃO DA MEDIDA SOCIOEDUCATIVA APÓS A MAIORIDADE DO ADOLESCENTE. AUSÊNCIA DE ÓBICE LEGAL. ORDEM DENEGADA. I. O Estatuto da Criança e do Adolescente admite a possibilidade da extensão do cumprimento da medida socioeducativa até os 21 anos de idade, abarcando qualquer que seja a medida imposta ao adolescente, máxime se este não demonstra estar ressocializado, tendo o Juízo processante reconhecido ser prematura até mesmo substituição da semiliberdade pela liberdade assistida. II. Maioridade que apenas torna o adolescente imputável, porém, não afasta a possibilidade de manutenção da medida socioeducativa anteriormente imposta, mesmo quando esta é cumprida em meio semiaberto (Precedentes). III Ordem denegada, nos termos do voto do Relator. (HC nº 174.689/RJ, Quinta Turma, Rel. Min. Gilson Dipp, j. em 02.08.2011, v.u).

Comando Vermelho) são mortos pelo Estado, mas a grande maioria morre em conflito entre facções. O faccionado morto precisa ser substituído. E não faltam possíveis recrutas, já que as periferias de grandes e médias cidades estão cheias de jovens influenciáveis e com perfil criminal, conforme observado no capítulo relacionado ao empoderamento de marginais.

Nayara Felizardo,[137] em reportagem sobre a formação de crianças-soldados, explica o processo de recrutamento:

> A vida das crianças do tráfico começa com um batismo. Em uma comunidade dominada pelo Comando Vermelho, conversei com Mariana (nome fictício), uma jovem de 22 anos íntima de membros do conselho local da facção. Ela me contou como acontecem os rituais: tudo começa com o envio de uma foto do candidato por um "padrinho" para os grupos espalhados em todo o Brasil. O objetivo é saber se alguém tem algo contra o futuro integrante. "Se nenhum irmão barrar, a pessoa responde a umas perguntas", disse. O CV, conta Mariana, pede então para que o padrinho pergunte ao candidato se ele já usou crack, se é estuprador, se matou "sem ser necessário". "Até pra ser criminoso você tem que ter escrúpulos", divaga. "Se estiver tudo certo, a pessoa é batizada". Na GDE (Guardiões do Estado, facção cearense, grifos nossos), o ritual é semelhante. E mesmo que as regras sejam mais frouxas, há obviamente controle. "Não pode tomar atitudes isoladas sem comunicar aos membros superiores. E também não pode roubar na sua área", me disse o iniciado Mateus. Perguntei a Mariana se no CV crianças também podem ser batizadas. Ela estava com a própria filha no colo quando me respondeu que depende do que considero criança. "Para mim, é só enquanto é inocente. A partir do momento em que rouba, que mata, já não é mais. Eu conheço meninos que têm uma mentalidade que adulto não tem. Eles pensam planos de crime que eu não conseguiria". Ao ser batizado, o membro da facção também assume a responsabilidade de matar qualquer rival que

---

[137] THE INTERCEPT BRASIL. Como formar *crianças-soldados* para o crime. *Outras mídias*, 27 mar. 2019. Disponível em: https://outraspalavras.net/outrasmidias/como-formar-criancas-soldados-para-o-crime/. Acesso em: 14 set. 2022.

> encontrar, principalmente se o inimigo estiver fora da sua área. Há ainda uma mensalidade, que varia entre R$ 100 e R$ 200. O dinheiro fica com os líderes no estado e é usado para financiar a organização. Mariana me disse que muitos meninos aceitam o batismo depois de terem sofrido alguma violência por parte de outra facção ou da polícia. Mas também há outros motivos. "Uns é por falta de opção, outros em busca de adrenalina. Conheço outros que foram só por diversão, pra se achar o bandidão e impressionar as meninas".

O que leva menores a serem recrutados é o absoluto vilipêndio a que são submetidos antes de serem iniciados, batizados ou qualquer outro termo usado por facções.

b) AUXÍLIO DO ESTADO NO RECRUTAMENTO DE MENORES INFRATORES: ANÁLISE CRÍTICA

O Estado tem cometido erros, permitindo o recrutamento de novos membros, especialmente menores infratores, que vão evoluir e se tornar as futuras lideranças dentro das facções. Cita-se como atos do estado:

i) ausência de políticas públicas efetivas, especialmente em questões sociais (assistencialismo, acompanhamento de famílias desestruturadas, péssimos serviços de saúde e educação, falta de saneamento básico etc.).

Tal ausência do estado impede que jovens vejam na estrutura oficial qualquer possibilidade de melhoria de vida, preferindo acessar o mundo das facções como alguma possibilidade de sucesso na vida (mesmo que apenas para *impressionar as meninas*, conforme o relato citado no tópico anterior).

O tema já foi tratado acima, incluindo a alegação de que a questão social não pode ser usada como desculpa para o ingresso no mundo do crime, como teimam em afirmar muitos teóricos. O livre arbítrio sempre existe, apesar de se ter em mente que jovens vivendo em situação de miséria e absenteísmo por parte do estado são mais passíveis de serem influenciados pelas benécies oferecidas pelo mundo do crime, especialmente pelas facções. Assim, é inequívoco que a ausência de políticas efetivas por parte do estado (especialmente na busca pela recuperação de famílias fragmentadas) facilita o recrutamento de novos membros de facções.

ii) Erros na efetivação de atos de repressão e falhas na comunicação social.

A repressão ao crime é necessária e o Estado usa as forças de segurança para tal fim. Mas a repressão deve estar dentro de um sistema, de um PLANO de ação, pontuada em objetivos concretos, com riscos e resultados previstos. Não se pode agir de forma descoordenada, sem a previsão de riscos às forças policiais e a terceiros inocentes. Na grande maioria das vezes em que há operações policiais problemáticas, com mortes de agentes ou de terceiros (vítimas de balas perdidas) houve erros de planejamento.

A polícia deve atuar com base nos princípios milenares da ARTE DA GUERRA, de SUN TZU, principalmente esses:

1) se queremos que o inimigo nos ataque, mostramos fraqueza; e
2) se não queremos que o inimigo nos ataque, mostramos força.

Ninguém deve ser mais forte dentro do território nacional que o Estado. Por isso, as forças de segurança devem demonstrar força. Soldados e agentes bem preparados fisicamente, bem equipados com coletes e armamentos, com postura correta ao exercício da função policial, com veículos adequados a cada tipo de terreno (picapes, motocicletas etc.). Em suma, como política de segurança, NUNCA DEVEMOS MOSTRAR FRAQUEZA, já que NÃO QUEREMOS SER ATACADOS.

Mas, infelizmente, a prática tem se mostrado contrária à teoria. *Vide* o caso da EXPANSÃO DO PCC no Nordeste, especialmente em cidades médias e pequenas do interior. Após o ataque do PCC ao Estado de São Paulo em 2006,[138] houve a respectiva resposta, com criação ou melhoria dos presídios de segurança máxima, implementação e aplicação do Regime Disciplinar Diferenciado e aumento da repressão por parte da polícia paulista a essa facção, o que a forçou a se expandir em locais onde não havia tanta resistência. Isso ocorreu nos Estados do Norte e Nordeste, que ainda não estavam (como muitos ainda não estão) preparados para resistir a essa força devastadora. Em suma, ao mostrar fraqueza, permitiram (e permitem) a expansão do inimigo (termo a que se deve empregar quando se trata de facções criminosas, já que claramente são inimigas do Estado de Direito).

Em suma, a política de repressão estatal começa com a demonstração de força. Ainda usamos a lição de SUN TZU, para exemplificar a forma de demonstração. Um exército menor sabe que se for atacado, será derrotado. A luta não é interessante. O que faz? Concentra suas forças em um local escolhido e se posta ferozmente ao inimigo, que tende a achar que esse exército é mais forte do que realmente é e recusa o combate. Napoleão Bonaparte, gênio militar, seguia à risca essas metodologias de

138 WIKIPÉDIA, A ENCICLOPÉDIA LIVRE. *Atos de violência organizada no Brasil em 2006*. Disponível em: https://pt.wikipedia.org/wiki/Atos_de_viol%C3%AAncia_organizada_no_Brasil_em_2006. Acesso em: 28 out. 2022.

compactação de forças. Trazendo para o nosso trabalho, acerca da forma de repressão, podemos afirmar que não temos um exército (forças de segurança) tão grande. Não há como ter um policial em cada esquina. Mas é viável ter uma câmera de segurança em cada esquina, com monitoramento em tempo real (principalmente com parceria entre empresas de segurança que administram condomínios para cessão de imagens de monitoramento de ruas, com monitoramento em conjunto entre COPOM e sistemas de controle de trânsito e uso de drones). Ao ter esse controle de território, dentro de uma área zoneada, as forças de segurança poderão se comunicar, mobilizando-se de forma a demonstrar o uso de força quando se fizer necessária (operações policiais coordenadas).

Superamos assim, o primeiro ponto, qual seja, de que a REPRESSÃO COMEÇA COM A DEMONSTRAÇÃO DE FORÇA. O segundo ponto refere-se ao USO MODERADO DA FORÇA E DENTRO DE UM PLANEJAMENTO DETALHADO DE RISCOS.

Operações policiais com vítimas inocentes trazem repercussão negativa para as forças policiais e para o próprio Estado de Direito. Há muitos pesquisadores (a maioria de linha marxista) que tendem a CRIMINALIZAR A POLÍCIA, colocando-a como a responsável por todas as agruras sociais e até mesmo propondo a sua extinção pura e simples. Não nos interessa o discurso ideológico sobre esses aspectos, mas apenas citar que, quando há mortes de inocentes em operações policiais, tais especialistas vão para a mídia vociferar ódio geral e irrefreável contra as forças de segurança, cometendo um erro básico de pesquisador, que é a generalização.

Mas não são apenas pesquisadores (ideólogos[139] seria um termo mais adequado) que atacam as forças de segurança,

[139] *Vide* WILLIS, Grahan Denyer. *The Killing Consensus Police, Organized Crime, and the Regulation of Life and Death in Urban Brazil*. University of California Press, 2015. Disponível

quando ocorrem os fatos citados. As facções usam tais fatos também como forma de propaganda. Tais entidades tem seus recrutadores dentre artistas das comunidades, que legitimam a atuação das facções como uma RESPOSTA à repressão ao jovem negro e favelado.

Vide a letra de um RAP estilo GANGSTA, do grupo ATITUDE RAP:[140]

> Madrugada agitada cachorro latindo/ Tenho o pressentimento uma alma tá subindo
> Barulho de tiro nesse horário não é normal/ Deve ser a polícia preparando um funeral/ Barulho de sirene acorda os moradores/ Depois vem a notícia morre um trabalhador/ Honesto humilde considerado bandido/ Deixou para sempre uma mulher e dois filhos/ A mancha de sangue do local não se apagou/ São marcas da violência que a polícia deixou/ Todo dia em todo bairro violência policial/ Criança com caderno considerada marginal/ O tempo vai passando e cadê a justiça?/ Só tomam atitude quando rico é vítima/ Homens da lei esse é o nome do inimigo/ Dentro da viatura tá os verdadeiros bandidos/
> Farda pistola e o poder de julgar/ Além de tudo isso licença pra matar/ Andando na rua se acha o dono dela/ Jogando droga dentro da favela
> Enquadro não é nada o pior é humilha/ Levando-te pro DP depois de te espanca/ Infelizmente esse é o cotidiano/ Polícia assassina matando vários mano/ Preto e pobre vítima principal/ Tudo é descoberto mais não sai no jornal/ Não entendo nada nem a corregedoria/ Esquecem dos direitos da periferia/
> Parece até normal pobre sendo humilhado/ Até agredido por justiceiro fardado/ Anda na rua é muito perigoso/ Pra eles tu é

em: https://www.ucpress.edu/book/9780520285712/the-killing-consensus. Acesso em: 28 out. 2022. O autor defende, dentre outras ideias, que a redução na quantidade de mortes em São Paulo foi papel do PCC e não da polícia, esquecendo-se de cruzar os dados com a quantidade de mortes que o PCC provocou nas guerras de expansão pelo país, e que, após a repressão policial após os ataques em 2006 a facção paulista passou a evitar o conflito direto com o Estado de São Paulo.

[140] ATITUDE RAP. *Violência Policial*. 2013. Disponível em: https://www.letras.mus.br/atitude-rap/violencia-policial/. Acesso em: 14 set. 2022.

> bandido do pé até o pescoço/ Com a pistola na mão eles querem o flagrante/ Tem fica ligeiro toda hora e todo instante/ Homens da lei esse é o nome do inimigo/ Dentro da viatura tá os verdadeiros bandidos

O operador do sistema não deve desconsiderar esses fatos e que são utilizados como PROPAGANDA pelas facções criminosas, que vendem a polícia como o inimigo a ser combatido e o crime como única solução para os problemas sociais.

O enfrentamento a essa linha propagandística passa, em primeiro lugar, pela melhoria dos serviços policiais (*vide* policiamento comunitário acima) e uso estratégico da força dentro de um plano de ação. Por exemplo, muitos criticam abordagens realizadas pela Polícia Militar, que seriam baseadas em critérios sociais e raciais. Tais abordagens são necessárias, principalmente onde há grande incidência de crimes. Mas podem ser melhoradas do ponto de vista técnico (treinamento dos profissionais para gerenciamento de crise) e uso de monitoramento eletrônico e sistemas de reconhecimento facial. As câmeras de segurança, incluindo as utilizadas em uniformes de policiais, viaturas e de monitoramento em vias públicas, são acopladas a um software de reconhecimento facial que realiza a verificação junto ao banco nacional de mandados de prisão em aberto.[141] Tais técnicas, especialmente usadas de forma conjunta, evitam os erros operacionais e abordagens inúteis.

Em segundo lugar, visando atacar essa linha propagandística usada pelas facções e ideólogos, entendemos que o serviço de comunicação social das forças de segurança devem ser melhorados, buscando trazer o cidadão para o lado do sistema legal.

---

[141] A polícia bahiana já utiliza tal sistema, com excelentes resultados. *Vide*: PAIVA, Fernanda. Sistema de reconhecimento facial ajuda a prender mais de 200 na Bahia em três anos. *Mobile Time*, 14 out. 2021. Disponível em: https://www.mobiletime.com.br/noticias/14/10/2021/sistema-de-reconhecimento-facial-ajuda-a-prender-mais-de-200-na-bahia-em-tres-anos/. Acesso em: 28 out. 2022.

Vide análise de Sérgio Roberto de Abreu[142] acerca desse tipo de trabalho:

> Os órgãos policiais são prestadores de serviço, não são dominadores e centros de poder; são prestadores de um serviço fundamental para a sociedade, que é a segurança pública. Então, o estabelecimento dessas relações em que há um diálogo amplo com as bases comunitárias, com as pessoas, é fundamental para se buscar uma melhor qualidade de vida para essa comunidade. Por motivos fortes, o militar tem esse ensinamento, ou seja, estabelecer o laço de cooperação e de associação, de parceria com as comunidades. No concentracional, só no patrulhamento, o que os policiais fazem? Eles pegam suas viaturas e fazem seu patrulhamento, dão-lhes os roteiros ou são despachados pelo 190 nas situações de urgência, ou alguém vai lá na delegacia e chama um policial para atender uma emergência, ou alguma coisa assim. Agora, quando um policial passa em um bairro, em uma vila, e há pessoas na rua, por que ele não pára aquela viatura conversa dois, três minutos com aquelas pessoas, por que não se apresenta, pergunta [alguma coisa, estabelece um diálogo, deixa um telefone de contato da unidade? Ou seja, pequenas coisas que começam a serem formatadas para estabelecer melhores laços de relação com essas comunidades.

O autor cita o estabelecimento desses vínculos, que pode e deve ser utilizado por padrão de treinamento para o policial que atua nas comunidades, além de adoção do modelo já usado pela polícia americana de RESOLUÇÃO DE PROBLEMAS (não se prendendo apenas ao fato criminoso, mas ao que gerou tal fato).

O estreitamento de vínculos entre o cidadão e o policial e a melhoria da comunicação social certamente são os fatores mais adequados para a solução do problema citado nesse

142 COSTA, I. F.; BALESTRERI, R. B. (Orgs.). *Segurança pública no Brasil*: um campo de desafios [online]. Salvador: EDUFBA, 2010. p 163.

tópico, relativo à criminalização da polícia como forma de convencimento de jovens recrutas por facções criminosas.

iii) reconhecimento de facções na distribuição de menores infratores em estabelecimentos de internação.

A distribuição de presos dentro do sistema prisional é um problema geral, mas que se agrava no caso de menores internados, uma vez que, na maioria das vezes, é no sistema menorista que o infrator tem o primeiro contato com as facções.

Magdiel Gleyberth Fernandes de Mendonça,[143] em monografia sobre a separação de presos dentro do sistema penal de Mossoró-RN, afirma:

> As informações que foram levantadas junto aos policiais penais da referida unidade revelaram a adoção da medida de separação dos presos considerando especialmente a autoidentificação do detento como membro de uma facção, assim como os critérios do bairro de origem, haja vista eles terem conhecimento de territórios de domínio de grupos de facções específicos. Esse último elemento, inclusive, é utilizado para colocar entre presos faccionados até mesmo aqueles que não se declaram como membros, apenas pelo critério da territorialidade (...)
>
> (...) é possível associar uma função dupla e contraditória da separação dos presos que eles adotam na unidade. Isso porque, de um lado, a medida se mostra emergencial e a única disponível, se vista pela ótica dos policiais, como forma de minimizar os riscos à integridade física dos presos, e até mesmo suas vidas. Por outro lado, essa separação parece favorecer o aliciamento

---

143 MENDONÇA, Magdiel Gleyberth Fernandes de. *A separação dos presos por facções em mossoró-RN*: o protagonismo da rivalidade entre facções nas unidades prisionais e as estratégias de segurança adotadas pelo estado. 2020. 33 f. Bacharel (Direito) – Universidade Federal Rural do Semiárido, Mossoró, 2020. Disponível em: https://repositorio.ufersa.edu.br/bitstream/prefix/6300/1/MagdielGFM_MONO.pdf. Acesso em: 14 set. 2022.

e recrutamento de novos membros, e, portanto, a expansão das facções. A lógica desse entendimento é que, uma vez encarcerados, os membros desses grupos sabem que não terão contatos com seus rivais, ao contrário, vão ter uma espécie de facilidade bancada pelo Estado de fazer da cadeia um espaço propício para articulação e organização para prática de crimes.

Nayara Felizardo,[144] na reportagem citada acima, verificou que há elementos que indicam que o próprio estado tem ajudado as facções a conseguirem membros cada vez mais jovens. Cita palavras de profissionais do sistema menoristas, ao afirmar que, quando entram no sistema socioeducativo, os meninos são separados por bairros, de acordo com a facção que domina a área onde moram, e que há ainda as "regalias", já que "um instrutor não mexe com adolescentes iniciados nas facções. Quem sofre são os adolescentes que não são batizados. Ser de um grupo é uma forma de estar mais seguro".

O Estado ajuda as facções, ao reconhecer a sua existência dentro do sistema, isolando áreas para cada facção. Apesar da justificativa de que tal fator garante a segurança dos presos, tal alegação é no mínimo falaciosa. No máximo garante a integridade dentro dos presídios e centros de internação. Mas, ao permitir que as facções se fortaleçam e recrutem mais soldados (como os jovens membros faccionados são chamados), na verdade está incentivando disputas cada vez mais sangrentas entre essas entidades. Ou seja, o Estado *fecha os olhos*, seguindo um ditado comum dentro do sistema prisional: *os problemas de vocês (presos) devem ser resolvidos do lado de fora.*

Sobre o problema do reconhecimento de facções dentro do sistema repressivo (que inclui os centros de internação

[144] THE INTERCEPT BRASIL. Como formar *crianças-soldados* para o crime. *Outras mídias*, 27 mar. 2019. Disponível em: https://outraspalavras.net/outrasmidias/como-formar-criancas-soldados-para-o-crime/. Acesso em: 14 set. 2022.

de menores), citamos o caso de sucesso implementado pelo Secretário de Administração Penitenciária do Ceará, em 2019,[145] o policial civil Luís Mauro Albuquerque. Logo no discurso de posse, afirmou que não reconheceria facção criminosa no Ceará. Em suas palavras: "Eu não reconheço facção. O Estado não deve reconhecer facção. A lei não reconhece facção. O preso está sob a tuleta do Estado. Quem manda é o Estado".

Houve, naturalmente, reação por parte das facções criminosas, debelada por ação coordenada entre o Governo do Estado e o Governo Federal, com envio da Força Nacional de Segurança. Contrariando críticas de sociólogos,[146] o resultado do enfrentamento implementado pelo secretário deu resultado imediato. O Ceará foi um dos estados do Brasil que mais reduziu o número de homicídios em 2021.[147] De acordo com os dados levantados, o estado reduziu o número de homicídios em 18,3%. Em 2020, foram 4.039 mortes violentas; em 2021, caiu para 3.300. Em comparação com outros estados do Brasil, o Ceará ficou em quarto lugar nesse índice de redução, que tende a se manter em queda em 2022.[148]

---

[145] ARAÚJO, Henrique. "Eu não reconheço facção", diz secretário da Administração Penitenciária. *O Povo*, 02 jan. 2019. Disponível em: https://www.opovo.com.br/noticias/politica/2019/01/eu-nao-reconheco-faccao-diz-secretario-da-administracao-penitenciar.html. Acesso em: 28 out. 2022.

[146] *Vide* opinião de César Barreira, Coordenador do Laboratório dos Estudos da Violência, que, logo após a posição do secretário Mauro Albuquerque, afirmou que o Estado do Ceará tinha errado em declarar o fim da separação dos presídios por facções, por causa do acirramento dos ânimos. *Vide*: DIÓGENES, Juliana. Governo do CE errou ao declarar fim da divisão de presídios por facções, diz sociólogo sobre ataques. *Portal Estadão*, 07 jan. 2019. Disponível em: https://brasil.estadao.com.br/noticias/geral,governo-do-ce-errou-ao-declarar-fim-da-divisao-de-presidios-por-faccoes,70002670457. Acesso em: 28 out. 2022.

[147] Ceará é um dos estados com maior redução no número de homicídios em 2021. *Portal G1 CE*, 21 fev. 2022. Disponível em: https://g1.globo.com/ce/ceara/noticia/2022/02/21/ceara-e-um-dos-estados-com-maior-reducao-no-numero-de-homicidios-em-2021.ghtml. Acesso em: 28 out. 2022.

[148] *Vide*: GOVERNO DO ESTADO DO CEARÁ. Em dez meses de 2022, Departamento de Homicídios da PC-CE já capturou 542 pessoas. 14 NOV. 2022. Disponível em: https://www.ceara.gov.br/2022/11/14/em-dez-meses-de-2022-departamento-de-homicidios-da-pc-ce-ja-capturou-542-pessoas/. Acesso em: 21 nov. 2022.

O Estado não pode desconsiderar a existência de facções, mas também não pode dar a essas mais poder do que efetivamente têm, agindo com fraqueza. O Estado tem que ser mais forte do que qualquer instituição dentro do território nacional. Sobre esse aspecto, *vide* a transferência das lideranças das chefias do PCC, contrariando prognósticos de que haveria revanche por parte dessa entidade criminosa, que teve que se submeter ao poder público.

A solução indicada, no caso do sistema prisional e menorista, sobre a divisão de presos e internados, deve ser por PERICULOSIDADE, e não por integração a facções ou por território em tese ocupado por essas ORCRIMs. Isso é o que determina a Lei de Execuções Penais. Meras conveniências de gestores de sistema, que querem tapar o sol com peneira, não podem se sobrepor à lei. O preso ou internado deve ser avaliado, com integração ao serviço de inteligência, verificando-se possível participação em facção e sua função interna. Caso se verifique que participa de setor que utiliza a violência (geral da disciplina do PCC, por exemplo), é recomendado seu isolamento, seja de outros faccionados aliados, seja de adversários. Caso os presos usem violência dentro do sistema, devem ser punidos com rigor, incluindo a inserção em RDD (Regime Disciplinar Diferenciado), como punição estatal.

c) AÇÃO DO ESTADO NO ENFRENTAMENTO AO PROBLEMA (RECRUTAMENTO DE JOVENS PELAS FACÇÕES) E NECESSIDADE DE ATUALIZAÇÃO DO SISTEMA REPRESSOR DO ECA

De todo modo, os três atos do Estado citados no tópico anterior favorecem o recrutamento de jovens pelas facções criminosas. O poder oficial precisa adotar medidas urgentes de implementação de políticas públicas voltadas a jovens, especialmente relacionadas à educação, melhorias sanitárias, preparação para o mercado de trabalho, programas culturais e esportivos. A realização das Olimpíadas no Brasil em 2016 e seu processo de preparação se constituiu em uma PERDA DE CHANCE de implementação de uma política de recrutamento por parte do Estado de jovens de periferia em projetos esportivos. Pela variação étnica do brasileiro, pode-se afirmar que temos instrumentos para virar uma potência esportiva. O Estado precisa apresentar o esporte como alternativa às facções criminosas. Um programa nacional precisa ser elaborado e efetivamente aplicado nesse sentido, com controle rígido para evitar desvios de recursos e de finalidade.

Não é objetivo deste trabalho repetir bordões ou frases fáceis, como as tradicionais críticas ao sistema socioeconômico, em especial ao capitalismo, e defesa fácil de preceitos genéricos, como o bordão *é preciso abrir escolas e fechar presídios*. No mundo real nada é tão simples assim. Primeiro, em um período imediato não haverá mudança social e econômica considerável, com o fim do capitalismo ou sua humanização, como reza outro preceito genérico. Segundo, falar de projetos e formas de enfrentamento ao problema da violência e das facções com palavras fáceis, mas absolutamente genéricas, é perder tempo.

Assim, tentamos ser o mais objetivo possível.

O jovem marginalizado econômica e socialmente, para não entrar ou para não permanecer no mundo do crime, precisa de pilastras de apoio, sendo as principais: 1) família; 2) escola; 3) cultura; 4) esporte; 5) trabalho e 6) religião.

O enfrentamento ao fenômeno facções criminosas passa, em primeiro lugar, pela recuperação do território (*vide* capítulos anteriores), seguido pela implementação de policiamento comunitário, além do uso de força permanente para impedir a retomada desse território pelas facções. Tal processo passa pelo acompanhamento de crianças e adolescentes em situação de risco, buscando implementar projetos de reestruturação de famílias fragmentadas, em um trabalho conjunto entre família (natural, extensa e substituta), escola e sociedade organizada, com implementação de projetos objetivos encaminhando os jovens e familiares a projetos culturais, esportivos e de preparação para o trabalho.

Por outro lado, também é necessário apresentar a outra moeda ao jovem infrator, deixando claro que, caso trilhe pelo caminho da criminalidade, será tratado de acordo com sua vontade. Ou seja, é necessário endurecer o sistema repressivo em relação ao menor infrator, até mesmo para desincentivar a reiteração delitiva por parte desse.

Uma das discussões mais acaloradas no meio político e jurídico é a REDUÇÃO DA MAIORIDADE PENAL, reduzindo-se a idade do inimputável para os 16 anos incompletos, seja em todos os atos ou apenas quando houver a prática de crimes hediondos. Sobre essa discussão, preferimos não aprofundá-la, já que foge da objetividade desta obra, mas podemos afirmar que toda discussão é válida (redução da maioridade penal), já que não se deve tratar nenhum tema como tabu, e que tal discussão poderá ser útil na busca de medidas alternativas, entre o tratamento do menor como imputável e a manutenção do sistema atual, permeado de falhas.

Entendemos que, entre a redução da maioridade penal e a manutenção do estado atual de coisas (imutabilidade do ECA), há uma via alternativa, passível de ser executada através de atualização do Estatuto da Criança e do Adolescente em matéria de punição (considerando a situação do menor como sujeito em desenvolvimento).

Podemos citar como sugestões de reforma do ECA, sem pretensão de esgotamento do tema:

1) aumento do prazo máximo de internação voluntária do menor infrator, em caso de prática de atos infracionais equiparados a crimes hediondos.

Justifica-se: o artigo 108 do ECA prevê que a internação, antes da sentença, pode ser determinada pelo prazo máximo de 45 dias. Tal prazo é peremptório, ou seja, não havendo o julgamento do BOC (boletim de Ocorrência Circunstanciada, nome do processo a que responde o menor), a internação provisória deve ser imediatamente relaxada, não importando o ato praticado pelo infrator. Na praxe processual, verifica-se que tal prazo é exíguo, além de ferir o princípio da proporcionalidade, já que todos os infratores (com maior ou menor grau de reprovabilidade) acabam sendo tratados da mesma forma. Uma possível correção para os dois problemas seria a possibilidade de o juiz prorrogar o prazo de 45 dias por igual período em caso de extrema e comprovada necessidade, quando se tratar de ato infracional equiparado a crime hediondo, seguindo a mesma lógica do artigo 2º, §4º da Lei dos Crimes Hediondos (Lei nº 8.072 de 1990). Ou seja, em caso de comprovada necessidade, o prazo de internação seria duplicado, chegando-se a 90 dias, muito mais adequado para o encerramento da instrução processual e para garantia da integridade do menor infrator e das vítimas de seus atos.

2) modificação do período mínimo de revisão da medida de internação em caso de prática de atos equiparados a crimes hediondos.

Justifica-se: o artigo 121, §2º, do ECA, prevê que a medida de internação não comporta prazo determinado, devendo sua manutenção ser reavaliada, mediante decisão fundamentada, no máximo a cada seis meses. Tal prazo é exíguo e também traz o vício de ferir o princípio da proporcionalidade, já que não há tratamento mais gravoso em caso de atos infracionais equiparados a crimes hediondos. A possível correção é prever que, em caso de atos infracionais equiparados a crimes hediondos, a revisão fosse realizada após o PRAZO DE UM ANO, período mais adequado para entender o processo de reinserção social do infrator e se esse tem a possibilidade de receber medida socioeducativa menos gravosa, como a liberdade assistida.

3) modificação do prazo máximo de internação, em caso de prática de atos infracionais equiparados a crimes hediondos.

Justifica-se: o artigo 121, §3º, do ECA, prevê que, em nenhuma hipótese o período máximo de internação excederá a três anos. Tal artigo é complementado pelo §5º do mesmo artigo, prevendo que a liberação será compulsória aos 21 anos de idade. A aplicação da justiça pressupõe a reparação mínima do mal causado, buscando a chamada pacificação social. Não se fala em vingança estatal, mas em proporcionalidade mínima entre o ato ilícito praticado e a punição por tal ato. Os prazos acima são exíguos, provocando a sensação de impunidade coletiva, a revolta social, o incentivo à corrupção de menores por parte de criminosos adultos (incluindo facções) e a descrença com todo o sistema legal. Além disso, descumpre o princípio da proporcionalidade. Tal princípio obriga a ponderar a gravidade da conduta, o objeto de tutela e a consequência jurídica. Assim, *trata-se de não aplicar um preço excessivo para obter um benefício inferior: quando se trata de obter o máximo de liberdade, não poderão prever-se penas que resultem desproporcionais com a gravidade da conduta.*[149] A solução seria aumentar o prazo máximo de internação, dobrando-o (passando a SEIS ANOS) em caso de prática de atos infracionais equiparados a crimes hediondos, e prevendo que a liberação compulsória se dará aos 24 anos. Naturalmente, a possível modificação legislativa exige adaptações do sistema, criando alas nos centros de internação para jovens adultos, ou seja, para aqueles que têm a idade entre 18 e 24 anos, que precisam de tratamento diferenciado, centrando tal tratamento em acompanhamento psicológico, formação educacional e profissional, dentre outras.

Há diversos projetos de lei em curso no Congresso Nacional,[150] buscando atualizar o sistema repressivo previsto no ECA, adaptando o estatuto aos novos tempos, já que o texto original, de 1989, não é capaz de proteger os menores e nem de trazer um mínimo de sensação de segurança e proteção social.

A Convenção sobre os Direitos da Criança foi adotada pela Assembleia Geral da ONU em 20 de novembro de *1989, entrando em pleno vigor no ano seguinte. Em seu art. 6º, itens 1 e 2 reza*:

> 1.Os Estados Partes reconhecem que toda criança tem o direito inerente à vida.
> 2.Os Estados Partes devem assegurar ao máximo a *sobrevivência e o desenvolvimento* da criança.
> No Brasil a Lei 8.069/90, Estatuto da Criança e do Adolescente, apregoa:
> Art. 4º *É dever da família, da comunidade, da sociedade em geral e do poder público assegurar, com absoluta prioridade, a efetivação dos direitos referentes à vida*, à saúde, à alimentação, à educação, ao esporte, ao lazer, à profissionalização, à cultura, à dignidade, ao respeito, à liberdade e à convivência familiar e comunitária.

---

149 CARBONELL MATEU, Juan Carlos. *Derecho penal*: concepto y principíos fundamentales. 3. ed. Valencia: Tirant lo blanch, 1999. p. 210.

150 *Vide* PL nº 661 de 2021. Projeto muda o ECA e dobra prazo de internação de adolescente que cometeu infração. *Agência Câmara de Notícias*, 17 mar. 2021. Disponível em: https://www.camara.leg.br/noticias/737008-projeto-muda-o-eca-e-dobra-prazo-de-internacao-de-adolescente-que-cometeu-infracao/. Acesso em: 22 nov. 2022.

> Art. 5º Nenhuma criança ou adolescente será objeto de qualquer forma de negligência, discriminação, exploração, violência, crueldade e opressão, *punido na forma da lei qualquer atentado, por ação ou omissão, aos seus direitos fundamentais.* (GRIFAMOS)

A par dos comandos legais e regras internacionais, a crueza da realidade cotidiana brasileira leva-nos a concluir que tais direitos indisponíveis e inalienáveis são olvidados muitas vezes, sobretudo, no cenário da terrível criminalidade promovida pelas facções criminosas.

Explica-se. Em que pese a *pseudo-ética* do crime, em que, por exemplo, em tempos romantizados, criminosos *profissionais* não feriam crianças inocentes, o delito hodierno não respeita limites e, não raras vezes, crianças são vítimas de crimes praticados por facções criminosas. É do conhecimento comum que muitos criminosos e, é claro, as facções também, lançam mão do artifício de entregar a menores de idade a missão de praticar delitos, sobretudo, os mais graves, ante a fragilidade do alcance das normas sancionatórias frente a essas pessoas. Na vida policial é comum o tal fato do *maior encomendar ao menor o crime* para não sofrer maiores represálias estatais pelo fato delituoso, de tal maneira que sempre menores de idade foram arregimentados pelo mundo do crime, ante a inimputabilidade jurídica que os mesmos ostentam.

Conforme sabemos, esses delitos praticados por menores quase sempre são hiporreprimidos pelo Estado, ante as normas de vigência que rezam que a imputabilidade penal somente nasce a partir dos 18 anos inteirados. Ocorre que o fenômeno ganhou uma dose de hediondez pior, isto é, crianças e adolescentes não são mais somente àqueles que estão à serviço do crime, mas inúmeras vezes no contexto atual, são as vítimas de atos repulsivos.

A questão que se coloca é como equacionar o sistema de proteção menorista, que se levanta em favor do menor infrator (por sua condição de desenvolvimento e uma série de razões que não é o mote da discussão nesse momento) e a proteção devida pelo Estado ao menor em situação ainda mais vulnerável, ou seja, a daquele que é vítima do crime. Como bem observado no direito mundial, como seres humanos, as crianças e adolescentes também têm direitos, inclusive o direito à vida, com absoluta prioridade como estatui o ECA e, como materializar tal proteção, quando o algoz da criança, é um adolescente teleguiado pelas facções?

Sob a rutilância da vida como ela é, tais casos são mais comuns do que às vezes se pensa. No Piauí, por exemplo, pelo menos dois casos podem ilustrar essa constatação. A de uma criança de 9 anos que foi intensamente espancada por duas adolescentes como forma de vingança, por a vítima ser irmã de uma desafeta das infratoras[151] e um outro em que uma criança de 11 anos foi assassinada por um grupo criminoso.[152]

Em casos como esses, verifica-se que o ordenamento jurídico vigente não consegue propiciar a proteção devida a essas pessoas, pois se quem praticou o ato criminoso era inimputável, aquele que sofreu também o era, sendo a vítima, nesses casos, a verdadeira vulnerável do fato. Portanto, as sanções previstas no estatuto menorista, sem dúvida, não representam qualquer tipo de sanção adequada à envergadura do mal produzido na pessoa agredida. E, esse flanco legal tem sido explorado pelas facções criminosas no sentido de intimidar e ameaçar as pessoas, colocando em mira crianças e adolescentes, como também, utilizando adolescentes do crime

---

151 FERREIRA, Lívia; COSTA, Catarina. Menina de 11 anos é internada em estado grave após ser espancada por membros de facção no Litoral do Piauí. *Portal G1*, 09 nov. 2022. Disponível em: https://g1.globo.com/pi/piaui/noticia/2022/11/09/menina-de-9-anos-e-internada-em-estado-grave-apos-ser-espancada-por-membros-de-faccao-no-litoral-do-piaui.ghtml. Acesso em: 05 set. 2024.

152 Criminosos obrigaram mãe ver execução do filho de 11 anos em Teresina. *Cidade Verde*, 18 mar. 2020. Disponível em: https://cidadeverde.com/noticias/319995/criminosos-obrigaram-mae-ver-execucao-do-filho-de-11-anos-em-teresina. Acesso em: 05 set. 2024.

para satisfazer seus desideratos mais espúrios, apostando na impunidade. Dessa feita, urge, como já dito, que repensemos a maioridade no Brasil ou, até mesmo, por mais factível, a exasperação das retribuições legais às práticas de atos infracionais (*vide* sugestões acima). Nessa senda, fechando o tópico ainda invocando a Convenção dos Direitos das Crianças, adotado pela ONU, cumpre trazer o que diz o art. 37 do mesmo diploma:

> que nenhuma criança seja submetida a tortura ou a outros tratamentos ou penas cruéis, desumanos ou degradantes. Não serão impostas a pena de morte e a prisão perpétua, sem possibilidade de livramento, por delitos cometidos por menores de 18 anos de idade.

Esse diploma internacional, ratificado por 196 nações, diga-se de passagem, o instrumento de direitos humanos mais aceito na história universal, prevê que não haverá, sob qualquer hipótese, pena capital e pena perpétua (sem possibilidade de livramento) impostas a menores de 18 anos de idade, contudo não disse que atos criminosos praticados por pessoas dessa idade restariam impunes, sobretudo, quando se sabe que este mesmo repertório de intenções também deve proteger esses seres quando estão na qualidade de vítimas.

A legislação especial brasileira, nesse ponto, sob nossa ótica, foi extremamente condescendente com a ação de menores devotos ao crime e leniente a proteção e defesa das vítimas dessas pessoas, sobretudo, as menores de idade que gozam de *proteção integral e absoluta,* como está escrito na Constituição Federal de 1988. Pois uma coisa é não permitir pena de morte ou pena perpétua sem qualquer possibilidade de livramento condicional com o tempo, outra diametralmente oposta é aplicar no máximo uma internação de até 3 anos para aquele que comete ato infracional análogo ao homicídio, ao latrocínio, ao estupro, dentre outros delitos hediondos. Como realizar a proteção geral da sociedade num panorama em que as leis se traduzem num verdadeiro estímulo ao crime? Nesse ponto, entendemos que já passou da hora de a sociedade encarar esse problema, sobretudo, na quadra atual, em que as facções criminosas têm feito uso desse artifício legal.

Por isso, trazemos a discussão acima e entendemos que se faz premente as adaptações do ECA ao novo fenômeno que são as facções, já que o Estatuto Menorista acaba, sob a finalidade de proteger, colocar em maior risco e vulnerabilidade os adolescentes cooptados pelo crime.

CAPÍTULO 10

TEMAS COMPLEMENTARES

10.1 Absolutismo penal e política de desencarceramento

O enfrentamento ao crime passa pela busca de um mínimo de consenso entre operadores do direito e, principalmente, pela prevalência de conceitos pragmáticos, que tenham repercussão social positiva e consigam reestabelecer a ordem pública. A discussão teórica, sem embasamento prático, permeada de preconceitos e generalizações acabam sendo prejudiciais à melhoria do sistema criminal. As teorias a serem discutidas, de forma pragmática, nesse capítulo são o ABOLICIONISMO PENAL, o GARANTISMO e a política de DESENCARCERAMENTO.

a) ABOLICIONISMO PENAL

O abolicionismo penal, especialmente em sua vertente mais radical, propõe a destruição do sistema penal e da própria lógica punitiva. Parte da ideia de que se deveria abolir a ideia de castigo como forma aceitável de reagir ao delito, substituindo-o por um sistema de justiça que protegesse o estigmatizado e lhe oferecesse oportunidades de sentir e demonstrar remorso, proporcionando a reconciliação e a pacificação.

O abolicionista penal, surgido após a Segunda Guerra Mundial, passou a atuar tanto na teoria quanto na prática, com proposições concretas de reforma do sistema.

As vertentes teóricas do absolutismo mais conhecidas são o ESTRUTURALISMO, de FOUCAULT, o MATERIALISMO E MARXISMO, de MATHIESEN e a FENOMENOLOGIA, de HULSMAN e CHRISTIE.

Segundo Tatiana Badaró,[153] a defesa da abolição do sistema repressivo é feita com base nos seus e*vide*ntes efeitos contraprodutivos em relação aos seus objetivos declarados, uma vez que a pena não compre as funções de ressocialização e prevenção que lhe são atribuídas pelo discurso legitimador nem atende às verdadeiras necessidades dos envolvidos no conflito. As principais razões que tornam problemático o controle social por meio da justiça penal podem ser assim sintetizadas:

1) causa sofrimento desnecessário e distribuído de modo injusto e desigual na sociedade;
2) expropria o conflito dos sujeitos nele diretamente envolvidos sem produzir qualquer efeito positivo para eles e
3) tende a abusos e excessos, sendo sumamente difícil de ser mantido sob controle.

O abolicionismo penal possui múltiplas facetas que variam de acordo com o autor que se analisa. Thomas Mathiesen, por exemplo, fortemente influenciado pelas teorias marxistas, afirma que o sistema penal é mais um instrumento de dominação de classe; Foucault tem uma abordagem estrutural; e Nils Christie tem uma ideia fenomenológico-histórica da questão. Os autores, no entanto, convergem na

---

[153] BADARÓ, Tatiana. Garantistas vs. abolicionistas: as críticas de Ferrajoli ao abolicionismo penal e as réplicas abolicionistas ao garantismo penal. *Revista Quaestio Iuris*, Rio de Janeiro, v. 11, n. 2, p. 713-736, 2018.
Disponível em: DOI: 10.12957/rqi.2018.29636. Acesso em: 05 set. 2024.

convicção de que o sistema penal vigente é ineficiente e inútil, e por isso defendem sua extinção e substituição por outros meios de resolução dos conflitos sociais.

O conceito de controle social, abordado por Michel Foucault, representa o controle exercido sobre os indivíduos pelo próprio Estado. Esse controle social, materializado na criminalização de certos comportamentos e no monopólio legítimo da força, reduz o enfrentamento de condutas à simples imposição de sanções, além de produzir violência e dor, na medida em que provoca deteriorização moral, privação de liberdade e morte. Marcelo Bolshaw Gomes[154] explica os conceitos trazidos pelo mestre acima:

> Teríamos assim três níveis entrelaçados de Controle Social: o controle através das instituições, o controle através de formas discursivas e o controle de Si. O controle de tipo institucional se constitui não apenas coerção física, mas também dos fatores econômicos, jurídicos, de correlação de forças políticas, etc, enfim: de todos fatores de condicionamento objetivo da ação social. O controle através de formas discursivas, por sua vez, representa todo condicionamento subjetivo dos jogos da linguagem, seja pelo acesso à informação seja pela sugestão de valores e pontos de vistas. É o campo que Foucault, Deleuze e Guattari evitam chamar de ideológico. E, finalmente, o controle de Si ou autocontrole é um nível mais psicológico que cultural, que funciona com autonomia dos desejos e da consciência em relação à estrutura de fatores objetivos e ao sistema de crenças do ator social em questão.

Os princípios do ABOLICIONISMO PENAL passam pelos seguintes aspectos:

---

[154] GOMES, Marcelo Bolshaw. Do Controle Social à Sociedade de Controle. In: INTERCOM – Sociedade Brasileira de Estudos Interdisciplinares da Comunicação XXV Congresso Brasileiro de Ciências da Comunicação – Salvador/BA – 1 a 5 Set 2002. Disponível em: http://www.intercom.org.br/papers/nacionais/2002/congresso2002_anais/2002_NP8gomes.pdf. Acesso em: 23 nov. 2022.

1) SOBRE QUEM VAI PARA A PRISÃO. Alegam os abolicionistas que é a LEI QUE CRIA O CRIMINOSO, ou seja, o fato punível é criação do próprio sistema. Assim, de acordo com o lugar e a época, um indivíduo pode ser passível ou não de ser encarcerado por uma mesma conduta. O sistema penal visivelmente cria e reforça as desigualdades sociais, encarcerando na quase totalidade dos casos, as camadas mais frágeis da população.
2) DIMENSÃO DA PENA. A afirmação de que o delinquente deve ser punido para que a vítima reencontre a paz não deve ser tida como verdadeira.
3) MANIQUEÍSMO PENAL. O sistema penal formal deve ser abolido porque, em razão da grande influência teológico-escolástica, é patentemente maniqueista (os agentes do sistema são "bons", enquanto os desviados são "maus"); é, de outro lado, uma "máquina desconexa", na medida em que suas instâncias (polícia, Ministério Público, Magistratura, agentes penitenciários etc.) atuam como compartimentos desconexos.
4) VINGANÇA NO DIREITO PENAL. O sistema penal não existe para ser a forma de vingança, e é isso o que ocorre, não sendo utilizado para seus reais propósitos como a ressocialização. O sistema penal, por fim, só conta com um tipo de reação, a punitiva, quando na verdade existem diversos outros modos de controle social (medidas sanitárias, educativas, de assistência material ou psicológica, reparatórias etc.). Logo, percebe-se o quanto ele foi concebido só para o mal, para a violência (vingança).

b) GARANTISMO PENAL

A teoria do garantismo penal, como um freio ideológico para a atuação indiscriminada do estado na liberdade do cidadão, devendo utilizar o seu poder punitivo como *ultima ratio*. Uma dessas limitações que sofre o poder punitivo estatal está na forma como o Direito é corporificado em nosso sistema normativo.

No Brasil o conceito de GARANTISMO acabou sendo DETURPADO pelo já citado incremento da questão ideológica, o que contraria a própria essência da teoria (separar ideologia da aplicação da pena). É comum juristas se autoproclamarem GARANTISTAS, acusando todos os que pensam diferente de PUNITIVISTAS. Quem usa tais conceitos sequer estudou a origem do termo, apropriando-se da teoria de forma indevida.

Há três formas de se interpretar o garantismo, conforme resumo da obra de Douglas Fischer:[155]

1) Garantismo binocular: analisado de forma bifronte, não nega ao réu os direitos à ampla defesa e ao contraditório, ou à presunção de inocência, mas preconiza que jamais se deve abolir a proteção do bem jurídico violado, pois o Estado não pode oferecer uma proteção deficiente à sociedade na defesa dos bens jurídicos relevantes. Visa resguardar os direitos fundamentais não apenas do réu ou do investigado, mas também os direitos fundamentais da vítima e os bens jurídicos mais relevantes para a sociedade. Zela pela correta e justa aplicação da pena e por sua execução na defesa e na reafirmação do bem jurídico relevante lesado pela conduta criminosa.

b) Garantismo monocular: O garantismo monocular somente observa os direitos dos acusados, negando a eficácia do Direito Penal como forma de afirmação dos bens jurídicos valorados. É a negação disfarçada do Direito Penal como instrumento positivo de controle social e de justiça,

---

[155] FISCHER, Douglas. Garantismo penal integral (e não o garantismo hiperbólico monocular) e o princípio da proporcionalidade: breves anotações de compreensão e aproximação dos seus ideais. *Revista Doutrina TRF4*, n. 28, 24 mar. 2009. Disponível em: https://revistadoutrina.trf4.jus.br/index.htm?https://revistadoutrina.trf4.jus.br/artigos/edicao028/douglas_fischer.html. Acesso em: 23 nov. 2022.

entendendo que os demais ramos do direito e outras políticas públicas são suficientes para diminuir a criminalidade e solucionar os conflitos sociais. Preocupa-se apenas com os direitos fundamentais dos outros cidadãos, com os direitos da coletividade e com os deveres fundamentais.

3) Garantismo hiperbólico monocular: *evide*ncia-se desproporcionalmente (hiperbólico) e de forma isolada (monocular) a necessidade de proteção apenas dos direitos fundamentais individuais dos cidadãos investigados, processados ou condenados.

Portanto, aquele que se autodenomina GARANTISTA, deveria complementar sobre o tipo de garantista que é, em nome da boa fé.

O GARANTISMO nasceu não como uma resposta ao ABOLICIONISMO, já que ambas as teorias têm alguns preceitos em comum, especialmente o conceito de MINIMALISMO, ou seja, da mínima intervenção do Estado no direito do cidadão. O garantismo fundamenta o princípio incorporado ao direito brasileiro da *ULTIMA RATIO*.

O principal teórico do garantismo é FERRAJOLI, sob o qual Douglas Fischer desenvolveu as teses do GARANTISMO BINOCULAR E MONOCULAR, citadas acima. Para o mestre italiano, o garantismo alia-se aos modelos minimalistas de Direito penal, isto é, modelos orientados à limitação da violência punitiva e à máxima contração do sistema penal. Contudo, diferencia-se de outras perspectivas minimalistas (como o ABOLICIONISMO PENAL) por partir da deslegitimação do sistema penal, concebida como uma crise conjuntural e não estrutural de legitimidade, para a sua relegitimação.

Segundo Tatiana Badaró, citada acima, o garantismo penal de Ferrajoli se contrapõe ao abolicionismo pelo fato de atribuir maior relevo aos "custos potenciais de uma anarquia punitiva" do que aos custos atuais e reais do sistema penal. Para o autor italiano, "o Direito penal mínimo estaria legitimado pela necessidade de proteger, a um só tempo, as garantias dos 'desviantes' e 'não desviantes'". Por isso, ele defende a pena jurídica como método institucional de minimização da reação violenta ao desvio e garantia do acusado frente às arbitrariedades, os excessos e os erros do sistema jurídico de controle social.

O radicalismo da concepção abolicionista, na visão de Ferrajoli, citado por Tatiana Badaró, consubstancia-se nas seguintes propostas: 1) "improváveis projetos de microcosmos sociais baseados na solidariedade e na fraternidade"; 2) "vagos objetivos de 'reapropriação social' dos conflitos" por ofendidos e ofensores e 3) "métodos primitivos de composição patrimonial das ofensas que recordam as antigas formas de vingança de sangue".

Segundo o autor, o modelo de autorregulação social espontânea, proposto pelas doutrinas abolicionistas, é pensado para uma sociedade perfeita e utópica e, portanto, carente de embasamento científico. Além disso, tal proposta é inspirada por um moralismo mitológico e nostálgico em relação a modelos arcaicos e tradicionais de "comunidades sem direito", não apresentando nada de original que já não tenha sido projetado pela ideologia anarquista.

c) POLÍTICA DE DESENCARCERAMENTO

O abolicionismo penal e as deturpações do garantismo penal (garantismo hiperbólico monocular) pregam a política de desencarceramento em massa. Baseiam-se em conceitos político-ideológicos do ANARQUISMO (*vide* críticas de Ferrajoli ao abolicionismo) ou MATERIALISMO HISTÓRICO (o criminoso como vítima da sociedade).

As posições radicais precisam ser contrapostas a posições pragmáticas, embasadas não em teoria sem respaldo científico, mas em pesquisa isenta e amparada em uma gama de informações devidamente consideradas.

De todo modo, as teorias minimalistas são adotadas pelo sistema criminal brasileiro, da *ULTIMA RATIO* do direito penal. O nosso sistema, apesar de excessivo em tipificar condutas criminais, criando uma gama quase infinita de crimes, faz o contraponto, que é afastar praticamente todos os agentes criminosos da possibilidade de virem a ser mandados ao cárcere. Ou seja, já temos uma POLÍTICA DE DESENCARCERAMENTO aplicada, mesmo que sem adotar os conceitos de abolicionismo penal radical.

As alegações podem ser comprovadas com a citação das Leis nº 11.403 de 2011 (que permitem que o Delegado de Polícia conceda fiança em crimes com pena máxima de QUATRO ANOS, o que já afasta do cárcere a maior parte dos crimes praticados), 9.099 de 1995 (que criou o instituto da transação penal e da suspensão condicional do processo) e do PACOTE ANTICRIME, que instituiu o ACORDO DE NÃO PERSECUÇÃO PENAL (acordo entre o investigado e o Ministério Público em crimes com pena mínima igual a quatro anos, com algumas restrições, como o caso de violência doméstica e familiar).

O conceito de garantismo penal busca exatamente a redução do impacto da atuação do Estado na vida do cidadão, salvo para garantir o máximo de efetividade de seus direitos. O cidadão tem direito à liberdade, à vida, à privacidade, à propriedade e à segurança. O poder público deve reprimir a ação de agentes (criminosos) que atacam tais direitos, de forma proporcional. Por exemplo, um criminoso que pratica um crime contra a honra, atingindo a privacidade de outrem, só será punido por interesse da vítima. Um criminoso que atinge a propriedade de outrem, como furto qualificado, já precisa sofrer algum tipo de punição estatal, implementada por penas diversas da prisão, através do Acordo de Não Persecução Penal. Já aquele que ataca a vida e a liberdade de outrem precisa sofrer uma intervenção mais forte do poder público, não havendo outra resposta mais efetiva do que a prisão.

O cárcere tem como função a resposta punitiva do Estado a crimes graves, com a finalidade pedagógica e, principalmente, a finalidade de IMPEDIR NOVOS CRIMES.

Imaginemos um hipotético *habeas corpus* coletivo que mandasse soltar todas as pessoas que estão presas. Qual seria o impacto dessa medida? Todos os presos, especialmente sociopatas e membros de facções criminosas e milícias, ficariam satisfeitos e, de tão agradecidos pelo beneplácito estatal, abandonariam o mundo do crime? Respondemos indicando que o leitor assista ao filme UMA NOITE DE CRIME,[156] para tirar suas próprias conclusões.

d) ANÁLISE CRÍTICA E LINHA DE AÇÃO SUGERIDA

i) Revisão conceitual do que venha a ser o garantismo.

A raiz originária do abolicionismo penal e do garantismo (em todas as modalidades) é a ideia da mínima intervenção do direito penal, reprimindo atos ilícitos em uma progressão repressiva (partindo de medidas administrativas e cíveis, chegando-se à repressão criminal sem imposição de cárcere até a punição pela prisão). Quanto a essas questões, nada a que se considerar, devendo-se manter a lógica.

Os abolicionistas penais pregam um mundo ideal, em que todas as mazelas e transgressões deixaram de existir. Uma legítima utopia, cuja análise não será objeto deste trabalho.

---

[156] *Vide* a sinopse do filme: "Quando o governo norte-americano constata que suas prisões estão cheias demais para receberem novos detentos, uma nova lei é criada, permitindo todas as atividades ilegais durante 12 horas. Este período, chamado de Noite do Crime, é marcado por milhares de assassinatos, linchamentos e outros atos de violência por todo o país. O intuito, segundo o governo, é permitir que todos os cidadãos libertem seus impulsos violentos, garantindo a paz nos outros dias do ano". UMA noite de crime. Direção de James DeMonaco. nov. 2013. Disponível em: https://www.adorocinema.com/filmes/filme-201653/. Acesso em: 23 nov. 2022.

Não há nenhum problema em operadores do direito se auto-intitularem garantistas, já que, invariavelmente, aqueles que defendem os preceitos do artigo 5º da Constituição Federal, especialmente a garantia à presunção da inocência e a ampla defesa e contraditório, são garantistas. O problema é quando, ao se afirmar garantista, o operador enviesado por uma posição ideológica extremada joga a pecha de PUNITIVISTA, FASCISTA ou outro termo naqueles que defendem a punição estatal como resposta ao problema de segurança pública e, principalmente, como forma de impedir a propagação de novos crimes.

O operador do direito deve ter um mínimo de visão conglobante da realidade em que vive, entendendo que qualquer decisão sem previsão de impacto social pode causar danos irreparáveis, aumentando a situação de intranquilidade.

ii) Enfoque nos problemas atuais do sistema prisional brasileiro.

Acerca da questão do debate encarceramento x desencarceramento, entendemos que os operadores devem se afastar o máximo possível de questões ideológicas, buscando enfrentar os problemas reais, com respostas reais.

Assim, listamos os principais problemas do atual sistema prisional brasileiro, indicando os pontos de discussão e algumas hipóteses de solução, sem a pretensão de esgotar o tema.

Os pontos primordiais quando se trata de sistema prisional são SEGURANÇA, ATENDIMENTO e HUMANIZAÇÃO, ADMINISTRAÇÃO e MODERNIZAÇÃO.

Os três pilares de um sistema penitenciário estável são: SEGURANÇA (não permissão das fugas), CONTROLE (não permitir o transtorno e desordem) e a JUSTIÇA (compromisso do sistema penitenciário com o tratamento humano do preso com foco na reabilitação à sociedade).

10.2 A questão relacionada à legalização das drogas

A questão das drogas, por sua importância e impacto social, necessita de trabalhos de investigação e pesquisa que não cabem nesta obra. Mas citaremos alguns aspectos, já que as facções criminosas usam tal comércio como uma de suas bases financeiras. Dividiremos em tópicos o tema e trataremos de forma sucinta, sem a ambição de esgotar o tema.

a) DEFINIÇÃO DE DROGA. LEI PENAL EM BRANCO

Segundo a OMS, DROGA É qualquer substância natural ou sintética (substância criada pelo homem) que, quando administrada ou consumida por um ser vivo, modifica uma ou mais de suas funções, com exceção daquelas substâncias necessárias para a manutenção da saúde normal (água, alimentos etc.). Há diversos tipos de drogas, como as naturais (como a maconha, que é feita da planta *Cannabis Sativa,* e o ópio que tem origem nas flores da papoula; as sintéticas (que são produzidas de forma artificial em laboratórios, como o Ecstasy e o LSD) e as semi-sintéticas (como heroína, cocaína e crack, por exemplo).

Há drogas lícitas e drogas ilícitas. Dentre as lícitas, por não estarem proibidas por Lei, temos o cigarro, o álcool e medicamentos em geral. As ilícitas dependem de PORTARIA, que complementa a Lei de Drogas. Chama-se essa técnica legislativa de NORMA PENAL EM BRANCO. Pode ser definida como a lei que depende de outro ato normativo para que tenha sentido, uma vez que seu conteúdo é incompleto.

A Lei de Drogas não apresenta a relação de substâncias ilícitas, que dependem de Portaria da ANVISA para complementar a lei punitiva. Ou seja, se a substância não estiver catalogada em portaria (como o álcool e o tabaco), não é vedada. A atual portaria complementar é a Portaria SVS/MS nº 344/1998, que define os medicamentos e substâncias controladas no Brasil, além de determinar a relação de drogas ilícitas e seus precursores. A Anvisa atualiza, periodicamente, o Anexo 1 da Portaria, com inclusões e alterações.

Com a definição acima, podemos fazer as seguintes considerações sobre essa técnica legislativa:

1) A definição de drogas independe de sua licitude ou ilicitude, havendo mais uma escolha do ponto de vista político e criminal sobre quais reprimir;
2) A vantagem em se prever a NORMA COMPLEMENTAR é a facilidade em se atualizar o tipo de substância proibida. Há desenvolvimento de novas substâncias psicoativas ou a combinação de substâncias existentes, principalmente com substâncias não proibidas, dificultando a repressão. A atualização da portaria, essencial para a repressão dos novos tipos de drogas, é mais rápida do que a revisão legislativa.

Entretanto, mesmo com a flexibilização no que diz respeito à atualização do rol das substâncias proscritas, os traficantes têm se aproveitado da burocracia, pois leva-se em média dois anos para que uma substância suspeita apreendida tenha a comprovação de ser uma droga efetivada pelas análises periciais.[157] Isso significa que há um significativo decurso de tempo desde a entrada de uma nova substância no mercado até a implementação do controle legal. A falta de dados sobre essas novas drogas contribui para a demora nesse processo. Os traficantes de NSP frequentemente se aproveitam desse intervalo de tempo desenvolvendo e

[157] Drogas sintéticas: investigação aponta como as substâncias são comercializadas. *Portal R7*, 29 jun. 2022. Disponível em: https://recordtv.r7.com/domingo-espetacular/videos/drogas-sinteticas-investigacao-aponta-como-as-substancias-sao-comercializadas-29062022. Acesso em: 05 set. 2024.

comercializando substâncias alternativas para contornar os controles estabelecidos. Assim, traficantes têm investido na contratação de químicos, a fim de desenvolverem substâncias que causam os mesmos efeitos das drogas tradicionais, ou até potencializar mais os efeitos, sendo essa a regra, inclusive, cuidando para que a substância química que é proscrita na lista não esteja presente.

Para barrar de forma mais eficiente o tráfico destas substâncias, alguns países, como o Brasil, adotam o sistema de proibição das *listas nominais* que especificam nominalmente o nome da substância proibida, aliado ao sistema do controle genérico (por classes estruturais), esse é mais amplo, contemplando todas as substâncias que tenham a mesma classe estrutural da substância análoga. Como pelo TRANSPOR – Treinamento sobre Novas Substâncias Psicoativas da UFSC,[158] *Os controles genéricos têm como alvo a estrutura molecular central, que por si só não precisa ser psicoativa, sendo detalhadas, pela legislação, as aceitáveis variações particulares na estrutura, especialmente grupos substituintes em posições específicas na molécula*. São as chamadas NSP[159] – Novas Substâncias Psicoativas[160] que têm inundado o mercado de novas drogas, sobretudo sintéticas,[161] as quais têm como alvo preferencial jovens em *raves* e festivais de música eletrônica.

---

158 UNIVERSIDADE FEDERAL DE SANTA CATARINA. TraNSPor – Treinamento sobre Novas Substâncias Psicoativas. Disponível em: https://grupos.moodle.ufsc.br/pluginfile.php/1233921/mod_resource/content/104/public/index.html#/3. Acesso em: 05 set. 2024.

159 *As NSP são definidas como drogas cujo uso não é controlado pelas Convenções de 1961 e 1971, mas que podem constituir uma ameaça à saúde pública. A ideia das Convenções é controlar o uso de substâncias psicoativas de forma que seja garantido o uso médico e científico de forma segura. Os anexos das Convenções de 1961 e 1971 trazem 4 grupos de substâncias (I, II, III e IV), com diferentes níveis de controle, sendo considerados para a inclusão em cada grupo: o potencial efeito nocivo, em especial o risco de abuso, e o valor médico ou terapêutico dessas substâncias.*

160 GUIMARÃES, Juca. Variedade de drogas sintéticas apreendidas no Brasil aumentou 62% em apenas dois anos. Portal R7, 07 ago. 2016. Disponível em: https://noticias.r7.com/brasil/variedade-de-drogas-sinteticas-apreendidas-no-brasil-aumentou-62-em-apenas-dois-anos-07082016. Acesso em: 05 set. 2024.

161 Nova droga sintética invade centro de SP e provoca estragos. Portal R7, 07 out. 2022. Disponível em: https://recordtv.r7.com/balanco-geral-manha/videos/nova-droga-sintetica-invade-centro-de-sp-e-provoca-estragos-07102022. Acesso em: 05 set. 2024.

Essa nova realidade já chegou ao contexto das facções criminosas, tendo em vista uma série de vantagens trazidas por esse novo nicho do mercado de entorpecentes, sendo elas: i) dificuldade de identificação e classificação da substância como entorpecente; ii) público-alvo são jovens de classe média, portanto, com melhor poder aquisitivo; iii) são *drogas limpas, pois* não expelem odores como fumar crack ou maconha; iv) têm potencial de entorpecimento muito maior, ou seja, são mais concentradas, o que permite que uma pequena ou ínfima quantidade utilizada cause efeitos prolongados e intensos; v) atendem a variedade do "gosto de cliente", pois cada uma dessas drogas pode condensar numa só substância, vários efeitos que comumente estão em drogas diversas; vi) por conta da potencialidade de entorpecimento, são necessários poucos exemplares para atender a uma demanda grande, como uma festa, por exemplo, através de pílulas ou comprimidos (também chamados de balas e cristais) e adesivos (por exemplo, do tipo LSD, que pode ser composto com THC, com utilização cutânea ou sublingual).

Em que pese para o sistema de contenção criminal tal fenômeno ser um tanto quanto recente, já há relatos de uso em massa dessas NSP em vários Estados brasileiros, sobretudo em festas eletrônicas. O fato que as faz ainda serem desconhecidas, pela polícia, é que somente os casos mais graves, com resultado letal de uso, chegam aos hospitais e pronto-socorro e, muitas vezes, a morte é atribuída a outros tipos de drogas ou a outras causas, como por exemplo infarto, por falta de uma investigação profunda da *causa mortis*.

3) A desvantagem dessa técnica, além da burocracia e demais problemas citados acima, é não criar um escalonamento de impacto social e criminal da droga, tratando da mesma forma substâncias que causam menor efeito físico, como a cannabis, e a cocaína, especialmente seu substrato, o crack, que tem efeitos físicos e sociais (zumbização de usuários) muito

mais graves. Obviamente que qualquer escalonamento legal deve levar em consideração que o traficante não se importa com o tipo de entorpecente que vende, e que o processo de venda (domínio de territórios, controles de bocas de fumo, cooptação de menores e produção de viciados etc.). Aqui, estamos apenas levantando a questão para debate mais aprofundado, ou seja, se o tipo de droga deve ser utilizado para dosimetria das penas aplicadas ao crime.

b) A MOTIVAÇÃO PARA O USO DE DROGAS

Há muita discussão sobre o uso voluntário de drogas. Não nos cabe discutir porque uma pessoa usa drogas por prescrição médica, já que aqui não há voluntariedade, ou essa é mitigada. Mas o que levaria uma pessoa a usar drogas, ciente de seus efeitos?

Schopenhauer diz que a vida é um pêndulo entre o sofrimento e o tédio, basicamente dizendo que sofremos por não ter e ficamos com tédio quando possuímos. Mário Sérgio Cortela acrescenta esse conceito com a ideia de que temos um vazio existencial, que, assim que preenchemos, passamos a buscar novos desafios, e isso é o que explica o porquê fazemos o que fazemos. Uma mente que não consegue atingir o equilíbrio entre essa ansiedade por conseguir e a frustração por já ter conseguido, sem que se motive por novos desafios, acaba desenvolvendo algum tipo de psicopatologia. As doenças da alma são as mais complexas de serem tratadas, e, invariavelmente, levam ao uso de drogas (lícitas, dentro de um tratamento adequado, e ilícitas, por risco pessoal).

Muitos usuários de drogas o fazem por necessidade de sociabilização, por busca desenfreada pelo prazer, por entorpecimento (como fuga da realidade) etc. Fato é que o uso de drogas é um problema complexo, que se expande rapidamente, criando uma sociedade de viciados (em drogas lícitas e ilícitas), como um sinal dos tempos. Tal mercado em expansão é disputado por empresas legalizadas e pelos produtores de entorpecentes.

c) A LEGALIZAÇÃO DAS DROGAS: UM SALTO NO ESCURO

A discussão sobre a legalização das drogas passa, basicamente, por duas posições políticas que, apesar de parecer, não são antagônicas.

A primeira, de caráter liberal, tem a seguinte posição, em suma: a) a questão das drogas é um problema de saúde pública e não de polícia e segurança, por isso deve haver a legalização, com tratamento de usuários e campanhas contra os entorpecentes; b) em complemento ao item anterior, afirmam que o Estado gasta recursos demais na repressão, sem resultado prático, e pouco nos serviços de saúde; c) o cidadão tem liberdade de se autodeterminar, incluindo o direito a usar drogas, de forma recretativa, não devendo haver a interferência do Estado nesse direito, já que as consequências deletérias das drogas são de caráter individual; d) o Estado, ao escolher quais drogas reprime, usa o combate a entorpecentes como uma forma de controle social, ligado à política de LEI E ORDEM, com clara repressão social; dentre outros argumentos.

A segunda posição, de caráter conservador, tem a seguinte posição, em suma: a) a questão das drogas tem eminentemente impacto na segurança pública, já que o uso e tráfico de drogas é uma forma de incentivo a outros crimes, especialmente crimes contra a propriedade, já que usuários tendem a praticar furtos e roubos para conseguir sustentar o vício; b) a repressão é necessária para impedir, ou pelo menos diminuir o fluxo de drogas, para proteção social; c) o uso de drogas não tem efeitos apenas individuais, impactando, em primeiro lugar, nas famílias, que geralmente são destruídas no processo, em segundo, na segurança pública, com aumento de crimes, como homicídios e furtos, e em terceiro, impacta em serviços públicos de saúde, por isso precisa ser reprimido; d) a lista de substâncias previstas como proibidas dependem da ANVISA, que tem autonomia para considerar os impactos sociais e na saúde pública, sendo exagero acusar a repressão às drogas ilícitas como forma de controle social; dentre outros.

Aparentemente, as posições citadas são antagônicas e inconciliáveis. Mas não é o que ocorre. Em uma discussão séria sobre o tema, todas as posições precisam ser levadas em conta.

Basicamente, defendemos neste trabalho que a legalização das drogas no Brasil no momento não é conveniente, já que não há grandes pesquisas sociais, de impacto tanto na questão da saúde pública e na segurança, que levem em conta os aspectos mais amplos possíveis. Normalmente, há pesquisas em bolhas (entre aqueles que têm posição já firmada), sem levar em conta a amplitude do problema e a necessidade de conjugação mínima de posições. Portanto, sem tais pesquisas, liberar as drogas no país é dar um salto no escuro, sem que o poder público possa se preparar para possíveis consequências, podendo citar algumas:

1) Liberação imediata de milhares de faccionados condenados por tráfico de drogas, com impacto na repressão policial.

Decisões coletivas, sem análise conglobante, podem criar mais problemas do que trazer soluções. Citemos o HC nº 143.641, pelo qual a 2ª Turma do Supremo Tribunal Federal concedeu HC coletivo em nome de todas as mulheres presas grávidas e mães de crianças com até 12 anos de idade. Tal decisão, mesmo que trazendo a finalidade protetiva, pode ter desencadeado dois problemas práticos, nos quais os promotores de justiça autores deste livro já tiveram que enfrentar: a) mulheres traficantes, ao receberem uma espécie de IMUNIDADE CONTRA A PRISÃO, continuaram a usar suas casas para praticar a mercância de droga, virando DONAS DE BOCAS DE FUMO, já que a regra é que os seus companheiros (associados para o tráfico) ficam presos e elas comandam o negócio sem praticamente serem incomodadas pela polícia; e b) as crianças, objeto final de proteção (e justificantes do HC coletivo), ao estarem em ambientes em que suas genitoras usam e vendem drogas (com o beneplácito do Estado-Juiz), são colocadas em situação de permanente corrupção, sendo usadas em maior ou menor grau no sistema de distribuição de drogas (aviões), com a potencialidade de virarem usuários de drogas no futuro ou serem vítimas de violência sexual, dado o contato permanente com usuários de drogas. Entendemos que o HC COLETIVO PRECISA SER REVISADO, trazendo condições mais adequadas à liberação da mulher, com um mínimo de garantia de que o ambiente onde ficará presa de forma domiciliar é ADEQUADO para a sua recuperação social e para o convívio com menores, dentre outras condições objetivas.

2) Possível impacto nas políticas públicas de saúde e segurança, com aumento do consumo de drogas e a formação do NARCOESTADO.

O caso da HOLANDA pode ser tomado por exemplo.

A Holanda descriminalizou o uso de drogas. E, em sua política de saúde pública, os viciados não são vistos como criminosos, e sim como pacientes. As chamadas "drogas brandas", derivadas da maconha, são semilegalizadas. As vendas dessas drogas são feitas em *coffe shops*, sendo que em

Amsterdã existem mais de 160 dessas lojas. O país acabou virando a PORTA DE ENTRADA DE DROGAS NA EUROPA, produzindo e distribuindo diversos tipos de drogas: maconha, drogas sintéticas, ecstasy e metanfetaminas, cocaína e heroína, gerando, apenas com drogas sintéticas, mais de 19 bilhões de euros por ano, e grande parte é exportada principalmente para os Estados Unidos e a Austrália.

Segundo Anabel Hernández,[162] as autoridades da Holanda acreditam que cartéis mexicanos dão assessoria a seus colegas da Holanda sobre a produção e o tráfico de metanfetaminas e podem ser responsáveis por distribuir essas substâncias no mercado americano. A jornalista cita a detenção do traficante mexicano José Rodrigo Aréchiga conhecido como "El Chino Ántrax", em 2013, no aeroporto de Schiphol em Amsterdã, como prova dessa aliança, responsável por dar a logística aos produtores e distribuidores de drogas na Holanda.

Assim, segundo diversos especialistas e de acordo com o próprio sindicato da polícia holandesa,[163] o país está se tornando um NARCOESTADO.

Pieter Tops, da Universidade de Tilburg,[164] considera que o país cumpre os requisitos observados em um narcoestado. "Um narcoestado é um país onde se produz e/ou se comercializam drogas proibidas em grande escala. Esta definição, sem dúvida, se aplica à Holanda", afirmou em entrevista para o jornal de Volkskrant. "A escala da produção de maconha e drogas sintéticas é enorme. E também há a importação e o trânsito de cocaína através dos portos", acrescentou. Para

---

[162] HERNÁNDEZ, Anabel. Os efeitos colaterais da política de drogas holandesa. *Portal DW*, 02 dez. 2019. Disponível em: https://www.dw.com/pt-br/os-efeitos-colaterais-da-liberal-pol%C3%ADtica-de-drogas-holandesa/a-51474620. Acesso em: 28 nov. 2022.

[163] LIMA, Lioman. Por que o sindicato da polícia da Holanda afirma que o país está virando um 'narcoestado'? *BCC News Brasil*, 02 mar. 2018. Disponível em: https://www.bbc.com/portuguese/internacional-43247861. Acesso em: 28 nov. 2022.

[164] *Vide* nota anterior.

Tops, as mesmas características da Holanda que a tornam um "país próspero e interessante para a economia legal" também podem ser utilizadas para o comércio e a produção de substâncias ilegais.

Apesar do amplo debate no próprio país, e ser mantida a política de liberação, defendemos que a modificação do sistema repressor, sem os devidos estudos de impacto, podem gerar os problemas acima, impactando em todos os setores da sociedade, incluindo impacto nos serviços de saúde e na conversão do Brasil em um NARCOESTADO.

3) Provável agravamento da situação da violência, já que as facções tendem a substituir a sua principal fonte de lucro (o tráfico de drogas) por outros crimes com violência real, especialmente o sequestro e o roubo.

Um dos principais argumentos dos que defendem a liberação das drogas é que, sem tal fonte de renda, a violência gerada pela repressão ao crime seria reduzida ou desapareceria. Para os que defendem tal posição, citamos apenas dois fatos históricos: o primeiro, pelo qual a organização de AL CAPONE não deixou de existir por causa da revogação da LEI SECA, prejudicando o principal negócio do gangster (contrabando de álcool), gerando apenas a substituição por outras atividades, algumas mais impactantes (sequestros, prostituição, pistolagem, tráfico de drogas etc.); o segundo, a substituição das fontes de financiamento das FARCS que, ao perderem o dinheiro enviado por CUBA e pela URSS, após 1991 (fim do comunismo soviético), passaram a usar o sequestro e o tráfico de drogas como meios de arcar suas finalidades políticas.

Tais questões devem ser consideradas, já que não é plausível que uma instituição como o PCC simplesmente deixe de existir acaso o tráfico de drogas deixe de ser crime no Brasil, até mesmo porque outras atividades existentes, como o contrabando de cigarros e o roubo a banco já são fontes de financiamento complementares, que podem ser infladas caso haja a legalização.

d) PARÂMETROS PARA REDISCUSSÃO DA LEI DE DROGAS

Muito se discute sobre a necessidade de se revisar a Lei de Drogas. Primeiro, partimos da premissa de que toda Lei, por melhor que seja, precisa ser estudada, avaliada e modificada quando houver a necessidade de correção de rumos. Segundo, partimos da premissa de que o primeiro problema não é a Lei de Drogas, mas a existência das facções, que, como já afirmamos alhures, alimentam e se alimentam do sistema repressivo (*vide* a parte do texto relacionada à ação das facções no sentido de impedir a ressocialização do faccionado). Terceiro, partimos da premissa de que qualquer estudo de revisão da Lei de Drogas deve ser amplo, baseado em impactos nas diversas áreas sociais, e não baseada apenas em achismos com um único embasamento, o ideológico.

Complementando a terceira premissa (parâmetros objetivos de revisão), citamos dois pontos para discussão.

O primeiro, é a criação de um novo tipo penal: O TRÁFICO PARA USO. Seria um tipo penal intermediário entre o artigo 28 (uso) e o 33 (tráfico) da Lei de Drogas, prevendo, além dos verbos nucleares do tipo previsto no artigo 33, a finalidade do uso. O pequeno traficante que vende drogas para sustentar o próprio uso estaria abrangido por esse novo tipo penal. A pena máxima teria que ficar abaixo dos quatro anos, suficientes para a autoridade policial arbitrar a fiança, em sendo favoráveis as demais condições pessoais e sendo primário. Da mesma forma, haveria a possibilidade de oferecimento de ACORDO DE NÃO PERSECUÇÃO PENAL, nos termos do artigo 28-A, do

CPP, impondo como condição o tratamento médico, incluindo a necessidade de INTERNAÇÃO em CLÍNICA DE REABILITAÇÃO, dentre outras condições viáveis de recuperação social.

O segundo ponto segue a mesma lógica citada, consistindo em trazer o parágrafo 4º do artigo 33 da Lei de Drogas para a própria tipicidade. Explicamos: o juiz, ao fixar a pena do traficante, pode reduzir a pena de um sexto a dois terços, desde que o agente seja primário, de bons antecedentes, não se dedique às atividades criminosas nem integre organização criminosa. Exemplo: "um réu primário foi preso vendendo pequenas quantidades de drogas. Ao fim de todo o processo, depois de ficar preso, ter contato com facções criminosas, ser violentado como pessoa ou 'liberado o mal interior', foi condenado à pena mínima de cinco anos. Como todas as demais condições lhe eram favoráveis, teve a pena reduzida em dois terços, ficando com pena de 1 ano e 08 meses, e em regime semiaberto". Mas o mal já foi feito. Alguém que poderia ter pegado uma pena menor que quatro anos (afiançável) fica preso durante toda a instrução criminal, que, em regra, dura mais do que a pena final a ser cumprida. E o pior: o réu do nosso exemplo não integrava organização criminosa quando foi preso. Mas no presídio teve que se filiar a uma. Ou isso, ou a morte. É beneficiado ao final, com a redução de pena, quando já integra alguma facção, como soldado recém-recrutado, mas não no início, antes de ser jogado nos presídios. A solução para o problema acima é prever um crime para abranger a figura do pequeno traficante.

São apenas parâmetros a serem discutidos.

10.3 Dos homicídios relacionados ao tráfico de drogas: "traficídios"

O presente tópico tem como objetivo a análise dos julgamentos dos crimes dolosos contra a vida diretamente relacionados ao pano de fundo das facções criminosas ligadas, comumente, ao tráfico de entorpecentes. São os popularmente denominados no meio policial-jurídico de "traficídios" (*neologismo*). Homicídios que têm como fundamento motivacional desavenças, brigas, desentendimentos, vinganças, querelas, litígios, disputas, acerto de contas, relacionados ao tráfico ilícito de drogas e entorpecentes.

Se, em um passado não tão distante, os homicídios tinham como fator originário brigas passionais, ciúmes, disputas de terras, honra ferida, homem ou mulher traído, desentendimento no trânsito, discussões banais em uma mesa de bilhar ou mesmo no balcão de um bar (quase regra esse último), dentre outros motivos, grande parte dos homicídios na atualidade tem a ver com a guerra entre facções criminosas que disputam o espaço na geografia do crime.

Tal fenômeno criminoso trouxe uma preocupação acentuada às autoridades estatais, acostumadas à forma antiga, tradicional e clássica de investigação dos delitos de sangue, que passam agora a lidar com sangue misturado a entorpecentes. É que diferentemente do passado, quando a prova testemunhal nesses delitos era decisiva no julgamento, sobretudo a testemunha ocular que discorria detalhadamente sobre as nuances e peculiaridades do crime, nessa derivação, digamos assim, de crimes, a investigação para esse delito, se nunca foi tão simples, ficou muito mais complexa.

Lembremos também que na temática que estamos abordando, vale dizer que afastamos de logo o instituto processual da conexão probatória, o qual atrai a competência de crimes outros para um órgão julgador responsável por um determinado crime, isso porque não se trataria de uma infração penal praticada para facilitar ou ocultar outra, ou mesmo para se conseguir a impunidade ou vantagem em relação a outra infração (com essa finalidade direta e específica) (art. 76, I,

CPP), ou mesmo porque a prova de uma infração poderia influir na prova de outra infração (art. 76, II, CPP).

No vertente caso a que nos propomos estudar e refletir, tratam-se das execuções determinadas por grupos rivais com a clara intenção de afastar a concorrência mercadológica do crime, ou mesmo exterminar desafetos e delatores, sem qualquer preocupação, via de regra, com o escamoteamento ou ocultação de outros crimes, ou mesmo com a finalidade de destruição de provas, tais finalidades podem ao fim serem até atendidas, mas de regra nunca são o mote desses crimes. A tônica nesses casos é uma guerra declarada, em que, inclusive, avisos de morte são feitos através de vídeos e áudios e repassados por aplicativos de mensagem, sem muita timidez dos criminosos, fato que reforça a ideia da prática delitiva fora do contexto de conexão probatória.

Dessa forma, fixada a competência dos homicídios conforme a previsão constitucional do art. 5º, XXXVIII, as facções estão sendo levadas a julgamento, no fim das contas, pelo plenário do Tribunal do Júri. Aqui, conforme pensamos, é onde reside o perigo. Decerto que o cidadão comum teme por sua vida, por sua integridade física e almeja a paz, assim, com tais peculiaridades, por exemplo, a periculosidade dos criminosos, a gravidade dos fatos, a presença de organização criminosa em plena atuação neste ou naquele município, a capacidade de intimidação e violência que esses grupos têm, os tentáculos em vários segmentos sociais etc., são fatores fortes para o jurado, mesmo que, inconscientemente, ser levado a um veredicto absolutório, isso porque a falácia defensiva da "prova cabal", diga-se de passagem, inexistente no processo penal, é utilizada sorrateiramente ou explicitamente até para plantar a dúvida na consciência dos julgadores, no sentido de colher um decreto absolutório, sob o jargão defensivo popular do "na dúvida, absolve".

Veja-se, inclusive que, de forma aparentemente suplicatória, aparente por que na verdade tem por baixo mais um conteúdo intimidatório, costuma-se dizer "*senhores jurados, os senhores vão condenar esse homem, sem provas, quando há dúvida? Vão mandar esse homem para o cárcere, de onde sairá um dia mais revoltado? Pior que absolver um culpado é condenar um inocente... a culpa é do Estado que não cumpriu o seu papel de provar os fatos...*". Daí exsurge um contexto que requer uma produção probatória exponencial, isso quer dizer que, se os atores do sistema persecutório se satisfizerem do método probatório clássico, com os elementos comuns de meio de prova, certamente haverá um grande risco desses crimes quedarem-se plenamente impunes. É que nesses casos, o cenário de julgamento é outro, e junto à pressão realizada sobre o cidadão comum escolhido como jurado, há outros elementos, qual seja, a força das facções criminosas e seu poder intimidatório.

Como cita Gustavo Torres Soares em seu livro *INVESTIGAÇÃO CRIMINAL E INOVAÇÕES TÉCNICAS E TECNOLÓGICAS*:[165]

> Inicialmente, cabe lembrar que, rigorosamente, o Direito Processual não se preocupa com a prova dos fatos, mas, sim, com a prova de afirmações sobre os fatos. Por exemplo, em uma ação em que a acusação diz 'João efetuou golpes de faca contra Carlos', busca-se a prova de que tal afirmação é ou não digna de convencer o juiz, não sendo necessária a – historicamente impossível – repetição de tal fato perante o julgador... Dificilmente o enunciado fático a ser provado pode ser observado diretamente pelo destinatário da prova. Quando se ouve testemunha ou se lê um laudo pericial, tem-se a versão de terceiro. Mesmo nas inspeções (visitas pessoais a locais relevantes), o delegado de polícia, promotor de justiça ou juiz somente observam, no máximo, vestígios (pretéritos) do fato alegado. Só se consegue imaginar a observação direta, pelo destinatário da prova, do próprio enunciado fático a ser

---

[165] SOARES, Gustavo Torres. *Investigação criminal e inovações técnicas e tecnológicas*. Belo Horizonte: Editora D'Plácido, 2016.

provado nas raras hipóteses em que o fato alegado ainda está ocorrendo, no momento da inspeção (por exemplo, em crimes permanentes; numa acusação de suposta injúria permanente, mediante a afixação de outdoor injurioso em área de propriedade do suposto sujeito ativo, o juiz, em inspeção judicial, pode ir ao lugar do fato e observá-lo diretamente e em plena ocorrência).

É, portanto, a produção probatória um veículo de demonstração, que se busca a fidedignidade máxima do que aconteceu, através da confirmação ou não de narrativas, contudo, o fato probando mesmo se traduz em "águas passadas", algo que ficou para a história e é nesse ponto que por via de regra a defesa de criminosos faccionados encontra o flanco vulnerável ao ataque. Ora, se por várias razões, sobretudo pela experiência no mister, o juiz togado está acostumado a determinadas alegações defensivas, ignorando-as comumente por sabê-las evasivas, superficiais, claramente duvidosas e falaciosas, o corpo de jurado não está. Muitas vezes, é um momento único em sua vida realizar um julgamento, daí onde se explora indagações comuns como; "*ninguém aqui estava lá no dia do fato*", "*ninguém aqui presenciou o fato*", "*quem pode garantir que aconteceu assim como diz o promotor de justiça*", "*a testemunha policial por certo não viria aqui criticar o seu próprio trabalho*", e mais uma série de jargões.

Portanto, diante de tal peculiaridade é que se deve pensar nos tribunais do júri de traficídio (neologismo), num meio de prova cada vez mais evoluído, concatenado com a realidade do mundo digital atual que, sem sombra de dúvidas, poderá fornecer melhores elementos para fortalecer a investigação. Assim, por exemplo, se muitas vezes tanto se luta em plenário para, através de testemunhas, comprovar que alguém (o réu, p. ex.) estava em determinado dia e local em determinada cidade do país (muito comum em caso de pistoleiros que são contratados de locais longínquos para matar sob encomenda, onde o álibi é nunca ter estado naquele lugar), um trabalho de quebra de sigilo telefônico, de busca de sinais de internet ou câmeras em rodovias federais, podem ser suficientes para inverter a tônica da defesa desses criminosos, fazendo com que não consigam explicar o porquê de naquele dia e hora estarem em um lugar que em nada tem a ver com as suas vidas.

Frise-se que tais meios de investigação não são novidades, contudo, quase nunca são aplicados para esse tipo de delito (homicídios), ficando sempre mais restrito a crimes contra o patrimônio (p. ex., grandes assaltos a bancos). Desse modo, é feito esse alerta para que as autoridades envolvidas na persecução, em crimes de "traficídios", passe a lançar mão de forma mais rotineira desse tipo de investigação, sob pena de a fonte de todos os demais Direitos, qual seja, a Vida, se tornar intensamente desprotegida.

Aliás, como reza a cartilha do advogado criminalista do Tribunal do Júri, a tarefa para se safar de uma condenação obedece a um esquema programado, sendo ele, primeiro, desacreditar as testemunhas e, sobretudo, a vítima quando sobrevivente; segundo, apresentar e jogar a culpa em uma terceira pessoa, é claro que não seja o seu cliente; terceiro, desacreditar e emporcalhar a prova produzida, sobretudo, todo o trabalho da polícia, no mínimo a nomeando de desestruturada, sem profissionalismo até chegar ao argumento mantrico da tortura para se obter confissão e, ao final, o arremate, ou seja, a suscitação no espírito dos jurados de uma dúvida inexistente.

Assim, muitos jurados que se intimidam com tal discurso, muitas vezes só necessitam de uma filigrana, mesmo que sem nenhuma importância para a essência do fato, sem qualquer substância, sem a vitamina da verdade, sem a proteína da fidedignidade, ou seja, uma tese natimorta pela inanição intelectual honesta, para ratificar a tal dúvida. Nesse diapasão, lembra o segundo autor do presente trabalho de um Tribunal do Júri que o réu era líder de uma facção criminosa e que estava sendo julgado por dois homicídios, um consumado e um tentado, em que a vítima da tentativa em plenário negou peremptoriamente conhecer o réu, aduzindo jamais tê-lo visto, que não tinha nada contra ele, inclusive.

Vejamos que há um peso muito forte para o jurado quando a própria vítima do crime nega o fato e afasta rigorosamente a autoria que é apontada sob o réu em julgamento. A defesa, nesse ponto, inclusive, atuou com má-fé, aproveitando-se da fragilidade da vítima, para se insurgir contra o pedido do Ministério Público de apresentar aos jurados os depoimentos gravados, anteriormente, da vítima na fase policial, assim como na primeira fase judicial do rito do júri, em que ela relatava em imagem e voz os detalhes do fato e a autoria, diligência das mais simples que poderia ser claro revigorador da mente "esquecida" da vítima.

Nesse ponto, para não ficar qualquer dúvida, a defesa inclusive rechaçou a determinação judicial de apresentar os vídeos da vítima para os jurados, alegando que o que valeria seria tão somente os depoimentos reproduzidos em plenário, como se o Tribunal do Júri fosse um teatro de fantoches, como se naquele momento não pudesse ser oportunizado aos jurados, juízes de caso, através de seus meios cognitivos, a busca pela verdade dos fatos, a fim de se realizar um julgamento realmente justo.

No caso exemplificado, não se tratava de uma vítima ameaçada, como poderia parecer da narrativa, mas algo que também pode acontecer, vítima e réu passaram a integrar a mesma facção criminosa, resolvendo, assim, as suas diferenças.

Diante dessas fragilidades probatórias em tais tipos de casos, em que não somente os jurados têm, por via de regra, receio de julgar, mas pelo próprio meio de prova (testemunhal, por exemplo) ser extremamente volátil, diante das adversidades reais do processo, é que urge que as autoridades estatais responsáveis pela investigação criminal e pela persecução, criem, fomentem, implementem novos recursos investigativos e novos modelos probatórios, a fim de se contrapor a essa realidade que, sem dúvida, entrava a eficaz e a eficiente responsabilização criminal desses delinquentes.

Nesse diapasão, vemos como uma grande oportunidade a ser utilizada como meios de prova, a apreensão e extração de aparelhos *smarthphones*. Ora, se em um passado relativamente recente a "queridinha" dos meios de produção probatória era a interceptação telefônica, no contexto hodierno as ligações telefônicas foram ultrapassadas pelas mensagens instantâneas em aplicativos de redes sociais, os quais arquivos de imagem, áudio e vídeo são enviados e recebidos em uma velocidade estonteante, deixando rastros (metadados) além, é claro, dos próprios conteúdos produzidos voluntariamente pelos interlocutores.

Uma característica comum a essas ORCRIMs (facções criminosas) é a necessidade que elas têm de promover uma espécie de ostentação, umas mais que outras, é claro, isso no afã de propalar um pseudopoder que detém, com a intenção também de intimidar grupos rivais, assim como criar um sentimento de força e pertencimento aos seus membros. Por essa razão é que esses grupos criminosos, sobretudo os mais novos e debutantes na vida do crime, a fim de angariar novos membros, respeito e causar temor em seus desafetos, filmam as suas atrocidades mais selvagens, como julgamentos e execuções do tribunal do crime e, depois, disseminam-as na rede.

É bem verdade que se tal modo de agir é característico de grupos pequenos, menos organizados, mas não menos violentos que as facções tradicionais, o fato é que as facções mais antigas detêm um maior grau de organização, uma divisão bem definida de tarefas do grupo e uma hierarquização das atividades, o que faz com que tenham mais cuidado com tal tipo de comunicação, ocorre que um fato é incontroverso, com a evolução tecnológica, mesmo com as ameaças advindas com ela, no caso aqui em estudo uma produção probatória contra si mesmo, os criminosos não deixam de utilizar tal ferramenta, isso por vários motivos, dentre eles, a relação custo/benefício entre a utilização desses objetos tecnológicos e a não utilização, já que dependem de uma comunicação rápida e eficiente para vender seus produtos ilícitos, assim como para dar comandos e ordens a comparsas do crime.

No caso dos homicídios um fato muito importante, por vezes, é o metadado, o qual pode ser uma forte prova no sentido de e*vid*enciar a presença do suspeito no local ou na região do crime, através dos georreferenciadores, sinais *wi-fi* e ERBs (estação rádio base) utilizadas pelos aparelhos dos criminosos, sendo, assim, mais uma fonte de prova para o processo. Ressaltando nesse ponto que os aparelhos que podem guardar tais dados têm uma amplitude bem vasta, desde *smartphones* a computadores, relógios, aplicativos de música, dentre outros.

Conclui-se, portanto, neste tópico, que o aparato estatal persecutório, polícias investigativas sobretudo, necessitam de investimentos em tecnologia moderna, a fim de coletar tais rastros deixados pelos criminosos, tratá-los e, depois, colocarem a disposição do Estado-Acusação e Estado-Juiz como conhecimento produzido para a análise dos casos de homicídios, nessas circunstâncias, sob um prisma cada vez mais técnico, afastando-se de "achismos", das imperfeições da memória humana, sobretudo dos lapsos advindos com o tempo e, sobretudo, da omissão às vezes até entendível motivada pelo medo, comum nesses casos peculiares. A prova cada vez mais técnica, impassível e auditável é uma meta constante a ser buscada.

É e*vid*ente que os meios probatórios clássicos continuam em plena vigência e também possuem a sua eficiência e eficácia constatada, o que está a se defender no presente trabalho é a convivência entre os mais variados meios de prova, devendo, na medida do possível, sempre se incrementar cada vez mais a investigação a partir dos meios tecnológicos e dados colocados à disposição dos investigadores e analistas, produzindo assim um conhecimento que auxiliará a todos os atores do processo na tomada de decisão, inclusive, aos jurados.

Na célebre lição do professor Márcio Schlee Gomes, em seu livro *A PROVA INDICIÁRIA NO CRIME DE HOMICÍDIO – LÓGICA, PROBABILIDADE E INFERÊNCIA DA CONSTRUÇÃO DA SENTENÇA PENAL*, "os crimes sem testemunhas, sem confissões, colocam o julgador na posição de um construtor, em que a análise racional de cada peça (vestígios ou sinais) será fundamental para seu convencimento e decisão, evitando-se a impunidade por antecipação, algo que teria também consequências nefastas para a sociedade".

Traduz-se a salutar conclusão de que nesses tipos de delitos, especialmente, no contexto de facções criminosas, importa não somente demonstrar o que foi materialmente comprovado, mas sobretudo, demonstrar as incongruências e, às vezes, a utópica narrativa trazida pelo réu e a sua defesa ao plenário. O que se quer aqui defender não é, em absoluto, a responsabilização penal objetiva, algo odioso que repudiamos, mas e*vide*nciar que nesses casos as prováveis teses defensivas são probabilisticamente impossíveis, restando, ao revés, de forma indireta muito mais plausível, próximo da certeza, a autoria desses homicídios no contexto de facções criminosas.

Nessa senda, uma importante característica do Tribunal do Júri que milita positivamente para obstaculizar a impunidade é o sistema que adotamos nesta arena do princípio julgador da convicção íntima do juiz. Se fôssemos pedir a um leigo para motivar com detalhes uma decisão em tais casos, certamente, muitos não conseguiriam, mas o que vale no júri é o sentir do jurado, esse ser que amealhado de suas próprias experiências pessoais históricas, culturais, passadas e presentes, pode, sim, com a acurácia devida a um julgamento justo, realizar o crivo do que é fato e do que é pura ilação.

Pois, como bem reza o professor Edilson Mongenout Bonfim: "A presunção de inocência não pode superar a presunção de inteligência". Ou ainda, como pregoava Roberto Lyra, citado por Mongenout: "É resolvendo as dúvidas que temos a (aproximação) da certeza".

Nesse fluxo, sobremodo, imperioso que o Membro do Ministério Público explicite de forma técnica, mas especialmente, compreensível ao corpo de jurados, como se dão os homicídios relacionados ao contexto de facções criminosas, importante também, que em regra, policiais que estão envolvidos nas investigações sejam arrolados para serem ouvidos em plenário, primeiro em razão do conhecimento que em regra detêm sobre o tema, depois pela disponibilidade de falar sem receios ou medos inerentes a uma testemunha comum.

De outra banda, algo também positivo nesses tipos de delito, que se aplica ao Tribunal do Júri, é a rotatividade dos jurados, o que permite uma espécie de "impessoalização" dos vários julgamentos que acontecem em uma comarca com esta matéria, permitindo uma generalização de julgadores e julgamentos, o que acaba por proteger a sociedade, assim como o princípio do sigilo das votações, artefato valioso que também propicia mais tranquilidade e independência nesses julgamentos, pois, não poucas vezes, um juiz togado, mesmo munido de suas prerrogativas e da sua condição de autoridade pública, titubeia no seu mister ante as características peculiares dessa delinquência.

Se por um lado há um ponto negativo em relação a punição desses "traficídios", que é o medo de testemunhas ou de vítimas de falarem em plenário, de outro há o sentimento popular espraiado de que essa criminalidade, que afeta a todos indistintamente, deve ser combatida com vigor, portanto, uma eficiente explicação aos julgadores de fato é um ponto positivo para a condenação e combate à impunidade. Nessa tônica, é importante também demonstrar aos jurados que tal criminalidade não atinge apenas pessoas ligadas ao crime, já que essa muitas vezes é uma defesa bastante articulada em plenário, incentivando de forma subliminar os jurados a "lavarem as mãos" em relação ao ocorrido, mas atinge também pessoas inocentes que não têm qualquer elo à criminalidade, ou seja, os comuns efeitos colaterais ocorridos nessa guerra entre criminosos, fato que se pode constatar a simples vista do noticiário local em nosso país.

O professor Eugênio Amorim, ilustre tribuno do Tribunal do Júri gaúcho, tem uma célebre frase sobre a criminalidade: "o tráfico de drogas está para a criminalidade, assim como o sol está para o sistema solar".

E*vide*nciando que esse fenômeno novo dos "traficídios" não pode ser enfrentado isoladamente, mas tão somente com um olhar acurado nas suas origens e razões primeiras e últimas que o comércio ilegal de entorpecentes como mola propulsora desse processo de paralelismo ao poder estatal, tomada de territórios, "quebra de braço" com o Estado e intimidação social.

Nessa toada, conclui-se que o tribunal do júri, por todas as razões esposadas, é o cenário eficiente adequado para o combate a tal criminalidade, e*vide*ntemente, podendo a legislação ser alterada para melhorar, para, nesses casos, criando, quiçá, ferramentas que garantam ainda mais preservação da identidade do corpo de jurados.

10.4 As facções criminosas são grupos terroristas? Uma análise à luz do que é a guerra regular e a guerra irregular

Comum no noticiário brasileiro as manchetes que dizem que as facções estão em guerra contra o Estado brasileiro, ou mesmo que determinadas facções declararam guerra entre si, disputando determinado território. Pois bem, à luz dessa expressão "guerra" iremos tratar neste tópico complementar do que é uma guerra e se, eventualmente, está havendo uma guerra declarada ou mesmo silenciosa dentro do território brasileiro. E, por fim, se podemos tratar as facções brasileiras como entidades terroristas.

Para tanto, iremos partir de um clássico que trata do assunto de forma aprofundada, o livro *Guerra Irregular: terrorismo, guerrilha e movimentos de resistência ao longo da história*, do autor Alessandro Visacro. Muito embora não seja aqui a nossa intenção o exaurimento do tema, faz-se necessário a reflexão acerca dele, a fim de analisar se, em sendo uma guerra ou não, estamos ou não tratando da moléstia com o remédio pertinente.

O dicionário da língua portuguesa Michaelis denomina "guerra" como sendo: "luta armada entre nações, por motivos territoriais, econômicos ou ideológicos".

Esse é o principal conceito de "guerra", exsurgindo daí a premissa básica de "luta armada entre nações", nesse contexto, a depender dos meios utilizados, fala-se também em guerras químicas, atômicas, navais, uma infinidade de guerras que não são de interesse deste estudo. Também não podemos nos olvidar do conceito de guerra civil ou guerra interna, em que um mesmo povo, em um mesmo território, por razões ideológicas e/ou políticas, entram em conflito armado, como a guerra de secessão, a guerra civil americana na qual estados do norte guerrearam contra estados do sul no século XIX.

Essa denominação básica de guerra é aquela que os teóricos militares costumam chamar de "guerra regular", ou seja, onde os adversários são bem definidos, onde as aspirações de cada exército são bem delineadas, onde o comando e as estratégias são bem rígidos. As guerras clássicas dos séculos anteriores ao século XX tinham essas características, em que os exércitos se enfrentavam em campos abertos e dali exsurgia um vencedor e um perdedor. Napoleão Bonaparte, um grande estrategista militar que foi, pode ser citado dentro da história recente como um ícone a exemplificar o método das guerras regulares. Acontece que esse tipo de guerra se tornou, digamos, obsoleto para as guerras posteriores, sobretudo, após a 1ª Guerra Mundial, na qual outros tipos de ações escamoteadas, outras formas de combate, dentro e fora do campo de batalha, foram colocadas em prática, contudo, com o mesmo fim, qual seja, vencer o oponente e, frise-se, não somente por meio das armas, mas por outros mecanismos que veremos adiante.

Visacro, citando as palavras de Von der Heyde, que diz: "a guerra irregular é um fenômeno que manifesta características diferentes e singulares. É guerra que aparentemente não é guerra (...) A guerra irregular é, de qualquer maneira, guerra. E 'guerra' real não um 'substitutivo de guerra', nem 'uma guerra por procuração', nem ainda uma 'operação que se aproxima de guerra', 'uma situação que só não é guerra' – ou qualquer outra expressão que pudesse usar 'numa circunscrição semântica', de modo a privilegiar a chamada 'guerra de grande escala', por qualquer razão, como a única 'guerra real', na qual grandes unidades militares e meios de destruição manuseados por soldados uniformizados desempenham o papel decisivo".

Visacro ainda ressalta: "os generais acostumaram-se a tratar a guerra segundo processos e métodos fundamentados em lógica cartesiana, segundo fórmulas 'matemáticas e geométricas' preestabelecidas (...) Para compreender a guerra irregular há que se partir da premissa de que, nesse tipo de beligerância, não existem regras. Sem regras, tornar-se mais difícil a tarefa de delinear um conjunto rígido e definido de princípios teóricos que fundamentam a sua aplicação em circunstâncias muito diversificadas. Contudo, o vigor da guerra irregular encontra-se justamente nessa importante característica: a ausência de padrões rígidos que lhe permite adequar-se e amoldar-se a ambientes políticos, sociais e militares diferenciados".

Esses padrões de atuação, se observarmos atentamente, encontram semelhanças com os padrões que ORCRIMs vêm lançando mão mundo afora, como as máfias, os cartéis e as próprias facções criminosas brasileiras. Esses grupos alimentam-se de fatores que vão muito além das questões de segurança pública propriamente ditas, mas especialmente de contrastes sociais, conquistas sociais incompletas, ausência do Estado e, especialmente, um ideal crítico (uma propaganda) de que são oprimidos pela máquina estatal, o que referencia uma "razão de ser", uma legitimidade, segundo esses grupos para os seus atos.

É bem verdade que o crime é uma escolha pessoal, mas também é verdade que uma mente destituída de senso crítico e, muitas vezes, já fragilizada, torna-se presa potencial para os interesses desses grupos criminosos. Dessa feita, o Estado também precisa ocupar os seus espaços para demover dessa ideação criminosa àqueles que não têm, ainda, tanta convicção em se voltarem para a criminalidade.

Nesse contexto, grupo de terroristas, máfias, cartéis, paramilitares, ORCRIMs narcotraficantes, como num contexto de guerra irregular, como de fato o é, utilizam-se de estratégias características de guerra irregular. Como defende Visacro: "os conflitos irregulares não se distinguem das guerras convencionais pelo simples status jurídico das forças irregulares ou pela relativa ausência de hábitos castrenses, como uso de insígnias, uniformes e gestos formais de disciplina (...) Mas, ainda assim, persiste a obtusa intransigência de líderes políticos e militares, que insistem em travar os conflitos irregulares segundo métodos acadêmicos, princípios rígidos, ortodoxos e cartesianos de planejamento e execução".

Assim como características da guerra irregular podemos pontuar a busca do apoio popular, como se dá com as facções criminosas (nosso ponto central de estudo) que prometem segurança nas áreas dominadas, assim como realizando práticas assistencialistas, como doação de comida e remédios, dentre outros subterfúgios, com o interesse de angariar o apoio popular à causa. Contudo, esse apoio popular é uma faca de dois gumes, isso porque uma das maiores vulnerabilidades das forças irregulares, aqui no caso também se enquadra as facções criminosas, é a dependência de algum apoio do povo, seja na logística do próprio tráfico de drogas, seja na necessidade da segurança orgânica que, muitas vezes, é possibilitada pelos moradores dos morros ou áreas conflagradas pelo tráfico, daí a importância de o Estado se mostrar mais atrativo para a população que a facção que domina o território, talvez, um dos maiores desafios no contexto brasileiro, devido à corrupção sistêmica do aparato estatal que muito mais gera desconfiança que credibilidade por parte do cidadão.

Uma outra característica é a utilização de processos indiretos, tais como operações psicológicas, como as facções costumeiramente fazem, colocando o Estado, em especial a polícia, como um ente estritamente opressor que ataca e agride a população, tal estratégia muitas vezes também é abraçada por setores da imprensa por interesses escusos. Nesse ponto, ainda fica no ar a questão: "ora se o Estado não perdeu a guerra para o tráfico, no mínimo, deixou de vencê-la"? Isso cria uma atmosfera geral psicológica de que é melhor o Estado ceder a continuar na mesma luta. Quantas vezes não escutamos o mantra simplório "a polícia enxuga gelo, melhor era legalizar as drogas"? Nesse ponto ainda há outra característica que se alinha com as operações psicológicas, que é a utilização da propaganda para impactar um juízo moral, de valor na sociedade, isso porque a opinião pública, em geral, mostra-se menos tolerante aos desvios praticados por agentes do estado que as ações criminosas praticadas por faccionados. Basta ver em noticiários nos quais jornalistas e formadores de opinião veem o policial como alguém que deve se submeter a qualquer perigo, inclusive de morte, "pois é a profissão que escolheu", segundo vociferam. Enquanto criminosos, por exemplo, assaltantes do estilo novo cangaço quando mortos (fato acontecido recentemente em Minas Gerais, onde 26 criminosos foram mortos quando estavam prestes a atacar uma cidade), a primeira coisa a ser indagada é o porquê da polícia ter utilizado força letal. Nessa toada ideológica, o pensamento reinante de quem acompanha os fatos do sofá é "a polícia tinha que ter esperado o bandido atirar primeiro para depois reagir", demonstrando-se assim a profunda falta de conhecimento desse tipo de ação protagonizada por tais grupos violentos.

Ainda outra característica é a utilização de ações táticas efêmeras, com ataques pontuais e rápidos, mas de consequências duradouras, como se deu nos ataques promovidos pelo PCC nos anos de 2006 e 2007 a várias unidades públicas do estado de São Paulo. Isso difunde a sensação de terror, guardando as devidas proporções, do mesmo terror buscado por jihadistas que explodem prédios e pessoas com o fim de causar pânico na população, a fim de que essa seja instrumento de pressão contra o próprio Estado em favor dos terroristas, aqui, no caso, em favor das facções criminosas. Caso notório na história militar mundial foi a guerra do Vietnã, onde os EUA não perderam a batalha no campo bélico militar, mas saíram derrotados devido à propaganda psicológica advinda das perdas americanas que fez a população não mais apoiar o governo naquela empreitada beligerante. Assim, na guerra irregular, o aparato militar talvez não seja o mais importante.

Característica também desses grupos, assim como se vê fortemente no contexto das facções criminosas, é o modelo de estratégia prolongada, vemos que esses grupos continuam perenes em sua atividade principal, o tráfico de drogas, azeitando toda a engrenagem, desde a produção ou internalização das drogas no país até o vendedor de drogas nas "bocas ou biqueiras", realizando ações contra as forças estatais segundo um juízo de conveniência e oportunidade, *evid*entemente, sobretudo, quando os interesses do grupo são conflitados pela ação do Estado. Assim se fortalecem, financeiramente, belicamente, e quando o Estado, por exemplo, impõe regras duras na comunicação dos líderes que estão presos, esses grupos rapidamente têm organização para iniciar ações de intimidação social e fragilização da ordem constituída.

Também é característico desses grupos que atuam em "guerra assimétrica ou irregular", a presença de redes de apoio. Sem apoio logístico, financeiro, estrutural e, às vezes, até político, seria impossível o surgimento desses grupos ou a sua sobrevivência por longos períodos de tempo. É como um acorde que somente pode ser executado harmonicamente com a presença de cada nota necessária a ele. Nesse diapasão, cada apoio é importante, no caso, só para citar dois, podemos lembrar do apoio financeiro a políticos e a ingerência em eleições com o fito de terem proteção futura, isto é, uma malha de apoio necessária. Assim como o apoio de muitas ONG's que, infiltradas ou comandadas por essas facções, auxiliam no *lobby* contra leis e regulamentos estatais que não apeteçam a esses grupos. As redes de apoio são inúmeras, algumas ostensivas, outras veladas, mas o fato é que sem essa retaguarda dificilmente as facções criminosas teriam conseguido esse grau de organização.

Esses grupos ainda se apoiam, pelo menos inicialmente, em áreas que propiciam relativa segurança e, após, mesmo se expandido, conservam um núcleo duro de resistência nesses locais. Não à toa as principais facções criminosas brasileiras têm os seus "quartéis generais" dentro de morros de difícil acesso, protegidos pela geografia e por escudos humanos, ou seja, moradores dessas áreas. Assim, se as FARC se homiziavam nas selvas, os terroristas islâmicos em montanhas, a máfia nas serras e no campo, as facções criminosas brasileiras também utilizam a geografia para o fortalecimento do crime.

Traçadas as principais características da guerra irregular e seus pontos de contato semelhantes às facções criminosas, importante esquadrinhar, conforme alude Visacro, as principais operações destes grupos no cenário de guerra assimétrica.

A primeira delas, a "subversão", traduzida por Visacro nos seguintes termos: "trata-se de uma forma de guerra irregular baseada em ações essencialmente psicológicas, diretas e indiretas, ostensivas e cobertas, legais ou clandestinas, armadas ou não. São concebidas e conduzidas com o propósito de obter o enfraquecimento da estrutura psicossocial, política, econômica (...) A subversão busca, basicamente, agravas dissenções sociais preexistentes e cristalizar aspirações de mudanças no seio da sociedade, desestabilizando o poder central e o próprio modelo de Estado".

No caso das facções criminosas, fica muito clara a subversão para minar a legitimidade do aparato estatal, quando se verifica, por exemplo, a produção "cultural" fomentada por esses grupos, onde rappers ou funks são compostos com clara e nítida intenção de enaltecer o crime, criminosos e o tráfico de drogas, enquanto a polícia e o Estado são ojerizados. São muitas as canções e hinos entoados por faccionados que fomentam essa cultura do crime. Isso pode até parecer simplório, algo de adolescente suburbano pouco escolarizado, mas é justamente essa massa de jovens quem é ou no futuro será o soldado do crime. A subversão tem um conteúdo muito importante nesse processo de construção do criminoso, pois será o artefato ideológico que ele entende por verossímil que justifica a sua "vida loka", como se autodenominam essas pessoas.

Um outro estratagema é a "sabotagem", que nada mais é que a atuação de forma sub-reptícia, destinada a causar danos, perturbar, desestabilizar, desestruturar, destruir. Nesse caminho basta lembrar a ação de grupos criminosos que atacaram a rede de fornecimento de energia elétrica em alguns municípios com o propósito de promover o caos, assim como a ameaça de envenenamento de água, enfim, a sabotagem é um mecanismo de ameaça, intimidação e agressão eficazes contra o Estado.

Outro tipo de operação são as chamadas "guerras de guerrilhas", onde esses grupos atacam de forma ordenada, de surpresa, com propósito nítido e pré-estabelecido, tais como emboscadas, programação de atentados a bombas, fatos já vistos no Brasil, como o planejamento do assassinato de autoridades, tais como juízes, promotores de justiça, policiais penais, que foram vitimados, fruto de verdadeiras operações de guerrilha em que foram planejados nos mínimos detalhes as ações criminosas.

Nesse ponto, basta lembrar também do planejamento do PCC que foi detectado e abortado pela Polícia Federal e o GAECO/SP que pretendia sequestrar familiares do Senador da República Sérgio Moro (ex-juiz federal da operação Lava Jato), que contava já com cativeiro preparado, veículos blindados, local de campana dos faccionados para vigiarem as família da vítima até o ataque, dentre outras características que demonstram muito claramente a utilização de táticas de guerrilhas nos moldes de grupos terroristas e de narcotraficantes.

Feitas essas considerações, a indagação que não cala é: agindo as facções criminosas brasileiras com as mesmas características operacionais de um exército irregular, numa verdadeira guerra assimétrica, é possível combatê-las nos moldes ordinários que se faz segurança pública?

Antes de tentar responder a essa pergunta, urge que definamos o que difere a segurança pública da segurança nacional. Em suma, afirma-se que a segurança pública é afeta à criminalidade em geral ordinária ou comum, enquanto a segurança nacional está afeta a crimes que tenham a intenção de solapar o poder constituído e impedir ou perturbar o funcionamento das instituições, restringir ou impedir o exercício dos poderes constitucionais. E*vide*ntemente que tais termos merecem um estudo numinoso, contudo, não é nossa ambição neste livro, mas pontuar diferenças básicas do que vêm a ser segurança pública e segurança interna ou nacional, a fim de se saber se as ações das entidades faccionais se amoldam em uma ou outra categoria, ou em ambas. Isso porque, a depender da resposta, teríamos a possibilidade de lançar mão não somente das forças de segurança pública, mas também das próprias forças armadas.

No caso em tela podemos perceber, a princípio, que praticamente todas as facções criminosas brasileiras utilizam-se de expedientes desse tipo de guerra, a tal "guerra irregular". Contudo, regra geral, verifica-se também que o propósito é a prática de crimes comuns, roubos, sequestros, homicídios, extorsões, no sentido de manter e ampliar os negócios do narcotráfico. Não há uma ideação, mesmo que indiretamente, até que se prove o contrário, de ataque ao poder com o fito de substituir-se ao poder solapado, mas o ataque ao Estado é com o fulcro muito claro de continuarem seus negócios escusos, sem a importunação da polícia e do aparato de persecução criminal. Assim, por essas razões verifica-se que as facções criminosas brasileiras podem ser tratadas como grupos terroristas na exata medida em que, materialmente, utilizam dos mesmos meios, "da guerra assimétrica", para atingir os seus fins, contudo, não há um viés ideológico avantajado no sentido de tomada do poder, mas no máximo a ideologia imanente às suas próprias ambições à expansão do narcotráfico.

Assim, o CV, a ADA, a GDE, a FDN, o SDC, enfim, não dão indicativos que almejam como uma organização terrorista, como a Al-Qaeda, Estado Islâmico ou o Hamas, a tomada de um Estado, a implantação de um novo poder, ou algo parecido. Na verdade, o que anseiam é continuar o comércio no varejo e no atacado na venda de drogas, assim como o domínio dos presídios e a busca permanente de regalias para os seus líderes e demais integrantes; mas daí a se pensar na obliteração do poder constituído, cremos algo ainda inimaginável até o momento atual, pelo menos.

Entretanto, há uma facção brasileira, que talvez, pelas características que lhe são próprias e, sobretudo, a partir do seu estatuto e do seu código de valores, enquadrar-se-ia em todas as características de um exemplar modelo de um grupo terrorista internacional. É o Primeiro Comando da Capital – PCC, visto que as suas ambições vão muito além do comércio e do domínio das rotas do tráfico, ou mesmo do domínio das cadeias e da capacidade de lavagem de dinheiro, o PCC em seu estatuto prega uma expansão hegemônica, inclusive, não reconhecendo limites territoriais para tanto (até mesmo fora do território nacional).

Uma carta interceptada no presídio de segurança máxima de Presidente Wenceslau em 2002 que seria endereçada para um presídio do Rio de Janeiro, onde uma liderança do PCC dialoga com uma liderança do CV, costurando acordos em uma coalisão do crime, ilustra muito bem o que pensamos sobre o tema, nela há a proposta literal de uma "união nacional do crime". Vejamos a transcrição literal:

> já que estamos em aliança com o Comando Vermelho, você não acha que já é chegada a hora de um megaevento nacional com objetivos claros e definidos? Um mega movimento com reinvindicações que vão beneficiar todos os presos do Brasil, com certeza vamos obter o apoio de todos, mesmos aqueles que são neutros e a metade dos presos do Brasil vão ser beneficiados e vão sair para a rua com uma dívida de consciência para com o PCC e CV. Vamos colocar a sociedade

em xeque e dividi-la ao meio, uma metade vai nos apoiar e uma outra metade conservadora vai nos criticar, o importante é nos fazermos a sociedade se autoquestionar, forçá-la a tomar uma decisão de que algo tem que ser mudado para melhor em relação aos presidiários do país e que só o PCC tem propostas coerentes com os anseios da massa carcerária do país (...) Irmão, estamos em época de eleição (as eleições presidenciais ocorreriam em outubro de 2002), só Deputados da oposição vão nos apoiar e vão demolir os Governos Estaduais que só pensam em reprimir em vez de reeducar os presos. Eles vão nos apoiar porque a nossa causa é justa e as reinvindicações são justas e eles vão querer que nossos familiares votem neles, que na certa votarão. Quanto à pessoa que vai nos representar diante da mídia, cara a cara com o Presidente da República em cadeia nacional de televisão, a gente indica o Julinho (provavelmente, trata-se de Julinho Carambola, ainda hoje integrante da sintonia geral final do PCC e que, à época, ascendendo dentro da organização), que é nosso porta-voz e o secretário-geral do Comando, ele está super treinado para essa missão e te garanto que ele fecha com chave de ouro.

Continua a carta:

Aí no Rio os meninos do Comando Vermelho devem contar com o Professor William (William da Silva Lima, fundador do CV), correto? O que você acha do Julinho com as autoridades na qualidade de comando político do PCC – Partido da Comunidade Carcerária – vinculado ao PCC – Primeiro Comando da Capital? Porque o PCC – Partido da Comunidade Carcerária – já vai demolir aquela falsa imagem que a sociedade, o governo e a imprensa de direita criaram de nós, de Partido do Crime, que só luta pelos interesses somente do crime. Porque a sociedade já criou na mente que o PCC é um grupo de monstros, assassinos e psicopatas (...) A chave é só agentes funcionários como reféns e na rua temos que acionar os soldados do partido em coligação co os soldados do Comando Vermelho para sequestrarem uns dias antes do "peguei" (rebelião) nas prisões, eles pegarem alguns deputados e senadores do partido do

> Governo (...) e que apoiam o Governo (...) também pegarem uns jornalistas e repórteres da (...) para obrigarem a divulgar as nossas reivindicações as nossas acusações contra o sistema. Esse apoio radical lá de fora é de vital importância para o sucesso da missão aqui dentro, porque sem esse apoio de fora o Governo pode mandar sufocar nós aqui dentro (...) Irmão, as reinvidicações é um mega-movimento nacional, deve ser de alto nível nacional (...) Irmão, o que você acha de nós dois ligar o GL (provavelmente Geleião – fundador do PCC) e o PSCO (provavelmente Marcão Psicopata) pra eles se prepará, mas sem alarmas a todos e quando todo o sistema do Brasil tiver nessa mesma sintonia e lá fora a gente tiver uns 2 dep. federal ou senador (...). nas mãos, nós damos nosso grito de guerra: Paz, justiça e liberdade por todos o globo da Terra (...).

Os trechos foram extraídos do livro *A Guerra – a Ascensão do PCC e o mundo do crime no Brasil,* dos autores Bruno Paes Manso e Camila Nunes Dias.

Esse documento histórico do crime dá uma ideia das aspirações do PCC, ou seja, uma ambição de expansão territorial, de poder e de contatos dentro das próprias instituições legais do Estado, demonstrando a intenção de uma implosão do Estado brasileiro, para após, a facção criminosa dominar parte da cena política brasileira, representando não somente o nicho da massa carcerária, mas pelo menos metade da população, como assevera o documento.

Assim, concluímos, nesse estudo despretensioso, que o Primeiro Comando da Capital – PCC – se traduz em organização de características terroristas que aspira muito mais que o controle do tráfico de drogas no Brasil, como também representatividade política contundente na vida política do país o que, no mínimo, já deve ser fator preocupante, ante a possibilidade concreta de o Brasil se tornar um Narcoestado, assim como exemplos nefastos vistos em outros países da América do Sul. Também é imperioso entender como as entidades lutam contra a chamada guerra irregular, para, antecipando-se a seus atos, ter condições de vencer essa guerra suja e desleal com o mínimo de sacrifício material e humano.

O tema abordado é complexo, como pode ser observado acima. Isso quer dizer que não há como esgotar o assunto FACÇÕES CRIMINOSAS em um único livro. A obra trouxe alguns tópicos de forma introdutória, para desenvolvimento futuro, com as linhas de trabalho propostas: análise da formação e desenvolvimento das facções, avaliação sob o viés jurídico-criminal e apresentação de algumas estratégias de enfrentamento.

Em nome da didática, podemos concluir o trabalho, apresentando algumas premissas levantadas e justificadas:

1) as facções criminosas são um fenômeno social, político e criminal, surgidas com características próprias no Brasil, apesar de seguirem a mesma lógica de entidades análogas em outros países, como os cartéis e máfias;
2) as facções surgiram como organização de presos e se expandiram de forma a manterem o domínio dentro do sistema prisional e fora do sistema, estabelecendo normas internas e buscando a preponderância dentro do crime;
3) as duas principais facções brasileiras são o PRIMEIRO COMANDO DA CAPITAL e o COMANDO VERMELHO, que atuam no país, seja através de filiais (caso do PCC) ou franquias do crime (caso do CV), impondo-se através de alianças ou de guerras de domínio;
4) além do PCC e CV, há dezenas de outras facções criminosas no Brasil, como a FAMÍLIA DO NORTE (e derivados) e outras menores, com expressão regional;
5) as facções criminosas podem ser classificadas como ORGANIZAÇÕES CRIMINOSAS, em regra, desde

que preencham, em cada caso concreto, alguns requisitos básicos (organograma de poder, estabilidade, etc.);

6) a maior parte dos homicídios praticados no Brasil tem relação com as facções criminosas, em decorrência da ação dos chamados Tribunais do Crime, setor existente em praticamente todas as organizações, e, consequentemente, a redução dos índices de mortes violentas necessitam de enfrentamento a essas entidades, além de melhoria dos meios de prova, pois o chamado TRAFICÍDIO (homicídio por motivo torpe relacionado ao tráfico de drogas) necessita de provas mais elaboradas antes de ser submetida ao Tribunal do Júri;
7) as facções são causa e consequência do aumento de número de presos no Brasil, não havendo excesso de presos no país, bastando analisar a quantidade de mortes violentas e ação de facções em atuação para se compreender que há, pelo contrário, demanda retida, com a necessidade de criar novas vagas em presídios;
8) a imputação criminal a faccionado pelo crime de participação em organização criminosa demanda duas ações: a primeira, provando a existência da ORCRIM, e a segunda, provando a participação, e, dessa forma, a prova, por ser complexa, necessita de aprimoramento dos meios de persecução;
9) os serviços de policiamento devem ser melhorados, com aplicação específica de policiamento comunitário, mantendo dois modelos de polícia, a repressiva e a preventiva, a primeira voltada ao enfrentamento do crime e das facções, e a segunda voltada à resolução de problemas da comunidade;
10) o sistema SUSP (Sistema Único de Segurança Pública), aliado à implementação do CIDADESUSP e seus consectários (conselho de segurança, observatório

de segurança, dentre outros), são algumas das providências que tendem a melhorar o enfrentamento dos fatores que geram ou favorecem à manutenção das facções;

11) o sistema legal precisa ser atualizado, indicando-se a necessidade de criação de uma rede de combate às facções, com coordenação nacional e uso de agências aptas ao uso de força física (melhoria de treinamento para combate) e uso de tecnologias, para intervenção pronta e eficaz;
12) o Poder Público precisa atuar urgentemente no combate ao recrutamento de novos faccionados, agindo dentro do sistema menorista e evitando a separação de presos por facção criminosa dentro do sistema prisional, o que favorece o controle por parte das entidades a serem combatidas, conforme explicitado no texto;
13) o conceito de garantismo penal precisa ser aplicado em sua vertente BINOCULAR, ou seja, vendo o preso como um sujeito de direitos, mas também ciente de que o cidadão, atingido pelo crime, tem o direito mínimo à pacificação social, que passa, necessariamente, pela repressão ao crime e punição ao criminoso;
14) as facções criminosas, especialmente o PCC, estão em processo de expansão internacional, aprimorando o uso de novas ferramentas de lavagem de dinheiro (criptomoedas), e tal fato deve ser considerado pelo sistema repressor, que necessita de alianças internacionais e melhoria do sistema legal de controle de ativos;
15) a defesa da legalização das drogas como forma de diminuir o poder das facções é uma ideia incorreta, pois não considera que essas entidades tendem a substituir a fonte de renda, atuando de forma mais

violenta, além de haver o risco de o Brasil se tornar um NARCOESTADO, virando base de produção e exportação de drogas para todos os países do mundo, além de ter uma economia ligada ao crime organizado (*vide* caso da Itália e da Holanda);

16) as facções são entidades de natureza terrorista, com ideação de domínio absoluto dentro de determinado território, devendo o Estado brasileiro tratá-las como tal, endurecendo o sistema de repressão e adotando, com aprimoramento, o princípio do DIREITO PENAL DO AUTOR, no combate a essas entidades;[166]

17) as facções criminosas, apesar de serem entidades complexas, são formadas por pessoas, devendo o Estado-Repressor atuar de forma dura sobre cada um de seus membros e associados, de forma a desincentivar a chamada progressão criminosa e empoderamento do faccionado; e

18) o Brasil precisa adotar parâmetros usados em outros países, como a LEI R.I.C.O.,[167] usada pelo Estado de

---

[166] Explicando melhor esse ponto: com o Direito Penal de autor surge o denominado tipo de autor, pelo qual o criminalizado é a personalidade, e não a conduta. A tipologia etiológica tem por fim último detectar os autores sem que seja preciso esperar o acontecimento da conduta. Quando afirmamos acima que o sistema do DIREITO PENAL do autor pode ser utilizado, com aprimoramentos, estamos querendo afirmar que nem sempre a repressão precisa aguardar o fato em si (direito penal do fato), podendo se antecipar e punindo aqueles que têm a pretensão demonstrada de atacar o Estado de Direito. O direito penal brasileiro não é alheio à questão do autor, que decorre do princípio da personalidade e é utilizado, por exemplo, no artigo 59 do Código Penal. A regra deve ser a criminalização do fato, mas, dada a situação excepcional e risco iminente à ordem pública, não se pode afirmar ser abusivo o uso, mitigado do direito penal do autor. Citamos a questão de TERRORISMO e ANARCOTERRORISMO, com a supressão do direito de ir e vir do cidadão (ataque a ônibus, fechamento de vias etc.) e atentado a autoridades e civis de um modo geral (*vide* ataque do PCC ao Estado de São Paulo). O Tribunal Penal Internacional, validado no Brasil pelo DECRETO Nº 4.388, DE 25 DE SETEMBRO DE 2002, acaba adotando, mesmo que com ressalvas, o direito penal do autor em seu artigo 28, quando penaliza Chefes Militares e Outros Superiores Hierárquicos.

[167] A referida Lei, cuja ideação foi definida melhor em capítulo próprio, busca, basicamente, atacar o conjunto das entidades criminosas, principalmente através do combate à lavagem de dinheiro e crimes afins, pois nem sempre o crime gerador do patrimônio criminoso é comprovado.

Nova Yorque para desmantelar as CINCO FAMÍLIAS da máfia, e as linhas de ação do FBI e DEA, americanas, atacando as organizações como um todo, buscando o desmantelamento e sua extirpação.

As premissas resumem as principais ideias trazidas nesTa obra.

Afirmamos que as facções são um problema complexo, mas que a boa-fé e a união entre as entidades repressivas e de proteção social têm a capacidade de extirpá-las, já que, mantendo tais entidades, não haverá a redução dos índices criminais gigantescos no Brasil.

REFERÊNCIAS

1931: Al Capone condenado por sonegação de impostos. *Portal DW*. Disponível em: https://www.dw.com/pt-br/1931-al-capone-condenado-por-sonega%C3%A7%C3%A3o-de-impostos/a-974704. Acesso em: 23 out. 2022.

4 ex-policiais fazem parte da organização. *Folha de São Paulo*, 13 jul. 2006. Disponível em: https://www1.folha.uol.com.br/fsp/cotidian/ff1307200615.htm. Acesso em: 13 abr. 2024.

ABREU, Allan de Cocaína. *A Rota Caipira*: o narcotráfico no principal corredor de drogas do Brasil. 4. ed. Rio de Janeiro: Record, 2021.

ADORNO, Luís; COSTA, Flávio. Mapa das facções no Brasil: PCC e Comando Vermelho disputam hegemonia do crime em 9 estados. *Portal UOL*, 22 ago. 2018. Disponível em: https://noticias.uol.com.br/cotidiano/ultimas-noticias/2018/08/22/mapa-das-faccoes-no-brasil-pcc-e-comando-vermelho-disputam-hegemonia-do-crime-em-9-estados.htm. Acesso em: 31 jul. 2021.

Agência antidrogas dos EUA e PRF firmam parceria para combate ao tráfico. *Agência CNT Transporte Atual*, 29 fev. 2016. Disponível em: https://cnt.org.br/agencia-cnt/prf-e-dea-firmam-termo-de-cooperacao-para-combate-ao-trafico-cnt. Acesso em: 23 out. 2022.

ALESSI, Gil. No Brasil do PCC, mais de 30 facções articulam o crime organizado no sistema penitenciário federal. *Portal El País*, 19 jul. 2020. Disponível em: https://brasil.elpais.com/brasil/2020-07-19/no-brasil-do-pcc-mais-de-30-faccoes-articulam-o-crime-organizado-no-sistema-penitenciario-federal.html. Acesso em: 27 set. 2022.

ALVES-MARREIROS, Adriano (Org.). *Guerra à polícia*: reflexões sobre a ADPF 635. 1. ed. Campinas: Editora E.D.A., 2021.

AMORIM, Carlos. *Comando Vermelho*: a história secreta do Crime Organizado. Rio de Janeiro: Editora Record, 1993.

AMORIM, Carlos. *CV-PCC*: a irmandade do crime. 19. ed. Rio de Janeiro: Editora Record, 2023.

ANESI, Cecilia; RUBINO, Giulio; ADORNO, Luís. O PCC e a máfia italiana. *Portal Uol*, 20 dez. 2018. Disponível em: https://noticias.uol.com.br/reportagens-especiais/os-negocios-do-pcc-com-a-mafia-italiana/#cover. Acesso em: 02 set. 2024.

ARAÚJO, Henrique. "Eu não reconheço facção", diz secretário da Administração Penitenciária. *O Povo*, 02 jan. 2019. Disponível em: https://www.opovo.com.br/noticias/politica/2019/01/eu-nao-reconheco-faccao-diz-secretario-da-administracao-penitenciar.html. Acesso em: 28 out. 2022.

A soltura de "André do rap" vai além do artigo 316 do CPP. *Consultor Jurídico*, 18 out. 2020. Disponível em: https://www.conjur.com.br/2020-out-18/segunda-leitura-soltura-andre-rap-alem-artigo-386-cpp. Acesso em: 24 out. 2022.

ASSAD, Paulo. Foragidos de Mossoró estiveram à frente de rebelião no Acre que terminou com três decapitados, aponta MP. *Portal O Globo*, 07 mar. 2023. Disponível em: https://oglobo.globo.com/brasil/noticia/2024/03/07/foragidos-de-mossoro-estiveram-a-frente-de-rebeliao-no-acre-que-terminou-com-tres-decapitados-aponta-mp.ghtml. Acesso em: 13 abr. 2024.

ASSOCIAÇÃO INSTITUTO LIBERDADE DO AMAZONAS. Disponível em: https://www.institutoliberdadedoam.org/. Acesso em: 03 set. 2024.

ATITUDE RAP. *Violência Policial*. 2013. Disponível em: https://www.letras.mus.br/atitude-rap/violencia-policial/. Acesso em: 14 set. 2022.

BADARÓ, Tatiana. Garantistas vs. abolicionistas: as críticas de Ferrajoli ao abolicionismo penal e as réplicas abolicionistas ao garantismo penal. *Revista Quaestio Iuris*, Rio de Janeiro, v. 11, n. 2, p. 713-736, 2018. Disponível em: DOI: 10.12957/rqi.2018.29636. Acesso em: 05 set. 2024.

BALLONE, G. J. Personalidade Criminosa. *Passei Direto*, revisto em 2015. Disponível em: www.psiqweb.med.br. Acesso em: 02 set. 2024.

BARBOSA, Cs. *As Facções Criminosas do RN 2*: ecos do passado. Editora Independently Published, 2022.

BARBOSA, Lucas. Facção criminosa no Ceará: quais grupos atuam no Estado? Entenda. *Portal O POVO*, 13 jun. 2023. Disponível em: https://www.opovo.com.br/noticias/ceara/2023/06/13/faccao-criminosa-no-ceara-quais-grupos-atuam-no-estado-entenda.html. Acesso em: 16 fev. 2024.

BARRETO FILHO, Herculano. Gabinete na prisão. *Portal Uol*. Disponível em: https://noticias.uol.com.br/reportagens-especiais/cv-marcinho-vp-gabinete-do-crime/#page3. Acesso em: 22 out. 2022.

BAYLEY, David. Police for the future. *Oxford University Press*, p. 105-115, 1994.

BAYLEY, David. What works in policing. *Oxford University Press*, 1998.

BENITES, Afonso. Assassinato do "rei do tráfico" na fronteira deixa em alerta autoridades brasileiras. *Portal El País*, 22 jun. 2016. Disponível em: https://brasil.elpais.com/brasil/2016/06/17/politica/1466198112_870703.html. Acesso em: 17 fev. 2022.

BONFIM, Edilson Mougenot. *Direito Penal da Sociedade*. 3. ed. São Paulo: Saraiva, 2024.

BRASIL. Câmara dos Deputados. *Projeto de Lei nº 2.174, de 2019*. Introduz modificações na Lei nº 7.210, de 11 de julho de 1984, objetivando resguardar a aplicação dos critérios legais relativos a classificação e separação dos condenados e internados nos estabelecimentos penais do País.

BRASIL. Constituição (1988). *Constituição da República Federativa do Brasil*. Brasília: Senado, 1988.

BRASIL. *Decreto Federal nº 8.903, de 16 de novembro de 2016*. Institui o Programa de Proteção Integrada de Fronteiras e organiza a atuação de unidades da administração pública federal para sua execução. Secretaria-Geral, Brasília, DF, 2016. Disponível em: Link: (http://www.planalto.gov.br/ccivil_03/_ato2015-2018/2016/decreto/D8903.htm). Acesso em: 16 nov. 2022.

BRASIL. *Lei nº 9034, de 3 de maio de 1995*. Dispões sobre a utilização de meios operacionais para a prevenção e repressão de ações praticadas por organizações criminosas. Diário Oficial [da] União, Brasília, 03 maio 1995.

BRASIL. *Lei nº 12.694, de 24 de julho de 2012*. Dispõe sobre o processo e o julgamento colegiado em primeiro grau de jurisdição de crimes praticados por organizações criminosas; altera o Decreto-Lei nº 2.848, de 7 de dezembro de 1940 – Código Penal, o Decreto-Lei nº 3.689, de 3 de outubro de 1941 – Código de Processo Penal, e as Leis nºs 9.503, de 23 de setembro de 1997 – Código de Trânsito Brasileiro, e 10.826, de 22 de dezembro de 2003; e dá outras providências. Diário Oficial da União, Brasília, 24 jul. 2012.

BRASIL. *Lei nº 12.850, de 02 de agosto 2013*. Define a organização criminosa e dispõe sobre a investigação criminal, os meios de obtenção da prova, infrações penais correlatas e o procedimento criminal. Diário Oficial da União, Brasília, 02 ago. 2013.

BRASIL. *Lei nº 13.465, de 11 de julho de 2017*. Dispõe sobre a regularização fundiária rural e urbana, sobre a liquidação de créditos concedidos aos assentados da reforma agrária e sobre a regularização fundiária no âmbito da Amazônia Legal; institui mecanismos para aprimorar a eficiência dos procedimentos de alienação de imóveis da União; altera as Leis n os 8.629, de 25 de fevereiro de 1993 , 13.001, de 20 de junho de 2014 , 11.952, de 25 de junho de 2009, 13.340, de 28 de setembro de 2016, 8.666, de 21 de junho de 1993, 6.015, de 31 de dezembro de 1973, 12.512, de 14 de outubro de 2011 , 10.406, de 10 de janeiro de 2002 (Código Civil), 13.105, de 16 de março de 2015 (Código de Processo Civil), 11.977, de 7 de julho de 2009, 9.514, de 20 de novembro de 1997, 11.124, de 16 de junho de 2005, 6.766, de 19 de dezembro de 1979, 10.257, de 10 de julho de 2001, 12.651, de 25 de maio de 2012, 13.240, de 30 de dezembro de 2015, 9.636, de 15 de maio de 1998, 8.036, de 11 de maio de 1990, 13.139, de 26 de junho de 2015, 11.483, de 31 de maio de 2007, e a 12.712, de 30 de agosto de 2012, a Medida Provisória nº 2.220, de 4 de setembro de 2001, e os Decretos-Leis n º 2.398, de 21 de dezembro de 1987, 1.876, de 15 de julho de 1981, 9.760, de 5 de setembro de 1946, e 3.365, de 21 de junho de 1941; revoga dispositivos da Lei Complementar nº 76, de 6 de julho de 1993, e da Lei nº 13.347, de 10 de outubro de 2016; e dá outras providências. Secretaria-Geral, 11 jul. 2017. Disponível em: https://www.planalto.gov.br/ccivil_03///_Ato2015-2018/2017/Lei/L13465.htm. Acesso em: 02 set. 2024.

BRASIL. Ministério da Justiça e Segurança Pública. *Nota Técnica nº 5/2022/CidadeSusp/DPSP/SENASP/MJ*. Disponível em: https://cidadesusp.mj.gov.br/docs/NotaTecnica.pdf. Acesso em: 26 out. 2022.

BRASIL. *Programa Nacional de Fortalecimento da Gestão Municipal de Segurança Pública*. Disponível em: https://cidadesusp.mj.gov.br/. Acesso em: 25 out. 2022.

BRASIL. *Projeto de Lei nº 3825, de 2019*. Disciplina os serviços referentes a operações realizadas com criptoativos em plataformas eletrônicas de negociação. Disponível em: https://www25.senado.leg.br/web/atividade/materias/-/materia/137512. Acesso em: 23 out. 2022.

BRASIL. *Projeto de Lei nº 5905/2019*. Altera dispositivos da Lei nº 13.756/2018 para garantir a transferência de recursos do Fundo Nacional de Segurança Pública (FNSP) para os Municípios. Disponível em: https://www.camara.leg.br/propostas-legislativas/2228872. Acesso em: 25 out. 2022.

BRASIL. Superior Tribunal de Justiça. Decisão Monocrática. *Habeas Corpus nº 645999*. Relator: Ministro Reynaldo Soares da Fonseca. Disponível em: https://www.jusbrasil.com.br/jurisprudencia/stj/1199496112/decisao-monocratica-1199496123. Acesso em: 02 set. 2024.

BRASIL. Supremo Tribunal Federal. Arguição de descumprimento de Preceito Fundamental. *ADPF nº 635*. Relator: Ministro Edson Machin, DJE divulgado em 14.08.2024, publicado em 15.08.2024.

BRASIL. Tribunal de Justiça. *Apelação nº 0000363-13.2017.8.26.0318*. Relator: Machado de Andrade, 24 maio 2018. Disponível em: https://www.conjur.com.br/dl/acordao-tj-sp-desembargador-machado.pdf. Acesso em: 16 nov. 2022.

BRASIL. Tribunal de Justiça do Estado de São Paulo. *Processo Digital nº 1500037-95.2019.8.26.0483*. Disponível em: https://www.conjur.com.br/dl/marcola-condenado-novamente-liderar-pcc.pdf. Acesso em: 23 out. 2022.

CARBONELL MATEU, Juan Carlos. *Derecho penal*: concepto y princípios fundamentales. 3. ed. Valencia: Tirant lo blanch, 1999.

CARDONI, Pedro. Milícia que controla construção de imóveis na Muzema é alvo de operação policial. *Portal Band Rio de Janeiro*, 28 abr. 2022. Disponível em: https://www.band.uol.com.br/rio-de-janeiro/noticias/milicia-que-controla-construcao-de-imoveis-na-muzema-e-alvo-de-operacao-policial-16508449. Acesso em: 02 set. 2024.

CARPES, Bruno Amorim. *O mito do encarceramento em massa*. 1. ed. Campinas: Editora E.D.A., 2021.

CARVALHO, Paulo José de. 'Na mira dos policiais': chefão do PCC utilizou Bitcoin e exchange brasileira para lavar dinheiro de tráfico de drogas. *Cointelegraph*, 17 ago. 2020. Disponível em: https://br.cointelegraph.com/news/pcc-boss-used-bitcoin-and-brazilian-exchange-to-launder-money-from-drug-trafficking. Acesso em: 14 set. 2024.

Ceará é um dos estados com maior redução no número de homicídios em 2021. *Portal G1 CE*, 21 fev. 2022. Disponível em: https://g1.globo.com/ce/ceara/noticia/2022/02/21/ceara-e-um-dos-estados-com-maior-reducao-no-numero-de-homicidios-em-2021.ghtml. Acesso em: 28 out. 2022.

Chacina em Rio Branco que vitimou seis pessoas tem ligação com guerra de facções, alega Segurança. *Portal G1 AC*, 06 nov. 2023. Disponível em: https://g1.globo.com/ac/acre/noticia/2023/11/06/chacina-em-rio-branco-que-vitimou-seis-pessoas-tem-ligacao-com-guerra-de-faccoes-alega-seguranca.ghtml. Acesso em: 13 fev. 2024.

CHIAVENATO, Idalberto. *Gerenciando pessoas*: como transformar gerentes em gestores de pessoas. 4. ed. São Paulo: Editora Prentice Hall, 2003.

CHRISTINO, Márcio Sérgio; TOGNOLLI, Cláudio. *Laços de Sangue*: a História Secreta do PCC. São Paulo: Matrix, 2017.

CidadeSusp: programa do Ministério da Justiça amplia capacidade de atuação dos municípios em segurança pública. *Portal Gov.com*, 08 ago. 2022. Disponível em: https://www.gov.br/mj/pt-br/assuntos/noticias/cidadesusp-programa-do-ministerio-da-justica-amplia-capacidade-de-atuacao-dos-municipios-em-seguranca-publica. Acesso em: 25 out. 2022.

Cinco Famílias. In: *WIKIPÉDIA*: a enciclopédia livre. Disponível em: https://pt.wikipedia.org/wiki/Cinco_Fam%C3%ADlias Acesso em: 16 nov. 2022.

Comando Vermelho se expande após decisão do STF, diz polícia. *O Antagonista*, 10 abr. 2024. Disponível em: https://oantagonista.com.br/brasil/comando-vermelho-se-expande-apos-decisao-do-stf-diz-policia/#:~:text=A%20ADPF%20n%C2%BA%20635%20restringiu,da%20situa%C3%A7%C3%A3o%20de%20emerg%C3%AAncia%20sanit%C3%A1ria. Acesso em: 11 abr. 2024.

COSTA, Flávio; ADORNO, Luís. Traição e tiro no rosto: como mataram Gegê do Mangue e Paca, líderes do PCC. *Portal Uol*, 28 jul. 2019. Disponível em: https://noticias.uol.com.br/cotidiano/ultimas-noticias/2019/07/28/morte-de-gege-do-mangue-pcc-homicidio-ceara-fuminho.htm. Acesso em: 02 set. 2024.

COSTA, I. F.; BALESTRERI, R. B. (Orgs.). *Segurança pública no Brasil*: um campo de desafios [online]. Salvador: EDUFBA, 2010.

COSTA, Rodolfo. Governo tem derrota e Coaf sai do Ministério da Justiça para o da Economia. *Correio Braziliense*, 22 maio 2019. Disponível em: https://www.correiobraziliense.com.br/app/noticia/politica/2019/05/22/interna_politica,756699/governo-tem-derrota-e-coaf-sai-do-ministerio-da-justica-para-o-da-econ.shtml. Acesso em: 23 out. 2022.

Criminosos obrigaram mãe ver execução do filho de 11 anos em Teresina. *Cidade Verde*, 18 mar. 2020. Disponível em: https://cidadeverde.com/noticias/319995/criminosos-obrigaram-mae-ver-execucao-do-filho-de-11-anos-em-teresina. Acesso em: 05 set. 2024.

CRUZ, Adriana. Traficantes de outros estados escolhem Rio como refúgio, diz polícia. *Portal Metrópoles*, 19 jun. 2021. Disponível em: https://www.metropoles.com/brasil/traficantes-de-outros-estados-escolhem-rio-como-refugio-diz-policia Acesso em: 22 out. 2022.

CUNHA, Felipe Lyra da. *Conselhos de segurança pública*: participação dos membros do Ministério Público e controle social das políticas públicas de segurança. Disponível em: https://escolasuperior.mppr.mp.br/arquivos/File/TCCs/2019/Felipe_Lyra_-_Conselhos_de_Seguranca_Publica_Participacao_dos_Membros_do_Ministerio_Publico_e_Controle_Social_das_Politicas_Publicas.pdf. Acesso em: 25 out. 2022.

DELGADO, Malu. Brasil tem pelo menos 83 facções em presídios. *Portal DW*, 17 jan. 2017. Disponível em: https://www.dw.com/pt-br/brasil-tem-pelo-menos-83-fac%C3%A7%C3%B5es-em-pres%C3%ADdios/a-37151946. Acesso em: 27 set. 2022.

DELMANTO, Celso. *Código Penal Anotado*. 6. ed. Rio de Janeiro: Editora Renovar, 2002.

DIÓGENES, Juliana. Governo do CE errou ao declarar fim da divisão de presídios por facções, diz sociólogo sobre ataques. *Portal Estadão*, 07 jan. 2019. Disponível em: https://brasil.estadao.com.br/noticias/geral,governo-do-ce-errou-ao-declarar-fim-da-divisao-de-presidios-por-faccoes,70002670457. Acesso em: 28 out. 2022.

DIOGO, Darcianne. Carta escrita por membro do PCC expõe guerra contra Comboio do Cão. *Correio Braziliense*, 29 maio 2023. Disponível em: https://www.correiobraziliense.com.br/cidades-df/2023/05/5097884-carta-escrita-por-membro-do-pcc-expoe-guerra-contra-comboio-do-cao.html. Acesso em: 25 fev. 2024.

DIP, Ricardo; MORAES JUNIOR, Volney Correa Leite de. *Crime e castigo*: reflexões politicamente incorretas. Campinas: Millennium, 2002.

Drogas sintéticas: investigação aponta como as substâncias são comercializadas. *Portal R7*, 29 jun. 2022. Disponível em: https://recordtv.r7.com/domingo-espetacular/videos/drogas-sinteticas-investigacao-aponta-como-as-substancias-sao-comercializadas-29062022. Acesso em: 05 set. 2024.

Em ação conjunta, PF deflagra operação contra facção relacionada ao tráfico de drogas na Bahia. *Portal Gov.*, 15 maio 2023. Disponível em: https://www.gov.br/pf/pt-br/assuntos/noticias/2023/05/em-acao-conjunta-pf-deflagra-operacao-contra-faccao-criminosa-relacionada-ao-trafico-de-drogas-na-bahia. Acesso em: 16 fev. 2024.

FACÇÕES Criminosas: guerra sem fim. Direção de Demitri Túlio e Cinthia Medeiros. Produção de Ana Régia e Arthur Gadelha. O Povo, 2021. Disponível em: https://mais.opovo.com.br/webdocs/opovo-doc/guerra-sem-fim-2 Acesso em: 23 out. 2022.

FALA TRIBUNOS COM HENRIQUE PEREZ. Em Audiência a Justiça delator do PCC explica a chamada Sintonia dos Gravatas. *Youtube*, 18 maio 2020. Disponível em: https://www.youtube.com/watch?v=qwYpPO3_QlQ. Acesso em: 13 abr. 2024.

Familia del Norte – FDN. *InSight Crime*, 05 mar. 2020. Disponível em: https://es.insightcrime.org/noticias-crimen-organizado-brasil/familia-del-norte-fdn/. Acesso em: 28 fev. 2022.

FERREIRA, Lívia; COSTA, Catarina. Menina de 11 anos é internada em estado grave após ser espancada por membros de facção no Litoral do Piauí. *Portal G1*, 09 nov. 2022. Disponível em: https://g1.globo.com/pi/piaui/noticia/2022/11/09/menina-de-9-anos-e-internada-em-estado-grave-apos-ser-espancada-por-membros-de-faccao-no-litoral-do-piaui.ghtml. Acesso em: 05 set. 2024.

FERRET, J.; OCQUETEAU, F. *Evaluer la police de proximité*. Paris: La Documentatión Française, 1998.

FIGUEIREDO, Sabrina Oliveira de. Desestruturação familiar e criminalidade juvenil: reflexões sobre uma possível relação à luz de abordagens interdisciplinares. *Jus.com*, 13 mar. 2020. Disponível em: https://jus.com.br/artigos/79709/desestruturacao-familiar-e-criminalidade-juvenil. Acesso em: 05 set. 2022.

FISCHER, Douglas. Garantismo penal integral (e não o garantismo hiperbólico monocular) e o princípio da proporcionalidade: breves anotações de compreensão e aproximação dos seus ideais. *Revista Doutrina TRF4*, n. 28, 24 mar. 2009. Disponível em: https://revistadoutrina.trf4.jus.br/index.htm?https://revistadoutrina.trf4.jus.br/artigos/edicao028/douglas_fischer.html. Acesso em: 23 nov. 2022.

FÓRUM BRASILEIRO DE SEGURANÇA PÚBLICA. *Anuário Brasileiro de Segurança Pública*. Disponível em: https://forumseguranca.org.br/anuario-brasileiro-seguranca-publica/. Acesso em: 25 out. 2022.

FOUREAUX, Rodrigo. Polícia Ostensiva e Policiamento Ostensivo. *Atividade Policial*, 02 maio 2020. Disponível em: https://atividadepolicial.com.br/2020/05/02/policia-ostensiva-e-policiamento-ostensivo/. Acesso em: 29 ago. 2022.

GAECO/MPPI cumpre mandados em Cocal dos Alves para prender milicianos que atuavam no RJ. *MPPI*, 30 jan. 2020. Disponível em: https://www.mppi.mp.br/internet/2020/01/gaeco-mppi-cumpre-mandados-de-prisao-em-cocal-dos-alves-para-prender-milicianos-que-atuavam-no-rj/. Acesso em: 24 out. 2022.

GOMES, Luiz Flavio; CERVINI, Raúl. *Crime organizado*: enfoques criminológico, jurídico (Lei 9.034/95) e político-criminal. 2. ed. rev. atual. e ampl. São Paulo: Revista dos Tribunais, 1997.

GOMES, Marcelo Bolshaw. Do Controle Social à Sociedade de Controle. In: INTERCOM – Sociedade Brasileira de Estudos Interdisciplinares da Comunicação XXV Congresso Brasileiro de Ciências da Comunicação – Salvador/BA – 1 a 5 Set 2002. Disponível em: http://www.intercom.org.br/papers/nacionais/2002/congresso2002_anais/2002_NP8gomes.pdf. Acesso em: 23 nov. 2022.

GOMES, Márcio Schlee. *A prova indiciária no crime de homicídio*: lógica, probabilidade e inferência na construção da sentença penal. 2. ed. rev. atual. 2. tir. Porto Alegre: Livraria do Advogado, 2022.

GOMES, Mário Schlee. *Dolo*: cognição e risco: avanços teóricos. 2. ed. Porto Alegre: Livraria do Advogado, 2021.

GONÇALVES, Antônio Batista. *PCC e facções criminosas*: a luta contra o estado no domínio do poder. São Paulo: Revista dos Tribunais, 2020.

GRECO, Luís *et. al*. *Autoria como domínio do fato*: estudos introdutórios sobre o concurso de pessoas no direito penal brasileiro. 1. ed. São Paulo: Marcial Pons, 2014.

GOVERNO DO ESTADO DO CEARÁ. Em dez meses de 2022, Departamento de Homicídios da PC-CE já capturou 542 pessoas. 14 NOV. 2022. Disponível em: https://www.ceara.gov.br/2022/11/14/em-dez-meses-de-2022-departamento-de-homicidios-da-pc-ce-ja-capturou-542-pessoas/. Acesso em: 21 nov. 2022.

GUIMARÃES, Juca. Variedade de drogas sintéticas apreendidas no Brasil aumentou 62% em apenas dois anos. Portal R7, 07 ago. 2016. Disponível em: https://noticias.r7.com/brasil/variedade-de-drogas-sinteticas-apreendidas-no-brasil-aumentou-62-em-apenas-dois-anos-07082016. Acesso em: 05 set. 2024.

HERNÁNDEZ, Anabel. Os efeitos colaterais da política de drogas holandesa. *Portal DW*, 02 dez. 2019. Disponível em: https://www.dw.com/pt-br/os-efeitos-colaterais-da-liberal-pol%C3%ADtica-de-drogas-holandesa/a-51474620. Acesso em: 28 nov. 2022.

HOTT, Júlio Lopes. A polícia judiciária e o combate à criminalidade. *Revista Brasileira de Políticas Públicas*, Brasília, v. 5, n. 1, 2015.

HUNGRIA, Nelson. *Comentários ao Código Penal*. 2. ed. Rio de Janeiro: Companhia Editora Forense, 1959. v. IX.

Infográfico mostra detalhes sobre a trajetória da fuga de presos da Penitenciária Federal de Mossoró. *Portal G1*, 20 fev. 2024. Disponível em: https://g1.globo.com/rn/rio-grande-do-norte/noticia/2024/02/20/infografico-mostra-detalhes-sobre-a-trajetoria-da-fuga-de-presos-da-penitenciaria-federal-de-mossoro.ghtml. Acesso em: 12 abr. 2024.

JORNAL DA RECORD. Série JR: Fernandinho Beira-Mar revela como é a rotina na cadeia. *Youtube*, 07 jun. 2017. 10min:09s. Disponível em: https://www.youtube.com/watch?v=rAtwUBqeoFw. Acesso em: 22 out. 2022.

JOZINO, Josmar. Faltas graves barram semiaberto para membros do PCC que assassinaram juiz. *Portal Uol*, 03 ago. 2021. Disponível em: https://noticias.uol.com.br/colunas/josmar-jozino/2021/08/03/assassinos-juiz-antonio-jose-machado-dias.htm. Acesso em: 23 out. 2022.

JOZINO, Josmar. Rivais tentaram excluir Marcola do PCC e o juraram de morte, diz relatório. *Portal Uol*, 12 abr. 2024. Disponível em: https://noticias.uol.com.br/colunas/josmar-jozino/2024/04/12/relatorio-mostra-como-rivais-excluiram-marcola-do-pcc-e-o-juraram-de-morte.htm?cmpid=copiaecola. Acesso em: 13 abr. 2024.

JOZINO, Josmar; BARRETO FILHO, Herculano. MP apura ordem do PCC para expulsar rivais de Marcola em guerra da facção. *Portal Uol*, 17 fev. 2024. Disponível em: https://noticias.uol.com.br/cotidiano/ultimas-noticias/2024/02/17/mp-apura-ordem-de-marcola-para-expulsar-rivais-em-guerra-interna-no-pcc.htm. Acesso em: 02 mar. 2024.

Justiça condena ex-vice presidente do Condepe e mais 4 advogados por integrarem facção criminosa. *Portal G1*, 27 jun. 2017. Disponível em: https://g1.globo.com/sao-paulo/noticia/justica-condena-ex-vice-presidente-do-condepe-e-mais-4-advogados-por-integrarem-faccao-criminosa.ghtml. Acesso em: 13 abr. 2024.

KUWANO, Yumi. Região Nordeste concentra quase metade dos homicídios do país em 2023. *Brasil 61*, 13 jan. 2024. Disponível em: https://brasil61.com/n/regiao-nordeste-concentra-quase-metade-dos-homicidios-do-pais-em-2023-bras2410616. Acesso em: 04 fev. 2014.

LESSA, Henrique. Caso Bruno e Dom: preso quinto envolvido nas mortes. *Correio Brasiliense*, 19 jan. 2024. Disponível em: https://www.correiobraziliense.com.br/brasil/2024/01/6789343-caso-bruno-e-dom-preso-quinto-envolvido-nas-mortes.html. Acesso em: 13 abr. 2024.

LIMA, Maria de Fátima Brito; OLIVEIRA, Anderson Santos; LEÃO, Samila Marques. O impacto das organizações criminosas na sociedade brasileira à luz da série guerra sem fim: o povo. *Revista Científica Multidisciplinar*, v. 3, n. 2, 2022. Disponível em: https://recima21.com.br/index.php/recima21/article/view/1566/1180. Acesso em: 23 out. 2022.

LIMA, Alan Schramm de; RODRIGUES, Renato Amoedo Nadier. *Bitcoin Red Pill*: o renascimento moral, material e tecnológico. São Paulo: Editora Alan Schramm, 2022. E-book. Kindle.

LIMA, Lioman. Por que o sindicato da polícia da Holanda afirma que o país está virando um 'narcoestado'? *BCC News Brasil*, 02 mar. 2018. Disponível em: https://www.bbc.com/portuguese/internacional-43247861. Acesso em: 28 nov. 2022.

MACIEL, Camila. Brasil bate recorde de mortes violentas em 2017. *Agência Brasil*, 17 jan. 2019. Disponível em: https://agenciabrasil.ebc.com.br/direitos-humanos/noticia/2019-01/brasil-bate-recorde-de-mortes-violentas-em-2017. Acesso em: 22 out. 2022.

MADEIRO, Carlos. Com brigas e traições, FDN perde força na guerra contra CV e PCC no AM. *Portal Uol*, 04 jun. 2019. Disponível em/: https://noticias.uol.com.br/cotidiano/ultimas-noticias/2019/06/04/com-disputa-e-traicoes-fdn-perde-forca-na-guerra-contra-cv-e-pcc-no-am.htm. Acesso em: 03 fev. 2024.

MANSO, Bruno Paes; DIAS, Camila Nunes Guerra. *A ascensão do PCC e o mundo do crime no Brasil*. 1. ed. São Paulo: Todavia, 2018.

Mapa das facções criminosas no Brasil. *Gazeta do Povo*, 03 jan. 2019. Disponível em: https://infograficos.gazetadopovo.com.br/seguranca-publica/mapa-das-faccoes-criminosas/. Acesso em: 27 set. 2022.

MARTÍN, María. Os bilhetes cifrados de Fernandinho Beira Mar que levaram sua família à prisão. *Portal El País*, 21 maio 2017. Disponível em: https://brasil.elpais.com/brasil/2017/05/24/politica/1495662065_199452.html. Acesso em: 22 out. 2022.

MENDONÇA, Magdiel Gleyberth Fernandes de. *A separação dos presos por facções em mossoró-RN*: o protagonismo da rivalidade entre facções nas unidades prisionais e as estratégias de segurança adotadas pelo estado. 2020. 33 f. Bacharel (Direito) – Universidade Federal Rural do Semiárido, Mossoró, 2020. Disponível em: https://repositorio.ufersa.edu.br/bitstream/prefix/6300/1/MagdielGFM_MONO.pdf. Acesso em: 14 set. 2022.

MESQUITA NETO, Paulo de. Policiamento Comunitário e Prevenção do Crime: a visão dos coronéis da Brigada Militar. *São Paulo em Perspectiva*, São Paulo, v. 18, n. 1, mar. 2004.

MONTEIRO, Rodrigo. Médicos mortos por engano no Rio: polícia prende miliciano que era alvo de traficantes. *CNN Brasil*, 31 out. 2023. Disponível em: https://www.cnnbrasil.com.br/nacional/medicos-mortos-por-engano-no-rio-policia-prende-miliciano-que-era-alvo-de-traficantes/. Acesso em: 14 abr. 2024.

MORAIS, Ronald Medeiros de. *O "toque de recolher" no Estatuto da Criança e Adolescente*. 2013. Disponível em: http://www.conteudojuridico.com.br/?artigos&ver=2.42658&seo=1. Acesso em: 02 out. 2018.

MOTTA, Roberto. *A Construção da Maldade*: como ocorreu a destruição da segurança pública brasileira. Timbó: Ed. Aves Raras, 2022.

MOURA, Pedro. Com 5 mil membros, PCC e CV dominam tráfico de drogas em Goiás. *Jornal Opção*, 11 dez. 2023. Disponível em: https://www.jornalopcao.com.br/seguranca-publica/com-5-mil-membros-pcc-e-cv-dominam-trafico-de-drogas-em-goias-555720/. Acesso em: 25 fev. 2024.

NÓBREGA JR., José Maria; ZAVERUCHA, Jorge. Violência homicida no nordeste brasileiro: uma refutação às explicações baseadas na desigualdade e na pobreza. *Journal Open Edition*, v. 35, n. 2, p. 53-87, 2010. Disponível em: https://doi.org/10.4000/aa.895. Acesso em: 02 set. 2024.

NOTÍCIAS de uma guerra particular. Direção de João Moreira Salles e Katia Lund. Produção de Raquel Zangrandi. Brasil: 1999. Disponível em: https://www.dailymotion.com/video/x57ug45. Acesso em: 13 abr. 2024.

Nova droga sintética invade centro de SP e provoca estragos. Portal R7, 07 out. 2022. Disponível em: https://recordtv.r7.com/balanco-geral-manha/videos/nova-droga-sintetica-invade-centro-de-sp-e-provoca-estragos-07102022. Acesso em: 05 set. 2024.

OHANA, Victor. Número de encarcerados triplicou entre 2000 e 2019 no país, diz Depen. *Portal Carta Capital*, 14 fev. 2020. Disponível em: https://www.cartacapital.com.br/sociedade/numero-de-encarcerados-triplicou-entre-2000-e-2019-no-pais-diz-depen/. Acesso em: 26 set. 2022.

OXFORD LANGUAGE. *Facção*. Disponível em: https://languages.oup.com/google-dictionary-pt/. Acesso em: 27 nov. 2022.

PACHECO, Maria Vera Pompêo de Camargo. Esquirol e o surgimento da psiquiatria contemporânea. *Rev. Latinoam. Psicop. Fund. VI*, ano XI, n. 2, p. 152-157, jun. 2003. Disponível em: https://www.scielo.br/j/rlpf/a/wdZ8NCsDnBst4Nq3jZjgBMb/?format=pdf&lang=pt. Acesso em: 02 set. 2024.

PAIVA, Fernanda. Sistema de reconhecimento facial ajuda a prender mais de 200 na Bahia em três anos. *Mobile Time*, 14 out. 2021. Disponível em: https://www.mobiletime.com.br/noticias/14/10/2021/sistema-de-reconhecimento-facial-ajuda-a-prender-mais-de-200-na-bahia-em-tres-anos/. Acesso em: 28 out. 2022.

PAIVA, Luiz Alves S. As dinâmicas do mercado ilegal de cocaína na tríplice fronteira entre Brasil, Peru e Colômbia. *Revista Brasileira de Ciências Sociais*, v. 34, n. 99, 2019. Disponível em: https://www.scielo.br/j/rbcsoc/a/MnH57mtDTqqwzgvB8LhXMnz/?format=pdf&lang=pt. Acesso em: 28 fev. 2022.

PAIVA, Fernanda. Sistema de reconhecimento facial ajuda a prender mais de 200 na Bahia em três anos. *Mobile Time*, 14 out. 2021. Disponível em: https://www.mobiletime.com.br/noticias/14/10/2021/sistema-de-reconhecimento-facial-ajuda-a-prender-mais-de-200-na-bahia-em-tres-anos/. Acesso em: 28 out. 2022.PCV: entenda como funciona a maior organização criminosa do ES. *Redação Folha Vitória*, 26 ago. 2022. Disponível em: https://amp.folhavitoria.com.br/policia/noticia/08/2022/pcv-entenda-como-funciona-a-maior-organizacao-criminosa-do-es. Acesso em: 29 fev. 2024.

PESSI, Diego; SOUZA, Leonardo Giardin. *Bandidolatria e Democídio*: Ensaios sobre Garantismo Penal e a Criminalidade no Brasil. 3. ed. Campinas: SV Editora, 2018.

PESTANA, Mário. *Os princípios no tratamento de dados na LGPD*. Disponível em: https://www.conjur.com.br/dl/artigo-marcio-pestana-lgpd.pdf. Acesso em: 28 fev. 2022.

Polícia Federal e Receita Federal apreendem quase 3 toneladas de cocaína em Barcarena/PA. *Portal Gov.*, 05 nov. 2022. Disponível em: https://www.gov.br/pf/pt-br/assuntos/noticias/2022/11/policia-federal-e-receita-federal-apreendem-quase-3-toneladas-cocaina-em-barcarena-pa. Acesso em: 14 fev. 2024.

Porto de Vila do Conde vira "Corredor do tráfico" e coloca em xeque fiscalização do governo do Pará. *Coluna Olavo Dutra*, 03 jun. 2022. Disponível em: https://colunaolavodutra.com.br/porto-de-vila-do-conde-vira-corredor-do-trafico-e-coloca-em-xeque-fiscalizacao-do-governo-do-para/. Acesso em: 14 fev. 2024.

PRAZERES, Leandro. Facção que comanda tráfico no Norte tem "conexões estreitas" com as Farc, diz MPF. *Portal Uol*, 04 jan. 2017. Disponível em: https://noticias.uol.com.br/cotidiano/ultimas-noticias/2017/01/04/fdn-tinha-conexoes-estreitas-com-as-farc-diz-mpf.ht. Acesso em: 03 fev. 2024.

Projeto muda o ECA e dobra prazo de internação de adolescente que cometeu infração. *Agência Câmara de Notícias*, 17 mar. 2021. Disponível em: https://www.camara.leg.br/noticias/737008-projeto-muda-o-eca-e-dobra-prazo-de-internacao-de-adolescente-que-cometeu-infracao/. Acesso em: 22 nov. 2022.

RIBEIRO, Joyce. Mortes violentas caem, mas Brasil concentra 20,4% dos homicídios do planeta, indica estudo. *Portal R7*, 03 abr. 2024. Disponível em: https://noticias.r7.com/cidades/mortes-violentas-caem-mas-brasil-concentra-204-dos-homicidios-do-planeta-indica-estudo-28062022. Acesso em: 02 set. 2024.

RIPIO LAUNCHPAD. *Exchange de criptomoeda*: o que é e como funciona? Disponível em: https://launchpad-br.ripio.com/blog/o-que-e-exchange. Acesso em: 23 out. 2022.

RIZZI, Rícard Wagner. Armas do Paquistão nas Mãos do Primeiro Comando da Capital. *Primeiro Comando da Capital Facção PCC 1533*, 23 maio 2023. Disponível em: https://faccaopcc1533primeirocomandodacapital.org/2023/05/23/armas-do-paquistao-primeiro-comando-da-capital-faccao-pcc/. Acesso em: 14 set. 2024.

SAMENOW, Stanton E. *A mente criminosa*. Tradução de Ana Parreira. Campinas: Vide Editorial, 2020.

SAMPAIO, Felipe. Cidades seguras: o município e o SUSP. *Fonte Segura*, 25 nov. 2020. Disponível em: https://fontesegura.forumseguranca.org.br/cidades-seguras-o-municipio-e-o-susp/. Acesso em: 25 out. 2022.

SANDERSON, Ubiratan Antunes. Modelo federativo dos EUA é refletido na segurança pública. *Consultor Jurídico*, 30 maio 2016. Disponível em: https://www.conjur.com.br/2016-mai-30/sanderson-modelo-federativo-eua-refletido-seguranca-publica. Acesso em: 23 out. 2022.

SANTIAGO, Abinoan. Monitoramento, testes e até tribunal: quem entra em facção pode sair? *Portal Uol*, 24 jul. 2023. Disponível em: https://noticias.uol.com.br/cotidiano/ultimas-noticias/2023/07/24/quem-entra-em-faccao-pode-sair.htm. Acesso em: 14 set. 2024.

SESTREM, Gabriel. Como o narcotráfico levou o Rio de Janeiro a uma guerra urbana sem precedentes. *Gazeta do Povo*, 26 maio 2021. Disponível em:https://www.gazetadopovo.com.br/vida-e-cidadania/narcotrafico-rio-de-janeiro-guerra-urbana/. Acesso em: 22 out. 2022.

SISNANDO, Jéssika. Operação Annulare: 13 presos são absolvidos e mais de 300 podem ser soltos após decisão. *Portal O POVO*, 30 jun. 2023. Disponível em: https://www.opovo.com.br/noticias/ceara/2023/06/30/operacao-annulare-13-presos-sao-absolvidos-e-mais-de-300-podem-ser-soltos-apos-decisao.html#:~:text=A%20opera%C3%A7%C3%A3o%20Annulare%20foi%20deflagrada,Civil%20contra%20um%20s%C3%B3%20grupo. Acesso em: 16 fev. 2024.

SOARES, Gustavo Torres. *Investigação criminal e inovações técnicas e tecnológicas*. Belo Horizonte: Editora D'Plácido, 2016.

SOUTHWELL, David. *A História do Crime Organizado*: os segredos e o código de silêncio das mais poderosas organizações criminosas foram, finalmente, quebrados. Cajamar: Editora Escala, 2014.

SOUZA, Claudete de; CARVALHO, Cristina; MORAES, Rosária Lanziotti. *Os Observatórios de Segurança Pública Municipais como Ferramenta de Gestão* – o caso do município de Canoas. https://core.ac.uk/download/pdf/293607229.pdf. Acesso em: 25 out. 2022.

STABILE, Arthur. Anuário: veja lista com as 50 cidades mais violentas do Brasil. *Portal G1*, 20 mar. 2023. Disponível em: https://g1.globo.com/sp/sao-paulo/noticia/2023/07/20/anuario-veja-lista-com-as-50-cidades-mais-violentas-do-brasil.ghtml. Acesso em: 14 fev. 2024.

STF reconhece poder de investigação do Ministério Público. *CNMP*, 15 maio 2015. Disponível em: https://www.cnmp.mp.br/portal/todas-as-noticias/7256-stf-reconhece-poder-de-investigacao-do-ministerio-publico Acesso em: 24 out. 2022.

THE INTERCEPT BRASIL. Como formar *crianças-soldados* para o crime. *Outras mídias*, 27 mar. 2019. Disponível em: https://outraspalavras.net/outrasmidias/como-formar-criancas-soldados-para-o-crime/. Acesso em: 14 set. 2022.

TROJANOWICZ Robert; BUCQUEROUX, Bonnie. *Policiamento Comunitário*: como começar. Rio de Janeiro: Editora Parma, 1994.

TROPA de elite. Direção de José Padilha. Rio de Janeiro: Globo Filmes, 2007. Disponível em: https://filmow.com/tropa-de-elite-t1131/ficha-tecnica/. Acesso em: 22 out. 2022.

UMA noite de crime. Direção de James DeMonaco. nov. 2013. Disponível em: https://www.adorocinema.com/filmes/filme-201653/. Acesso em: 23 nov. 2022.

UNIVERSIDADE FEDERAL DE SANTA CATARINA. TraNSPor – Treinamento sobre Novas Substâncias Psicoativas. Disponível em: https://grupos.moodle.ufsc.br/pluginfile.php/1233921/mod_resource/content/104/public/index.html#/3. Acesso em: 05 set. 2024.

Veja a íntegra da lei do pacote anticrime. *Congresso em Foco*, 25 dez. 2019. Disponível em: https://congressoemfoco.uol.com.br/area/governo/veja-a-integra-da-lei-do-pacote-anticrime/. Acesso em: 22 out. 2022.

Vereador é morto em Caxias e filha de Fernandinho Beira-Mar assume cargo. *Correio Braziliense*, 12 mar. 2021. Disponível em: https://www.correiobraziliense.com.br/brasil/2021/03/4911513-vereador-e-morto-em-caxias-e-filha-de-fernandinho-beira-mar-assume-cargo.html. Acesso em: 08 mar. 2022.

Vídeos: aniversário de 4 anos de facção criminosa é marcado por foguetório em Manaus. *Portal Marcos Santos*, 11 fev. 2024. Disponível em: https://www.portalmarcossantos.com.br/2024/02/11/videos-aniversario-de-4-anos-de-faccao-criminosa-e-marcado-por-foguetorio-em-manaus/. Acesso em: 13 abr. 2024.

VISACRO, Alessandro. *Guerra irregular*: terrorismo, guerrilha e movimentos de resistência ao longo da história. 1. ed. 8. reimpr. São Paulo: Contexto, 2023. p. 221- 270.

WIKIPÉDIA, A ENCICLOPÉDIA LIVRE. *Atos de violência organizada no Brasil em 2006*. Disponível em: https://pt.wikipedia.org/wiki/Atos_de_viol%C3%AAncia_organizada_no_Brasil_em_2006. Acesso em: 28 out. 2022.

WILLIS, Grahan Denyer. *The Killing Consensus Police, Organized Crime, and the Regulation of Life and Death in Urban Brazil*. University of California Press, 2015. Disponível em: https://www.ucpress.edu/book/9780520285712/the-killing-consensus. Acesso em: 28 out. 2022

Esta obra foi composta em fonte Palatino Linotype, corpo 10,5
e impressa em papel Pólen Bold 70g (miolo) e Supremo 250g (capa)
pela Gráfica Star7.